中国社会科学院创新工程学术出版资助项目

智慧城市的理论与实践

The Theory and Practice of Intellectualized City

葛 健 郭慧馨 胡晓阳 张宇佳 著

经济管理出版社
ECONOMY & MANAGEMENT PUBLISHING HOUSE

图书在版编目（CIP）数据

智慧城市的理论与实践 / 葛健等著. —北京：经济管理出版社，2014.9
ISBN 978-7-5096-3598-8

Ⅰ.①智… Ⅱ.①葛… Ⅲ.①现代化城市—城市建设—研究—中国 Ⅳ.①C912.81

中国版本图书馆 CIP 数据核字（2014）第 311292 号

组稿编辑：申桂萍
责任编辑：申桂萍　梁植睿
责任印制：黄章平
责任校对：赵天宇

出版发行：经济管理出版社
　　　　　（北京市海淀区北蜂窝 8 号中雅大厦 11 层　100038）
网　　　址：www.E-mp.com.cn
电　　　话：(010) 51915602
印　　　刷：三河市延风印装厂
经　　　销：新华书店
开　　　本：787mm×1092mm/16
印　　　张：21.5
字　　　数：510 千字
版　　　次：2014 年 9 月第 1 版　　　2014 年 9 月第 1 次印刷
书　　　号：ISBN 978-7-5096-3598-8
定　　　价：88.00 元

序　言

"智慧城市"的概念是我国信息化进程中的一个特色概念，该提法的优点在于通俗生动，易于宣传，易于理解，不足之处是无法准确定义，因为"智慧"是人们早已熟悉的词汇，每个人都会以自己的理解想象智慧城市。"智慧城市"是一个公众视角的词汇，不是信息工程学的精确定义，它包含了"信息化"和"智能化"的内容。

信息化是推动经济社会发展的关键因素，是衡量一个城市经济综合竞争力和现代化程度的重要标志。加快城市信息化建设，对于提高政府执政能力，实现经济调节、市场监管、社会管理和公共服务等各项职能与带动全社会信息化具有重要意义，信息化建设能够有力带动区域的工业化、产业化的发展。

城市信息化建设的发展规律是从城市网络建设开始，由网络城市到数字城市进而到智能城市，是逐步演化、动态发展的过程。

数字城市是指城市相关的管理与服务信息实现充分计算机化，数字城市是智慧城市的基础和重要组成部分，智慧城市架构规划首先要完善数字城市建设。数字城市是信息化建设的重要步骤，也是现代城市发展的必然选择。

智能城市是智能技术充分应用、智能服务全面普及的城市。智能技术未来是信息技术应用的新热点。智能技术强调的是软件资源的充分利用，强调的是自动处理系统的贡献。在一对一信息服务的时代，应用的中心是个人化的信息服务，主要是系统向人提供信息，供人使用。在多对一的信息技术智能服务时代，信息系统代替人自动处理事务，如智能电网、智能交通、智能环保都是自动化系统，系统经常在人无所察的情况下为居民提供服务。智能服务的特点是对事不对人，表现为自动化服务。智能城市的管理和服务功能由通信网、互联网、物联网提供强大的支撑，有完善的信息基础设施、网络服务和包罗万象的信息内容服务，智能城市就近似于我们理解的智慧城市。

智慧城市是宏观概念，它反映了社会对未来城市的知识化、信息化、高效益的一种愿望，着眼于城市发展整体的总效果，是城市信息化的重要内容，但是社会对智慧城市的期望并不局限于信息化，社会要求城市具有整体发展的智慧，信息化只是一部分支撑。智慧城市是信息化应用取得良好效益的知识型城市。

当前，随着经济的不断发展，城市的管理和公共服务迫切需要运用现代信息技术来辅助解决发展过程中面临的一些问题，因此，在城市信息化的建设过程中，既需要建设和完善网络基础设施，又需要进行数字化建设，同时还需要应用智能技术实现城市的部分智能功能，既有管理任务，又有技术内容，这是本书首先要解决的问题。

目　录

第一章　信息时代与赛博空间和赛博战略

第一节　信息革命与信息社会

人类赖以生存和发展的三大基础是物质、能量和信息。物质是世界存在的形式，能量是物质运动的形式，信息是物质抽象的形式。信息是知识的来源，是人类认识世界和改造世界的基础。信息的开发利用水平决定了物质和能量的开发利用水平。

按照信息、能量和物质的开发利用水平，人类文明可以划分为三个社会阶段，即农业社会、工业社会和信息社会。

在农业社会，人类获取、处理、传输信息主要靠自己的生理功能（感官、大脑、神经系统和语言系统）；所用的能源主要是柴草；劳动工具是简单的人力机械、手工加工或直接利用自然资源；农业在国民经济中占主导地位。

在工业社会，人类获取、传输信息的手段获得了发展（如电报、电话、射电天文望远镜的发明）；所用能源以化石能源为主，如煤炭、石油（一次能源）和电力（二次能源）；劳动工具是复杂的动力机械；利用自然资源加工或合成；工业在国民经济中占主导地位。

在信息社会，人类处理信息的手段获得了延伸（计算机及其网络），信息技术得到高速发展；所用的能源是各种高效、清洁能源（如核能、太阳能、风能、水能、页岩气等）；劳动工具是带有智能的动力机械、数据处理工具和信息网络，可以精确地组织利用自然资源和社会资源；信息业在国民经济中占主导地位。

目前，人类历史经历了农业社会、工业社会，正逐步进入信息社会。除了各种自然资源、生产工具外，信息作为一种重要的资源和财富影响着社会的运转。

当今社会中，竞争的胜负在很大程度上取决于对信息的掌握。例如，生产者掌握了正确的市场信息，就能以比竞争对手更优惠的价格、更优良的品质、更适合的规格提供商品，占领市场；投资者掌握了股票、期货、汇率、利率的走向就能获取高额利润；指挥员掌握了战场的地形、气象及敌我双方态势就能克敌制胜。相反，如果不掌握信息或者依赖错误的信息，就会导致灾难性的失败。

现代信息系统不仅减少了公务旅行的开支，更重要的是加快了产品开发、生产和销售的速度，使资金周转率大为提高，社会资源得到了更充分合理的利用。借助于现代信息技术，可以打破企业间竞争与合作的地域限制。今天，一个全球性企业可把它的研究开发部门、加工基地、销售总部分设在世界各地，这些部门之间的信息交流就像在同一座办公楼里一样方便。

在信息社会，大量信息的存贮和检索的任务几乎已完全由计算机系统来承担。政府机构和各个部门拥有各种数据库，其中收集的大量数据由计算机来处理。数据库技术、云技术已成为信息存储、检索及处理、交换的有力手段。

信息技术使知识形态的生产力得到更迅速、更广泛的传播和更充分的利用。工程师可以通过由计算机和通信技术支持的数据库很快获取最新的设计参数、图纸和工艺文件，使社会劳动生产率大大提高，信息技术因此被人们称为"社会生产力的倍增器"。

现代信息技术包括计算机技术、微电子技术（集成电路技术）及通信技术等。在现代社会，人类活动所需的各种信息就是依靠以现代通信技术为基础的通信设施来处理、存储及传输的。如果说建立在微电子技术及软件技术基础上的计算机是现代社会的"大脑"，那么由程控交换机、大容量光纤、通信卫星以及其他现代通信装备交织而成、覆盖全球的信息网络就是现代社会的"神经系统"。近年来，计算机网络（互联网、物联网）和云计算有了突飞猛进的发展，更增添了信息社会的光彩。

在信息社会，人类的实践范围扩大，活动于物理空间（现实空间）、信息空间（虚拟空间）和认识空间。信息社会大系统的结构比农业社会、工业社会显得更加复杂。信息革命也称信息技术革命、信息化，是由工业社会向信息社会过渡的必由之路。

信息化，顾名思义，是指信息和信息技术在社会各个领域的普及使用和深入发展。信息化中的"信息"包括信息和信息技术两个方面。信息化的直接目标是开发利用信息，信息化的技术手段是各种信息技术。信息和信息技术两者缺一不可，离开了信息，信息化就失去了方向和目标；离开了信息技术，信息化就没有了基础和手段。现代信息技术为开发利用信息提供了强有力的手段，将人类开发利用信息的水平提高到了空前的高度。根据信息技术的自身发展和使用情况，信息化可以划分为五个层次，如图 1-1 所示。

图 1-1 信息化的技术层次

第一个层次——信息技术。信息技术是开发和利用信息的技术，现代信息技术可以分为基础信息技术、应用信息技术和系统信息技术三类。它们是信息化的技术基础。

第二个层次——电子化。现代信息技术是指电子信息技术。电子化是指将以微处理器为核心的超大规模集成电路嵌入到信息装置、设备或系统中，配以相应的软件，实现所需要的功能，此外还有广泛使用的各类电子和光电子设备。电子化是信息化的物理表现形式。

第三个层次——数字化。数字化是指把非数字符号（如文字、十进制数、功能符号）、非数字信号（如语音、图像、视频信号以及各种传感器信号等）按照一定规则统一变成

0、1序列，以便作进一步的数字存储、数字处理、数字传输、数字控制、数字加密等。由于任何数字系统都离不开电子数字计算机，而电子数字计算机只能识别0、1序列，所以数字化是开发和利用信息的基础。数字化是信息化的信息表现形式。

第四个层次之一——自动化。自动化是指将信息获取、存贮、处理、传递、控制、管理和加密中的重复步骤（过程），利用信息技术设备或装置自动完成以减轻和代替人的部分体力劳动，提高生产力和工作的效率和效果，它是信息化的一项基本目标。

第四个层次之二——网络化。利用信息网络将用户和资源连接起来，实现信息传递、资源共享和协同工作。网络按其规模可分为局域网、城域网、广域网、互联网、物联网。网络是系统集成、资源整合的基础。将系统内的诸要素有机连接起来，可以发挥系统的整体效能；将有信息联系的系统无缝连接成大系统（System of Systems），实现互操作，使系统间可以协同工作。网络化是信息化的又一基本目标。

第五个层次——智能化。将人工智能应用于自动化系统，使系统在一定程度上模仿或代替人的思维，以减轻人的脑力劳动强度，使之成为人工智能系统（智能化系统）；将人工智能应用于网络化系统，使每个网络节点都是智能的，每个信息源都是可控的，每个威胁都是可以适应防御的，使之成为"智能信息网络"。智能化是自动化和网络化发展的方向，是信息化的更高目标。

我国国家信息化包括四个方面：领域信息化、区域信息化、企业信息化和社会信息化；还包括六个信息化要素：信息资源、信息网络、信息技术应用、信息技术和产业、信息化人才以及信息化政策法规和标准规范。从信息化的发展过程看可以划分为三个阶段：初级阶段——信息产业化和产业信息化；发展阶段——经济信息化；高级阶段——社会信息化。

国家信息化指标（又被称为Intelligence Quotient，IQ）与国内生产总值（GDP）有同样意义，它是指在国家信息化的六个要素中选择反映信息化体系各个要素水平的指标。通过信息化指标的统计与分析，可以定量地衡量国家、地区或城市的信息化程度，提高推进信息化建设决策的科学性和精确性，对于有效地指导和促进信息化建设特别是为研究制订信息化经济和社会发展计划提供科学的量化的依据，进而对推动国家和地区的经济和社会发展具有十分重要的战略意义。

第二节　赛博空间

一、赛博空间的概念

《赛博战争》中将赛博空间定义为："赛博空间是计算机网络以及它们所连接和控制的所有事物的统称，它不仅是互联网。"并且指出，必须清楚赛博空间与互联网两者之间的差异。"互联网是连接众多网络的开放网络，通过接入互联网，你可与任何接入互联网的计算机通信。除了互联网，赛博空间还包含无法通过互联网访问的众多计算机网络。其中某些专用网络看起来很像互联网，但是它们与互联网是相互独立的，至少在理论上是如此。此外，赛博空间还包括一些交易网络，用于传输专用数据，比如现金流、股票市场交易、信用卡交易等。有些网络是控制系统，连接机器与机器，比如与抽水机、电梯、起重机建立联系的控制面板。"总而言之，赛博空间是包括互联网、物联网和其他众多专用网络的计算机网络世界。

由于赛博空间十分复杂，人们从不同的角度对其有不同的表述。从物理角度看，称其为网络—电磁空间（以下简称"网电空间"）、网络空间、网际空间；从信息角度看，称其为信息空间、虚拟空间；从心理（用户）角度看，称其为决策空间、智慧空间；从赛博空间对现实世界的影响，称其为"控制空间"（对物）和"认知空间"（对人）。

二、赛博空间的要素

赛博空间是一个开放的复杂巨系统，主要包括以下三类要素：

（一）技术（信息技术）

信息技术是赛博空间的基本因素。从功能角度看，可以将其分为信息处理技术、信息传送技术、元数据和信息交换技术、信息建模仿真技术、人—计算机接口技术、信息系统安全技术等；从层次角度看，可以将其分为芯片技术、软件技术、系统技术、网络技术。信息技术的发展需要有相应的标准体系、科研体系和工业体系作保证。

（二）信息（信息资源）

信息资源是赛博空间的核心因素。围绕信息资源的信息活动可分为四个方面：资源采集、资源组织、资源服务、资源利用。信息资源开发、利用水平是获得信息优势的一个重要方面。信息资源利用需要有相应的标准体系、资源体系、服务体系和管理体系作保证。

（三）人（信息社会）

赛博空间是知识密集、技术密集的空间，需要大批高素质人才。人是赛博空间的主导因素，是信息行为的主体。人们在赛博空间从事的政治、经济、军事、文化等社会实践活动形成了信息社会（虚拟社会），在赛博空间活动着数以亿计的各种各样的人，他们的信息素质不同、文化背景不同、价值取向不同、行为特点不同，因此，需要有公认的信息行为准则和道德规范来约束赛博空间每个人的行为，需要有法律法规体系来维护赛博空间的正常运行秩序。

三、赛博空间的层次结构

计算机系统是人—机系统，计算机网络是人—机系统的集成。计算机网络包括硬件、软件、信息和用户。各种计算机网络具有类似的结构，综合各种计算机网络协议，我们将赛博空间结构归纳为三个层次，如表1-1所示。

表1-1　赛博空间层次与网络协议

赛博空间	OSI	TCP/IP	Grid
认知层	用户		
信息层	7. 应用层	应用层	应用层
			汇集层
	6. 表示层		资源层

续表

赛博空间	OSI	TCP/IP	Grid
信息层	5. 会话层	传输层	连接层
	4. 传输层		
	3. 网络层	网际层	
	2. 数据链路层	网络接口层	构造层
物理层	1. 物理层	(物理层)	(物理层)

注：OSI——开放系统互连模型；TCP/IP——互联网网际互联协议；Grid——信息栅格。

（一）物理层

物理层是赛博空间的底层，对应于 OSI 模型的物理层。它包括计算机、物理网络、电信和实现信息系统的支持构件（如电力、设备和环境控制）。同时系统管理员也在该层，他对系统的实际影响是最高的，对该层的影响在本质上是技术性的，即影响系统的技术性能。

（二）信息层

信息层是赛博空间的中间层，对应于 OSI 模型的数据链路层、网络层、传输层、会话层、表示层和应用层。它包括接收、处理、管理和存储信息的抽象信息基础设施。在该层经常发生病毒软件和基础设施利用"黑客"攻击，结果影响系统的功能行为。信息层是网络软件和信息所在的地方。

（三）认知层

认知层也称感知层、心理层。它是赛博空间的顶层，对应于 OSI 模型应用层之上的用户层。该层本质上是抽象的，抽象要素包括目的、计划、感知、信念和决策。

四、赛博空间与信息基础设施（II）的关系

我们将赛博空间中的物理层和信息层统称为信息基础设施（II，Information Infrastructure），物理层称作物理信息基础设施，信息层称作抽象信息基础设施。在某种意义上说，赛博空间是信息基础设施和用户的集成，如表 1-2 所示。

表 1-2　赛博空间与信息基础设施（II）的关系

赛博空间	II 功能层		
认知层	用户		
信息层	抽象信息基础设施	应用层	电子商务 能源管理 医疗服务 法律执行 环境监督
		服务层	数据贮存检索 数据交换、协议交换 元知识（索引） 多层安全 电子事务处理 信息代理 合作支持 数据融合和提取

续表

赛博空间	II 功能层		
物理层	物理信息基础设施	数字通道层	光纤和陆上电缆 卫星通道 卫星直播 蜂窝无绳通信 网络节点（交换机、路由器、转换器）

五、赛博空间与关键基础设施的关系

关键基础设施是指，如果这些设施瘫痪或被摧毁，就会使国家的国防和经济安全蒙受巨大损失。关键基础设施包括五个部分，即信息基础设施、银行与金融业基础设施、能源基础设施、物资分配传送基础设施、关键服务基础设施。关键基础设施要素及其与信息基础设施的相互依赖关系如表 1-3 所示。

赛博空间包括信息基础设施，是其他国家和国防关键基础设施的控制部件。信息要素是连接各基础设施的通用要素。

表 1-3　国家关键基础设施及其与信息基础设施 (II) 的相互依赖关系

类别	要素	与 II 要素相互依赖关系
1. 信息基础设施 (II)	通信（如：公共电信网 PTN） 计算机网（如：国际互联网） 媒体机构（如：广播电视网）	—
2. 银行与金融业基础设施	股票和金融市场 商品市场 银行业和信贷 投资机构 交易所、商务机构 信息备用系统	电子商务网 电子金融交易网 金融档案保存
3. 能源基础设施	煤、油、气分配与存储基础设施 原材料资源 煤的开采与处理 天然气的生产 炼油 资源储备（煤、石油、天然气） 电力基础设施 电力生产 核能生产 电力分配	生产监督和控制（能源管理系统） 存储状态监视和应急报警
4. 物资分配传送基础设施	供水、排水基础设施 供水排水处理 物资分配传送基础设施 石油和天然气管道分配 高速公路、铁路线 机场、航空线 公共交通运输	处理监控（监控与数据采集） 电力分配监控 管路监控

续表

类别	要素	与II要素相互依赖关系
5. 关键服务基础设施	应急服务基础设施 政府服务基础设施 （基本的政府机关人员、执法领导人员、司法领导人员、司法机构、国家安全、教育、卫生保健、公交、环境监督/保护） 公安（执法）	数据、信息采集、报告、管理和控制用的电信和计算机网络、档案和记录的数据存储、信息和物理服务的传送

六、赛博空间与安全

随着人类社会生产力的发展，安全威胁的形式和内容也在不断变化，人们对安全威胁的认识也随之不断更新。在信息社会，人们的生产和生活方式与传统社会差别很大。在信息时代，全球经济通过互联网已经成为一个有机互动的整体，这为各国经济发展带来了许多有利条件，但同时也导致经济和金融风险的不断增大，国家之间由于互联网的产生和迅速发展带来的各种不平衡，以及网络空间信息技术和安全防范机制建设不相匹配，使得各种非传统安全威胁日益严重。

20世纪中后期以来，经济全球化加速发展，生产要素流动和产业转移加快，各国相互依存度日益加深，网络技术的发展正在改变着人们的社会生活，以信息流为载体的物流、资金流的安全随着数字化社会的发展越来越凸显出重要的地位。目前，赛博空间存在的不平衡、不和谐、不可信、不安全的情况日益严重：不平衡——拥有信息优势的西方国家掌握着赛博空间的关键技术，控制着赛博空间的核心资源；不和谐——各种垃圾信息污染着赛博空间，黑客入侵、恶意软件等干扰和破坏着赛博空间正常的运行秩序；不可信——存在着网站欺骗、主体欺骗、信息欺骗等形形色色的网络欺骗；不安全——赛博空间具有脆弱性，面临着赛博战争的威胁。这些都是我们必须应对的挑战。

从国家战略的角度看，首要面对的最大威胁是赛博战争。通过赛博空间对国家和国防关键基础设施发动先发制人的攻击（美国称之为"电子珍珠港事件"）。攻击者可以通过全球信息基础设施（Global Information Infrastructure，GII）进入国家信息基础设施（National Information Infrastructure，NII）和国防信息基础设施（Defense Information Infrastructure，DII），进而进入国家和国防关键基础设施实施干扰和破坏，这会给被攻击者造成不可估量的损失。

《赛博战争》一书将赛博战争表述为："赛博战争是指一个国家通过入侵另一个国家的计算机系统或计算机网络从而对其造成扰乱或破坏的行为。"赛博战争是在网（络）、电（磁）上进行的战争。战争是在赛博空间上进行的，主要有四种类型：针对整个社会的称网络战；针对政治系统的称政治战；针对经济系统的称经济战；针对军事系统的称指挥与控制战。利用赛博空间攻击目标国国家与国防关键基础设施的，叫基础设施战。赛博战争是未来战争的重要组成部分，未来战争是陆、海、空、天、电（磁）、网（络）上进行的全维战争。

第三节　赛博战略

一、赛博空间与现实世界

（一）物理空间

物理空间也叫实在空间，它是物质和能量存在的空间。农业时代和工业时代，人类的政治、经济、军事、文化等社会实践活动主要是在这个空间。在信息时代，网络和电磁波成了物理空间的重要组成部分，信息与机械的结合改变了物理空间的面貌。

（二）信息空间

信息空间也叫虚拟空间。它是信息存在的空间，是信息生成、处理与共享的空间，也是人们进行信息交流的空间。信息空间是物理空间的映射，与认知空间交互。信息空间早就存在，赛博空间出现之后使之发生了本质的变化。赛博空间已经成了人们获取信息的主要来源和交流信息的主要平台，成为进行政治、经济、军事、文化等社会实践活动的重要场所。

（三）认知空间

认知空间也叫决策空间、智慧空间。它是认知存在的空间（大脑）。认知可分为个体认知、群体认知和社会认知。赛博空间的认知交流速度很快、范围很广，个体认知比较容易转化为群体认知和社会认知。认知空间已成为赛博文明、信息战和心理战的主要空间。

将赛博空间的三个层次与现实世界的三个空间相比较可以看出，赛博空间物理层、认知层是现实世界物理空间、认知空间的重要组成部分，赛博空间的信息层近似于现实世界的信息空间。赛博空间改变了现实世界的组成、结构和作用，扩大了人类实践活动的范围。

赛博空间的互联网、物联网具有开放性、全球性、互通性、速达性、虚拟性、便捷性等特性，它产生了新的创造财富的方式（利用信息），改变了世界力量分布（信息武器和平台），缩短了全球距离，压缩了时间，使人们的生活、工作、思维方式发生了深刻的变化，为国家、组织和个人发展提供了新的机遇。

二、赛博空间的体系结构和赛博战略

作为复杂的计算机网络世界，赛博战略的目标是发展、安全与合作。赛博战略是赛博空间发展、安全、合作的全面规划，制定及时周密的赛博战略会对我国信息化建设和赛博空间中的社会实践产生积极的影响，这个战略的实施应当贯彻到我国智慧城市的建设过程中。

（一）发展

发展战略的目标：一是使我国在赛博空间获得优势地位，拥有自主知识产权的赛博空间关键技术以及与之相适应的科研体系、工业体系、管理体系；拥有质优量多的信息资源和配套的资源体系、服务体系；拥有一支德才兼备的赛博人才队伍；提高国民的信息素质和赛博道德水平。二是促使建立平衡、和谐、可信、安全的赛博空间新秩序，保障赛博政治、赛博经济、赛博军事、赛博文化等社会实践活动健康、有序地进行。三是建立健全标准规范体系、法律法规体系。

（二）安全

安全战略的目标：一是保障信息安全，维护知识产权；二是预防和打击赛博空间犯罪，维护赛博空间的秩序；三是做好防御赛博战争的各项准备，维护国家主权和利益。

（三）合作

合作战略的目标：一是促进发展。通过信息共享、技术交流、企业协作（虚拟合作、虚拟组织）促进我国信息技术和信息资源的发展，促进我国赛博经济和赛博文化的繁荣；通过联合制定信息技术和信息资源标准、赛博道德规范和法律法规，建立赛博空间的正常秩序。二是确保安全。构建国家赛博空间安全体系，联合防范和打击赛博犯罪，遏制赛博战争，确保我国政治安全、经济安全、军事安全、文化安全和信息安全。三是友好交往。在国际上，遵循"平等互利，合作共赢"的原则，在赛博空间发展和安全方面开展双边或多边合作。

赛博空间是一个体系，体系结构决定了体系的功能和作用，赛博空间的体系结构框架和战略如表1-4所示。

表 1-4　赛博空间的体系结构框架和战略

	技术（信息技术）	信息（信息资源）	人（信息社会）
发展	信息技术发展战略 芯片发展战略 软件发展战略 系统发展战略 网络发展战略 技术标准体系 科研体系 工业体系	信息资源发展战略 资源采集发展战略 资源组织发展战略 资源服务发展战略 资源利用发展战略 信息标准体系 资源体系 服务体系	信息社会发展战略 赛博政治发展战略 赛博经济发展战略 赛博军事发展战略 赛博文化发展战略 赛博文明 赛博人才
安全	信息技术安全战略 芯片安全战略 软件安全战略 系统安全战略 网络安全战略 专利保护 防伪技术 可信标识	信息资源安全战略 资源采集安全战略 资源组织安全战略 资源服务安全战略 资源利用安全战略 版权保护 加密、隐藏、认证	信息社会安全战略 赛博政治安全战略 赛博经济安全战略 赛博军事安全战略 赛博文化安全战略 赛博法制 赛博监管 赛博防卫

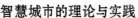

续表

	技术（信息技术）	信息（信息资源）	人（信息社会）
合作	信息技术合作战略 芯片合作战略 软件合作战略 系统合作战略 网络合作战略 国际国内 标准合作 虚拟合作	信息资源合作战略 资源采集合作战略 资源组织合作战略 资源服务合作战略 资源利用合作战略 国际国内 标准合作 共享合作	信息社会合作战略 赛博政治合作战略 赛博经济合作战略 赛博军事合作战略 赛博文化合作战略 国际国内 虚拟组织 法律法规 条约协定

需要说明的是：由于篇幅限制，表1-4中战略模块所列的只是部分内容，全部内容需要对每个战略模块进行具体的、详细的设计，在智慧城市建设中体现在具体业务应用上。

第二章　智慧城市及其发展现状

第一节　智慧城市的概念

智慧城市是宏观概念，它反映了社会对未来城市的知识化、信息化、高效益的一种愿望，着眼于城市发展整体的总效果，是城市信息化的重要内容，但是社会对智慧城市的期望并不局限于信息化，社会要求城市具有整体发展的智慧，信息化只是一部分支撑。智慧城市是信息化应用取得良好效益的知识型城市，它涵盖了城市社会生活的方方面面，从城市规划、应急响应、环境保护、物流优化、交通疏导到能源利用、智能家居等，涉及基础支撑与空间信息公共服务技术及平台、动态数据中心和基础共性平台等一系列信息基础设施建设。

第二节　智慧城市的特征

维也纳科技大学在《智慧城市：欧洲中等城市排名（Smart Cities：Ranking of European Medium-sized Cities）》一文中对智慧城市的特征进行了如下描述：智慧城市需要在智慧的经济、智慧的市民、智慧的城市管理、智慧的迁移、智慧的环境和智慧的生活六个方面有令人期待的优异表现，并且形成智慧的整体，这其中当然离不开市民的主动参与。需要强调的是，这六个方面并不是一成不变的，而是会随着时间的推移和科学研究的进一步展开而动态调整的。

一、智慧的经济（有竞争力，Competitiveness）

智慧的经济包括以下几方面：①创新精神（Innovative Spirit）；②企业人（Entrepreneurship）；③经济形象（Economic Image & Trademarks）；④生产能力（Productivity）；⑤灵活的劳动力市场（Flexibility of Labour Market）；⑥国际化（International Embeddedness）；⑦可塑性（Ability to Transform）。

二、智慧的市民 （社会与人类资本，Social and Human Capital）

智慧的市民包括以下几方面：①素质水平 （Level of Qualification）；②持续学习 （Affinity to Life Long Learning）；③多元化的社会和民族 （Social and Ethnic Plurality）；④具有适应性 （Flexibility）；⑤具有创造力 （Creativity）；⑥开放的 （Cosmopolitanism/Open-mindedness）；⑦公众生活的参与度 （Participation in Public Life）。

三、智慧的城市管理 （市民的参与，Participation）

智慧的城市管理包括以下几方面：①市民参与政策制定 （Participation in Decision-making）；②公众与社会服务 （Public and Social Services）；③透明的城市管理 （Transparent Governance）；④政治策略与观点 （Political Strategies and Perspectives）。

四、智慧的迁移 （公共交通与通信设施，Transport and ICT）

智慧的迁移包括以下几方面：①本地访问 （Local Accessibility）；②国际化访问 （International Accessibility）；③实用的 ICT 基础设施 （Availability of ICT-infrastructure）；④安全、先进、可负担的交通运输系统 （Sustainable, Innovative and Safe Transport Systems）。

五、智慧的环境 （自然资源，Natural Resources）

智慧的环境包括以下几方面：①吸引人的自然条件 （Attractivity of Natural Conditions）；②环境污染 （Pollution）；③环境保护 （Environmental Protection）；④可负担的资源管理 （Sustainable Resource Management）。

六、智慧的生活 （生活品质，Quality of Life）

智慧的生活包括以下几方面：①文化设施 （Cultural Facilities）；②健康条件 （Health Conditions）；③个人安全 （Individual Safety）；④居住品质 （Housing Quality）；⑤教育设施 （Education Facilities）；⑥吸引人的旅游 （Touristic Attractivity）；⑦社会凝聚力 （Social Cohesion）。

第三节　智慧城市建设的现状

从历史与现实看，"智慧城市"是应对城市不断增长、资源日益短缺的内在需求而产生的。在过去的一百多年里，全球经历了史无前例的城市化进程。1900 年，全球仅 13% 的人口居住在城市，当时百万级人口的城市仅有 12 个；20 世纪中叶，全球 30% 的人口居住在城市，百万级人口城市数量增至 83 个；到 2008 年，城市人口首次超过农村人口；现在，百万级人口城市已超过 400 个，其中 20 个都市圈人口超过 1000 万。全球城市还将继续快速扩张。据预测，到 2050 年，全球将有超过 70% 的人口生活在城市，这意味着每一年地球上都会增加7个"纽约"。亚洲城市化尤为迅猛，在印度，每分钟有30个人进入城市。到2030年将有11亿亚洲人进入城市。随着经济社会的发展，城市人口不断挑战历史新高，城市规模持续加速增长，城市经济增长和社会发展正面临着一系列难以克服的"瓶颈"问题，需要跨越式地提高城市发展的创新性、有序性和持续性，需要创新性地引入新的方法来解决问题。智慧城市建设不仅使城市实现跨越式、可持续发展，增强城市综合竞争力，更为破解城市发展难题提供了一次难得机遇。

一、国际智慧城市建设

"智慧城市"利用最新技术提高资源利用效率，实现节能化，因此受到各国政府的欢迎。目前世界上智慧城市的开发数量众多，特色鲜明，现在全球有200多个智慧城市的项目正在实施中。发达国家地区也是在产业转型和社会发展当中，认识到了智慧城市的前瞻性、超前性，相继提出了"智慧城市"的战略举措。

世界各国对智慧城市的理解不尽相同，并且采用了不同的系统架构与参考模型，因此，如何从系统层面对智慧城市进行评测，是世界各国城市在规划建设中亟须解决的问题。目前国内外还没有相关机构或政府部门成立专门针对智慧城市的评测机构来评估和指导各城市的"智慧城市"规划和建设工作。但随着各行业信息化的展开，我国已经成立了一些政府、民间或商业的评测机构及中心，具有代表性意义的有国家信息化评测中心和中国软件评测中心。这些评估机构的组织方式、评测体系与方法、运营模式都可以为智慧城市评测中心的创建与运营提供良好的借鉴与示范作用。

目前，美国、欧洲、日本、韩国、新加坡等国家均已启动了智慧城市相关的项目和技术研究，并在一些试点工程取得了较好的效果。美国率先提出了国家信息基础设施（NII）和全球信息基础设施（GII）计划；接着，欧盟又着力推进"信息社会"计划，并确定了欧洲信息社会的十大应用领域作为欧盟"信息社会"建设的主攻方向。在2007~2013年期间，欧盟为信息和通信技术研发所投入的资金达20亿欧元左右。最近欧盟委员会更将信息和通信技术列为欧洲2020年的战略发展重点，制定了《物联网战略研究路线图》。国际智慧城市组织ICF（Intelligent Community Forum）等相关机构相继成立，并开展"全球智慧城市奖"评选活动。

宽带网络作为国家信息化的重要基础设施，是承载智慧城市信息的重要载体，其重要性不言而喻，许多发达国家已经将宽带发展作为国家战略的重要组成部分。2009年，韩国、法国、意大利等发达国家相继出台了宽带发展的新战略，光纤接入成为其中的重要内容。

韩国是全球宽带发展得最好的国家之一，在国际信息技术与创新基金会ITIF发布的2008年全球宽带网络建设状况排名中，韩国排名第一。资料显示，韩国家庭宽带普及率为93%，平均速率为49.5Mbps。然而，韩国政府并不满足已取得的成绩。2009年5月，韩国发布了"绿色IT国家战略"，斥资4.2万亿韩元用于宽带提速，该战略计划构建比韩国目前宽带速度快10倍的"Giga（千兆位）互联网"。

在欧洲，宽带发展较好的德国于2010年已将宽带战略作为国家经济刺激计划的一部分。该战略预计在2010年让所有德国家庭都能享受到宽带服务，到2018年所有家庭的宽带速率将达50Mbps。意大利的宽带计划预计投资总额将达8亿欧元。从2010年开始，其为所有用户提供下载速率达 2Mbps 的宽带接入。法国拟通过全国贷款计划向高科技项目提供最多达 40 亿欧元的融资，其中大部分将用于补贴较小城市的高速宽带网络建设。英国则推出"数字英国"计划，该计划在宽带方面实施一项为期三年的国家计划，到 2012 年，英国的家庭至少能享受到 2Mbps 的宽带普遍服务。另据了解，澳大利亚启动了"光纤进家庭"的建设计划，该计划将耗资 434 亿澳元。建成后，可使澳大利亚 90% 的家庭和工作单位获得比目前宽带速度快 100 倍的互联网服务。当今世界的第一经济体美国同样重视宽带的发展。奥巴马政府上台伊始，就计划投资 72 亿美元用于乡村地区、欠发达地区和其他提出加大互联网建设要求地区的高速宽带建设。

"泛在网"是智慧城市基础设施建设中的重要内容之一，在此方向的标准化组织主要有 ITU-T，ETSI 及国内的 CCSA 等。动态感知方面主要有 IEEE，ISO，IETF 及国内的 WGSN 标准化组织。空间地理信息标准制定的组织有 ISO，OGC 及全国地理信息标准化技术委员会等。在具体应用领域，如智能交通、智能电网等也都存在相应的行业标准，如 ISO/TC 204 是制定交通信息和控制系统国际标准的技术委员会，还有 IEC 的第三战略工作组即智能电网国际战略工作组。

在智慧电网方面，美国得克萨斯州、丹麦、澳大利亚和意大利的公共事业公司正在建设新型数字式电网，以便对能源系统进行实时监测。在智慧交通方面，在瑞士斯德哥尔摩，一种新型的智能收费系统使城市交通流量减少了 20%，汽车废气排放减少了 12%；在英国伦敦，阻塞管理系统成功地将交通流量降到 20 世纪 80 年代中期的水平。在智慧物流方面，作为挪威最大的肉产品和禽肉生产商及供应商的 IT 子公司，Matiq 公司利用可跟踪性技术来跟踪产品从农场、供应链直至超市货架的过程，公司能够在整个价值链上捕获和分析数据，提高了效率，降低了成本，并通过改善库存管理和提高供应链响应速度以应对不断变化的客户购买模式，实现了供应链优化。

下面针对不同的国家介绍智慧城市相关研究和实践工作的最新进展。

（一）美国

1993 年时任美国副总统戈尔亲自主持实施"NII"即"国家信息基础设施"的规划。其主要意图是要在 21 世纪初用光缆把美国所有的企业、商店、研究机构、学校和家庭连接成一体。对此，西方发达国家七国首脑自然不愿美国独领风骚，紧跟着提出"全球信息基础设施"计划（GII），以谋求共同发展。

"国际信息基础设施"一词是在 1993 年 9 月 15 日美国政府发表的"国家信息基础设施行动动议"（The National Information Infrastructure：Agenda for Action）这一文件中正式出现的，它的英文原词是 National Information Infrastructure，缩写为 NII。与此同时，还出现了 NII 的同义词——信息高速公路，并在全世界掀起了讨论信息高速公路的滚滚热潮。

2009 年 1 月 28 日，奥巴马在就任美国总统后，在这一天与美国工商业领袖举行了一次"圆桌会议"。作为仅有的两名代表之一，IBM 首席执行官彭明盛明确提出"智慧地球"这一概念，希望通过加大对宽带网络等新兴技术的投入来振兴经济并确立美国的未来竞争优势。奥巴马积极地回应："经济刺激资金将会投入到宽带网络等新兴技术中去，毫无疑问，这就是美国在 21 世纪保持和夺回竞争优势的方式。"美国奥巴马政府将其作为保持和重夺国家竞争优势的根本所在，并将其上升到国家政策层面。IBM"智慧地球"战略的主要内容是把新一代 IT 技术充分运用在各行各业之中，即把感应器嵌入和装备到全球每个角落的医院、电网、铁路、桥梁、隧道、公路、建筑、供水系统、大坝、油气管道等各种物体中，通过互联形成"物联网"，而后通过超级计算机和云计算将物联网整合起来，人类能以更加精细和动态的方式管理生产和生活，从而达到全球"智慧"状态，最终形成"互联网+物联网=智慧的地球"。

伴随着"智慧地球"概念的提出，IBM 相继推出了各种"智慧"解决方案，包括智慧的电力、智慧的医疗、智慧的交通、智慧的供应链、智慧的银行业等，其中"智慧城市"是 IBM "智慧地球"策略中的一个重要方面。构建智慧的地球从城市开始，智慧城市是智慧地球的缩影。

2009 年 9 月，美国中西部爱荷华州的迪比克市与 IBM 共同宣布，将建设美国第一个"智慧城市"—— 一个由高科技充分武装的 6 万人社区。通过采用一系列 IBM 新技术"武装"的迪比克市将完全数字化，并将城市的所有资源都连接起来（水、电、油、气、交通、公共服务等），因此可以侦测、分析和整合各种数据，并智能化地作出响应，服务于市民的需求。IBM 还提出了未来几年内的一个计划：在美国爱荷华州的小城迪比克开展一个项目，该项目将通过使用传感器、软件和互联网让政府和市民能够测量、检测和调整他们使用水、电和交通的方式，以期打造更加节能、智能化的城市。通过完全数字化的方式将城市的所有资源都连接起来，可以侦测、分析和整合各种数据，并智能化地响应市民的需求，降低城市的能耗和成本，使其更适合居住和促进商业的发展。

哥伦比亚特区给排水管理局已经与 IBM 合作开展 First-of-a-Kind（FOAK）项目，即使用高级分析技术创建智慧水务系统，借以分析阀门、雨水管道、维修车辆、卡车路线等数据，进而优化基础设施。由于某些管道和其他资产的历史可以追溯到南北战争时期，对于管理局而言，在维持高水准服务的同时逐步更换陈旧设施也是一项长期挑战。

IBM FOAK 试点项目的目标是整合 IBM 资产管理和分析（Asset Management and Analytics）技术和服务，从而实现下述成效：自动安排现场维修车辆的行驶路线，优化工作管理流程。根据特区给排水管理局的预计，该局有效完成工单任务的效率至少能提高 20%。与此同时，由于车辆行程和通勤时间得以缩短，其燃油费用也能节省超过 20%。先进的计量设施所包含的分析技术能够更及时地确定并更换有缺陷或老化受损的水表，从而挽回大量的收入损失。借助预测分析服务，特区给排水管理局可以确定最急需维修的资产，从而更准确地安排老化基础设施的更换日程，以避免损失重大、导致服务品质下降的事故，如服务中断和总水管破裂等。

北卡罗来纳州威尔明顿的科普菲尔公用事业局（CFPUA）利用基于位置的智能系统提高给排水系统的效率和可持续性，从而为 6.7 万用户提供更好的服务。对于地处沿海地区的科普菲尔而言，每年的旅游旺季、不时来袭的恶劣天气以及使用了 100 年的老旧供水管线都时常对当地造成不利影响。因此，该地区需要一种智慧的方式来管理其不堪重负的基础设施。通过使用 IBM 的新型智慧水务系统以及 Esri 的 GIS 系统，科普菲尔当地官员现在可以测绘近 1500 英里的主管线和 143 个泵站，从而实时监控该郡的给排水管线问题。管理人员和现场团队可以计划任务的优先级，即确定哪些问题需要先解决、按照什么顺序解决，从而更好地确定问题根源。现在，一旦发生异常情况，系统便会自动生成工作通知单。借助地理智能服务可以实时了解整体运营情况，借以优化团队结构、提高工作效率。同时还能深入了解设备的详细历史记录，以及设备与整个社区的关系，尤其是目前正面临的基础设施老化问题，以及经济不景气带来的挑战，所以这种效益显得尤为重要。为了进一步加快响应速度，科普菲尔推行了无纸化系统，使工作团队能够借助 IBM 的 Maximo 软件使用卡车的车载电脑和无线上网卡更新其工作状态。此外，采用 IBM 软件后，泵站运行期间的抄表时间也从 4 天减少为 30 分钟。

此外，奥巴马政府将智能电网项目作为其绿色经济振兴计划的关键性支柱之一。2009年2月，美国总统奥巴马在发布的《经济复苏计划》中提出，计划投资 110 亿美元，建设可安装各种控制设备的新一代智能电网，以降低用户能源开支，实现能源独立性和减少温室气体排放。此外，美国能源部于 2009 年 5 月 18 日发布了第一批与智能电网相关的 16 个重要标准；美国电机电子工程师协会（IEEE）协同 NIST 发布了"IEEE P2030"计划，制定了智能电网的标准和互操作原则。2009 年 6 月，美国商务部和能源部共同发布了第一批智能电网的行业标准，这标志着美国智能电网项目正式启动。

2010 年 3 月，美国联邦通信委员会（FCC）正式对外公布了未来 10 年美国的高速宽带发展计划，计划将目前的宽带网速度提高 25 倍，到 2020 年，让 1 亿户美国家庭互联网传输的平均速度从现在的每秒 4 兆提高到每秒 100 兆。而此前的 20 世纪 90 年代，克林顿政府也曾耗资 2000 亿~4000 亿美元，计划用 20 年时间建成美国国家信息高速公路基础设施，该计划创造了巨大的经济和社会效益，并使美国成为全球信息产业强国。

"智慧城市论坛"（The Intelligent Community Forum）成立于纽约，目前致力于研究 21 世纪城市的经济和社会发展。无论是在发达国家还是发展中国家，城市都面临着如何保持繁荣、稳定和发展的挑战，而当今世界在工作、投资和发展上越来越多地依赖于网络和通信，因此智慧城市论坛从 2005 年开始和纽约理工学院开展合作，致力于研究智慧城市的建设实践并分享这些成功经验。2013 年，智慧城市论坛评选出了全球七大智慧城市，分别是美国俄亥俄州的哥伦布市、芬兰的奥卢布、加拿大的斯特拉特福市、中国台湾地区的台中市、爱沙尼亚的塔林市、中国台湾地区的桃园县以及加拿大的多伦多市。

（二）欧洲

1. 欧盟

欧盟目前正抓紧制定"2020 战略"。2005 年 7 月，欧盟正式实施"2010 战略"。该战略致力于发展最新的通信技术、建设新网络、提供新服务、创造新的媒体内容。阿姆斯特丹在 2000 年就启动了智能城市建设，并于 2007 年成立智能工作中心。在欧洲与智慧城市相关的方案中，柏林侧重交通，巴黎侧重规划，都柏林强调水资源管理，斯德哥尔摩强调市民与政府的互动，维也纳关注民生等。罗马学者提出过一种以事件驱动的智慧城市架构。2009 年 3 月，欧盟委员会提出了《信息通信技术研发和创新战略》，呼吁加大对信息技术研发和创新的支持和投入，使欧盟在该领域领先全球。2009 年 6 月提出了"欧盟物联网行动计划"，2010 年 9 月启动了"欧洲网络基础设施项目（EGI）"。

欧盟早在 2007 年就提出了一整套智慧城市建设目标，并付诸实施。欧盟的智慧城市评价标准包括智慧经济、智慧移动性、智慧环境、智慧治理等方面。评估结果表明，瑞典、芬兰等北欧国家以及荷兰、比利时、卢森堡、奥地利城市智慧程度较高。

2010 年 3 月，欧盟委员会出台《欧洲 2020 战略》，提出了三项重点任务，即智慧型增长、可持续增长和包容性增长。智慧型增长意味着要强化知识创造和创新，要充分利用信息技术。《欧洲 2020 战略》把"欧洲数字化议程"确立为欧盟促进经济增长的七大旗舰计划之一。2010 年 5 月发布的《欧洲数字化议程》分析了影响欧盟信息技术发展的七种障碍，包括数字市场间的壁垒、缺少互操作性、网络犯罪增加与风险、缺少投资、研发与创新不够、社会缺少数字技术知识普及、未能应对社会大挑战，并且提出了七大重点领域：一是要在欧盟建立一个新的数字市场，让数字时代的各种优势能及时共享；二是改进信息通信技术标准的制定，提高可操作性；三是增强网络安全；四是实现高速和超高速互联网连接；五是促进信息通信技术前沿领域的研究和创新；六是提高数字素养、数字技能和数字包容；七是利用信息通信技术产生社会效益并服务于社会。

"欧洲数字化议程"政策是《欧盟 2020 战略》中提出的七大旗舰计划之一，也是第一个付诸实施的。由于信息技术在现代社会的巨大辐射作用，这一政策的出台将有助欧洲经济实现持续稳定增长。

欧盟通过第七研究框架计划（FP7）对未来互联网、云计算、物联网等关键领域进行重点支持，攻克技术难关。欧洲第七研究框架计划中关于智慧城市的体系架构研究主要分布在信息和通信技术（ICT）上。依据现有设计理念，涉及智慧城市的有关信息通信基础的体系架构主要包含两层，即底层的泛在式信息通信基础设施及信息通信服务支撑技术集。每层又各自包含两个核心支撑技术集合。前者包括高速互联网接入及基于无线传感器与执行器（Actuator）的泛在分布，后者包括智能媒体服务支撑技术以及城域范围内对上述无线传感器基础设施的开放性接入服务。

2011 年 5 月，欧洲委员会审查了大约 140 个它们所支持的未来互联网研究项目的进展。欧盟资助研究的目的是为了使它成为刺激经济增长和就业活力的创新动力。目前 15 亿人正在通过网络进行连接，未来估计将有几十上百亿的物体相互间被连接。欧盟资助研究的目的是为了使它成为刺激经济增长和就业活力的创新动力。基于欧盟对各研究项目的资助，一个由政府与企业共同注资 60 亿欧元的合作企业在 2011 年 5 月 3 日成立，它将在未来发展用于建设和提升未来互联网的服务于创新业务模式的新途径。

其中，SENSEI 项目研究如何将物理世界融入数字世界中。SENSEI 创建了一个开放的商业驱动的 IT 框架以解决全球分布式传感器设备（比如公共交通传感器）由于渐增的数据流量而带来的问题。通过将真实世界与数字世界的连接将产生"智慧区域"。例如，将一些已经联网的无线传感器置入公共汽车，当有一辆公共汽车快要进站时，车站管理者可以接收一条信息，这将让他们迅速调度并使汽车能够更快地到达目的地。目前，SENSEI 系统也计划使现有的健康医疗系统、能源网络以及交通管理等基础设施变得更"智慧"，通过创新应用将它们的数据进行整合，为用户创造有价值的信息。这个系统已经在挪威进行测试，通过将牲畜装上 GPS 定位系统来让牲畜的所有者追踪他们放牧的地方。智慧城市服务已经在贝尔格拉德开始用于测量温度、湿度、公共汽车的二氧化碳排放量以及对汽车的行驶路线进行实时定位。市民们能够通过手机和其他网络应用获取这些信息。这个项目是由芬兰、法国、德国、意大利、爱尔兰、荷兰、挪威、塞尔维亚、罗马尼亚、西班牙、瑞典、瑞士和英国的产业界、大学与研究中心联合执行的。"欧盟第七研究框架计划"资助了该项目 1490 万欧元（项目总经费为 2320 万欧元）。该项目于 2008 年 1 月开始，已于 2010 年 12 月结束。

物联网架构项目则是研究如何将电脑、物体和人通过一个开放的标准连接到网络，同时保护他们的隐私与安全。今天，不同的设备与物体通过不同的工具（比如智能标签和智能传感器）进行连接，但它们之间却不一定互联互通。独立的数据系统仅仅能够处理有限的数据增长，并且不能很好地保护隐私与安全。系统与系统之间的不兼容将减缓未来物联网全球性解决方案诞生的速度。物联网架构模型研究如何在未来的互联网领域将智能家居、智能交通系统、健康监测系统、物流与零售企业等纳入到一个统一的标准化平台，将它们的数据转换为信息。同时，隐私与安全保护措施能够被更好地包含到这些创新技术的设计中以保护用户的个人资料数据。在 2011 年 6 月 6 日到 9 日的巴塞罗那"物联网周"上，欧洲物联网架构的第一个版本被提出。该项目由比利时、法国、德国、希腊、意大利、西班牙、瑞士和英国的产业界、大学与研究中心联合执行。"欧盟第七研究框架计划"资助了该项目 1190 万欧元（项目总经费为 1870 万欧元）。该项目于 2010 年 9 月开始，在 2013 年 10 月完成。

作为未来的发展趋势之一，物联网将在各个方面决定未来世界和人类社会的发展方向。所以，现在有必要对物联网开展全面的研究工作，对物联网的发展提出合理可行的建议，以利于物联网在欧洲的发展，造福欧洲各国人民。

为了迎接物联网这一挑战，欧洲物联网研究项目组（CERP-IOT）于 2009 年制定了《物联网相关的战略研究路线图（SRA）》。这一路线图不但综合了欧洲各界专家的意见，同时也汇集了欧洲专家与世界各地专家的交流成果。

欧盟将物联网发展分为三个阶段，短期阶段：主要开展 ICT 政策支撑计划（ICT Policy Support Program，PSP），目前有六大试点工程。中期阶段：启动未来互联网公共私有合作关系计划（Future Internet Public Private Partnership），十大项目于 2010 年 4 月启动。长期阶段：融入欧盟的未来互联网研究与实验计划（Future Internet Research and Experimentation，FIRE），这是学术界下一代互联网的庞大科研计划，物联网作为其中一个分支，以 WiseBed 和 SmartSantander 作为试验床开展深入研究。此外，欧洲同时启动了七大智慧城市试点项目，物联网技术在其中五个项目扮演重要角色，分别是 EPIC，Peripheria，Open Cities，Life2.0，TWIST。从这些项目和发展目标来看，欧洲对物联网的研发和投入具体到实施层面，更加偏重网络领域和传感领域的技术研究、部署和实现方法。

其中，EPIC（European Platform for Intelligent City）将构建一个以云计算为基础的、覆盖全欧洲的 Web 服务交付平台，采用一些未来互联网技术如物联网、移动计算、3D 等，实现灵活、可扩展、安全性高的平台。基于此平台试点的欧洲智慧城市项目向公众和企业界提供公共服务，并将智慧城市的开展作为 Virgin 城市的先期试点，试点的智慧城市包括罗马尼亚的特尔古穆列什（Tirgu Mures）、西班牙的巴塞罗那、英国的曼彻斯特、巴黎的伊西勒布林诺市向用户展现一个 Portal 界面，并提供 Relocation 服务（利用增强现实技术，在布鲁塞尔更好地定位）、城市规划服务（利用 3D 技术，基于手机终端的地理信息技术，在法国的伊西勒布林诺市提供城市规划水平）和智能环境服务（利用手机传感技术，在英国曼彻斯特让市民更好地感知周围环境，提高生活质量），这些都是非常具体的应用，这些服务的运行需要调用后端云计算平台的各类智慧城市元服务。最终形成一个 Web 服务交付平台和物联网应用的实验床，构建大量电子政府范围内的 Web 服务，制定出智慧城市的实施策略，并将智慧城市落实为基于云计算和 Web 的信息服务。

Peripheria 是为期 30 个月的欧盟研究项目，隶属于欧盟 PSP、ICT 和 CIP 大计划，包括 5 个欧盟国家 12 个城市，共同形成 Peripheria 智慧城市网络，将建立和实现 Peripheral 智慧城市之间的开放式服务融合平台（Open Service Convergence Platform，OSCP），这是在欧盟另外一个项目（Save Energy：Social Information Architecture）基础上的进一步提升和扩展，新增和融合了一些重要组件，包括传感网络、实时 3D 技术、手机定位服务等。

该项目为了更好地展示物联网技术在提升社会价值上的重要作用，将抽象出一些共性理论、方法和实践工具。此外，该项目重点关注智慧城市中政府职能转变和提供服务方式的变革，提出未来政府需要重点关注和发展的方向，包括多渠道、以市民为中心的服务提供方式；一站式、全生命周期和跨部门、跨行业的无缝服务提供方式；依靠民众参与的电子政务服务提供方式。在该项目所覆盖的 12 个欧洲智慧城市内部和城市之间，构建一个统一融合的未来互联网平台，实现一系列创新服务，从而改变传统工作和生活方式，改善和提高市民工作和生活水平。值得一提的是 Peripheria 不再将互联网仅仅看作一个技术产物，而是社会发展、社会技术交融的结果，由物联网、人联网和服务联网三部分构成的科技世界，其核心是人在各个社区中的交互，是未来城市发展的重要基础。

2. 西班牙

Smart Santander 是集欧洲科研力量、财政投入于一体的大型智慧城市项目，于 2010 年 9 月启动，持续 36 个月，有 8 个欧盟国家、15 个组织参加，耗资 800 万欧元左右。该项目将在西班牙的桑坦德市建立一个试验床，研究以物联网为核心的智慧城市的基础架构、关键技术、服务与应用。西班牙政府、Teleconica 电信运营商和 Cantabria 大学是 Smart Santander 的主要运营管理者，他们将以西班牙桑坦德市为中心，连同分布于欧洲其他地方的物联网实验基地进行协同实验，共同深化智慧城市理念和开展具体实践。Smart Santander 是目前全球范围内唯一的智慧城市实验基地。

3. 瑞典

瑞典的智慧城市建设在交通系统上得到了最大的体现。瑞典首都斯德哥尔摩交通拥挤非常严重，瑞典当局在 2006 年初宣布征收"道路堵塞税"。在 IBM 公司的助力下，斯德哥尔摩在通往市中心的道路上设置了 18 个路边控制站，通过使用 RFID 技术以及利用激光、照相机和先进的自由车流路边系统自动识别进入市中心的车辆，自动向在周一至周五（节假日除外）6：30~18：30 之间进出市中心的注册车辆收税。通过收取"道路堵塞税"减少了车流，交通拥堵降低了 25%，交通排队所需的时间下降了 50%，道路交通废气排放量减少了 8%~14%，二氧化碳等温室气体排放量下降了 40%。

4. 爱尔兰

智能科技在爱尔兰自然环境方面得到了成功应用。在爱尔兰戈尔韦湾（Galway Bay）的"智慧湾"（Smart Bay）项目中，系统从装在数百个浮标上的感应器获取信息，并从渔民那里获得短信，以了解水面漂浮的危险物体。信息被利用到各个渠道，包括避免渔船失事、向戈尔韦湾管理员发送涨水警告，以及帮助渔民把捕获的鱼直接卖给餐厅，让他们可以获得更高的利润。

5. 德国

T-City 是德国电信和德国城市腓特烈港共同进行的大规模生活实验室计划（2007~2012），旨在研究现代信息通信技术，示范如何提高城市未来的社区和生活质量。该计划还集合了阿尔卡特集团、三星集团、德国城镇发展协会、波恩大学等组织，这是德国第一次由城市居民、公司、学校、科学家、医疗机构、城市管理者共同进行日常应用性的创新。T-City 内的各项实验计划和目标都在建构未来生活形态，并且通过实验，为企业的创新建立坚实的基础。自 2007 年以来共进行了约 30 个项目，分为六大领域，基本上覆盖了城市生活的各个方面，如学习与研究：多媒体教育平台。请病假的学生可以在家上网同步观看上课情形；多语言翻译功能，移民学生也能了解授课内容；老师可以用来备课等。未来将从基础教育扩展到高校、职校等，进而整合成完整的行动教育网络。行动与运输：电子船票、水上活动 GPS 定位求救系统。发生意外时，只要使用手机按键即可发出求救信号，定位地点，内建软件，将姓名、联络方式等预先储存。旅游与文化：手语电话、城市观光导览信息、多媒体信息站、饭店信息系统、数字新闻频道等。城中设置八个听障人士公用电话，可以连通手语及翻译通话；旅客可以在网络上直接安排旅游行程等；各项活动日期、地图等都可利用网络传送到个人移动通信装置上。公民与政府：eGovernment，各项公众事务简便化。商业与工作：dDesk 移动办公室、手写信息数字转换、智能电表。全面换装智能电表，15 分钟内可将用电、煤气情形上传至用户个人网站平台上。提供网络办公平台，无论身在何地，只要连接上网，插入 dDeskKey 就可进入办公平台。健康与护理：德国第一套远程医疗系统。慢性心脏疾病患者在家中即可接受医疗院所的照护。

（三）亚洲及其他

1. 日本

2004 年，日本总务省就提出了"u-Japan"，旨在推进日本 ICT 建设，发展无所不在的网络和相关产业，并由此催生新一代信息科技革命，在 2010 年将日本建设成一个"任何时间、任何地点、任何人、任何物"都可以上网的环境。

2007 年东京市政府联合其他职能部门在全市成功推行了物联网应用。在"东京无所不在计划"中，应用先进技术将东京市内所设"场所"及"物品"赋予唯一的固有识别码，将真实世界的资讯或内容进行数字化处理后与虚拟现实空间结合。东京大学曾参与低碳信息化项目，将建筑内的空调、照明、电源、监控、安全设施等子系统联网，对电能控制和消耗进行动态、有效地配置和管理。传感技术和智能技术的应用大大减少了电能消耗，如当学生进入研究室时，其所经过的照明系统和其独享的空调设施会及时开启，而当其离开系统则会立即关闭。

2009 年 7 月，日本政府 IT 战略本部制定推出了"i-Japan（智慧日本）战略 2015"，旨在将数字信息技术融入生产生活的每个角落，目前将目标聚焦在电子化政府治理、医疗健康信息服务、教育与人才培育三大公共事业，计划到 2015 年实现以人为本、"安心且充满活力的数字化社会"，让数字信息技术如同空气和水一般融入每一个角落，并由此改革整个经济社会，催生出新的活力，实现积极自主的创新。

"i-Japan（智慧日本）战略 2015"是日本继"e-Japan"、"u-Japan"之后提出的更新

版本的国家信息化战略，其要点是大力发展电子政府和电子地方自治体，推动医疗、健康和教育的电子化。本战略的要点在于实现数字技术的易用性，突破阻碍其使用的各种壁垒，确保信息安全，最终通过数字化技术和信息向经济社会的渗透打造全新的日本。战略由三个关键部分组成，包括设置"电子政务"、"医疗保健"和"教育人才"三大核心领域，激活产业和地域的活性并培育新产业，以及整顿数字化基础设施，体现以人为本，创造使国民安心和有活力的社会。

该战略还提出整顿体制和相关法律制度以促进电子政府和电子自治体建设。关键是设置副首相级的 CIO，赋予其必要的权限并为其配备相关辅佐专家，增强中央与地方的合作以大力推进电子政务和行政改革。此外，延续过去的计划并确立 PDCA（计划—执行—检查—行动）体制，以通过数字技术推进"新行政改革"，简化行政事务，实现信息交换的无纸化和行政透明化。"i-Japan"战略有一个核心内容——"国民个人电子文件箱"，其目的是让国民管理自己的信息资料，通过互联网安全可靠地完成工资支付等各种手续，对其进行综合管理，使国民享受到一站式的电子政务服务，让其能够放心获取并管理年金记录等与其相关的各类行政信息，并参与电子政务。

日本政府已经认识到，目前已进入到将各种信息和业务通过互联网提供的"云计算"时代。政府希望通过执行"i-Japan"战略开拓支持日本中长期经济发展的新产业，要大力发展以绿色信息技术为代表的环境技术和智能交通系统等重大项目。在上海世博会上，日本馆更是以"连接"为主题，用信息化最新科技让人们看到未来 20~30 年城市"智慧生活"的美好场景，展会上所亮相的"未来邮局"融合了互联网和物联网技术，在邮局中不仅能够寄送信件，还能实现人与商品的智慧交流。

2. 新加坡

2014 年 8 月，新加坡政府公布了"智慧国家 2025"的 10 年计划。这份计划是之前"智慧城市 2015"计划的升级版。这是全球第一个智慧国家蓝图，新加坡有望建成世界首个智慧国。该计划为期十年，共投资约 40 亿新元，目标是"利用无处不在的信息通信技术将新加坡打造成一个智慧的国家、全球化的都市"；力图通过对基础设施、产业发展与人才培养及利用资讯通信产业进行经济部门转型等多方面的战略规划，通过包括物联网在内的信息技术、感应技术、生物识别、纳米科技等的演进带动信息通信相关产业的发展，以建构一个真正通信无障碍的社会环境，最终将使新加坡成为一个由资讯通信所驱动的智慧国家与全球都市。

到 2015 年，新加坡政府希望实现如下六个目标：90%的家庭使用宽带网络；100%的学龄儿童家庭拥有计算机；信息通信科技业带来 8 万个新增就业机会，其中 5.5 万个信息通信类工作和 2.5 万个附属类工作；信息通信增值产业的产值增倍，达到 260 亿新元；信息通信产业出口收入增长 3 倍，达到 600 亿新元；新加坡成为全世界成功应用信息通信技术为经济与社会创造增值首屈一指的国家。

新加坡政府将通过四大策略来完成上述六大目标的实现：建立超高速、广覆盖、智能化、安全可靠的信息通信基础设施；全面提高本土信息通信企业的全球竞争力；发展普通从业人员的信息通信能力，建立具有全球竞争力的信息通信人力资源；强化信息通信技术的尖端、创新应用；引领包括主要经济领域、政府和社会的改造，提升数字媒体与娱乐、教育、金融服务、旅游与零售、医疗与生物科学、制造与物流以及政府七大经济领域的发展水平。

"智慧国 2015"的一个战略要点就是发展完善的基础设施，到 2012 年，新加坡建成新一代的全国资讯通信基础设施，这包括建设超高速且具有普适性的有线和无线两种宽带网络。同时资讯通信发展管理局（IDA）还推出了相应的平台和新服务，进一步加强新一代资讯通信基础设施建设，为经济增长和社会发展打好基础。

资讯通信产业是新加坡经济发展的一个关键推力，IDA 通过吸引国外领先企业、刺激资讯通信创新和促进本地企业的国际化发展，全力发展具有国际竞争力的资讯通信产业，而充满活力的资讯通信产业将促进其他经济活动的增长。发展资讯通信技术的最终目的是要借此促进其他关键经济领域的发展，以提升国家和资讯通信产业的经济竞争力，使其惠及更多的国民。

新加坡在全球范围内引领电子政府发展，"整合政府 2010"的目标是通过资讯通信系统与公民建立良好联系，同时 IDA 正在计划下一阶段电子政府计划的总体规划，下一阶段的电子政府将借助新兴技术，顺应社会发展趋势，与私营部门和公众部门采取新的合作模式。同时 IDA 已经确定了在"智慧国 2015"计划中九个部门的行业转型，分别为数字娱乐媒体、教育、医疗卫生、中小企业发展、交通、金融、旅游、酒店和零售、贸易和物流产业。通过提供辅助资金、技术支持、合作征求计划等方式，IDA 推出了多个项目以促进资讯通信技术在这些行业的应用，进而帮助提高行业的服务质量，实现整体经济发展。

除此之外，在全球资讯通信行业都呈现出新机遇的大背景下，作为对快速进步的环境的回应，许多近期出现的战略性领域如云计算、商业分析、绿色资讯通信技术等都将包含到"智慧国 2015"计划中来。

在"智慧国 2015"的推动下，新加坡资讯通信产业的发展在亚洲排名首位并在全球排名前 10 位，特别是在电子政府领域，新加坡的表现更为优异。新加坡保持其在早稻田大学 2009 年及 2010 年电子政府研究排名的首位，在世界经济论坛 2010 年全球 IT 报告中，电子政府准备度分类指数排名第一，在最近公布的 IMD 世界竞争力年鉴 2010 年报告中，新加坡跃升两级，排名第一。

在电子政府、智慧城市及互联互通方面，新加坡的成绩同样引人注目。新加坡的智能交通系统（ITMS）使道路、使用者和交通系统之间紧密、活跃和稳定的相互信息传递和处理成为可能，从而为出行者和其他道路使用者提供了实时、适当的交通信息，使其能对交通路线、交通模式和交通时间做出充分、及时的判断。新加坡的电子政府公共服务架构（Public Service Infrastructure）已经可以提供超过 800 项政府服务，真正建成了高度整合的全天候电子政府服务窗口；其网络建设现有 130 万用户，其中 35% 的用户每周平均用网超过 3.6 小时，迄今为止，网速达 1000 兆/秒的新一代全国宽带网络已覆盖新加坡 35% 的房屋和建筑，并于 2012 年实现 95%；作为有线宽带的补充，"无线 @ 新加坡"项目通过 7500 多个热点提供速度高达 1Mbps 的无线 Wi-Fi 上网服务，相当于每平方公里就有 10 个公共热点。2009 年 6 月，新加坡政府宣布将其免费服务期延长至 2013 年 3 月 31 日。

3. 韩国

韩国信息通信部于 2004 年提出了"u-Korea"，并于 2006 年 3 月确定总体政策规划。

u-Korea 旨在建立无所不在的社会，即通过布建智能网络（如 IPv6、BcN、USN）、推广最新的信息技术应用（如 DMB、Telematics、RFID）等信息基础环境建设，让韩国民众可以随时随地享有科技智能服务。其最终目的除运用 IT 科技为民众创造食、衣、住、行、体育、娱乐等各方面无所不在的便利生活服务之外，也希望通过扶植韩国 IT 产业发展新兴应用技术，强化产业优势与国家竞争力。根据规划，u-Korea 发展期为 2006~2010 年，成熟期为 2011~2015 年。

在韩国，u-Korea 战略的核心是"IT839"行动计划。该计划的主要内容包括八项服务、三个基础设施、九项技术创新产品。2005 年，韩国政府将"IT839"行动计划修改为"u-IT839"行动计划。八大服务不再包括 VoIP，而是融合了数字多媒体广播（DMB）和数字电视，追加了网络电视（IPTV）。这意味着韩国将积极引入通信、广播的组合服务。在三大基础设施中，包含下一代互联网协议（IPv6）、宽带聚网（Broadband Convergence Network，BCNK）以及软件基础设施，这将极大促进韩国电子信息产业的发展。在九项技术创新产品中，把移动通信和远程信息服务（Telematics）结合起来，并增加了 RFID/USN，为打造"智能社会"打下基础。

建设 u-City 是 u-Korea 发展战略在韩国城市的具体实施。u-City 是一个可以把市民及其周围环境与"无所不在"技术集成起来的新的城市发展模式。u-City 把 IT 包含在所有的城市元素中，使市民可以在任何时间、任何地点、从任何设备访问和应用城市元素。u-City 发展可以分为互联阶段（Connect）、丰富阶段（Enrich）和智能阶段（Inspire）。互联阶段偏重信息基础设施建设，如无线网络、传感器安装；丰富阶段偏重服务，即提供无所不在的服务，如 u-服务；智能阶段偏重管控一体化，如 u-中心。目前，韩国 u-City 已逐步进入智能阶段，即利用"无所不在"技术（u-IT）特别是无线传感器网络，达到对城市设施、安全、交通、环境等智能化管理和控制。

韩国中央政府和地方政府都非常支持 u-City 建设。2007 年 6 月 7 日，为了 u-City 工作顺利落实，韩国信息通信部成立了 u-City 支援中心，首尔、釜山、仁川等 6 个地区成为u-City 示范区。2009 年，仁川市提出打造一个绿化的、信息化的、无缝连接的、便捷的生态型智慧城市。通过整合的泛在网络，市民不仅可以方便地享受远程教育、远程医疗、远程办税服务，还可以远程控制家电，以降低家庭能耗。

2009 年，韩国仁川市宣布与美国思科公司合作，以网络为基础，全方位改善城市管理效率，努力打造一个绿化的、资讯化的、无缝连接便捷的生态型和智慧型城市。通过整合式的公共通信平台以及 Ubiquitous（无所不在）的网络接入，消费者不仅可以方便地实现远程教育、远程医疗、远程办理税务事宜，还可以实现智慧化地控制房间的能耗。未来市民看病不需亲赴医院，医生通过专门的医疗装置就可以了解病人的体温、脉搏等情况，通过视频会议系统就可以完成"望、闻、问、切"。

韩国水原市依靠以中小型的通信科技、生物科技及纳米科技产业，创造了高度的经济成长，被智慧城市论坛（Intelligent Community Forum，ICF）评选为 2010 年度智慧社群。

2005 年，水原市政府提出了名为"快乐水原"的水原市整体发展计划，要把水原市打造为"名牌都市"。计划的目标是让水原政府以更透明、更有效率、与市民互动更多的方式来运作。尽管韩国有令人印象深刻、覆盖率排名全球第一的宽带基础设施，水原市仍决定发展自己的网络。因此，水原市得以利用原本就有的交通道路管线来取代租用线路，以削减经营成本，并将网络传输速度从韩国标准设计的 32Mbps 提高到 1Gbps；目前宽带网络在水原市的覆盖率已经高达 100%。当然，智能型的公共运输系统是不可少的。水原市政府斥资 396 亿韩元（约 2.4 亿元人民币）建设光教新市镇的公交车及捷运系统，并以信息和通信技术（ICT）来控制公共运输系统。

除了在水原市覆盖率高达百分之百的宽带网络，信息和通信技术在新市镇"无处不在"，除了在主要干道用来控制交通流量，每一个公车站和捷运站都有交通信息系统电子广告牌，向乘客大众提供最实时的交通运输工具状况。信息和通信技术也被用在犯罪和灾难监控以及水质监测上。当犯罪行为或火灾发生时，智能网络会自动发出警告，并通知警察及消防当局。此外，信息和通信科技在新市镇不只是服务人群，也用于监控湖泊及河流的生态环境和污染状况。

4.澳洲

布里斯班（Brisbane）是澳大利亚第三大城市，拥有全国最大的海港，是被誉为"智慧之州"的昆士兰州的首府和该州的主要工商业中心。布里斯班市政府通过"绿心智慧城市计划"，以"气候变化和能源工作组"为智囊团提供城市发展建议，推动绿色交通系统、绿色基础设施等绿色智慧城市建设行动，将布里斯班打造成为澳大利亚最为节能环保的城市之一。此外，布里斯班每年举办全澳洲的"智慧城市创新节"，通过构建开放的绿色智慧城市建设创新网络，高效推进"绿心智慧城市计划"的实施。

布里斯班市议会在城市建设中全面推行"Green Heart City Smart"计划，目标是在 2026 年将布里斯班建设成为一座"无碳城市"。"Green Heart City Smart"计划目前主要包含绿色清洁能源的使用、金融支持体系和生态多样化城市建设等几方面的内容，通过清洁能源技术的开发与利用、强化全民环保意识、制定环保法规政策、绿色基础设施建设、智能交通、城市生态建设等多方面举措，构建低污染、低排放、低能耗的绿色智慧城市。目前，布里斯班人均日用水量为 140 升，低于中国 2007 年人均日用水量 150 升的水平（中国目前这一指标已远高于 2004 年的水平）。2006 年布里斯班市每户居民的二氧化碳、甲烷等温室效应气体排放量为 16 吨，市议会努力到 2012 年将这一指标降到 10 吨。研究表明，为了阻止全球气候变化，地球上每年人均温室效应气体排放量应不高于 1 吨，这也是布里斯班节能环保计划的终极目标。

二、中国智慧城市建设

新中国成立以来，我国城市构成有了巨大的变化，已形成辽中南城市群、京津唐城市群、长江三角洲城市群、山东半岛城市群和珠江三角洲城市群。《中国城市发展问题观察》报告认为，中国城市群与发达国家的城市群相比较存在着五大问题：一是中国城市群对国家财富积累的贡献度低于发达国家城市群；二是中国城市群的首位城市作用与贡献度偏低；三是中国城市群仍处在经济粗放式增长阶段；四是中国城市群的劳动生产率偏低；五是中国城市群与国际上的主要城市群比较，人口密度过大，城市的人口密度过大必然给城市的可持续发展带来挑战。

"城市病"指的是人口向大城市过度集中而引发的一系列社会问题。在任何国家的经济发展过程中都会存在城市病的问题。面对越来越严重的城市病,必须寻找到解决和化解之道。北京、上海、广州、深圳等大城市原本是中国经济最发达、资源最集中的地方,但城市居民的生活舒适度却似乎在下降。城市病已经严重影响居民的生活质量,甚至有观点认为,我国已经进入城市病的集中爆发期。

"城市病反映的是城市建设的主导思想出了偏差",由于不清楚城市为谁而建,城市的管理者在单纯的利益驱动下,较少地关注普通人,于是房子越建越大、自行车道越来越少、各种公用设施越来越贵。主要体现在以下方面:

交通拥堵。在北京、上海等城市,拥堵已经成为常态,令人疲惫的交通消耗了市民太多时间,占用了太多的城市资源,浪费了大量的人力物力。

环境污染。在追求 GDP 阶段,建立了大量高排放、高污染企业,并且被政府保护起来,严重影响附近居民的人体健康和人身安全。

教育问题。除城市务工人员子女教育问题、高考户籍限制等教育资源不公平现象外,还包括教育资源的分配不均、城市教育资源的相对优化,大学招生的地域歧视等问题。

医疗问题。城市医疗卫生机构重叠,资源配置不均,不论是患大病还是小病都希望到大医院找名医看,城市基层医院和社区医疗单位则少人问津。

贫富差距拉大。在各个社会群体利益格局被重新调整的过程中,分配不公现象日益突出,社会财富分配的"马太效应"愈发明显,贫富差距越拉越大,工资"被增长"、"被平均"等则掩盖了贫富差距扩大的现实。

资源消耗巨大直接引发了能源紧张和气候变化。碳排放问题不但体现在总量大方面,而且还体现在区域差异性方面,我国经济发展很大程度上依赖工业和城市的发展,而东部是工业和城市高度集中地区,这使得东部地区碳排放量居高不下。

城市系统的脆弱。城市系统弱不禁风,往往一两个小时的暴雨就能让整个城市陷入瘫痪,山区城市更是潜伏着巨大风险,舟曲一场泥石流瞬间夺走了 1765 个鲜活的生命。

"信息孤岛"问题。城市管理者在过去的十年中,推进了一系列的信息化举措,比如电子政务、互联互通等技术化管理手段,但在这一过程中,由于主要是纵向推进,缺乏横向的整合,导致城市信息化在为公众服务上效果并不明显。

中国城市的膨胀速度超过发达国家的历史最高水平,医疗、交通、城管等一系列问题无不催促城市管理者尽快探寻出解决之道。"智慧城市"已成为医治"城市病"的最佳良药,是信息化向更高阶段智慧化发展的必然要求。智慧城市的本质是建设全新的城市"大脑"系统,即通过信息产品的应用建立智慧系统,大量的智慧系统构建成智慧城市。转变城市发展方式,以智慧统领城市发展,这要求每个城市都要为之作出回应。

第三章 智慧城市建设思路

第一节 现代城市模型

一、现代城市的功能

伴随着人类文明的脚步，现代城市已经由最初的以物易物的交换场所发展为高效加工物质、积累信息的场所，这代表了人类的技术进步、经济发展和社会文明的水平，也是政治动态和经济行为最活跃的地点。

城市是一定城市域范围内政治、经济、文化、宗教、人口等的集中之地和中心所在，是伴随着人类文明的形成而发展的一种有别于乡村的高级聚落。现代城市无论发展到何种阶段，最基本的功能仍然包含三大部分：载体功能、经济功能、社会功能，如图3-1所示。

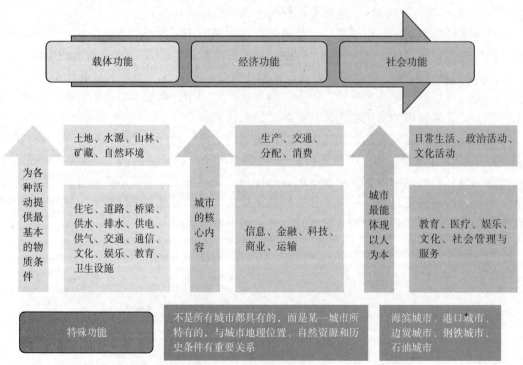

图3-1 现代城市的功能

载体功能以城市公共设施和环境为主体，包括土地、空气、水资源、能源、道路、房屋等，为城市提供基本的物质条件；经济功能以企业为主体，包括生产、分配、运输、消费、科技等，这些是城市作为生产力聚集形态的价值所在；社会功能以人为主体，包括城市居民的日常生活，各类政治、文化活动等，是城市以人为本的体现。此外，有些城市还具有特殊功能，如港口、矿产、交通枢纽、历史名城等，特殊功能与城市地理位置、自然资源和历史条件有重要关系。

二、城市构成的主体模型

与城市的基本功能相对应，城市由四大主体组成：政府（Government）、市民（Citizen）、企业（Business）、公共设施与环境（Public Facilities and Environment）。政府作为城市的管理主体，对于规划、维系和发展现代城市发挥着积极的作用，政府通过颁布各种法律法规，对城市各类主体的行为和活动边界进行界定，牵头组织城市公共设施与环境建设，为企业的经济活动提供良好的外部环境，为民众提供优质、周全的公共服务，协调与平衡经济社会及环境的关系，维护城市的健康持续发展。

在中国，城市信息化发展需要寻找一条将信息化、城市化相结合，具有中国特色的发展道路。图 3-2 展示了城市主体的"钻石"模型。

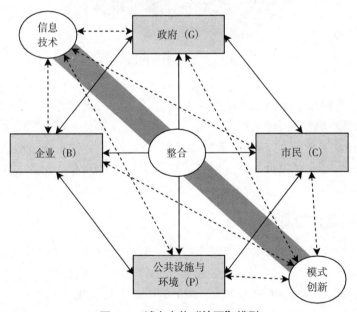

图 3-2 城市主体"钻石"模型

城市是由人（市民）、经济组织（企业）、管理组织（政府）、外部环境（公共设施与环境）四大主体构成的有机系统，而当前城市信息化的要素包括信息技术（Information Technology）、整合（Integration）及模式创新（Innovation），"智慧化"与"城市主体"相互作用，构成了智慧城市的主要内容。

第二节　城市生态圈

城市是一个有别于自然环境而又明显具备生态特征的生态圈，如图3-3所示。

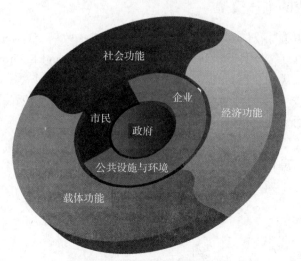

图3-3　城市生态圈模型

　　城市几大功能和几大主体之间的关系是对立统一、和谐共生的。经济、社会的发展既依赖于公共设施和环境，也依赖于市民的素质和创业精神，经济的发展有利于社会文明的进步和公共设施的改善，城市居民的幸福度、满意度对于城市吸引人才、发展经济、塑造良好的环境也有积极作用。经济的繁荣、民生的幸福、环境的和谐是城市追求的终极目标。

一、城市信息化的发展

　　城市信息化的发展大体可以分为四个阶段：第一个阶段（1.0）是信息与通信技术的普及，第二个阶段（2.0）是应用系统的建设与完善，第三个阶段（3.0）是面向对象的服务整合，第四个阶段（4.0）是对城市生态圈的智能调整与优化。

　　信息与通信技术是数字城市的基础。随着互联网的出现和普及，通信网络的全面覆盖与传输能力提升，电话、个人电脑、手机等通信终端的低成本化与功能多样化，高性能计算技术的迅速发展，城市的信息传输、计算和接收能力产生爆炸式增长，数字城市随之诞生并以日新月异的速度进化。

　　应用系统的建设与完善是城市功能信息化的重要标识。在这一阶段，城市各主体为了完成某种功能而使用信息技术，具体表现为企业的生产、财务、采购等职能的信息化，政府各委办局业务的信息化等。这一阶段以事务处理为核心，大大提高了城市主体的内部效率，积累了丰富的业务信息，但从城市整体来看，信息是零散的、无序的碎片。

面向对象的服务整合标志着数字城市发展进入了一个新的阶段。在这一阶段，面向对象的各类服务和信息被有机地组合为一个整体，市民、企业、城市基础设施以完整的形象接受管理和服务。以居民的健康信息为例，病历不再是一次次诊疗记录碎片，而是从出生到死亡的完整记录。

在服务和信息整合的基础上，借助科学的分析预测模型和强大的数据处理能力，数字城市将进入新的发展阶段——智慧城市阶段。真正的智慧城市，是对城市生态圈各主体与要素的实时、主动、弹性的调整与优化，实现资源、服务的需求与供给的有效平衡。以智能交通为例，不仅需要了解城市的道路状态、车辆运行信息，还需要了解城市居民的出行特点，对交通工具的偏好，对价格的敏感度等因素，制定出相应的道路管理、车辆配备、价格措施，以至于城市调整规划，才能真正改善城市的交通状况。

二、现有信息化基础

从目前国内城市的信息化现状来看，大部分城市还处在以应用系统建设与完善的阶段，面向对象的信息和服务整合刚刚起步。因此，对服务对象的特点和需求加强研究，对相关的信息和服务进行整合，建立完整的数据库和管理、服务体系，是目前智慧城市建设的重点。

经过多年建设，中国城市信息化已经具备了一定的基础。宽带、3G 无线城市得到广泛普及；电子商务成为企业、公众交易和协作的重要方式，网上购物、交友成为流行趋势；社会信息化水平日益提高，教科文卫、就业社保等社会事业对信息技术的应用日趋广泛；水电、燃气、热力、通信、公安、金融、医疗等行业建立网络服务系统，提高其服务的质量与效率；社区信息化有了长足的进步，开始出现网上社区服务、社区医疗，数字家庭初现端倪；建立了面向社会的政府网站，成为政府与市民信息沟通的桥梁，"十二金"工程初显成效，其支撑了各部门开展业务。

自城市管理实现信息化以来，在全国多个城市取得了丰硕成果，截止到 2009 年的数据统计，目前我国已有约 120 个城市建立了城市规划管理信息系统，400 多个城市建立了房产管理信息系统，100 多个城市测绘系统建立了数字化生产线，100 多个城市建立了综合管网信息系统；信息资源开发利用日益得到重视，信息成为辅助决策、指导行动的利器。

第三节 智慧城市参考模型

从城市的主体及其活动出发定义智慧城市的要素空间，依据要素空间，给出智慧城市的参考模型，包括概念模型、智慧模型、功能参考模型和体系架构参考模型。

一、智慧城市的概念模型

城市是人类文明的重要组成部分，城市也是伴随着人类文明与进步发展起来的，真正意义上的城市是工商业发展的产物。城市是人口较为稠密、工商业较为发达的地区，一般包括住宅城市、工业城市和商业城市等机能分类，并且具备行政管辖功能。城市的行政管辖功能可能涉及较其本身更广泛的城市域。城市有不同等级分类，如小城市、中等城市、大城市、国际化大都市、世界级城市等，对城市能级分类的一个标准是人口的规模。按城市综合经济实力和世界城市发展的历史来看，城市分为集市型、功能型、综合型、城市群等类别，这些类别也是城市发展的各个阶段。

集市型城市属于周边农民或手工业者商品交换的集聚地，商业主要由交易市场、商店和旅馆、饭店等配套服务设施所构成。处于集市型阶段的城市在中国称集镇。

功能型城市，通过自然资源的开发和优势产业的集中，开始发展其特有的工业产业，从而使城市具有特定的功能。它不仅是商品的交换地，同时也是商品的生产地。但城市因产业分工而形成的功能比较单调，对其他城市和城市经济交流的依赖增强，商业开始由封闭性的城内交易为主转为开放性的城际交易为主，批发贸易业有了很大的发展。这类城市主要有工业重镇、旅游城市等。

综合型城市。一些地理位置优越和产业优势明显的城市经济功能趋于综合性，金融、贸易、服务、文化、娱乐等功能得到发展，城市的集聚力日益增强，从而使城市的经济能级大大提高，成为城市域性、全国性甚至国际性的经济中心和贸易中心（大都市）。商业由单纯的商品交易向综合服务发展，商业活动也扩展延伸为促进商品流通和满足交易需求的一切活动。这类城市在中国比较典型的有直辖市、省会城市。

城市群（或都市圈）。城市的经济功能已不再是在一个孤立的城市体现，而是由以一个中心城市为核心，同与其保持着密切经济联系的一系列中小城市共同组成的城市群来体现。如美国东岸的"波士顿—华盛顿城市带"、美国西岸的"旧金山—圣迭戈城市带"和美国中西部的"芝加哥—匹兹堡城市带"，日本的东京、大阪、名古屋三大城市圈，中国台湾的"台北—高雄"城市带（中国台湾西部走廊），英国的"伦敦—利物浦"城市带等。广州所在的珠江三角洲地区城市和上海所在的长江三角洲地区城市实际上也正在形成两个经济关系密切的珠江三角洲城市群和长江三角洲城市群，整体经济功能日益凸显。

无论何种类型的城市，一般而言，市民、政府和企业（包括组织）是构成城市的主体，如图3-4所示。市民，即城市的居民。广义的政府包括立法机关、行政机关、司法机关和军事机关，狭义的政府仅指行政机关。城市政府一般是指地方政府，作为社会中最大的公共组织，不仅负有价值导向、安全保卫、维持秩序的责任，也肩负政治统治、经济管理、社会协调的社会寄托。政府具有公共属性，政府的职能是为公众服务。

政府职能也涵盖了社会公众生活的全方位，并且随着社会的改变不断适应从而进行发展。政府也同时为公众福利提供方便，创造条件，甚至通过直接提供公共物品提高公众的生活水平。从程序的角度看，政府的职能包括了决策、计划、组织、指挥、协调、控制等，其中，决策是政府的核心职能。

政府的职能可以分为政治职能、经济职能和社会职能。其中政治职能是政府最主要的职能，这主要体现在维护现存的政治秩序上。政府的首要任务是维护社会的正常运转，其次就是制定有利于国家与社会的政策以推动社会的进步。为了保证政府职能顺利

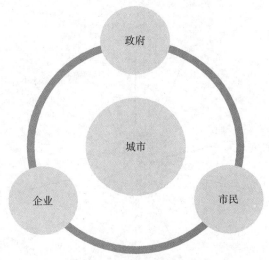

图 3-4　城市的构成主体

发挥作用，军队、警察、监狱等暴力机关对外保卫国家主权，对内维护政府统治，打击犯罪。在经济方面，政府通过财政和货币政策调节经济发展，保证宏观经济的稳定增长。经济低迷时期，通过减免税收、调节税率、加大支出等手段促进投资和生产；经济过热时，减少政府支出，减少货币供应量、提高利率，抑制需求，降低物价。同时政府通过税收和政府支出等手段对社会财富进行再分配，以保证社会公平与稳定。为了控制垄断和外部不经济行为，政府通过提高资源配置手段来保证企业间的公平竞争。政府还需要提供充分的政策和资金的支持，积极创造条件，促进经济结构的优化和转型，鼓励新兴产业的成长。政府还提供国防安全、公共工程、社会福利等公共产品为社会公众服务。政府作为社会公共组织，负有维护社会治安和秩序的职责，减少各种社会问题。牵涉社会公共利益的事务，例如交通、卫生、教育、文化、环境保护等，也往往是政府的责任。

企业是指把人的要素和物的要素结合起来的、自主地从事经济活动的、具有盈利性的经济组织。这一定义的基本含义是：企业是经济组织；企业是人的要素和物的要素的结合；企业具有经营自主权；企业具有盈利性。根据实践的需要，可以按照不同的属性对企业进行多种不同的划分。例如：按照企业组织形式的不同，可以分为个人独资企业、合伙企业、公司企业；按照企业法律属性的不同，可以分为法人企业、非法人企业；按照企业所属行业的不同，可以分为工业企业、农业企业、建筑企业、交通运输企业、邮电企业、商业企业、外贸企业等。

城市中主体参与的活动涉及文化、健康、教育、政务、建筑、金融、交通、资源、购物、旅游、环境、生活、环保和公共安全等诸多方面，如图 3-5 所示。

智慧城市主要体现在各种城市活动的智慧性上。对城市而言，所谓智慧，就是能够快速响应，高效率和高质量地进行城市的各种活动。或者说，智慧城市系统应该使城市主体能够及时得到所需的高质量服务。在各种城市活动中，政府、企业、市民之间通过各种应用系统获取、传递、交换相应的数据与信息。新一代信息通信技术（Information and Com-

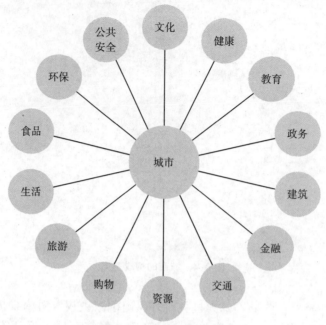

图 3-5　城市的主要活动

munication Technologies，ICT）的发展为智慧城市的实现创造了可能，通过健全、透明、充分的信息获取，通畅、广泛、安全的信息共享和有效、规范、科学的信息利用，使城市中的个人、企业、组织、政府、自然系统和人造系统之间更和谐地交互，提高城市运行和管理效率，改善城市公共服务水平，提高处理突发事件的能力，让城市成为和谐社会的中枢。

因此，构成智慧城市的要素空间可以概括为如图 3-6(1)所示的诸多方面。

文化	健康	教育	政务	建筑	金融	交通	资源	购物	旅游
• 文物 • 博物馆 • 展览馆	• 医疗 • 卫生 • 社保	• 初等 • 高等 • 职业	• 工商 • 税务 • 质检	• 规划 • 建设 • 管理	• 银行	• 道路 • 航空 • 铁路 • 公交 • 轨道 • 出租车	• 电力 • 水务 • 物流 • 能源	• 市场 • 商场	• 景点 • 导游

生活	食品	环保	公共安全
• 社区 • 娱乐	• 生产 • 流通 • 消费	• 环保	• 城管 • 监控 • 应急

图 3-6(1)　构成城市的要素空间

这些要素可以归结为三个大类：政务、产业、民生，目前正进行的数字化进程正是智能化的前期工作，如图 3-6(2)所示。

图 3-6(2) 城市的要素示意图

二、智慧城市的智慧模型

　　智慧城市建设不仅是技术的问题，更是涉及空间、经济、社会、制度和管理等全方位革新的新的城市发展模式，如与空间体系相关的城市发展、城市化等，与社会活动相关的电子政务、信息社会等，与经济活动相关的工业化、电子商务等城市管理的各个领域知识规律。尽可能优化整合各种资源，让生活在其中的人可以心情愉快而不是压力重重，即适合人的全面发展的城市，是一种对理想城市的新思考，是城市动态目标或者理想蓝图的宣言性描述，是运用综合技术解决城市发展问题的动态概念，是使城市更加高效、安全、便捷、和谐、生态、可持续的综合状态。智慧城市的研究目标是建立一个满足城市社会、经济发展需求，更加科学的城市社会系统。城市社会系统的特征不断变化，包括城市用地不断扩大、城市人口日趋密集、城市空间结构日益复杂、社会成员构成日趋多元等；城市社会系统的问题包括经济问题、管理问题、环境问题、社会问题、基础设施问题、城市发展模式问题等。智慧城市系统的特征包括要素物联、系统协同、设施整合、动力创新等；智慧城市系统的要素包括空间体系的优化、支撑体系的智能化、产业发展的持续化、社会自组织能力的高度化等。由战略体系、社会活动体系、经济活动体系、支撑体系、空间体系五体系共同构成的智慧城市的概念模型如图 3-7 所示。

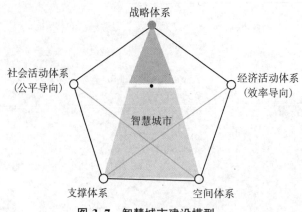

图 3-7　智慧城市建设模型

三、智慧城市的功能参考模型

智慧城市的功能参考模型如图 3-8 所示。

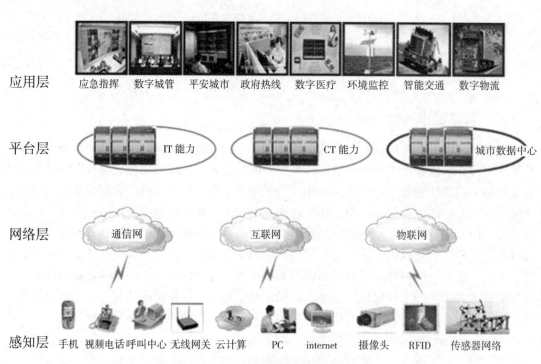

图 3-8　智慧城市的功能参考模型示意图

四、智慧城市的体系架构参考模型

智慧城市的体系架构参考模型有以下几个层面，如图3-9所示。

图3-9 智慧城市的体系架构参考模型

数据获取层：负责"智慧城市"数据的采集与获取，主要来源途径包括网络数据、感知数据以及各行业的专用数据等。

数据存储层：实现对数据的存储和管理，并提供数据安全、数据传输以及数据备份等相关功能。

数据活化层：通过数据关联、数据演进和数据养护等技术，实现对数据的活化处理，向服务层提供活化数据支持。

支撑服务层：通过各种软件中间件构建面向应用的公共服务支撑平台，向应用层的行业应用提供服务支持。

应用服务层：直接面向各级用户和终端设备，为各行业（城市域）和不同级别用户提供具体应用。

安全与认证：数据的安全与认证贯穿于数据获取、存储、传输、活化、呈现与服务的整个生命周期。

标准与评测：与安全认证一样，标准与评测涵盖了智慧城市的所有方面。

智慧城市建设体系架构层次如图3-10所示。

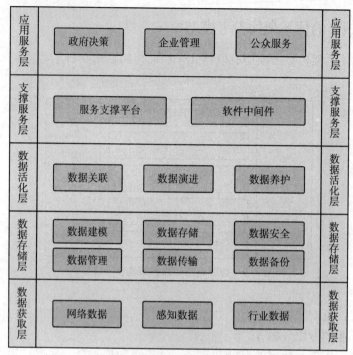

图 3-10 智慧城市建设体系架构层次

第四节 城市类型确定

一、按城市规模

衡量城市大小的数量概念包括城市人口规模与城市地域规模两种指标，通常人口规模是衡量城市规模的决定性指标。城市经济学对城市作了不同能级的分类，如小城市、中等城市、大城市、国际化大都市、世界城市等，对城市能级分类的一个标准是人口的规模。

随着现代城市的高速发展，2010 年底中国城市发展论坛发布《中小城市绿皮书》。绿皮书依据中国城市人口规模现状提出全新划分标准：城市常住人口 50 万以下的为小城市，50 万~100 万的为中等城市，100 万~300 万的为大城市，300 万~1000 万的为特大城市，1000 万以上的为巨大型城市。

根据此划分标准，上海、北京、香港、天津、武汉、广州、沈阳、重庆 8 个城市为特大城市，南京、哈尔滨、西安、成都、长春、大连、杭州、济南、太原、青岛、郑州、石家庄、昆明、兰州、淄博、长沙、南昌、乌鲁木齐、贵阳等 34 个城市为大城市，还涵盖 1000 多个中等城市和小城市。

特大城市人口数量、经济总量、城市交通、基础设施建设、民生保障及社会服务等都在国内具有较大的优势，是国家的政治经济中心，引领着社会的发展，具有较强的竞争实力。

大城市规模的数量为 34 个，是国家 GDP 的主要贡献者，占据了相当比重的城市人口，具备较高的国际贸易平台。

中等城市多以地级市为主，该规模的城市有力地推动着社会的发展，直接带动了农转非群体的扩大，城市中驻扎了众多中型企业，解决了民众就业问题，提供了丰富的物质基础。一般这部分城市都是在省政府的扶持下，以地方特色为发展基础，实现经济的快速发展。

小城市多以县级城市为主，全国近 2000 个。县级市是构成城市域的基本，相对以上大城市而言，小城市管理架构、组织体系、经济层次都显得较简单。

二、按城市类型

现代城市按照经济发展类型又可以分为工业型城市、经济型城市和资源型城市。

(一) 工业型城市

工业型城市指以钢铁业、重化工业、矿产开采业和机械制造业等为主的城市，代表城市有唐山、天津、沈阳、大同等。建设新型工业主导型城市，就是要在市域经济发展中以新型工业化为导向，以信息化和技术创新为动力，走出一条科技含量高、经济效益好、资源消耗低、环境污染少、人力资源优势得到充分发挥的路子，建成经济结构以新型工业为主体、经济增长方式得到明显改善、在一定城市域范围内具有先发优势和带动作用的现代工业城市。

(二) 经济型城市

经济型城市指以轻工业、旅游业、第三产业等为主的城市，如威海、桂林。该类型的城市经济发展形式多样、生态环境建设好、重点支柱产业包含餐饮、娱乐、旅游、体育、文化影视等，城市的发展形态是未来城市的方向标。

(三) 资源型城市

资源型城市指以生产和发展与资源开发有密切关系的城市。具体来讲，根据资源开采与城市形成的先后顺序，资源型城市的形成有两种模式，一种为"先矿后城式"，即城市完全是因为资源开采而出现的，如大庆、金昌、攀枝花、克拉玛依等。另一种为"先城后矿式"，即在资源开发之前已有城市存在，资源的开发加快了城市的发展，如大同、邯郸等。

我国的资源型城市主要集中在东北老工业基地。这些城市产业结构单一，以资源性产业为主导产业，并形成了一条关联度高、依赖性强的产业链。企业管理粗放，技术装备落后，劳动生产率非常低。

三、面向领域选择

(一) 智能政务

政府部门要充分发挥政府的职能，进行有效的监控和管理，同时为了增强民众和政府之间沟通的时效性，及时掌握有效的信息，就必须建立一个可以有效地收集、监测和分析所获得的大量数据的系统。

建立新型电子政务平台，连同本地各高校科研机构力量，致力于推动国家级创业中心、高新技术产品出口基地、产业园城市建设，促进信息产业发展，为经济发展提供优良环境，实现向服务型市政转型。一些困扰政府部门和市民的城市管理难题由于信息化的运用一下子迎刃而解。

1. 应急响应

在政务系统与城市公共服务和管理方面，协同办公平台、地理信息平台、云计算公共服务集成，可以实现一站式市政服务，让市民和企事业单位足不出户就能快速办理行政审批，提高政府服务的效率，降低运转成本，大大提高城市管理者的服务水平和城市居民的满意度，这是服务型政府建设的题中之意。在交通管理方面，采用智能交通解决方案，管理部门可以通过监控摄像头、传感器、通信系统、导航系统等实时了解交通状况，并进行模型预测分析，加上同其他相关部门系统的协同集成，有效缓解交通拥堵等事件的发生，并快速响应突发状况，为城市大动脉的良性运转提供科学的决策依据和管理服务工具。

2. 工商税务管理

税务终端信息化的应用系统提升了征收效率。税务信息化应用系统是以协助税务机关更好地进行税务征收和服务纳税人为目的，提供包括短信缴税提醒、税务登记和申报自动通知、纳税情况查询、纳税举报等多种功能。税务终端信息化应用系统在整合现有税务信息资源的基础上，利用终端平台，拓展了新的税务征收渠道和税务信息发布渠道，提升了税务征收效率，力求建设全市的公众电子政务自助服务体系。

3. 劳动力就业

智慧城市和智慧基础设施的建设，除了带动钢铁、水泥、电力、能源等传统行业的就业，还将消耗芯片、光纤、传感器、嵌入式系统等大量的计算机软硬件产品，从而拉动高科技产业增长，创造大量的知识型就业岗位，促进城市服务转型和服务经济增长。

通过智慧城市建设，可以有效地推进物联网、低碳、节能、环保等技术的应用，带动全社会科技投入，为知识型人才提供大量的就业岗位和发展机遇，加强产学研联合，促进关键技术的突破，推动智慧型装备和产品的研发制造等相关产业发展。同时，推进智慧城市建设，也是进一步提升城市信息化水平、促进信息化和工业化融合的战略举措，是推动战略新兴产业发展、产业结构转型升级的新引擎。

"智慧物流体系"能够促进产业结构和就业结构的优化，提高服务业比重，促进经济发展方式的转变，给城乡增加一系列的就业机会和就业岗位；"智慧公共服务体系"能够加快公共服务供给的社会和市场参与机制的建立和完善，使城乡居民在社区和村里就能享受到快捷、方便、优质、高效的公共服务产品，在教育、就业、文化、卫生、医疗、社会保障等公共服务上实现城乡统筹发展，从而协调城乡结构进一步向合理的方向发展。

(二) 智能电网

电力能源是支撑整个社会运行最重要的基础体系之一。随着经济社会的高速发展，我国经济和社会生活对电力需求不断增长，但原有电网系统运作已经濒临极限，配电公司处于两难困境：一方面，对高质量不间断服务的需求继续上扬；另一方面，监管部门不允许电力公司调高电价以改善基础设施。随着能源需求增长、价格波动、自然灾害、新能源立法，能源和电力行业正面对诸多挑战。

智能电网（Smart Power Grids），就是电网的智能化，也被称为"电网2.0"。它是建立在集成的、高速双向通信网络的基础上，通过先进的传感和测量技术、先进的设备技术、先进的控制方法以及先进的决策支持系统技术的应用，实现电网的可靠、安全、经济、高效、环境友好和使用安全的目标。其主要特征包括自愈、激励和保护用户、抵御攻击、提供满足21世纪用户需求的电能质量、容许各种不同发电形式的接入、启动电力市场以及资产的优化高效运行。

智能电网的主要特征有以下几方面：

第一，坚强。在电网发生大扰动和故障时，仍能保持对用户的供电能力而不发生大面积停电事故；在自然灾害、极端气候条件下或外力破坏下仍能保证电网的安全运行；具有确保电力信息安全的能力。

第二，自愈。具有实时、在线和连续的安全评估和分析能力，强大的预警和预防控制能力，以及自动故障诊断、故障隔离和系统自我恢复的能力。

第三，兼容。支持可再生能源的有序、合理接入，适应分布式电源和微电网的接入，能够实现与用户的交互和高效互动，满足用户多样化的电力需求并提供对用户的增值服务。

第四，经济。支持电力市场运营和电力交易的有效开展，实现资源的优化配置，降低电网损耗，提高能源利用效率。

第五，集成。实现电网信息的高度集成和共享，采用统一的平台和模型，实现标准化、规范化和精益化管理。

第六，优化。优化资产的利用，降低投资成本和运行维护成本。

现有电网总体上是一个刚性系统，智能化程度不高。电源的接入与退出、电能量的传输等都缺乏较好的灵活性，电网的协调控制能力不理想；系统自愈及自恢复能力完全依赖于物理冗余；对用户的服务形式简单、信息单向，缺乏良好的信息共享机制。

与现有电网相比，智能电网体现出电力流、信息流和业务流高度融合的显著特点，其先进性和优势主要表现在：

第一，具有坚强的电网基础体系和技术支撑体系，能够抵御各类外部干扰和攻击，能够适应大规模清洁能源和可再生能源的接入，电网的坚强性得到巩固和提升。

第二，信息技术、传感器技术、自动控制技术与电网基础设施有机融合，可获取电网的全景信息，及时发现、预见可能发生的故障。故障发生时，电网可以快速隔离故障，实现自我恢复，从而避免大面积停电的发生。

第三，柔性交/直流输电、网厂协调、智能调度、电力储能、配电自动化等技术的广泛应用，使电网运行控制更加灵活、经济，并能适应大量分布式电源、微电网及电动汽车充放电设施的接入。

第四，通信、信息和现代管理技术的综合运用，将大大提高电力设备使用效率，降低电能损耗，使电网运行更加经济和高效。

第五，实现实时和非实时信息的高度集成、共享与利用，为运行管理展示全面、完整和精细的电网运营状态图，同时能够提供相应的辅助决策支持、控制实施方案和应对预案。

第六，建立双向互动的服务模式，用户可以实时了解供电能力、电能质量、电价状况和停电信息，合理安排电器使用；电力企业可以获取用户的详细用电信息，为其提供更多的增值服务。

（三）智能物流

智能物流是利用集成智能化技术，使物流系统能模仿人的智能，具有思维、感知、学习、推理判断和自行解决物流中某些问题的能力。智能物流的未来发展将会体现出四个特点：智能化、一体化和层次化、柔性化以及社会化。在物流作业过程中的大量运筹与决策的智能化；以物流管理为核心，实现物流过程中运输、存储、包装、装卸等环节的一体化和智能物流系统的层次化；智能物流的发展会更加突出"以顾客为中心"的理念，根据消费者需求变化来灵活调节生产工艺；智能物流的发展将会促进城市域经济的发展和世界资源优化配置，实现社会化。

下面通过智能物流系统的四个智能机理，即信息的智能获取技术，智能传递技术，智能处理技术，智能利用技术来分析智能物流的应用前景。

物联网对供应链的影响包括：

第一，智能处理技术应用于企业内部决策，可通过对大量物流数据的分析，对物流客户的需求、商品库存、物流智能仿真等作出决策。实现物流管理自动化（获取数据、自动分类等），可使物流作业高效便捷，改变中国物流仓储型企业"苦力"公司的形象。

第二，智能物流可降低物流仓储成本。物流智能获取技术使物流从被动走向主动，实现物流过程中的主动获取信息，主动监控运输过程与货物，主动分析物流信息，使物流从源头开始被跟踪与管理，实现信息流快于实物流。

第三，智能传递技术应用于物流企业内部，也可实现外部的物流数据传递功能。智能物流的发展趋势是实现整个供应链管理的智能化，因此需要实现数据间的交换与传递。提高服务质量、加快响应时间，促使客户满意度增加，使物流供应链环节整合更紧密。

第四，智能技术在物流管理的优化、预测、决策支持、建模和仿真、全球化物流管理等方面的应用，使物流企业的决策更加准确和科学。借智能物流的东风，我国物流企业信息化将上一个新台阶，同时也促进物流行业实现信息共享的局面。

（四）智能交通

智能交通体系的构建将从根本上解决大中城市交通拥堵、出行困难的问题。城市中的每条道路都会增设路面感应装置，随时随地监测道路上行驶车辆的状况。由物联网技术将城市中的每个车辆都链接入网，随时提供整个城市道路运行整体状况信息。智能交通体系可以通过路面采集的即时信息实现道路管理的智能化。街口的红绿灯时间可以实现完全智能化调控，节约利用每一秒钟的道路空置时间。根据路面拥挤状况，随时开启或关闭关键路段的入口，缓解拥堵。城市智能交通系统可以为每辆出行车辆提供道路建议，合理对车辆进行分流。

智能交通系统可以实现道路的实时定价策略，通过经济手段，让人们根据自己的时间成本选择出行路段。伦敦、新加坡等地城市为缓解道路拥挤，都实施主干道在高峰时段增加道路通行收费标准的方式来减少进入主干道车辆的数量。未来智能交通方案中每个车辆都会增设定位标签以及付费终端，当车辆驶入设定的城市域内，通过扫描车内终端，将实现自动扣费。这样可以督促人们计算自己的出行成本和时间成本，更合理地利用城市中有限的道路资源。

智能交通体系可以解决大型城市停车难的问题，通过停车费分时分地段定价的方案，大大节省人力资源，提高空间资源的配置效率。北京、上海等大型城市停车难的问题近几年随着汽车保有量的不断增长而日益凸显。

许多城市已经开始实施市内停车费用分城市域、分时段的定价方案；然而，目前的计划实施耗费了大量的人力、物力成本。每个停车场都需配置专人收费；同时，由于停车费大大上涨，如何对停车场人员监管，避免私下交易也成为难题。未来智能交通方案中，车辆行驶及经停的时间都可以有精确的计量结果，并且实现自动扣费。此举可以免去停车场的人员耗费。计价方式也可以设置得更为灵活，可以细分每日的高峰停车时段和低谷停车时段，实行分时段收费等。

1. 城市智能公共交通系统

（1）公交信息系统。公交信息系统是智能公共交通系统的基础，是集成了信息采集、处理、融合等技术，将静态信息和动态信息融合为一体，并能够为公交运营管理和公交服务提供信息支持的核心系统。

（2）公交智能调度系统。公交智能调度系统包括如下四个模块：智能公交班次安排模块、公交车辆实时调度模块、公交调度优化模块和智能公交城市域调度模块。

（3）公交 IC 卡系统。IC 卡乘客乘车的交易记录还可以作为公交信息采集系统的数据源，为公交智能调度系统提供数据支持。

（4）公交车辆优先通行系统。公交车辆优先通行系统是公交车辆在信号交叉口优先通行和公交专用道不被社会车辆占用的保障系统。

2. 城市智能交通管理系统

（1）城市道路交通监控系统。城市道路交通监控系统发展的重要趋势之一就是增加交通环境监控系统，再通过交通信息集成处理设备等进行信息提炼、融合，形成有综合价值的基础交通信息。

（2）交通流采集系统。交通流采集系统包括交通车流和人流两种采集系统。

（3）智能交通信号控制系统。智能交通信号控制系统能够根据道路交通流变化实现对城市交通信号系统的自适应控制，对大城市域、多种交通方式的协调控制，以及对某种交通方式（如道路公共交通）的优先控制，同时具备交通信号控制仿真功能。

（4）交通违法取证系统。交通违法取证系统通常采用多种技术手段，如视频摄像、数码照相、光学照相等。

（5）交通突发事件自动检测系统。交通突发事件自动检测的目的就是尽可能迅速地检测到交通突发事件的发生，以便最大限度地减少交通突发事件对正常交通的影响。

3. 城市交通信息服务系统

（1）城市交通共用信息平台系统。建设智能型的城市交通共用信息平台是实现我国智能交通系统跨越式发展的基础与关键，智能交通共用信息平台可作为城市智能交通系统中的各个子系统系统集成、信息交换与共享的基础，为各相关部门制定交通运行控制方案和科学决策提供依据。

（2）公交乘客信息服务系统。公共交通信息子系统是提高公交方式出行可靠性的有效途径，同时也是引导交通需求均衡分布的有效手段。完善的公共交通信息服务系统可以为乘客提供多方位的信息服务。

（3）驾驶员出行信息服务系统。逐步引入用户服务的思想，通过交通广播、车载导航、道路交通信息发布屏等方式，将道路网上的交通运行状况或短时预报结果实时发布给驾驶员，引导驾驶员避开交通拥堵路段。

4. 城市智能收费管理系统

城市智能收费管理系统的建设，首先必须确定自动收费系统采用的技术方式。当前主流的自动收费系统包括 DSRC、ANPR 与 VPS 三种模式。

5. 城市交通安全系统

（1）汽车安全技术。汽车安全技术包括智能后视镜、驾驶员平面显示器、汽车夜视技术和事故安全助手等技术。

（2）交通紧急救援系统。紧急救援系统通过交通灾害信息的快速传递、交换等技术手段，支撑城市相关政府部门统一协调行动，快速高效地形成应急救援处置方案并付诸决策实施。

6. 城市交通仿真系统

城市交通仿真系统包括宏观仿真和微观仿真。所谓宏观仿真模型，适用于描述系统的总体特性，不追究系统中的个体行为和细节。微观仿真模型则着眼于描述系统中的个体特性，并试图通过真实反映系统中的所有个体特性来反映系统的总体特性。除以车为对象的城市交通仿真系统外，还应重点发展行人交通仿真系统。

（五）智能医疗

1. 智能城市与智能医疗

智能医疗体系的建立可以大大提高有限医疗资源的利用率，缓解居民看病难的问题。未来每个居民都会建立自己的电子病历，将信息录入智能控制数据库。去医院看病时，简单的疾病只要进行了相关检查，智能控制系统就可以很快给出最佳治疗方案。如果是复杂的疾病，病人在家的时候就可以将病情发给相关的医生，并且预约诊疗时间，这样就可以减少病人在医院的等待时间。

智能医疗体系可以令日常监督和护理无处不在，有效地进行提前预警，在疾病发生之前就提出防范措施。清晨洗脸、刷牙的时候，卫生间的监控系统就可以实时检测出人们今天的身体状况如何，如有异常情况出现，将会提出预警。佩戴的手表可以随时将人们的血压、脉搏等信息传输到保健医生那里，再播报医生提供的健康咨询。智能医疗体系还将构建老年人远程看护和紧急事件响应系统。

将物联网技术用于医疗领域，借由数字化、可视化模式使有限医疗资源让更多人共享——这样的智能医疗模式正是未来医疗服务产业发展的新方向。重点支持使用自主创新云计算产品与解决方案，构建以健康档案为核心的云计算模式卫生信息系统。

智能医疗可以通过物联网技术的运用，实现对人的智能化医疗和对物的智能化管理工作，城市域内有限医疗资源可全面共享，病人就诊便捷、获得诊治精准，医疗服务产业亦可随之升级。政府应当牵头建立各关联要素方联动机制与平台，并研究规划智能医疗体系架构及运作机制，协调发挥各等级医院医疗资源优势，共享医疗信息。

智能医疗利用现代信息技术延伸了传统医疗的覆盖能力，节省了传统医疗方式的时间和空间成本，因而能有效缓解老龄化带给整个社会医疗系统的巨大负担。同时，它作为全社会泛在网的一个子系统，也是未来智慧城市的有机构成。

　　与此同时，智能医疗需要大量的前期投入，而其投资回报周期长，也使政府外的民间资本对其望而却步。此外，统一智能医疗平台的行业规范及技术标准目前尚未出台，也使得行业的走向虚无缥缈。如果"头疼医头，脚疼医脚"，很可能重现很多垂直行业的教训，即大量投入构造出一个个非标准、规范不尽相通的信息孤岛，不得不再次为其相互连通付出巨大花销。因此，可由政府主导建立各关联要素方的联动机制与平台。这一平台可针对智能医疗各关联方进行常态化调研和分析，构建沟通渠道，厘清利害关联，形成智能医疗产业总体规划目标和思路。同时，政府对智能医疗体系架构及运作机制的研究规划，可以协调发挥各等级医院医疗资源优势，共享医疗信息，分享医疗专家库，支持基层医疗机构；政府还可以协调等级医院、基层医院和非公立医疗机构间的资源配置，使多方在智能医疗开展过程中取得"双赢"态势。

　　与此同时，运营商的作用也应得到重视。相关部门可发挥运营商在智慧城市的规划优势，引导其配合医院逐步推出适合本地特点的智能医疗应用。政府应适时引导有条件的非公立医疗机构进行智能医疗试点，并从资本层面着手对进入智能医疗领域进行投资的社会资本进行扶持和鼓励。

　　2. 智能医疗特点

　　第一，互联。经授权的医生能够随时翻查病人的病历、患史、治疗措施和保险明细，患者也可以自主选择更换医生或医院。

　　第二，协作。把信息仓库变成可分享的记录，整合并共享医疗信息和记录，以期构建一个综合的专业的医疗网络。

　　第三，预防。实时感知、处理和分析重大的医疗事件，从而快速、有效地做出响应。

　　第四，普及。支持乡镇医院和社区医院无缝地连接到中心医院，以便可以实时地获取专家建议、安排转诊和接受培训。

　　第五，创新。提升知识和过程处理能力，进一步推动临床创新和研究。

　　第六，可靠。使从业医生能够搜索、分析和引用大量科学证据来支持他们的诊断。

　　3. 智能医疗的具体应用

　　（1）整合的医疗平台。中国医疗系统的弊病在于未能充分利用广泛的医院网络资源，也未能开展信息共享。不同部门的重复登记和记录不一致使得数据十分混乱，影响了诊断的效率、增加了成本，使得转诊非常困难和低效。整合的医疗保健平台根据需要通过医院的各系统收集并存储患者信息，并将相关信息添加到患者的电子医疗档案，所有授权和整合的医院都可以访问。这样资源和患者能够有效地在各个医院之间流动，如通过各医院之间适当的管理系统、政策和转诊系统等。这个平台可以满足一个有效的多层次医疗网络对信息分享的需要。

　　（2）电子健康档案系统。当前，中国医疗系统面临的一大挑战就是医院之间缺乏信息交换和共享。信息整合仅仅限于医院级别，而且通常查询所需时间过长（要么是纸文件，要么分布在不兼容的系统中）。电子健康档案系统通过可靠的门户网站集中进行病历整合和共享，这样各种治疗活动就可以不受医院行政界限而形成一种整合的视角。有了电子健康档案系统，医院可以准确顺畅地将患者转到其他门诊或其他医院，患者可随时了解自己的病情，医生可以通过参考患者完整的病史为其做出准确的诊断和治疗。

发展和完善21世纪的医疗体系，必须采取智慧的方法进行信息共享管理。实时信息共享可以降低药品库存和成本并提高效率。有了综合准确的信息，医生就能参考患者之前的病历和治疗记录，增加对病人情况的了解，从而提高诊断质量和服务质量。智能医疗能够促成一种可以共享资源、服务及经验的新服务模型，能够推动各医院之间的服务共享和灵活转账，从而形成一种新的管理系统，使开支和流程更加透明化。

第五节 示范城市的试点选择

一、建设目的

（一）以人为本

第一，建设贴合民生福利、符合民众需求的信息化服务；第二，建设安全信赖的生活环境；第三，建设完善的商业基础设施；第四，实现透明和高效的政府工作。

（二）智慧创新

第一，建设智慧产业核心技术的发源地；第二，建设智慧城市创新创意应用的孵化器；第三，建设智慧生活的实验和示范城市。

（三）绿色城市

第一，建设低碳环保健康的城市；第二，实现绿色产业升级的经济；第三，实现辐射城市域的绿色运营中枢。

1. 更有效率的资源利用模式

第一，基于资源实时状态的优化配置可以有效提升资源产出效率；第二，城市资源在城市域间和运营机构间的广泛共享，提升资源的利用广度；第三，城市资源向公众和企业多渠道多层次的开放，增进资源的利用深度；第四，实时监控资源使用效率，建立资源使用的补偿机制，促进资源节约型社会的建立。

2. 更为灵活的敏捷运营机制

第一，实时监测突发事件并快速部署资源进行应对；第二，城市运营机构之间的整合与协作，提高政府工作的透明度和效率；第三，提升社会和环境问题处理的灵活性和敏捷性；第四，快速响应社会经济环境的变化，实现更为敏捷的城市转型。

3. 更加便捷的民生服务手段

第一，提供多样化手段，实现服务模式的快速创新；第二，通过虚拟和实体环境的结合提升城市服务的便捷性；第三，更全面地进行城市运营状态的监控，更有效地预防犯罪和开展调查；第四，更少的拥堵和排队，市民可以更好地均衡工作和生活。

4. 更具潜力的产业发展环境

第一，无所不在的高速宽带网络和随时随地的远程信息获取；第二，更为优化和高效的城市基础设施和产业发展服务体系；第三，信息丰富共享并互联互通，实现服务创新和产业服务水平提升；第四，打破产业分立的边界，从而带来新型的产业结构，带动集约型产业共同发展。

二、主要建设内容

(一) 建设全面覆盖的感知网络

第一，通过信号、ID 和位置感知网络的全面建设，实现对城市主要的公共场所、工商场所、家庭住宅、移动物体和郊野实现感知网络覆盖，实现城市动态的实时监控。

第二，视频感知网络。进一步完善城市公共场所摄像监控网络，实现视频监控网络对城市公共场所的全方位覆盖。

第三，环境感知网络。进一步完善环境监控网络，实现环境监控网络对大气、园林、海洋等环境的整体监控。

第四，行业应用感知网络。根据应用带动的原则，鼓励各行业物联网应用的深入发展，推动工矿企业、办公场所和住宅感知网络的部署。

第五，进一步推广 RFID 的应用范围，在 RFID 应用热点城市域部署 RFID 读写器公共网络。

第六，推动卫星定位系统在运输工具上的进一步应用。

第七，建设无所不在的下一代高速网络，支持多业务融合创新。

第八，建设高速传输网络，实现多种方式随时随地接入。

第九，加强城域网扩容优化的同时积极推进城域网多业务承载能力提升方案的实施，引入 IPv6 等新技术应用，提升网络的综合业务承载和差异化服务能力。

第十，大规模建设中继光缆和接入层光缆，其间继续建设并大规模使用 DWDM 系统，最终形成全光网络。

第十一，支持运营商建设高速移动无线宽带网络、国标地面数字电视单频网和移动多媒体广播电视网作为"无线城市"主体网络，以 WLAN 作为热点城市域高速接入的补充技术，全面实现在室外全覆盖和室内深度覆盖，建立无线宽带综合信息服务网络。

第十二，推进光纤到大厦、光纤到小城市、光纤到户、光纤到桌面进程，全面提高光纤化比例。

第十三，推动有线广播电视网络数字化双向化转换，普及双向交互机顶盒。

第十四，推动广电和电信业务双向进入试点，统筹规划和管理三网信息网络资源，建设以数字电视为核心、主干与接入实现三网融合的高清互动数字家庭业务商用试验网络。

(二) 建设开放共享的公共服务平台

第一，建设开放共享的公共服务平台，实现信息服务能力的整合。

第二，开放共享的公共服务平台的建设需要充分考虑现有的发展基础。

第三，数据整合打破信息孤岛，实现城市的信息共享，加强数据的统一管理，实现数据的准确性和及时性，建立从数据转化为价值的体系，实现数据从部门级到城市的提升。

第四，通过基础能力、服务与流程的全面集成，统一整合城市运营和产业，实现城市一体化运营；基于应用聚合门户，提供统一的智慧应用服务，实现整个智慧城市运营产业链的高效协同。

第五，整合视频监控、传感器、RFID 等多种感知专业网络，实现对城市感知网络的统一监控和管理，并在此基础上进行城市运营感知数据的统一分析与优化，从而实现对城市运营的智慧管理。

（三）建设统一保障的信息安全体系

第一，建立全面覆盖感知层、网络层、平台层和应用层的标准统一的信息安全技术体系、管理体系和集中监控的信息安全管理平台，全面管理实时信息安全风险。

第二，建立统一的信息基础设施信息安全管理体系，其主要包括人员管理制度、系统安全管理制度、机房安全管理制度、口令的安全管理制度。

第三，建立系统安全审核体系，提升应用系统开发质量，降低应用系统安全隐患，使用数字水印技术，确保数据及系统代码安全，提升知识产权保护能力。

第四，建设异地容灾备份系统，防范数据损毁和丢失，提升数据安全保障等级，建立授权及审计机制，防范非法访问数据信息，提升对用户个人信息的保护。使用智能分析处理技术，提升海量数据处理能力，加快对恶意数据及控制信息的识别。

第五，各异构传输网络之间建立跨网络认证机制，防范跨异构网络安全问题，提升信息跨网络传输效率，应用数据加密技术，解决网络传输过程中的泄密问题，提升数据信息完整可信程度。

第六，建设入侵检测系统，防范传感网络窃听问题，提升传感网络信息传输安全，确立访问控制机制，实现感知节点和基站的安全认证及安全控制，降低非法用户对传感设备的控制，采用态势分析技术，解决恶意代码攻击问题，降低传感设备故障风险。

（四）实施基础设施重点工程建设

第一，通过提升智慧城市运营能力水平基础设施重点工程，提升智慧城市运营能力水平。

第二，建设全面覆盖的感知网络。推进传感器全面部署，扩大包括 RFID 感知、位置感知、视频感知网络方面、环境感知网络等感知监控网络覆盖范围。

第三，建设"无线城市"，支持运营商建设 3G、DTMB、CMMB 作为"无线城市"主体网络，以 WLAN 作为热点城市域高速接入的补充技术，全面实现无线互联网在室外全覆盖和室内深度覆盖。

第四，推进"三网融合"：推动广电和电信业务双向进入试点，统筹规划和管理三网信息网络资源，支持建设以数字电视为核心、主干与接入实现三网融合的高清互动数字家庭业务商用试验网络。

第五，建设智慧应用集成平台：建设统一的智慧应用集成平台，实现智慧管理应用的集成和感知网络的统一管控，并为智慧公众和产业应用创造良好的产业发展技术环境。

第六，建设以超算中心为基础的基础设施共享服务平台。以超算中心为基础，建设统一的城市基础设施共享服务平台，通过高速网络提供用户所需要的云计算服务，方便实现硬件资源统一部署与维护。

第七，建设信息安全技术体系。建立全面覆盖感知层、网络层、平台层和应用层的标准统一的信息安全技术体系和集中的信息基础设施信息安全管理平台，预防和管理信息安全风险，提供实时全面保障。

三、评估指标

评价智慧城市建设，我们提出了由一级指标、二级指标、三级指标组成的指标体系。一级指标有六个：

第一，经济活力。主要有关城市的竞争力，对应所有围绕经济竞争力的要素，如创新能力、创业精神、商标、生产效率、劳务市场的灵活性和国内外市场的辐射力。

第二，市民素质。有关社会和人力资本，不仅是指学历或者教育程度，也包括社会性人群互动的质量、公共社会活动和外部活动的开放性。

第三，公共管理能力。公众参与的层面由政治参与者的各方面组成，包含城市管理和市民服务功能。

第四，通畅性。主要关于交通和信息网基础架构，国内和国际交往的便捷性，如便利的信息和通信技术基础系统，现代的可持续发展的交通系统。

第五，环境友好性。是指有魅力的自然条件（如气候和绿色植被），符合环保要求的污染与资源管理。

第六，生活幸福指数。指高质量生活的方方面面，如文化、健康、安全、家居和旅游。

智慧城市建设的评价指标图如图3-11所示。

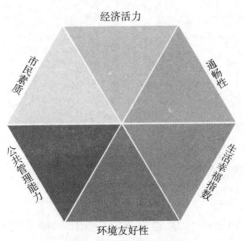

图3-11 智慧城市评价指标图

智慧城市建设的评价指标如表3-1所示。

智慧城市在上述六个指标上尽量均衡地发展，一共有32个二级指标和更精细的三级指标来评价城市的智慧度。按照指标体系，我们可以设定智慧城市的发展阶段（初级、中级、高级）和智慧城市发展成熟度。

表 3-1　智慧城市建设的评价指标

一级评价指标	二级评价指标
经济活力	创新精神 创业精神 经济形象与商标 生产效率 劳工市场的灵活性 产业国际化程度
市民素质	学历 终身学习的认同度 社会与种族的多元化 适应性 创造性 开放性、普世价值认同 公共生活的参与度
公共管理能力	决策中的公众参与程度 公共与社会服务水平 政府透明度 政府政策
通畅性	市内交通 国内外交通 信息通信系统基础设施 稳定的、安全的、创新的交通系统
环境友好性	有吸引力的自然条件 污染 环境保护 可持续的资源管理
生活幸福指数	文化设施 医疗条件 个人安全 住房条件 教育条件 旅游吸引力 社会凝聚力

四、示范城市的选择原则

（一）以大城市规模为主

由上文可知，随着现代城市的高速发展，根据中国城市发展论坛 2010 绿皮书规模划分，人口在 100 万~300 万的为大城市，应选择其作为示范对象。

（二）选择具备产业发展契机的城市

第一，有智慧产业基础。电子信息制造业、软件业、通信服务业具有全国领先优势。互联网是近期主导新兴产业，三网融合试点城市，具备丰富的网络资源。在 RFID 以及 GPS 细分市场具有优势。

第二，有智慧应用基础。政府近期筹划或已经开展大规模的智慧应用建设；产品封装商、系统集成商、运营商已先后开展多个应用，如中集智能货运、远望谷铁路运输、移动无线城市应用等。

第三，有智慧产业技术能力。RFID 技术产业覆盖较好，基于自身强大的研发实力，可以形成传感网关技术的发展基础；通信网络技术实力雄厚；在传统中间件方面有着较丰富的经验，具有良好的云计算发展基础，在一些行业应用领域也看到服务运营平台的雏形；在电力、交通、物流、公共安全等行业领域已经有智慧应用的雏形。

第四，有信息基础服务能力。超算中心计算存储能力、政府信息共享平台、多个公共技术服务平台。

第五，借助城市物联网兴起的契机。全球还没有建立起通行的获得各国公认的物联网技术和产业竞争格局。我国的物联网产业起步较晚，但发展较快，从芯片设计、制造、集成到系统应用，与国外各先进技术差距不大，基本处于同一水平，物联网技术领域的创新基本能够和世界先进水平保持同步。随着全国各地物联网产业促进力度不断加大，增加了城市的紧迫感。

第六，借助城市发展新技术的契机。NGN、光纤网、网络融合、移动互联网（云计算、海量数据）传感网、应用网关、中间件。

第七，借助城市产业发展转型的契机。在传统优势电子信息制造业的基础上，发展互联网、新能源、生物医药高科技产业。

第四章　智慧城市需求分析

第一节　现代城市的功能需求

如何在未来几十年内解决城市发展的诸多问题，保持城市又好又快地发展，智慧城市给出了一条基于信息技术的系统化变革之路。智慧城市以城市为主体，以信息化为手段，以产业化为依托，在整体规划的基础上，面向服务对象对已有的城市基础设施、应用系统、服务体系、信息资源进行整合，提升资源利用效率，实现信息与服务共享，逐步迈向幸福、繁荣、和谐、智慧的未来城市之路。

1. 政府

智慧的政府在未来的发展中应当利用信息化的手段来进行智慧的决策和调度，可以实现跨部门协同服务与监管，为企业提供一站式服务，实现市场一体化监控，保障食品药品全生命周期安全；联动、高效的城市管理系统、应急指挥系统，帮助政府处理社会事件，为居民提供安全的生存空间；科学、强大的决策支持系统，帮助政府合理调配社会资源、正确引导企业发展，平衡城市载体功能、经济功能、社会功能协调统一，健康发展。

2. 企业

未来智慧城市的发展会使企业通过网络方便地接受政府提供的各类管理和服务，帮助企业专注从事经济活动，实现企业智慧的设备执行。基于物联网的高效物流系统帮助企业加快产品流通速度，节省资金占用，降低生产和服务成本；完善的金融信用体系帮助企业快速获得发展所需资金，了解交易对象的信用情况，提升效率，降低风险；发达的电子商务系统助力企业捕捉市场机会、了解最新技术、实现产业链上下游的高效协调；智慧化的信息存储、分析、交流工具为企业提供法律、金融、通信、运输等配套服务，帮助企业适应复杂多变的经营环境，应对不同经营风险。

3. 居民

未来智慧城市的发展会使居民享受到智慧的信息服务。智慧化社区不仅为社区提供智能的安全保障与自动控制，还能为社区居民提供一站式网上办事、交流、购物、家政等服务，成为居民的电子管家；智慧化医疗实现家庭、社区医院和公共医院数字相连，主动进行健康关怀和指导，为居民提供触手可及的医疗服务；智慧化教育建立网上课堂，为每个孩子配备数字家庭教师，帮助家长实时了解孩子学习情况；智慧化家庭实现各种家电设备的统一管理和远程控制，与数字化社区、数字化医疗、数字化教育无缝融合，使家庭成为生活、娱乐、办公、学习、交流、保健的场所；智慧化旅游为游客提供游览、交通、餐饮、住宿、购物一体化服务，方便游客了解城市景观和人文历史，获取所需的帮助。

4. 公共设施与环境

未来智慧城市会建设遍布全局、集成、高速、双向、分级的通信网络，实现智慧的采集和监控。智慧化的地理信息、城市部件和地下管线管理，使城市管理者全面掌握城市的基础设施分布和使用情况；信息化的城市监控系统，实现对道路、公共场所、建筑的统一、联动监控，全面掌握城市运行情况，保障城市公共安全；智慧化的城市交通体系，实现自动测速、自动收费、交通拥堵状况自动提示，帮助居民选择畅通的道路，便捷的交通工具；智慧化的大气监测系统，准确地预报天气变化和空气质量；信息化的城市水网管理，收集自然降水、处理城市污水、供应清洁饮水、打造宜人的水系景观；智慧化的电力、热力供应系统，根据能源耗费情况自动调节能源价格，鼓励居民调整生活方式和促进企业进行产业升级，创造节能、环保、绿色的城市生态环境。

第二节　智慧城市需求分析模型

根据上述城市构成主体模型和城市生态圈，面向对象的智慧城市建设需求模型定义如图4-1所示。

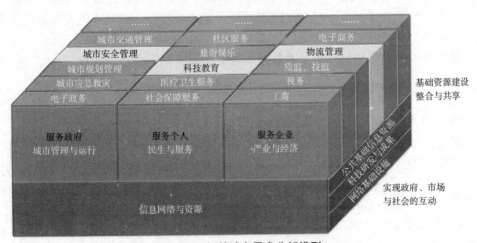

图4-1　智慧城市需求分析模型

智慧城市需求模型是由多层有机关联的系统组成的。

底层是信息网络与公共资源构成的基础平台；上层是按照政府、个人、企业三类应用服务对象运行划分的各类领域性智慧城市应用需求。

首先，服务政府的城市管理和运行领域需求：通过智慧化旨在辅助政府更高效地实现经济管理、社会管理和环境管理的公共行政管理职能。其次，服务个人的民生与服务领域需求：通过智慧化旨在推动以人为本和维系民生、权益保障的社会环境建设。最后，服务企业的产业与经济领域需求：通过智慧化旨在促进公平、诚信和健康的经济运行环境的建立。

第三节　公共基础设施和环境需求

一、自然环境

（一）智慧的国土资源

土地是生存发展的基础，是十分珍贵的资源。合理利用和切实保护土地是我国的基本国策。智慧的国土资源系统需要采用"以地为本、全过程、动态化的管理"的管理思路，以"国土资源合理利用"为核心，对国土业务整合，打破条线分割，实现业务联动，快速适应业务发展、政策不断发化的需求，以实现基础数据的共享及唯一性为目标。该需求包括：

系统需要从源头入手，提升土地规划、计划、审批的规范化、智能化，并对土地交易的全过程运行进行闭环管理。系统提供的地质灾害应急管理，包括日常管理、灾害预警、处置响应、灾后评估等应急指挥功能。

系统需要建立起数据挖掘、整理、分析的相应模型，将分布在各个系统中的属于土地建设、业务审批、执法监察等各个生命周期的数据，通过统一的模式放入数据仓库中，为决策分析提供数据资源，并根据用户需求，提供各种灵活的数据展现。

智慧城市国土资源功能需求参考模型如图4-2所示。

（二）智慧的环境监测

水、大气、噪声、自然生态等环境相关多个方面直接影响着目前人们生活的质量，也对生产和生活的可持续发展有重要的影响。

智慧的环境监测系统需要通过各类传感手段实时监测水、大气、噪声、废弃物、化学品、辐射等各类关键环境要素的动态，并将监测数据实时传递和共享，在此基础上开展各项智能化的应用，包括规划、审批等日常管理以及环境监管执法、应急处置等。智慧城市环境监测需求参考模型如图4-3所示。

（三）环境保护

面对日趋强化的资源环境约束，必须增强危机意识，树立绿色、低碳发展理念，以节能减排为重点，健全激励和约束机制，大力发展环保产业，增强可持续发展能力。

以加强环境监测能力建设为重点，以提高环境监测质量控制水平为主要内容，建立完善的、智慧的城市地表水、饮用水水源、环境空气、噪声等环境质量监测网络体系和预警体系，制定统一污染物排放标准和环境影响评价，尽可能地减少人工干预环节，保证环境监测数据准确、代表性强，确保安全可靠、及时传输，促进数据间的互联互通，提升环境质量综合分析能力，推行自然灾害风险评估，科学安排危险城市域生产和生活设施的合理避

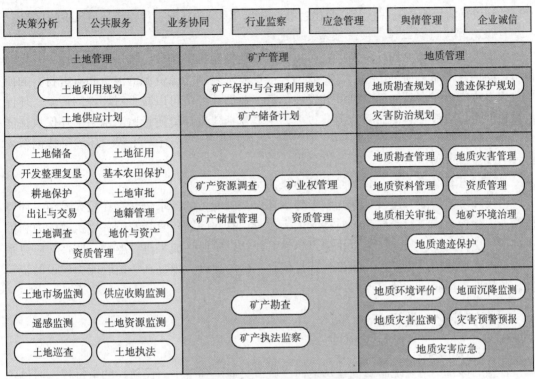

图4-2 智慧城市国土资源功能需求参考模型

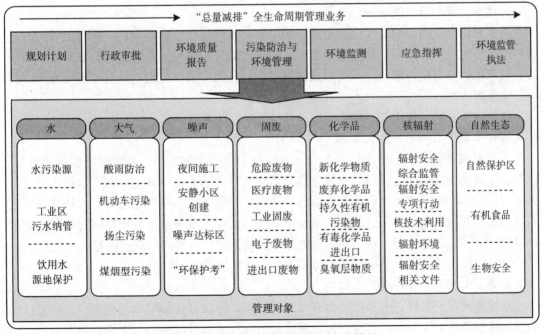

图4-3 智慧城市环境监测需求参考模型

让，达到说得清环境质量现状及其变化趋势、说得清污染源状况、说得清环境风险的目的。

1. 做好环境保护工作，促进生态文明建设

大力发展环境监测和环保产业，可以更有效地控制污染排放，推进环境治理。开发绿色节能的信息产品，通过传感网、物联网等信息技术限制能源资源的浪费和有害材料的使用。建立废弃电子产品的回收制度和发展信息产业循环经济可以减少对环境的污染。环保信息化的重点应放在环境监管能力建设上，主要包括建设环境质量监测网络、环保执法能力、重点污染源自动在线监控系统、环境综合评估体系、"金环"工程、环境科技创新支撑能力建设等方面。

2. 通过环保信息互联，促进监管能力提高

由于环境监管能力建设工作与新形势下环保基础能力的需求仍然存在较大差距，环境监管能力建设总体滞后的局面没有得到太大改善，有些问题还直接影响环境执政能力和推进环保历史性转变。因此，信息化建设仍然需要结合阶段性成果进行监测、监察、应急系统等重点领域的信息化投入和建设。通过信息平台的建设，提高环境监管能力建设的统筹性、整体性、协同联动性。

二、智能化人造设备

（一）智慧的综合交通

智慧的综合交通系统需要涵盖从地面（城市交通）到空中（民航）的全过程，通过各类技术手段更透彻地感知交通动态，并实现交通相关系统互联互通，以提升交通运行效率以及便捷化服务水平，以改善人们的出行为目的。该体系的需求如下。

1. 建立智慧的城市交通一体化系统

需要对城市交通车辆、人员、企业、场站等对象进行全生命周期的一体化的管理，并进行交通信息资源的整合，从而基于全面的数据建立分析模型，提高交通行业辅助决策能力；同时还需要支持智慧的公共交通提供接口，对各类交通信息进行综合处理和发布，提高公众服务水平。

智慧城市交通一体化系统功能需求参考模型如图4-4所示。

2. 建立智慧的机场一体化系统

管理对象涵盖航班、资源、服务这三类机场生产运营的主体，并实现对航班的计划、执行、完成的全生命周期管理。通过智慧一体化支撑机场业务一体化，包括以机场运营数据库为核心、以信息集成平台为基础的各生产运营系统、应急指挥系统等。一体化系统还需要与机场其他弱电子系统如广播、航显子系统等实现系统集成，并能够通过外部数据接口系统从空管、航空公司、民航总局等外部单位的系统获得所需的航班信息。

智慧机场一体化系统功能需求参考模型如图4-5所示。

3. 建立智慧的空管一体化系统

空管系统在安全性、可靠性方面有极高的要求，不仅直接影响着飞行安全，也直接影响着民航服务水平。智慧的空管一体化系统需要围绕着航班的全生命周期，涉及航班生产运行全程信息链条上的所有业务部门，包括ACC、终端中心、运控中心、各空管分局站及部分局职能处室，同时还对军方提供航班信息通报，完成极其重要的军民航协调工作。

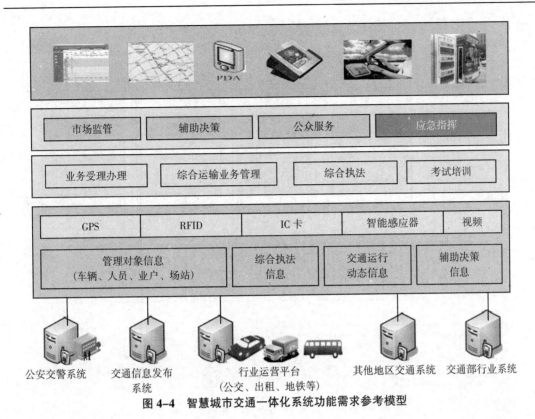

图 4-4 智慧城市交通一体化系统功能需求参考模型

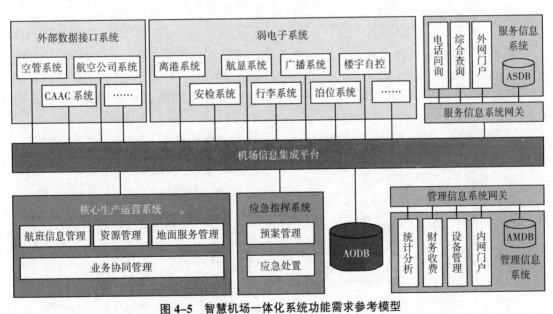

图 4-5 智慧机场一体化系统功能需求参考模型

　　智慧的一体化系统框架需要包含一个平台、两套体系和 N 个专业应用。一个平台是指空管一体化业务基础平台，通过该平台实现与各外部系统（情报、气象、自动化系统等）的信息集成。N 个专业应用是指航班信息处理、管制运行（塔台、进近、区管运行管理子模块)、流量管理、信息服务和业务监管与协同等空管与专业应用系统。

智慧的空管一体化系统功能需求参考模型如图 4-6 所示。

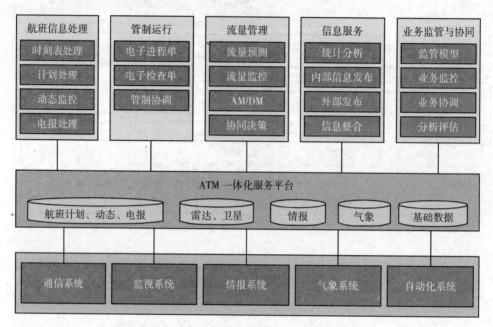

图 4-6　智慧的空管一体化系统功能需求参考模型

(二) 智慧的地下管网

地下管网是城市基础设施的重要组成部分。城市地下管网包括给水、排水、燃气、热力、电信、电力、工业管道等几大类,它就像人体内的"神经"和"血管",日夜担负着传递信息和输送能量的工作,是城市赖以生存和发展的物质基础,被称为城市的"生命线"。

地下管网综合管理系统是一个面向城市规划与建筑管理的系统,以 GIS 技术为核心,实现了"普查成图与监理入库相结合、全面普查与竣工测量相结合、规划审批与现代信息相结合"的综合性管网信息系统。

地下管网的智慧化需要做到以下几点:

第一,形成一种城市地下管网综合管理的新模式。实现实地探查、测量与成图一体化的地下管网普查方案;外业勘测、内业成图和建立信息系统的一体化建库方法;建立普查成图与监理入库相结合、全面普查与竣工测量相结合、规划审批与现状信息相结合的系统建设一体化模式;具有空间决策支持和专家系统的综合性地下管网信息系统。

第二,建立一种新的地下管网管理机制。以地下管网数据库为基础,为城市规划、设计、施工和管理提供决策依据,避免盲目施工;借助地下管网综合管理平台,统筹、协调各施工单位的建设计划,避免重复开挖、重复填埋以及施工冲突;建立预警、应急机制,对地下管网事故隐患进行实时监测、预报,对突发自然灾害、环境灾害、人为灾害进行及时定位、辅助决策。

第三，充分发挥新技术在地下管网综合管理中的作用。通过 GIS 技术的应用，强化地下管网的规划核实；扩展原有建设工程项目报建所用的地形图或四至图的概念与使用方法，以"综合管线图+断面图"作为报建底图，提高规划设计的准确性与科学性。

三、信息基础设施

(一) 网络通信设施

1. 物联网

物联网基本思想最早出现于 20 世纪 90 年代末。物联网是一个基于因特网、传统电信网等信息承载体，让所有能够被独立寻址的普通物理对象实现互联互通的网络。物联网这个概念最初来自物流行业的需要，除了物流领域，物联网应用能遍及环境保护、智能交通、现代服务、公共安全、平安家居、工业控制、卫生健康、食品溯源等多个城市应用领域，建设面向智慧城市的物联网将实现更加精细和动态地管理生产生活，提高资源利用率和生产力水平，改善人与自然间的关系。

知名咨询机构赛迪顾问研究显示：中国物联网产业在公众业务领域以及平安家居、电力安全、公共安全、健康监测、智能交通、重要城市域防入侵、环保等诸多行业的市场规模均超过百亿甚至千亿，2010 年中国物联网产业市场规模将达到 2000 亿元，至 2015 年，中国物联网整体市场规模将达到 7500 亿元，年复合增长率超过 30%，市场前景将远远超过计算机、互联网、移动通信等市场。

目前在我们城市建设的各主要领域，物理基础设施和信息基础设施的建设往往是分开进行的。然而，随着城市政府、企业和居民需求的不断进步，将计算技术拓展到整个城市居民生存和活动的空间，将居民活动的物理世界网络化、信息化，实现物理世界与信息系统的整合统一的需求已逐渐成为新的技术发展趋势。在此背景下，物联网成为未来智慧城市信息网络已经成为越来越多人的共识。

2. 宽带网

相对于早期拨号式接入的"窄带"网络而言，宽带网是指能够提供音频、数据、多媒体等多种服务的基于 IP 的高速宽带网络，而智慧城市的宽带网在这个概念上进行进一步扩展，在内容上具有自身的特点：宽带网基础建设在智慧城市体现了对新一代网络互联诉求。高速光传输系统、智能多层域光交换网和电信级以太网技术的应用使骨干网速度达到 Tbits 级，高速光纤接入，无线宽带网络的热点大规模部署最终实现全城覆盖，无线通信网络 3G/4G 的成熟与发展，三网融合的推进进一步打破了互联网、移动通信和有线电视网络间数据传输的壁垒，全面升级了现有城市网络的带宽与数据传输速度，打造全新的适应智慧城市业务应用的数据传输高速、无缝传输平台。

现代城市中的数据呈现爆炸式增长，这其中既涉及传统行业，例如医疗卫生、教育培训、新闻媒体的信息化数据，也包括现代电子商务的兴起所带来的网上交易的繁荣。此外覆盖城市街道、社区、工厂企业、商业中心、交通枢纽、机场、车站码头、公交车辆和娱乐场所的视频采集设备和遍布城市用水、大气、办公场所等在内的环境监测的各式样数据采集设备每时每刻都在获取大量的数据，这些数据通过无线、有线、光纤等网络介质，最终汇聚到城市的海量数据中心。宽带网络保障这些数据从数据采集节点到数据中心间可靠、高效传输，而及时更新的数据对数据后期处理与分析的合理性、数据挖掘结果的准确性和相关决策的制定与上层业务的开展具有重要的意义。此外业务融合产生新的智慧城市的业务模型，智慧城市的业务应用将是多个部门数据相互关联、相互协作、相互融合的结果。宽带网络保障了数据流在各部门间的畅通。

3. 移动互联网

移动互联网是将移动通信和互联网二者合二为一的产物，是以宽带 IP 为技术核心的，可同时提供话音、传真、数据、图像、多媒体等高品质电信服务的新一代开放的电信基础网络，为政府、企业、居民提供在任何时间、任何地点都能够安全、方便、快捷、高效地获取的无线宽带服务。

最早，移动互联网是以短消息服务的方式为人们所接受的。最近几年，随着 Wi-Fi、Wimax、3G、TD_LTE 等无线通信网络技术的成熟与推进，移动通信和互联网已成为具有最大发展趋势的两大业务。迄今，全球移动用户已超过 15 亿，互联网用户也已逾 7 亿。中国移动通信用户总数超过 3.6 亿，互联网用户总数则超过 1 亿。从移动互联网的用户数量看，中国已超过 3900 万用户。其中第一次访问移动互联网的时间距现在不到半年的比例约为 1/4，在一年以内的比例接近一半，在两年以内的比例约为 3/4。中国互联网络信息中心数据显示，新增用户的迅速增加表明网民对移动互联网的使用需求越来越强烈，在短时间内会对全行业的发展起到推动作用。

如今，随着移动互联网的蓬勃发展，无线通信技术的日益成熟为无线城市的建设提供了强大的动力和完善的技术支撑，其已成为城市公共基础设施之一。移动互联网在未来的智慧城市各领域，如指挥交通、电子政务、城市应急和城市管理等应用中将得到广泛的应用。

4. 光通信网络

现今，伴随着我国经济的快速发展与人们收入的大幅增长，政府、企业与居民的各项需求日益加大。对于居民，追求自身生活高质量的需求导致高清电视、VOD、互动游戏和电视上网等各种家庭网络新业务不断涌现。对于企业，除了基本的话音业务、高速上网等业务外，还存在 IPTV、视讯会议、视频监控、TDM（E1）专线、VPN、"云计算"等多样化的业务需求。对于政府，随着城市规模的不断扩大，城市的管理、安全与应急成为一个无法轻视的环节，需要提供一个实时、稳定、高速的管理平台。由此可见建设高带宽的光通信网络已是一种必然的趋势。

在国际上，日本是最早进行光通信技术研究和应用的国家，其于 2004 年 3 月确立了"u-Japan"的发展战略，积极推进光纤到户（FTTH）为主的光接入系统规模应用。截至 2007 年 6 月，FTTH 用户已超过 880 万，2011 年据估计达到 3100 万。韩国政府也在 2004 年确立了"u-Korea"的国家信息化战略，韩国主要电信运营商 KT（韩国电信）计划到 2007 年底发展 80 万 FTTH 用户，到 2015 年达到 1000 万用户。美国 2011 年 FTTH 用户据估计达到 1000 万。我国起步较晚，而且速度较慢，面临着比较大的压力。到 2011 年国内 FTTH 用户估计超过 1100 万。

建设"光网城市"是建设智慧城市的前提，其发展程度将直接影响到智慧城市各应用领域系统的发展，是提高城市核心竞争力的有力支撑。

(二) 空间信息设施

1. 空间定位技术

近年来，人们使用 RFID 和传感器从物理世界当中获取各种各样的信息，这些信息又通过网络最后传到用户或者服务器端，为用户提供各种各样的服务。所有采集的信息必须和传感器的具体位置信息相关联，否则这个信息就没有任何意义，可以说定位技术是智慧城市的一个重要基础。目前各种定位技术已经得到了广泛的应用，比如在大地测量里现在使用最广泛的就是 GPS，用于进行我们国内的大地测量。另外在各种交通运输行业，如轮船导航、汽车导航以及飞机导航方面都用到了 GPS 定位系统，目前很多的智能手机都已经安装了 GPS 定位系统。可以说 GPS 系统是目前最成功地得到大规模商业应用的系统，而且取得了非常好的社会效益。

随着 GPS 技术的飞速进步和应用普及，它在城市测量中的作用已越来越重要。当前，利用多基站网络 RTK 技术建立的连续运行卫星定位服务综合系统（Continuous Operational Reference System，CORS）已成为城市 GPS 应用的发展热点之一。CORS 系统不仅是一个动态的、连续的定位框架基准，同时也是快速、高精度获取空间数据和地理特征的重要的城市基础设施。CORS 可在城市域内向大量用户同时提供高精度、高可靠性、实时的定位信息，并实现城市测绘数据的完整统一，这将对现代城市基础地理信息系统的采集与应用体系产生深远的影响。它不仅可以建立和维持城市测绘的基准框架，更可以全自动、全天候、实时提供高精度空间和时间信息，成为城市域规划、管理和决策的基础。该系统还能提供差分定位信息，开拓交通导航的新应用，并能提供高精度、高时空分辨率、全天候、近实时、连续的可降水汽量变化序列，并由此逐步形成城市灾害性天气监测预报系统。此外，CORS 系统可用于通信系统和电力系统中高精度的时间同步，并能就地面沉降、地质灾害、地震等提供监测预报服务、研究探讨灾害时空演化过程。深圳市建立了我国第一个连续运行参考站系统（SZCORS），目前已开始全面地测量应用。全国部分省、市也已初步建成或正在建立类似的省、城市 CORS 系统，如广东省、江苏省、北京市、天津市、上海市、广州市、东莞市、成都市、武汉市、昆明市、重庆市等。

近年来物联网的应用方兴未艾，已经引起了各方面的注意。在很多的应用场景中，如地下停车场车辆的调度以及工厂内部物流以及各种物料的运输和管理中需要对物料进行定位。特别是近年来，随着国家安全、公共安全以及生产安全问题的日益突出，各种需求日益迫切。比如，近年来我们国家煤矿瓦斯爆炸事件频繁发生，很多企业也逐渐开始采用定位系统，对矿工的生产管理进行实时监测。除了日常可以进行打卡和管理之外，在紧急情况下可以用实时定位系统，对人员的救助提供帮助，提高抢救效率。

基于各种定位应用技术需求，目标和应用场景多种多样，对于定位技术的精度和参数要求也不一样。目前人们在定位技术方面也做了各方面的研究，从最早期的 GPS 定位系统到现在的 3G 定位系统，利用已有的基础设施，Wi-Fi 的定位系统，还有精度更高的超宽带、超声波定位系统，从全球到局部，从室外到室内，囊括广域和局域，从高精度到中、低精度的各种应用场景，相关的跟踪、导航以及自动化控制可以达到方方面面。

GPS 技术除了可以提供各种定位服务之外，其位置信息还可以为消费者、企业或者政府提供各种各样的位置服务。从人员的及时定位以及紧急情况下的救助到企业内部管理，

智慧城市的理论与实践

比如人员的管理、车辆的调度以及国家的一些紧急情况，如果发生灾难以及其他一些重大事件，都可以利用 GPS 系统的定位服务。美国知名公司对基于位置服务的广泛应用和场景做了一个预测，2009 年基于位置服务的市场份额有 26 亿美元，预计到 2014 年底将达到 140 亿美元，可以说基于位置服务的市场前景是非常广阔的。

空间定位技术可以广泛应用于物流、公交、出租车调度；运钞、邮运、危险品车辆监控；城市救援、应急联动处理等领域。这些典型应用将对规范行业管理、监测城市生态环境、减轻城市交通拥堵、提高应急反应能力具有重要的作用，是智慧城市的有力支撑。当前空间定位技术手段种类较多，但是相对独立，无法提供无缝集成的智能化位置服务，迫切需要研究制定相关的规范标准以及制定互联接口。

2. 地理信息系统

（1）空间信息基础设施。发达国家一直重视空间数据共享与服务的基础设施建设。美国在 1994 年就提出建立国家空间数据基础设施（NSDI），其目标是要尽可能地减少重复工作，提高地理空间信息质量，并使空间信息更加容易访问。澳大利亚空间数据基础设施（ASDI）为用户和提供者（包括政府、经营部门、非营利部门、学术界、一般公众各阶层）寻找、评估、下载和使用空间数据提供基础。欧洲各国重视通过空间信息基础设施建设的应用，欧洲太空局于 2002 年启动了欧洲空间信息设施计划（INSPIRE），以此大力促进本国和各国间的地理空间信息的共享。CGDI 是加拿大的基于公共标准和规范的开放信息技术基础设施，其目的是为了提供使用互操作、可重用的组件开发各类系统，以满足服务提供商、数据提供商以及应用开发者的需求。

我国国家测绘局在"九五"事业发展规划中把建设我国的空间信息基础设施（CNS-DI）放在优先建设的位置。经过多年的努力，CNSDI 分别在多尺度国家级基础地理数据库建设、空间数据标准的研究和制定、空间数据交换网络体系的建立以及空间数据的协调、管理机构与机制的建立方面取得了较多的成果。其建设内容和方法采用或参考了 OGC 和 ISO 的标准和规范。但和发达国家的空间信息基础设施的建设还有差距，对空间信息服务基础设施的建设还没有深入开展。

我国目前城市空间基础数据的现状是：一方面，现有的信息内容、范围、形式和现势性不能满足智慧城市建设和发展的需要；另一方面，已有的信息由于管理和技术方面的原因并没有得到充分的利用。因此，在国家空间信息基础设施建设的基础上，我国城市空间信息基础设施的建设尤其需要加强。我国现有省级、副省级、地级和县级城市共 660 余个，在城市空间基础数据的内容、形式、种类、尺度、现势性以及生产手段等方面差别比较大。我国大多数城市在规划局下设了测绘管理机构，其职责是进行城市测绘的管理与协调；但数据的生产、管理、维护以及分发仍然是由所在城市的测绘院或勘测院来组织实施，造成城市测绘管理和测绘数据生产的脱钩。由于管理上条块分割，往往导致现有的成果不能得到充分利用，且又出现重复建设的现象，造成严重浪费。所以，城市空间信息的开放与共享是有待切实解决的问题，迫切需要采用先进的理论和技术来完善我国的城市空间信息基础设施。

（2）空间信息技术。空间信息技术是一门综合性的技术，与地理学、地图学、摄影测量学、遥感技术、数学和统计科学、信息技术等相关学科紧密关联。从 20 世纪 90 年代至

· 60 ·

今，随着地理信息产品的建立和数字化信息产品在全世界的普及，GIS成为确定性的产业，并逐渐渗透到各行业以及人们的日常生活中。

在国内，空间信息产业的发展经历了三个主要阶段：

第一阶段是技术跟踪与实验。我国遥感技术的引进、跟踪和实验始于20世纪70年代末期，地理信息系统技术的发展与应用始于20世纪80年代初期，卫星导航应用则始于20世纪80年代末期。

第二阶段是研究发展与应用。20世纪80年代末期至90年代中期，我国遥感技术已在测绘、国土、资源环境、海洋、气象、农业、城市规划、交通和大型工程中得以应用，但是在这个阶段的遥感应用仍然属于公益性事业，主要集中于测绘和资源环境两个领域。

第三阶段是产业的形成发展。进入20世纪90年代末期，我国自主知识产权的地理信息系统软件得到了长足发展。在国家"九五"科技攻关计划中，地理信息系统软件作为重中之重的项目得到支持和发展，据统计，到2000年国产地理信息系统软件的市场份额已达到29%。截至目前，地理信息系统已经在土地、交通、国防、设施管理、电力、农业、林业、电信、商业、旅游以及大众服务行业和领域得到广泛应用。

卫星遥感和导航定位技术快速发展，全天时、全天候的对地观测及地理信息的动态采集，在天文学、地质学、大气科学、海洋学、气象学、资源环境学等领域的研究中，产生了大量的数据、信息、知识、模型，这些资料为智慧城市的建设提供了丰富的基础资源。但是，空间信息的即时获取、城市实体的地理关联、空间信息之间的相互融合活化、处理服务的协同运算等问题很大程度上影响着用户，使用户更加充分地发现、获取、共享、发布地理知识，感受和体验地理环境和信息，这也是智慧城市中空间信息技术得到持续发展及应用的关键问题。

地球信息技术的发展和信息科技的发展与成熟密切相关并相互促进。随着科学计算、数理统计、模糊数学、元胞自动机、分形几何等数学科学方法以及通信、计算机网络、数据库、分布式计算、人工智能、人机交互与虚拟现实等信息科技快速发展并运用到地理科学和地球系统科学研究中，地球信息科技也在相应的方向从多个角度得以不断发展和进步，同时也面临着现代地理学研究发展要求与地理信息技术不断创新的新课题。

（三）云计算中心

云计算中心是指基于超级计算机系统对外提供计算资源、存储资源等服务的机构或单位。云计算平台通过从物理服务器上创建和管理虚拟运行环境，实现了由相同规模的物理数据中心支持更多的应用和用户。数据中心可以为用户配备特定的服务，并实现按需付费的模式。

1. 云计算

云计算是一种商业模式，也是一种IT服务提供模式，通过提供简单的用户接口实现自动化部署IT资源；能够提供足够的按需可扩展的计算容量和能力；通过虚拟化技术实现各种应用服务。从狭义上看，云计算是指IT基础设施的交付和使用模式，用户可以通过网络以按需的方式获得所需的资源（硬件、平台、软件）。从广义上看，云计算是指服务的交付和使用模式，用户可以通过网络以按需的方式获得所需的服务。这种服务可以是

IT 资源、软件、互联网应用，也可以是任意其他的服务。

云计算应该包括五个特征：按需自服务特征，客户可以按需自己部署计算资源如服务器、网络、存储等，而不需要服务提供者干预；足够的网络访问能力，具有足够的网络访问带宽能力，支持广泛的终端类型；共享资源池，服务提供者把计算资源形成资源池服务于多个客户及多种服务模式，物理资源和虚拟资源可以动态分配和共享及再分配，用户不用关心具体使用资源的物理位置；弹性快速部署特征，不像传统应用的安装方式，云计算应该能够实现灵活快速的部署应用的特征；服务可计算特征，计算系统应该能够控制并测量服务的相关信息，从而可计算出用户使用资源的统计。

云计算应该提供三种服务模式：

第一，SaaS（Software as a Service），软件即服务。向使用者提供从各种客户端设备中通过瘦客户界面（如浏览器）访问云基础结构上的应用系统的能力。使用者不需要管理和控制云基础结构、网络、服务器、操作系统存储。

第二，PaaS（Platform as a Service），平台即服务。向使用者提供部署环境，由使用者利用云提供商提供的开发语言和工具开发的应用系统到云基础结构上去的能力。使用者不需要管理和控制云基础结构、网络、服务器、操作系统存储，但使用者可以控制被部署的应用系统以及可能的应用托管环境的配置。PaaS 把开发、部署环境作为服务来提供，可以创建自己的应用软件并部署在供应商的基础架构上运行，然后通过网络从供应商的服务器上传递给用户。

第三，IaaS（Infrastructure as a Service），架构即服务。向使用者提供处理、存储的网络，以及其他基础计算资源，让使用者可以部署和运行他们专有的软件，包括操作系统和应用程序的能力。使用者不需要管理和控制底层的云基础结构，但具有控制操作系统、存储系统和被部署的应用软件，以及可能的有条件的网络设备，如防火墙、负载均衡器等。IaaS 指的是最基本的计算资源、存贮资源、网络资源，用虚拟化的方法以租用方式提供给客户。

2. 云计算中心基础架构

对于智慧城市而言，云计算中心是其必备的基础建设之一。云计算中心的基础架构，对于提供信息服务、降低管理复杂性、促进创新，以及提高工作效率和响应能力而言，是一种经济有效的模型。

云计算中心基础架构主要包括三个部分：资源池、管理技术和表现层。资源池里面主要包括的基础设施有：计算资源池（由服务器构成）、存储资源池、网络资源池、软件资源池等。资源池通过管理系统发布，是云计算里面的核心组件。表现层主要负责把管理系统分配好的资源统一地展现给最终用户。可以根据最终用户反应压力的大小，从而动态地从资源池里面调整资源来为最终用户提供服务。云计算中心基础架构可以由多个不同的云计算中心构成全局表现层。最终用户通过全局表现层，进而访问到内部的多个云计算中心。

3. 智慧城市和云计算中心

目前，中国大多数城市在 IT 基础架构方面的建设与发达国家还有一定的距离，不仅无法满足居民日益增长的物质文化生活需求，也不利于创造良好的商业环境。城市管理低效和公共服务的落后是阻碍城市发展的两大系统挑战。云计算中心的建设处于一个刚刚起步的阶段。当前，云计算中心主要面向大规模科学计算及工程计算应用，并开始在商业计算、互联网、电子政务、电子商务等领域展现其发展潜力。同时云计算中心的建设必将有助于提升整个城市管理和公共服务水平，创造一个更加和谐的城市环境。

云计算中心的建设还可以作为吸引、引进高端人才的硬件条件，可有效提升当地的教育、科研水平和质量。云计算中心的建设对不同城市支柱产业如汽车工业、石化工业、电子信息制造业、生物医药业等也将起到很好的提升和支持作用；同时对于发展高新技术产业，尤其在新材料产业、环保新能源产业、动漫创意产业等方面提供强大的支持；对改造提升传统工业，包括钢铁工业、机械装备制造业、轻纺服装工业等方面提供科研创新的平台。

总的来说，智慧城市的建设和发展离不开云计算中心的建设作为其基础。

（四）信息资源中心

智慧城市重在智慧，智慧之源来自信息资源中心。智慧城市的信息资源，除了资料资源外，还包括其他形式的信息资源，如以软件或程序形式存在的智能资源，以分布式通信能力存在的组织资源，这些资源都是信息资源重要的组成部分。智慧城市信息资源中心的建设应当全面包括各种信息资源。

智慧城市的建设需要积极推进信息资源数据交换和共享体系建设。积极探索建立多层次、跨城市域的信息资源共享和业务协同机制，建设连接城市各组成单位和公共服务企业的城市信息资源共享交换中心，通过统一的信息资源目录体系和信息资源服务消除"信息孤岛"现象，实现相关部门的资源共享与交互，并加强与省、市的资源交换和共享。

信息资源共享和有效利用是信息资源中心建设的最终目的。目前，信息化管理运营体制和机制尚未健全，尤其缺少运营准入标准，部门各自为战、信息互不共享等现象还普遍存在。智慧城市建设中信息资源中心的建设不仅需要解决技术上的难题，而且需要建立科学的组织机制、咨询决策机制、推进落实机制和评估监督机制，确保智慧城市信息资源真正起到共享、有效的作用。

智慧城市信息资源中心具体有如下特点。

1. 海量、多源、异构城市数据的统一层次化管理

城市数据是中心运行的基础和灵魂，而数据管理也往往是中心建设的难点和重点。智慧城市信息资源中心采用数据仓库实现对多专题、多级别、多年度城市数据，如基础数据、专题数据、业务数据以及 GIS、CAD、文本等不同格式数据的集成化、网络化、标准化、可视化、层次化的统一管理，有效解决了数据管理难题。

2. 信息服务的完全集成与共享

中心的主体思想是通过城市政务网或互联网，实现各政府部门数据、功能等各种信息服务的集成和共享。部署于网络中的各政府单位节点可以将各自行业的专题数据或业务功能以服务的形式对外发布，网络中的各节点系统用户可以在遵循相关标准或规则基础上，实现对这些信息服务的任意选取和调用，有效利用信息化资源，在产生最大化效益的同时避免重复开发建设，减少资金投入。

3. 支撑业务应用系统的快速构建

基于信息服务网络中的各种信息服务和中心提供的搭建配置开发技术，系统开发人员可根据需求调用、组合、装配、加工部署于网络中的各种信息服务并快速构建满足业务需要的应用系统，科学、合理利用现有信息化资源，有效缩短建设周期。

第四节　智慧的政府需求

一、智慧的电子政务

智慧的电子政务系统需要建立以互联网为基础、多种技术手段相结合的电子政务公共服务体系。推动电子政务公共服务延伸到街道、社区和居民，以实现从管理型政府走向服务型政府，真正做到"权为民所用，情为民所系，利为民所谋"的目标。该体系包括以下需求：

实现政府内部业务系统之间，以及与外部（横向/纵向）业务系统各职能部门之间的数据共享，为城市政府实现人口、资源、法人、地理信息等基本信息库的形成和更新创造条件，建立资源目录体系，达成各部门之间的资源查询和共享。

以"服务"的方式实现各种业务（如行政申请、行政处罚、行政征收），打造政府的"一站式"服务，即面向社会公众的全城市统一的政务协同服务平台。改善政府对公民和企业的服务质量，树立服务型政府为民办事的形象。

梳理跨职能部门的业务流程，对接各部门的 IT 系统，实现各部门之间的业务联动，实现横向电子政务。比如并联审批、联合执法等。

实现外网受理、内网办理，实现政务公开，将办理的流程环节、回执意见、办理过程等信息公开，供居民查询。通过信息门户、即时消息、短信平台、监督电话、投诉专栏等新的协同模式，支持政府全面实现信息公开，实现行政权力公开透明运行。

通过对业务环节办理情况的收集，集成居民办事意见的回馈，自动计算出政府的执政效率、居民满意度、社会热点问题分布等。

智慧的电子政务功能参考模型如图 4-7 所示，网上行政审批功能框架如图 4-8 所示。

二、智慧的城市管理

智慧的城市管理系统，需要运用计算机技术、信息技术和智慧技术，通过资源整合、手段创新、功能拓展，深化已有的城市管理信息化成果，建立健全智慧的城市管理应用体系，以实现整个城市的信息共享、工作互动、无缝对接，促进城市管理工作由被动向主动、由静态向动态、由粗放向精细、由无序向规范转变的目标。该体系包括以下需求：

第一，标准规范体系的建立。充分参考各种国家技术规范和行业标准，在技术上和管理上提供标准化依据，形成智慧城市管理的标准。标准体系包含两个方面，即数据标准化和管理标准化。数据标准化是指针对空间数据及相关业务数据标准化体系的建立；管理标准化则

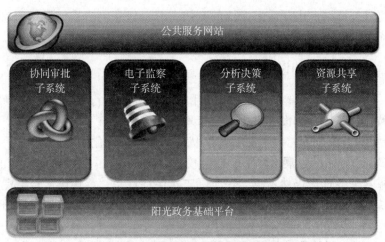

图 4-7　智慧电子政务功能参考模型

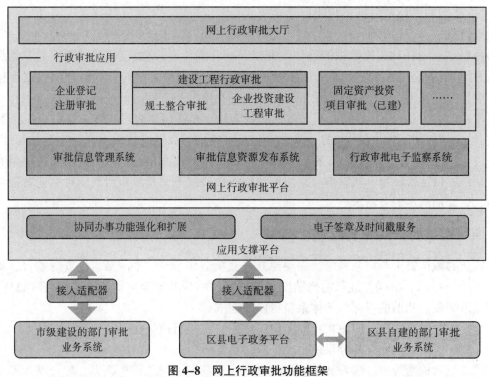

图 4-8　网上行政审批功能框架

是指制定城市管理各个相关负责主体的工作规范、考核标准等以健全日常工作体系。

第二，城市管理部件单元的统一建立。对单元网格进行精细划分和编码。完成城市单元网格划分和编码，绘制单元网格图集，按地理定位精度要求，制定数据入库规范，完成城市部件的物理属性和管理属性的标注，并按规范完成全部普查数据的汇总入库，并实现各部门（应急办、公安、规划、国土等）网格资源的共享。

第三，应用支撑平台的建立：利用 GIS、GPS、"物联网"等先进技术，依靠 3G 无线通信网络、宽带互联网、电子政务专网的有效支撑，建立包括基础服务、数据交换、GIS共享服务、统一 GPS 监管、统一视频监控等功能的应用支撑平台。

三、智慧的市政基础设施管理

水、电、气、热、照明等城市基础设施和资源是城市运行的基本要素，市政基础设施管理就是对城市的各项基础设施进行综合管理，并进行导引、规范、治理、经营和服务，为广大居民提供优美的环境、优良的秩序、优质的服务和优化的管理。

但是很多城市在新的发展形势下，在市政基础设施管理中还存在着不少的问题，例如市政基础设施管理的理念仍然不够，在实际工作中往往是"重建设、轻管理"，重视"硬件"，忽视"软件"；管理体制还不能适应信息化建设要求；市政基础设施管理的法制建设还不够健全等。

因此，市政基础设施管理就需要"更透彻的感知、更全面的互联互通、更深入的智能化"，达到"灵活便捷、安全有效、协作高质"的目标。

"更透彻的感知"是指将智能传感器技术、定位技术、网络互联技术、自动控制技术和地理信息技术等运用到水、电、气、热等各种城市基础设施和运行环境的监测中，实时对各种生产、消耗和运维数据的感知、测量、捕获和传递；"更全面的互联互通"是指通过各种形式的高速的、高带宽的通信网络工具，将收集和储存的分散信息及数据连接起来，进行交互和多方共享，从而更好地从全局的角度分析并实时解决问题，使得工作和任务可以通过多方协作远程完成；"更深入的智能化"是指运用先进技术（如数据挖掘和分析工具、科学模型和功能强大的运算系统）对收集到的数据进行深入分析、汇总和计算，以便整合和分析海量的跨地域、跨行业和职能部门的数据和信息，以更好地支持决策和管理行动，提供预警预报、实时响应、协调调配等优质服务，将城市市政管理推向智能化的高度，更好地满足服务需求。

四、智慧的公共安全与应急

智慧的城市安全与应急系统，需要建立一套覆盖城市的"平战结合、资源整合、信息共享、统一指挥、协同作战"的高精度和准确定位的公共安全立体监测监控与应急体系，达到城市平安、和谐的目标。该体系包括以下需求：

建立智慧城市安全与应急指挥业务组织体系，提供行政架构下的应急反应体系，为城市安全构建了灵敏的数字神经系统。

建立技术标准规范，提升智慧城市安全与应急系统的应急管理能力，配合城市安全与应急管理的全过程，应用先进的信息技术、通信技术和网络技术，融合科学的方法，为城市的安全与应急指挥提供决策的辅助，实现跨部门的各种资源的实时调度，使应急管理过程更加科学和可视化。

建立城市安全与应急数据中心，包含空间信息，针对各专项应急单位预定义的方案与应急公共信息等信息资源的采集、审核、录入、维护、更新和共享等，完成城市安全与应急数据的集成。整合多源应急数据，充分利用现有的数据基础条件，以及从第三方共享得到的数据，为应急事件的智能决策支持提供数据支撑。

建立城市安全与应急物联网。通过物联网整合散布在城市各个角落的信息采集节点，使之成为整个安全与应急体系的神经末梢，实时感知城市运行动态。

建立城市安全与应急通信网。传递信息的支撑网络承担着及时、准确、畅通地传递第一手信息的"急先锋"角色，是决策者正确指挥抢险救灾的中枢神经。

建立城市安全与应急联动指挥平台。完成应急中的业务和职能，从预警、报警接入，通过预案管理、应急保障、应急处置到时空数据挖掘、安全评价与风险分析系统以及信息发布等。

智慧城市安全与应急联动指挥平台核心功能参考模型如图4-9所示。

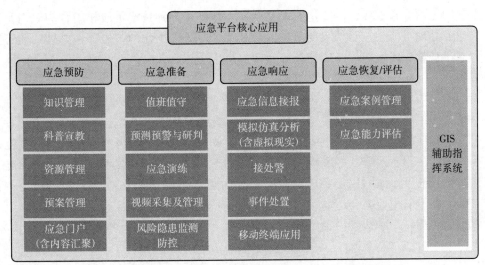

图4-9 智慧城市安全与应急联动指挥平台核心功能参考模型

应急预防为应急系统提供数据来源，并对应急指挥所需的专业知识、资源、预案进行日常管理。应急准备是对风险隐患因素进行监测关注防控，持续采集事件动态信息，实现对突发公共事件的早期预警、趋势预测和综合研判；同时根据应急预案对可能发生的应急事件及其处置方案进行演练，提供应急处置的能力。应急响应是指进入响应阶段，战时系统根据事态现状调用日常积累数据对突发应急事件进行应急处置，并支持移动指挥方式。应急恢复/评估是指在事件结束成为案例以后能及时对其进行评估，并对所用预案进行评审改进。

五、智慧的能源

能源系统的智慧化需求是综合利用电能、热能、风能和太阳能为楼宇家居、城市照明、电动汽车、工业生产、商业街城市等供给能源。该系统包括四个层面的需求：

第一，新型绿色能源高效生成，包括利用特殊材料和控制机制更加高效吸取太阳能，用于能源供给；还包括采用小型风机利用城市高楼效应产生的风用于能源生成。

第二，高精度能源预测机制，通过该机制对间歇性新型能源进行预测，以作为能源统一调度分配的依据。

第三，面向用户需求的智能调度。不同用户对能源的需求不同，随着城市化进程的加快，用户种类更加复杂，对能源需求更加差异化，智慧能源需要对用户需求进行挖掘，为其提供最合适的能源，同时保障能源的合理配置。

第四，智慧能源网络互联，尤其是在家庭范围内可以通过有线以及无线方式实现智能能源网络互联，互联方式依赖于需求场景。通过指挥能源网络，终端用户可以对家庭能源设备进行监测控制，根据家庭能源需求制定能源计划，有效地达到节能减排、安全方便使用能源的目的。

六、智慧的工商管理

智慧的工商服务系统，需要建立以互联网为基础、多种技术手段相结合的对内实现工商行政业务处理智能化，对外实现市场监管和社会服务人性化的"服务、办理、监管"的体系。通过智慧化以实现最终向社会和企业提供优质、高效、透明、规范、符合国际水准的管理和服务目标。该体系包括以下需求：

第一，对内基于资源整合，实现工商行政一体化、规范化管理，包括移动办公系统，业务信息智能采集系统以及相关的分析、处理、决策与共享系统。

第二，对外建立以市场为主体的企业智能服务系统，包括经济户口监管信息系统；网上工商法律、法规、政策、办事程序等信息自助查询服务系统；收费项目、收费标准、服务承诺等信息公示系统；网上登记、注册、备案管理系统；12315消费者投诉系统；企业登记基础数据、信用数据、市场经营中的违法违规数据等信息查询、共享系统。

智慧的工商管理功能参考模型如图4-10所示，企业服务网上办理功能框架如图4-11所示。

七、智慧的税务

税收是政府管理城市的经济来源，城市运行各个方面都需要纳税人的税收贡献。税收征管是管理也是服务，体现服务水平的关键是管理者与被管理者彼此互信合作，被管理者能自觉自愿和有效实现自我管理，理想的税收征稽工作目标是加强征纳双方的理解、信任与合作，减少对立和对抗，有效提高纳税人的自我遵从意愿和自我遵从能力，降低税务管理成本和纳税人的遵从成本。

由于纳税人信息分散在各个部门，传统单纯依赖税务部门进行税收管理的模式存在弊端，主要表现在各部门的动态税源信息不畅通，协作困难，造成偷税漏税与重复征收并存；无法精确有效地进行税收分析与预测，不利于城市管理者进行经济和财政管理；无法全面掌握城市域经济总体情况及税源全貌；无法为企业提供更好更精准的服务，吸引更多投资。

因此，税务部门的智慧化需要通过构建综合治税的组织保障体系和协同工作机制，应用信息化的技术手段，建立完善的社会综合治税网络，实现税收征管方式和手段的创新，为政府跨部门经济信息共享和业务协同服务，为城市域经济的发展提供有力支撑。

依据有关法律，建立税源信息传递或者共享制度，形成全面、实时、动态的税源监控网络，实现对税源全方位的控管；全面、有效地汇集由各相关部门掌握的涉税信息，综合

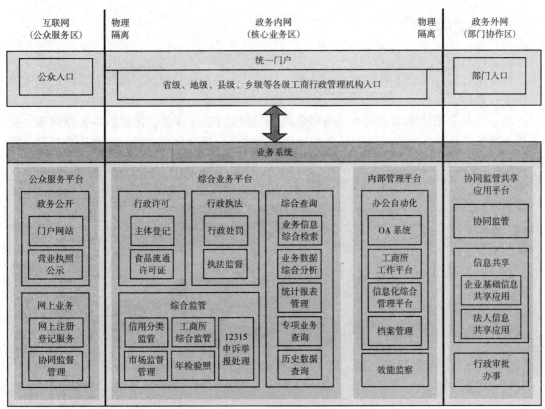

图 4-10 智慧的工商管理功能参考模型

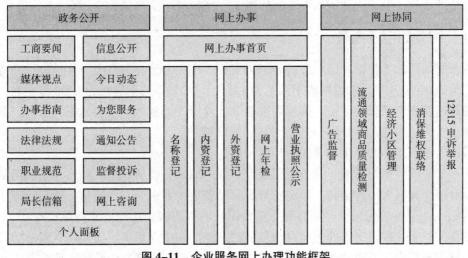

图 4-11 企业服务网上办理功能框架

分析利用，提高对税源预测的准确性，并为纳税评估、纳税信誉等级评定、稽查选案和实施税务检查提供基础信息来源。

八、智慧的物流

智慧的物流系统需要建立以采用基于 GPS 卫星导航定位技术、RFID 技术、传感技术等多种技术，实时实现车辆定位、运输物品监控、在线调度与配送可视化与管理的高效物流体系。该体系包括以下需求：

第一，智慧物流互动感知和互动体系的建立包括 RFID 设备、传感器与传感网等，主要用于物流信息的获取。基于物联网感知互动层主要完成物体信息的采集和融合处理，需要采用条码识别、RFID、智能图像处理识别、GPS、AIS（Automatic Identification System，自动识别系统）等多种技术对各类物流对象进行信息采集，这种采集具有实时、智能化、信息全面的特点。

第二，智慧物流网络传输体系的建立包括各类接入网与核心网，是进行物流信息交换传递的数据通路。需要的技术包括互联网技术、移动通信技术以及集群天线技术等。

第三，智慧物流应用服务体系的建立包括数据交换平台、公共服务平台和用户服务平台。

采用 EDI 即电子数据交换。联合国标准化组织将 EDI 描述为：按照统一标准化，将商业或者行政事务处理转换成结构化的报文数据结构格式，并利用计算机网络实现的一种数据电子传输方法。EDI 的主要功能表现在电子数据传输，传输数据的存证文书数据标准化格式的转换、安全保密、提供信息查询、提供信息增值服务等诸方面。

建立物流信息系统。建立在信息网络基础上的物流信息系统称为网络信息平台，其功能是将物流相关的企业和服务机构通过统一的信息网络连接起来，实现不同数据格式和多种信息标准的转换和传输，通过公共的应用模块方便企业使用，降低信息成本。

智慧的物流信息平台功能参考模型如图 4-12 所示。

九、智慧的电子商务

电子商务已成为拉动中国经济的一个火车头，中央和地方都在大力推进电子商务的发展。截至 2010 年 6 月，中国网购用户约为 1.4 亿，2010 年的销售额为 5000 亿左右。电子商务的高速发展会带来物流业、传统零售业等的改变，而其本身也会越来越趋向于智慧化的改变。

城市电子商务的智慧化需要以下几点：

第一，建设城市国际电子商务应用平台。面向城市各类从事贸易和市场拓展活动的企业，建设一个规模大、性能高、稳定安全的，涵盖在线商机、在线交易、贸易管理、政府服务的第三方服务应用平台，同时建立覆盖城市、内容齐全的企业和商品信息库，为内、外贸以及海外企业提供完善的进出口贸易展示、推广和中介服务。实现信息发布、信息检索、全球买家检索、企业和商品展示、在线询价和报价、声像在线洽谈、商务留言、信息订阅、贸易咨询与金融服务、信用服务为一体的、行业领先的电子商务平台。

第二，建设农村电子商务平台。利用在线订货和支付、统一物流配送、搭建面对农村虚拟商品的销售渠道等途径，建立起农产品进城的销售通路，并达到价格透明及时、减少流通环节、质量统一保障、增加服务资源的目的。

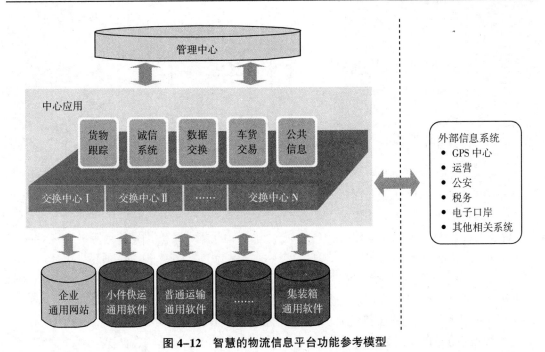

图4-12　智慧的物流信息平台功能参考模型

第三，建设城市商务局协同办公平台。加快商务电子政务协同办公平台建设，大力推行政务公开，不断强化公共服务力度和水平，实现互联互通、协同办公、资源共享、信息公开，坚持整体化规划、集约化建设、系统化管理的原则，以政务资源的综合利用为核心，以协同办公为重点，实现工作流程电子化、信息交流充分化、业务处理规范化、办公交流网络化、决策管理科学化、局内及下属单位的信息共享，发挥信息资源的效能，更好地为商务工作服务。

十、智慧的科技

科学技术的发展和创新离不开科技资源的支持，但我国科技资源的使用率低下和重复浪费的现象非常明显。有资料表明，我国拥有的科学仪器设备的数量超过英国等西方国家，但许多仪器设备利用率不到25%甚至更低。科技资源的配置、使用非常分散，重复建设问题严重，浪费了有限的科技投入。

智慧的科技服务系统，需要通过共享科技资源，依托各类科研机构，建立积聚各类专业技术服务机构的服务平台体系，以为中小企业提供更具专业水准的技术服务、降低中小企业科技研发成本、推动中小企业科技自主创新和提高中小企业科技含量和市场竞争力为目标。需求如下：

第一，建立智慧科技服务专业系统，包括仪器设施、科技文献、科学数据、资源条件保障、试验基地协作、专业技术、行业检测、技术转移、创业孵化、管理决策等系统。

第二，建立与城市域科技平台、国家科技平台之间的数据共享、服务协同。

<h2 style="text-align:center">第五节 智慧的民生需求</h2>

一、智慧的社会保障

社会保障是社会发展的重要组成部分，是保障民生、促进和谐、保持稳定的重要手段。我国的社会保障包括就业保障、社会保险、社会救济、住房保障等内容，已经形成了较为完善的多层次、广覆盖的体系。

智慧的社会保障系统需要建立体现"以人为本"的管理思想和服务目标，实现对居民运行全程化、动态化的实时跟踪和管理，实现社会保障信息的共享，从而最终实现对居民"记录一生、管理一生、服务一生、受益一生"的一体化服务体系。该体系包括以下需求：

第一，建立社会保险管理系统。这是智慧社会保障系统的重要组成部分之一，保险范围涵盖企业职工、机关事业单位人员、城镇居民、外来务工人员、农村居民和失土农民，实现社会保险的广覆盖。社会保险管理以人员的个人账户管理为核心，提供参保单位与个人管理、基金征缴与支付管理等功能，记载社保基金征缴、支付和各项业务操作的情况。基金征缴采用多险合一的统一征缴方式，可以对养老、医疗、失业、工伤、生育等险种进行独立、灵活的参数配置，并提供银行、地税、财政局的统一接口；基金支付采用分险种独立支付的方式，提供给银行、社区、医院和药店的统一接口。

第二，建立劳动力综合管理系统。需要根据劳动和社会保障事业"记录一生，管理一生"的管理原则，建立一套数据统一、以人为本、全过程动态管理的信息系统，以满足就业市场化、服务网络化的管理理念以及以人为本的管理思想和服务目标。

第三，建立执法监督系统。这是社会保障部门进行执法的业务系统，以相应政策法规为依据，对违反社会保障各类政策和业务处理的单位和个人依法进行监督和处理。执法监督系统的建设内容主要包括政策法规库的建设、劳动监察系统和劳动仲裁系统的建设。

第四，建立决策分析系统。这是帮助建立科学的宏观管理体系，通过对资源数据库的扫描重构社会保障信息体系，及时准确地掌握劳动就业市场、社会保险参保和待遇享受人员状况、社会保险基金收支状况，为科学制定和调整各项政策提供支持。

第五，建立公共服务系统。主要是利用公共网络，面向单位和居民提供各类信息服务和业务经办的系统。根据信息服务的不同方式或载体提供不同类型的服务，包括以办事大厅形式的统一行政审批服务；以呼叫中心形式的统一咨询服务；以门户网站形式的信息公开服务；以自助终端形式的终端自助查询服务；以业务终端形式的社区综合服务和网上申报平台等。

第六，建立公共应用管理系统。将作为智慧社会保障系统的基础，由社会保障基础信息管理、社会保障卡管理、短信平台、地理信息平台和信用管理系统等部分组成。

第七，建立一体化的公共支撑平台，包括公共支撑组件库、社会保障领域组件库等，用于支撑各个应用子系统个人和基础数据的共享和互通。

智慧的社会保障系统功能参考模型如图 4-13 所示。

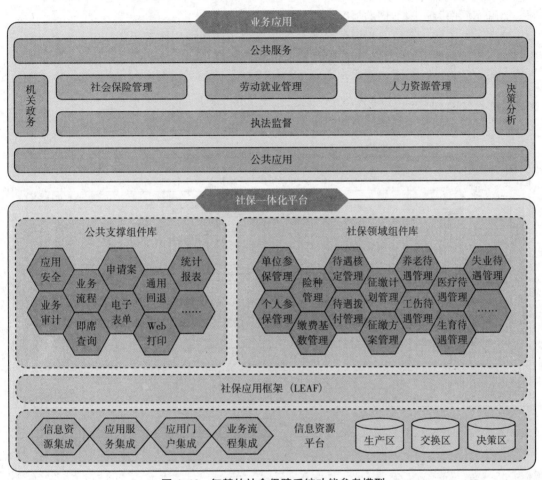

图 4-13 智慧的社会保障系统功能参考模型

二、智慧的医疗卫生

当今,"看病难、看病贵"等人们反映强烈的问题已成为影响经济和社会可持续发展的隐患。2009 年 4 月,新医改方案出台,信息化作为其中一大支柱,以资源整合、信息共享为基础,支撑公共卫生服务体系、医疗服务体系、医疗保障体系、药品供应保障体系及覆盖全民的基本医药卫生制度,以便让百姓得实惠。

智慧城市需要通过以医疗信息、医疗服务电子化为核心的智慧医疗卫生体系来缓解"看病难、看病贵"的民生状况。该体系包括以下需求:

第一,建立基于健康档案的城市域卫生信息平台。整合各个社区的居民健康档案,整合二、三级医院的诊疗信息,建立城市域居民健康档案,提供跨社区和医院的全程健康档案的调阅,实现医疗、预防、保健、康复、健康教育和计划生育技术指导的"六位一体"的业务,实现跨社区/医院的信息共享和业务协同,实现为进一步的业务管理和辅助决策提供信息支持。

第二，预约挂号系统。该系统不但能为患者节省时间，更重要的是可以平衡医疗资源，缓解不同医院忙闲不均的情况。

第三，电子病历系统。病历信息的电子化及电子病历通用体系的构建可节省医生的问诊时间，也可使患者避免在不同医院就诊时的重复检查。

第四，远程诊疗系统。基于传感技术、网络技术构建的远程诊疗系统使医生能够通过相关仪器 24 小时监控非住院病人的体温、血压、脉搏等。

卫生部推荐的基于健康档案的城市卫生信息平台参考模型如图 4-14 所示。

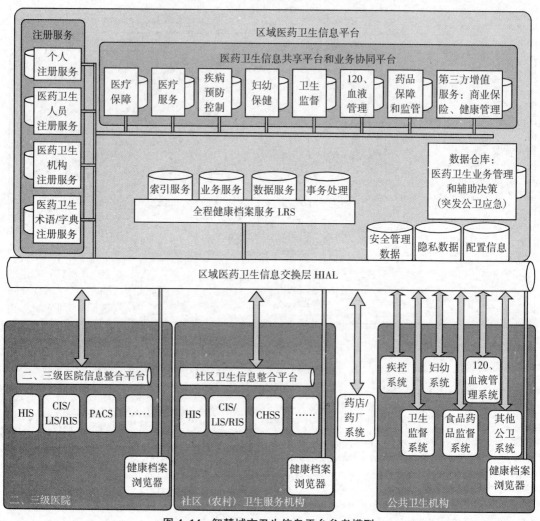

图 4-14　智慧城市卫生信息平台参考模型

三、智慧的公共交通

智慧的公共交通系统需要依靠对城市交通进行更有效的控制和管理，以提高交通的机动性、安全性，最大限度地发挥现有道路系统的通行效率为目标。智慧的公共交通系统是一体化的交通综合管理系统，包括以下需求：

第一，建立智能交通管理系统。通过对交通流量检测与监控，实现对交通信号的智能管控，提高道路通行效率。

第二，建立智能公交监控调度系统。通过集成车辆监控调度、自动报站、客流统计、电子站牌和视频监控等功能，优化改善城市公交运营能力。

第三，建立智能交通诱导服务系统。通过对交通信息的采集、分析，向出行者和车辆提供最优的出行线路，以及引导最合适的停车位。

第四，建立不停车缴费管理系统。通过 RFID 技术的应用，以及与电子支付系统的整合，实现对路、桥、隧道的不停车缴费。

四、智慧的文化教育

文化教育对任何一个城市来说都具有重要的地位，各级政府对教育工作高度重视，"科教兴市"战略全面实施，教育优先发展成为全社会的共识。但是很多城市仍然面临校际之间办学质量、水平差距较大，少数学校资源相对薄弱，教师专业水平和学校课堂质量不高，学校培养模式多样化不足的问题。因此，如何从传统教育向现代教育跨越就成为智慧城市建设的重要内容。

现代教育需要信息化手段的帮助，通过使用先进的信息采集技术、信息通信技术、信息处理技术和无所不在的宽带基础设施，满足学习者日益增长的各种需求，为学习者提供个性化的学习服务，实现重视、培养、获取、运用知识和创造新知识能力的教育体系建设，逐步构建社区教育体系，实现虚拟校园、扩充学校基本功能，为构建城市大教育体系和终身教育体系提供可持续发展的基础。该体系可以通过以下几个方面实现：

第一，建立城市统一的教育门户，整合教育资源和学习者资源，实现教育资源共享，建立网上虚拟校园。通过制定开放的标准，采用开放的系统，由每个教育机构实现。

第二，建立城市范围的学生学习档案，以学生为核心，学生可以根据自己的不同情况设定不同的学习路径，不仅可以选择学校内的课程，甚至可以在不同学校之间进行调换。评价学生的指标也不再是学生在各科学习了多少课时，而是相应地改变为学生是否具有一定的能力和资格。对于学校监管人员和老师来说，就可以非常容易地掌握不同年级、不同专业的学生在同一门课程中的表现。

第三，在网上设立课件资源库，把教师上课时的各种课件统一在一起，这样一方面学习者可以在线查看课件资源，另一方面教师也可以很容易地在里面查询他们所需要的内容，能够更方便、更有效地帮助每个学生定制符合自身实际情况的学习规划，让每一个学生取得更大的进步。

五、智慧的旅游

旅游作为一个产业，已经有了非常迅速的发展，但是相比较而言，我国国内旅游业发展的广度、深度都远远不能适应经济发展和人民生活水平的提高。随着市场经济的发展和人们收入水平的进一步提高，人们对旅游消费的需求将进一步上升，对旅游业智慧化的要求也越来越迫切。旅游业智慧化需要做到以下几点：

第一，综合信息管理，提升信息及时准确性。打造丰富、准确、集成、及时的综合信息平台，全面集成旅游服务企业、代理、管理部门、支持部门以及服务对象信息，充分利用数据交换共享技术促进多主体业务协同，提高效率，同时为监管、决策提供基础数据。

第二，利用网络交互，促进旅游服务质量提高。建设高交互性主体旅游网站，通过多主体交互带来公允可信的旅游信息环境，通过分享、交流增加旅游印象，客观反映旅游服务质量，为管理部门提供可靠的考核依据，更有效地提高旅游服务质量。

第三，扩张旅游产业链，构建共赢监管经营模式。通过开放合作的电子商务平台，整合旅游产业链，扩张至上下游产业，积极展开电子商务合作，利用信息平台，建立行业标准，打造旅游信息集散中心和产业聚集中心，以信息技术手段提高旅游服务能力，通过多功能旅游卡，实现方便旅游、安全旅游、优质旅游。

第四，创新服务载体，优化旅游环境，提升服务品质。利用移动互联技术，创新服务载体，提高服务形象和水平，挖掘 RFID、物联网、智能卡等技术优势，为智慧旅游的实现提供有力手段，以电子票证提高旅游效率，实现服务销售扁平化，提高清、结算效率，有效控制和分配旅游资源。

第五，整合利用数据，支持旅游科学决策管理。借助信息化手段，整合海量信息资源，实现旅客信用统计、服务企业评级、行业数据分析等功能，充分挖掘数据，实现行业经济预测、产品模拟测试、销售策略制定、行业政策制定等能力，通过量化旅游信息，帮助管理部门精准控制营收，制定有效的管理决策。

六、智慧的社区

智慧城市需要进行智能化社区建设，即建设智慧的社区。社区智慧化需要做到以下几点：

第一，智慧物业管理。针对智慧化社区的特点，集成物业管理的相关系统。例如：停车场管理、闭路监控管理、门禁系统、智能消费、电梯管理、保安巡逻、远程抄表、自动喷淋等相关社区物业的智能化管理，实现社区各独立应用子系统的融合，对其进行集中运营管理。

第二，电子商务服务。社区电子商务服务是指在社区内的商业贸易活动中，实现消费者的网上购物、商户之间的网上交易和在线电子支付以及各种商务活动、交易活动、金融活动和相关的综合服务活动，城市居民无须出门即可无阻碍地完成绝大部分生活必需品的采购。

第三，智慧养老服务。家庭"智慧养老"实际上就是利用物联网技术，通过各类传感器，使老人的日常生活处于远程监控状态。如果老人走出房屋或摔倒，地面安全传感器会立即通知医护人员或老人亲属；冰箱里的牛奶翻倒洒出，或是热锅在炉灶上无人看管，安装在冰箱和厨房里的传感器会发出警报，一定时间内无人响应，则自动进行清理并关闭煤气；"智能厕所"能够检查老人的尿液，量血压、体重，让如厕变成医疗检查，所测数据直接传送到社区卫生服务中心的老人电子健康档案，一旦出现数据异常，智能系统会自动启动远程医疗，必要时上门进行卫生服务。

七、智慧家居

智慧家居是以住宅为平台，兼备建筑、网络通信、信息家电、设备自动化，集系统、结构、服务、管理为一体的高效、舒适、安全、便利、环保的居住环境。

智慧家居可以定义为一个过程或者一个系统。利用先进的计算机技术、网络通信技术、综合布线技术，将与家居生活有关的各种子系统有机地结合在一起，通过统筹管理，让家居生活更加舒适、安全、有效。与普通家居相比，智慧家居不仅具有传统的居住功能，提供舒适安全、高品位且宜人的家庭生活空间，还由原来的被动静止结构转变为具有能动智慧的工具，提供全方位的信息交换功能，帮助家庭与外部保持信息交流畅通，优化人们的生活方式，帮助人们有效安排时间，增强家居生活的安全性，甚至为各种能源费用节约资金。

除此之外，安全智能化，包括室外的智能门禁管理系统、社区监控系统、保安自动巡更系统、车辆管理系统等，还包括室内的门禁系统、红外探测系统、煤气探测系统和紧急求助系统等；管理自动化，包括"三表"自动抄送系统及物业管理的自动化；网络宽带化，光纤、无线宽带、移动宽带的全面覆盖，使用户可以通过各种网络终端高速畅享网络服务。这些都是社区智慧化的关键。

八、智慧的食品安全

现阶段，食品安全一直是人们关心的问题，而我国的食品安全仍然存在问题。在食品种养殖领域，农业产业化发展迅速，但外部环境污染隐患较大；在食品生产加工领域，新型食品生产加工业正在崛起，但行业总体水平低下；在食品流通领域，消费环节秩序稳定，但进展不平衡，"放心食品"工程任务艰巨；在食品消费领域，食品安全大强小弱，无证餐饮较为突出；食品安全综合协调机制尚不健全高效，实战经验欠缺；食品安全监管落后，食品出现问题后很难溯源。

因此，食品安全需要智慧化的手段来解决：

第一，在城市食品药品监管局建设互联互通、信息共享、安全可靠的市—县（市）城市两级的"食品监管网"。

第二，建设城市统一的"食品监管业务平台"。

第三，构成面向社会的"食品公众信息网"。

食品电子监管通过管理对象数字化、采集手段电子化、信息交互网络化、数据处理集中化实现食品管理的智能化。食品电子监管的建设对生产企业、流通企业、政府管理部门的作用是巨大的。对企业来说，建立统一的食品电子监管平台有利于维护企业的品牌和市场份额，同时有助于企业提升管理、构建企业的食品质量追溯体系；建立统一的食品电子监管平台，有利于促进流通企业进行物流的标准化建设，实现物流产业的跨越式发展；对于消费者可以利于监管平台通过 GPRS、短信、互联网、电话等多种手段查询识别食品的真假；对于政府监管及执法部门，则方便其对食品进行追溯管理、召回管理、预警管理等。

第五章 智慧城市顶层设计

第一节 智慧城市顶层设计的方法论

一、方法论全景图

本章选择智慧城市建设的标杆，进行标杆城市案例分析和智慧城市趋势分析，在此基础上，按照城市绩效参照模型的方法，从城市经济和社会发展目标出发，以提升城市竞争力和吸引力作为切入点，从认知域（或社会域）、物理域和信息域三个视角进行智慧城市概念设计（见图5-1）。

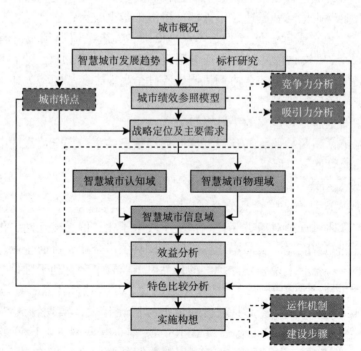

图5-1 智慧城市建设方法论

二、 智慧城市框架模型

本章将从认知域、物理域、信息域的角度对智慧城市进行描述，如图 5-2 所示。在认知域（或社会域）中，政府、企业（组织）、市民是智慧城市的主体，满足其发展目标、期望、愿景是建设智慧城市的根本目的。物理域是指城市的客观物理存在，主要是指水文、气象、地理等自然环境，以及道路、桥梁、建筑、电网、水网等城市资产。信息域表征建设智慧城市的主要技术手段，利用信息技术的 "感"、"传"、"知"、"用"、"安" 手段，实现信息生成、信息采集、信息处理、信息共享和信息利用。建设智慧城市就是以认知域的政府、企业、市民的需求为导向，利用信息技术与实体建设相结合，使城市环境智慧化，城市管理科学化，实现城市发展转型、政府有效服务、企业创新发展、市民幸福生活的美好愿景。

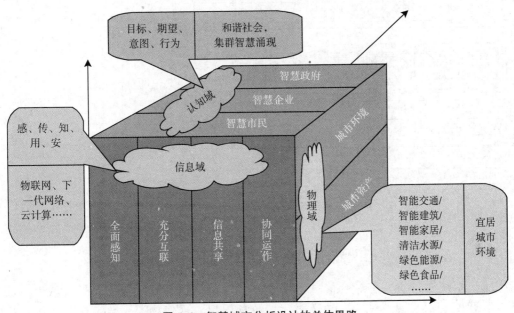

图 5-2　智慧城市分析设计的总体思路

第二节　智慧城市顶层的总体框架

依据赛博空间的体系架构，智慧城市顶层设计总体框架的逻辑层次如图 5-3 所示，它是一个立体结构，分为 "三纵五横一全"，"三纵" 即政策保障、标准规范、安全保障；"五横" 即信息感知层、网络接入层、信息资源层、支撑平台层、应用系统层；"一全" 即对每个政务应用子项目建设进行全过程监管，从立项、可研、系统分析、系统设计、运行和维护与推广提高全方位进行规范和管理。

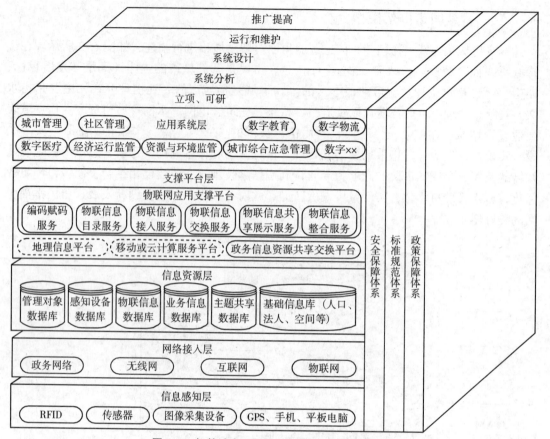

图 5-3 智慧城市顶层设计总体框架的逻辑层次

一、"五横"主要层次描述

应用系统层：主要有综合信息管理中心、城市管理、社区管理、平安城市、数字环保、智能交通、智慧校园、数字医疗、政务门户、现代物流、数字旅游、综合决策支持系统等。这恰好和赛博空间的人（社会）战略层相对应，是具体化的赛博战略实施内容。

支撑平台层：公共应用服务支撑平台是平台层的主要建设内容。包括：物联网支撑平台、空间与地理信息支撑平台、移动互联和云计算平台、政务信息资源共享平台。

信息资源层：包括管理对象数据库、感知设备数据库、物联信息数据库、业务信息数据库、主题共享数据库、基础信息库（人口单位基础信息库、法人单位基础信息库、空间与地理资源库、宏观经济与社会管理信息库）。

网络接入层：包括政务内、外网，无线网，互联网，物联网。

信息感知层：包括 RFID，传感器，图像采集设备，GPS、手机、平板电脑等多种终端。

二、"三纵"内容

"三纵"包括政策保障：智慧城市建设所需的相关政策支持；标准规范：智慧城市建设信息化所需依据的统一标准规范；安全保障：智慧城市建设所需安全保障措施。

三、"一全"全过程规范管理

对智慧城市建设每个子项目进行全过程规范管理，包括：立项、可研，系统分析，系统设计，运行和维护，推广提高，为每个子项目提供标准的顶层设计模板和设计要求，为每个项目引入信息。

第三节 智慧城市的顶层设计

一、顶层设计的对象

进行顶层设计，就是以新型城镇建设为出发点，从政务和公共服务两个视角，围绕着数字化城市建设这个核心中的业务和技术的种种问题，用系统规范的科学理论方法，描述业务和技术的状态，厘清业务和技术中的各种关系，确定建设目标，选择和制定实现目标的路径和战略战术，引领城市社会从信息化的"今天"走向信息化的"明天"。

二、顶层设计的含义

"智慧城市"的顶层设计实际上就是城市信息化的顶层设计。"顶层"有三层含义：顶层的第一层含义指的是整体和全局。顶层设计的首要视角是要跳出局部环境的束缚和影响，站在全社会信息化这个出发点，用全国互联、全市互联、全城市互联和全网通用的整体高度和全局视野，去分析决定社会信息化工作中的具体内容和策略，电子政务是整个社会信息化的一部分，但却是政府依托的核心，也是首先要做好的示范和基础工作，在设计中要明确电子政务顶层设计和城市信息化的顶层设计的关系，首先做好电子政务的顶层设计，并以之为依托扩展到城市信息化的顶层设计。

顶层的第二层含义指的是业务。顶层设计的重点是业务，而且目前政府所做的主要是政务业务。顶层设计就是用信息工程的方法，从宏观上对业务需求的收集、梳理和描述，是把业务需求按层次呈现出来，并以数据的形式，保存在数据库中，以利于今后的整理、积累、传播。顶层设计中的业务不是进行业务决策，但是顶层设计的输出结果将以丰富、清晰、完整的业务资料帮助和推动业务决策、业务利益关系设计、业务职能转变和改革。

顶层的第三层含义指的是绩效。绩效既包含社会效益也包含政府绩效，并且，核心是政府绩效，是围绕实现政府职能转变完成社会经济发展目标而展开的，政府职能是经济调节、市场监管、社会管理、公共服务，它是电子政务的核心目标，要实现这一目标，需要优化工作流程，促进职能转变，提高政务效率，推动体制创新。实现政府绩效目标，这应该是顶层设计的深层含义。

业务和技术是顶层设计的两大范畴。根据赛博空间的分析，对照赛博空间的要素，顶层设计中所指的业务不但包括业务职能、业务结构、业务流程，还要包括业务体制、业务法律法规、业务模式、业务布局等。顶层设计中所指的技术主要是从全局和整体出发，对技术战略、技术架构和技术标准进行分析和定义，还包括为了减少重复建设，增加资源重用性，以模块化服务的形式来定义政府、企业和社会组织所有建设的应用系统。

智慧城市的顶层设计可以表述为"12345"，即一个目标：新型城市信息化管理工作模式；两个主体方面：智慧城市管理包含社会公众和政府两个主体方面，即双主体、双目标；三个业务分类方向：划分为服务内容、服务方式、服务资源三层业务域，还包括服务经济发展任务、服务新型城市化建设、服务政府自身信息化建设三类方向；四个统一：统一技术架构、统一应用支撑、统一数据环境、统一技术标准；五项任务：基础设施、数据资源、服务支撑体系、业务应用系统、建设管理标准。

智慧城市规划与电子政务规划不同。首先，范围不同，电子政务只是政府履行职责所做的各项工作之上的信息化，而智慧城市是指城市的网络化、数字化和智能化，属于更大范围的信息化；其次，政务之外还有许多城市的其他功能不是政府来完成的，但是也需要信息化，这是二者的差别之处。共同的地方是公共服务和城市的公共管理，智慧城市除了产业、教育、卫生等，还有相当一部分是城市的公共服务和管理。

与电子政务相比，智慧城市顶层的规划要充分考虑的内容有：更加透彻的感知；更加广泛的连接；更加集中、更加有深度的计算。例如，城市的交通管理、城市公共安全和城市的应急指挥必须要更加透彻的感知和更加广泛的连接，并且还需要更加集中和有深度的计算，不仅为政务管理决策者提供帮助，而且还要为广大公众提供服务。

在电子政务建设的早期，顶层设计理念是围绕信息技术而展开的。几年的时间过去了，在电子政务取得显著建设成果的同时，顶层设计的视野也已经从信息系统扩展到政府体制改革、政府职能转变和政府业务与技术的结合上，这时的顶层设计理念是围绕电子政务项目投资和建设绩效开展的。

三、顶层设计的方法

顶层设计的过程概括为三点。

第一点，由"粗"到"细"。"粗"的意思是早期电子政务的管理比较粗疏，宏观的方针原则有了，但是中观、微观的政策和管理方面的指导和约束较少。顶层设计的思路为解决电子政务建设一系列重大实践问题指明了路径，因此，我们认为"智慧城市"顶层设计的成果应当包含当前电子政务急需的一系列指导文件、管理规范、技术标准，使整个城市信息化的运作管理在电子政务工程的示范和引领下走上精细化的道路。

第二点，由"浅"入"深"。技术面的东西是"浅"，技术背后的业务和利益是"深"。顶层设计的启动标志着我们将更多地关注业务层面和利益层面，既要解决好政府如何更好地为社会公众服务的问题，也要解决好企业和公众在提供和使用公共服务信息化业务时的规范高效。

第三点，由局部上升到整体。从顶层设计的目标指向和部分国内外实践经验看，顶层设计这项工作将大大减少当前各种信息化建设中存在的盲目建设、重复建设、信息孤岛、绩效监测失控、投资黑洞等问题。

过去在我国的电子政务实践中，在规划与试点/工程项目之间，我们缺少了顶层设计这个层的工作。正因为如此，常常发生规划和项目"两张皮"的现象，项目不能准确地实现规划的目标和效益。

顶层设计合乎当前信息架构设计的基本原理。实际上，顶层设计也与当前信息化建设的主流思路和方法即"面向服务架构"（Service-Oriented Architecture，SOA）存在着很大的相似性。如果我们将分工明确的职能业务系统看作是服务构件，那么整个顶层设计就能够按照 SOA 的思路来建设和部署，从而建成一个结构虽然复杂却稳定可靠、业务部门虽然繁多却协同高效的信息化体系。这种结构对当前公共服务信息化建设来说，尤其具有实际意义。

我国的公共服务领域比较分散，机构数量众多（如医院和学校），而且管理体制也由于历史原因一直不顺，因此如果各个机构单独建立服务对象属性基础身份信息库，那么重复建设的规模是巨大无比的，而且，为共享而采取的相关技术措施也会花费巨额费用；如果能够根据 SOA 的理念对现有的管理现状进行充分设计，构建科学合理的宏观信息结构，那么我们就能够在不用对现状进行大刀阔斧的变动的情况下，仍然可以实现信息资源的规模效益。因此，要实现业务协同和资源共享，必须满足一个基本前提，那就是必须确保基础信息库建设、管理的独立性及其索引功能。在业务职能分工明确的前提下，所谓资源整合实际上就是塑造基础信息资源的独立性、系统性及完整性；所谓资源共享，首要的是要实现基础信息资源的共享。

SOA 是一种以通用为目的的、可扩展、具有联合协作性的架构，所有流程都被定义为服务，而服务通过基于类封装的服务接口委托给服务提供者，服务接口根据可扩展标识符、格式和协议单独描述。SOA 并不是一种现成的技术，而是一种架构和组织 IT 基础结构及业务功能的方法，是一种在计算环境中设计、开发、部署和管理离散逻辑单元（服务）的模型。所谓服务就是精确定义、封装完善、独立于他服务所处环境和状态的函数。

四、顶层设计内容概述

全区电子政务建设应用必须服从这个统一的架构，这也是各级各部门电子政务建设应用的行动指南。同时要研究建立应用机制，在电子政务建设应用各个环节充分应用设计成果，积极开展培训和推广应用，调整优化绩效考核指标和考核办法。一是用《应用系统目录》规范项目申报、论证、审批工作；二是用《总体技术架构》指导整个电子政务建设技术路线，为解决电子政务纵强横弱问题奠定基础；三是用《总体业务架构》建立分工有序、协同运行的工作机制，为构建以社会公众为中心的政务服务体系提供业务总装图；四是用《总体数据架构》推进信息分工有序采集和信息共享，明确实现路线图，并在实际应用中不断充实、改进、更新，确保全区电子政务持续科学发展。

从方法论的角度看，这个框架的五个层次构成的信息栅格是由构造层、连接层、资源层、汇集层和应用层五层组成的一套体系，在这里我们把这五个层次抽象出来，称其为架构。架构体系的构成包括：业务架构、应用架构、数据架构、技术架构、安全架构，内容如图 5-4 所示。

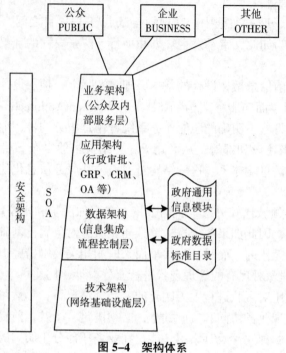

图 5-4　架构体系

业务架构：以电子政务为例，业务架构是电子政务的核心和基础，是所有的电子政务建设的源头，是用来描述区级政府业务的框架，我们可以按照"服务型政府"的原则，对现有业务线进行重新审视、优化和改进。

应用架构：架构提供不依赖业务功能的应用程序重用、能力、构件，侧重可重用系统建设的框架系统。

数据架构：建立数据架构的目的就是为了建立一个高层的总揽，包括：对内建立"政府通用信息模块"，使政府信息资源共享；对外建立"政府数据标准目录"，使从企业和公民的服务中接收到的数据被处理为统一的标准数据，增加各个部门处理数据的效率。

建立元数据标准，即使每一个元素有一个级别，给每一个数据赋值并给予注释，给出该元素的目的和背景信息，对不同聚集层次的应用以及其他因素进行分析，但要遵循一定的标准进行划分和填写。

若需要填写元素的子元素，则需要添加定义更精细的值。这样用一个通用方法达到数据分类、交换和结构化的能力，提高数据（对应需求）的处理效率。

技术架构：该模型用于基础设施层的建设，包括网络体系、硬件服务器、指挥大屏幕、视频监控设备、移动互联通信、系统软件等。

安全架构：安全架构描述了支持整个信息化项目的建设和运行的安全措施、安全服务等。

信息安全既是政府本身的需要，也是政府的职能，需要延伸到信息社会公共服务的各个领域，它贯穿在整个智慧城市建设的过程，既需要统一规划，统一实施和维护的方法、工具、规则体系，也需要政策法律法规等保障。

除了这五个层次的抽象之外，电子政务还包含有绩效管理架构：信息化项目的成功取决于创新服务业务本身长久生存的合理性，这些业务能否继续下去最终将取决于它是否会带来足够的效益。

电子政务建设和应用的持久动力来自于绩效的驱动。绩效管理架构用于帮助各个部门、委、办、局明确政府的职能划分及有关部门明确各职能岗位的要求。主要进行以下五方面的具体措施：绩效管理制度设计、绩效管理工具开发、绩效管理组织构建、管理信息系统设计、绩效管理系统信息反馈，考评政府各个职能部门的绩效以及其划分是否合理。

五、顶层设计的意义

第一，确立了发展目标。把建立信息化下新型政务工作模式、推动服务型政府建设作为新时期电子政务发展的根本目标，并与国家"十二五"信息化规划提出"加快构建信息化条件下经济社会运行模式"的要求相吻合。

第二，描绘了技术架构。提出了城市电子政务技术架构基本模型。

第三，厘清了业务架构。

第四，明确了建设任务。先期需要建设一套依托电子政务的应用支撑平台和服务体系，开发建设满足各个政府部门的三类核心业务所需要的应用系统以及所需要的业务信息，实现主要业务信息化，基本实现服务体系全覆盖，基本实现延伸至各类对象。

第五，优化了建设方式。做到"四统四化"，即统一技术架构、统一应用支撑、统一数据环境、统一技术标准；规范化设计、集约化建设、行业化带动、平台化集成，以降低发展成本、加快发展速度、提高发展质量。

第六，突出了应用要求。核心业务信息化支撑，实行一体化运行、人性化服务、精细化管理，不断提升智能化水平，以促进政府职能转变，建设服务型政府。

第七，改进了管理方式。为规范化管理提供三个工具：《总体规划》、《顶层设计总体架构》、《子项目顶层设计模板》。

第八，描绘了发展路径。逐步实现电子政务发展目标，即从以政务工作为单目标、单中心向满足社会公众和政务工作需求的双目标演进；从优先满足政府管理工作需要向着力服务于社会公众方向演进；从基础应用向核心业务应用，再向数据深度应用演进；从试点应用先行向统筹带动全区共同应用演进；从单个系统应用向行业平台整合应用，再向跨部门平台协同应用演进；从较为松散的建设管理模式向一体化的建设管理模式演进；从政务工作部门自行建设和运行维护向专业化、市场化的服务外包方式演进；从纸质平台向电子化、网络化平台整体迁移演进，最终建立起充分利用信息技术、以创新公共服务和社会管理为目的、社会公众广泛参与且有较高满意度以及一体化协同运行服务的新型政务工作模式。

第九，厘清了安全架构。将安全保障分为"保障"、"处置"、"监管"三个环节；将技术体系分为平台级体系和部门级体系，尽可能基于平台实现集中保障和处置，规范监管部门的责任和技术体系建设。

第十，提出了制度创新。一是实行一体化组织管理体制，强化一体化规划、建设、应用、服务、管理。二是走服务外包和集约化建设模式。同时注意了范围和可行性，顶层设计并不要求对当前的政府职能分工或公共服务领域的现行结构进行根本性的改革。就政府行政管理来看，顶层设计本身蕴含着职能分工的概念，与当前的政府行政管理体制并不存在重大的冲突。只要根据顶层设计的要求，进一步明确职能，加强分工协作，妥善处理行政组织之间的横向和纵向间的业务职能关系，就完全能够应对信息化对行政管理体制所带来的挑战。这实际上也为将来的电子政务深入发展缓解了组织障碍。

第十一，突出了城市信息化的工作重点。城市顶层设计应着重突出基层政府的特点，重点就三级服务联动、基层政府服务、智慧社区、数字生活服务、智慧教育、养老助老服务等方面开展顶层设计，切实做出城市顶层设计的特色。重大应用的详细设计方案是遵循顶层设计总体框架、在详细分析领域内系统的整合方案和信息资源共享方案后形成的。

第十二，做好与城市信息化建设衔接的准备。顶层设计遵循国家电子政务建设的标准规范和省市信息化建设总体规划的要求，顶层设计报告体现了"约束性"规划的特征，从业务架构、信息系统架构、信息资源架构、基础设施架构、标准规范体系等方面对全城市的信息化建设提出清晰和具体的约束要求，注意做好与城市重点领域顶层设计的衔接，与城市重大应用、主题数据库、基础设施等方面的体系架构保持一致，同时兼顾城市顶层设计的特殊需求。

第四节 智慧城市的安全

保障城市的信息安全既是政府的需要和职能，也是城市基础设施建设的需要，它延伸到信息社会公共服务的各个领域，贯穿整个智慧城市建设的全过程，既需要统一规划、统一实施和维护的方法、工具、规则体系，也需要政策法律法规等保障，信息安全在未来不仅是业务系统的要求，其实质也关系到国防安全和社会稳定。

对于一些具体的业务系统而言，信息安全也是首要任务。例如，在党中央和国务院提出的加快突发公共事件应急机制建设的重大课题中，明确提出，要建立健全社会预警体系，提高保障公共安全和处置突发事件的能力，应急管理信息化系统的建设是智慧城市建设中政府和企业信息化建设的重点，要能够保障社会安全，首先要保证信息系统自身的安全，这将是防灾减灾直接、高效管理的前提，也是未来信息社会的基础。

在赛博时代，智慧城市的建设不但要做好总体规划，更要做好顶层设计，顶层设计应当遵循国家电子政务建设的标准规范和国家信息化建设总体规划的要求，从业务架构、信息系统架构、信息资源架构、基础设施架构、信息安全体系、标准规范体系等方面对整个城市信息化建设提出清晰和具体的约束要求，注意做好顶层设计与信息化规划的衔接，在重大应用、主题数据库、基础设施等方面做好设计工作，其中，体系架构设计是关键，核心问题是安全设计，统一标准是基本要求。

第六章　智慧城市的关键技术

第一节　智慧城市技术原则

建设"智慧城市"符合国家"十二五"规划中对于城市发展的总体要求，智慧城市的发展能给中国的城市化进程带来新的动力。通过智慧城市的建设带动相关技术产业的发展，进而提供完整有效的智慧城市解决方案，其符合我国国情的领域发展思路，可有效地推进智慧城市和信息产业的巨大进步。智慧城市是信息科技在城市发展中的必然趋势，是全球城市化进程的必然要求。智慧城市的建设目标是为城市中的各个服务对象，即政府、企业以及个人提供智慧化、泛在式的应用服务，以不断探索、不断完善的渐进式过程稳步推进。因此，智慧城市建设需要兼顾创新、实用、智能、高可扩展、广泛兼容、安全保障以及标准规范等各方面的要求，加快发展一个符合中国特色的智慧城市建设模式。

一、创新性

目前智慧城市正处在发展的关键时期，也面临着战略方向的选择。当前世界各国，尤其是欧、美、日、韩等发达国家和地区的城市，都在积极开展各项研究与应用，建立相应的城市试点，研发城市智慧应用，以期占领智慧城市的技术制高点。由于目前智慧城市相关的技术及应用还没有公认的解决方案和标准，尚未形成新的技术和市场壁垒，我国与发达国家在这个领域中基本处于同一起跑线。"智慧城市"研究是一个从"跟随"到"引领"的重要发展契机，我们应该把握这个历史机遇，占据智慧城市相关各项前沿技术的领导地位，引领国际相关领域发展方向。因此，在智慧城市的建设中，应注重加强对技术创新性的要求。

第一，通过大力推进先进技术的研发，建立起领先的智慧城市技术概念体系，引导智慧城市相关部门确立技术创新的战略，推进技术创新投入，增强技术创新能力。

第二，加强创新体系建设，激发技术创新的内在动力，提升技术创新能力，着重突破面向智慧城市中的各项关键技术，形成一系列具有自主知识产权的技术、产品和专利。

第三，大力推动智慧城市相关各种新兴产业的发展和新技术应用，打造创新型城市智能服务，创建以人为本的智慧城市应用模式。

第四，在创新机制上有所突破，深化智慧城市所涉及的多个应用领域改革，加大产学研的紧密结合，在智慧城市建设中发挥政府主导力量，充分调动技术创新的积极性，实现智慧城市的科学、合理、可持续发展。

二、实用性

智慧城市的建设应该面向城市居民的基本需求，利用先进的技术手段以信息化的方式来服务于城市的建设和发展需要。因此，在智慧城市建设过程中，要始终强调实用性的原则，以满足城市可持续发展为依据，寻找符合城市特点的应用领域进行建设，完善发展规划，确保智慧城市建设符合城市发展的总体目标。

第一，坚持以人为本，把智慧城市建设与提高城市居民生活水平紧密结合起来，通过智能的城市服务提高城市居民生活的便利程度，满足民生需求，构建和谐社会。

第二，在技术创新和应用上要充分考虑智慧城市各个应用领域的特点，强调智能服务和应用的便利以及可行性，把满足城市智能服务对象作为重要的因素进行考虑，形成实用化的智能服务体系。

第三，通过智能医疗、智能交通、智能水务、智能物流等专业化系统的建设，提升城市规划和建设的管理水平，促进社会资源的合理分配，推动城市发展向智能化转型。

第四，通过智慧城市建设过程中新技术的应用，实现相关产业升级，有效地推进物联网、传感网、通信等先进科学技术的应用，推动全社会的科技投入，加快智慧城市相关设备和产品的研究发展，提升城市发展的整体信息化水平，促进信息化和传统行业的融合与发展，为城市产业升级和结构转型提供技术保障。

三、智能性

智慧城市的建设应面向城市服务功能的智能化，以各种城市资源、采集到的数据为基础，通过智慧城市的技术手段将城市服务的提供者和服务对象有机地连接在一起，为城市智慧化发展提供广泛的技术支持。

第一，在智慧城市建设中，应大力扩展各类基础数据的快速及时感知和采集手段，提高多样化的数据感知以及互联互通的沟通效率，增强互动整合的数据共享和处理能力，为城市各类应用服务提供可靠的数据服务基础。

第二，智慧城市的建设应打破传统上按行政、行业划分的服务方式，大力提倡一站式智能服务，积极推进服务水平提升，提高城市服务居民的满意度、企业的竞争力以及政府的执政水平。

四、扩展性

智慧城市的建设不是一蹴而就的，通常面临着建设周期长，涉及面广，需要根据不同的城市特色进行阶段性建设的挑战。因此智慧城市的可扩展能力是一个核心的要求，在建设过程中必须考虑到技术进步以及未来应用环境和目标的变化，保证智慧城市在建设过程中不断调整和自我完善，满足不断变化的各类需求。

第一，随着技术水平的不断进步，相关产业不断整合，智慧城市的应用系统需要不断更新升级，以保证应用的高效和实用，确保智能服务的有效扩展。因此智慧城市的建设是一个动态的、不断进步的过程，随着应用环境的不断变化和领域的不断扩展以及需求的逐步演化，智慧城市相关的技术和应用系统也需要不断改进扩展，以满足总体建设的要求。

第二，随着智慧城市建设的深入，智慧城市的参与者也会对服务水平提出越来越高的要求，智慧城市的新需求会不断涌现，因此建设过程必须意识到这种变化，要不断提高建设的目标，完善服务内容，提升服务质量，在相关技术选择和应用上也应该做出相应改进和调整，通过扩展已有的智能服务来满足智慧城市服务对象的新需求。

五、兼容性

进行智慧城市建设的城市具有不同的发展水平，所涉及的产业也多种多样，建设目标也不尽相同，在建设过程中不可避免地具有技术手段多样、应用水平不一致等困难。因此在建设过程中需要考虑不同城市发展特点对不同技术和行业的特殊要求，在智慧城市发展过程中注重突出不同的城市特色，满足智慧城市差异化的发展需求。

第一，由于智慧城市建设涉及的应用领域多种多样，技术手段各不相同，因此智慧城市在建设过程中需要重点考虑不同应用领域和技术手段之间的兼容性问题，要统筹考虑，避免建设过程中各自为政。

第二，目前有一些城市已经推行了一系列智能服务系统，积累了智能服务的丰富经验，智慧城市的建设应广泛借鉴目前已有的城市智能化建设基础，兼容已有的城市智能化系统和技术。但这些既有智能服务系统之间通常存在使用标准不统一、技术手段不一致的问题，因此，在建设智慧城市的过程中，还应大力推进已有系统的融合，提高各个系统和技术接口的标准化程度，提升安全集成既有系统的数据和服务。

第三，智慧城市的建设通常根据城市发展水平和特色进行差异化建设，因此，不同城市对于智能服务的需求有共性也有差异性，在智慧城市的建设中，需要对于差异化的建设目标具有兼容的能力。

六、安全性

随着信息技术的发展和应用，信息安全一直都是信息化过程中最重要的内容之一，在智慧城市的建设中尤为如此。保障数据和服务的安全是智慧城市建设的重要前提。

第一，智慧城市的建设涉及城市功能的各个方面，需要各种信息化子系统的支持。在实际应用中，应加强智慧城市系统建设的安全性保障，在技术手段上要保证智慧城市系统、高效、稳定运行的要求，同时加强安全保障规定和措施的推行，完善智慧城市信息化系统的基础建设。

第二，智慧城市在提供智能化服务的同时，不可避免地需要获取和存储城市服务对象的各种信息，其中包含有大量隐私性较强的信息，需要对其进行必要的保护。智慧城市的建设需要加强对敏感信息保护的关注，从技术手段和管理上保障智慧城市参与者的隐私。

七、规范性

目前国内许多城市都开展了智慧城市的建设，开发和部署了各种信息化子系统，但普遍存在缺乏统一规划、缺乏相应技术标准和法律规范支持，这种现状严重制约了智慧城市建设，容易造成各系统之间信息交互不畅，形成信息孤岛，因此需要大力推动技术标准和规范的建设。

第一，在智慧城市的建设中，要加快建立通用的智慧城市技术标准体系，形成国家级智慧城市技术指导规范，同时推动智慧城市技术体系标准的推广和应用，引导智慧城市建设中参与各方采用共同标准，在实际建设过程中进行不断完善和发展。

第二，开展广泛的国际合作，大力参与国际各类相关标准的讨论和制定，积极把握技术标准建立的话语权，引领智慧城市的技术发展趋势，推动我国智慧城市技术标准的国际化。

第三，智慧城市相关的各类技术规范和标准应充分借鉴已有的国际标准、国家标准和行业标准，制定的规范和标准应具备前瞻性、科学性、完整性、延续性和可操作性。

第二节 技术手段选择

一、感知与获取技术

智慧城市的智慧来源，首先是将城市建设成为有感知力的城市（Sentient City）。在越来越多的城市基础设施中嵌入信息处理能力，城市就会变得越来越有智慧，或者说城市越来越聪明。城市的人流、车流、物流不仅代表城市的活力，也标志着城市的运行状态，生命最重要的阳光、空气、水是生命生存的环境，相类比来看，能源、电力环境都是城市的基础要素，这些要素的动态都与城市的生存发展息息相关。只有依托于城市的感知力（感知城市的自然环境、市民的生活体验），计算能力渗透到城市的街道、马路等公共城市域，交通、物流、商务、旅游、安防应急才真正地可能实现智慧化。

智慧城市是基于泛在网，实现城市智能高效管理的综合系统。泛在网基于个人和社会的需求，实现人与人、人与物、物与物之间按需进行的信息获取、传递、存储、认知、决策、使用等服务，其具有超强的环境感知、内容感知及其智能性，为个人和社会提供泛在的、无所不含的信息服务和应用。

感知层是保证泛在网感知和获取物理世界信息的首要环节，是整个智慧城市架构中重要的支撑体系。感知层的主要技术手段可包括以下几方面。

（一）信息采集与感知技术手段

1. 二维条形码识别技术

二维码是用特定的几何图形按一定规律在平面（二维方向上）分布的黑白相间的矩形方阵里记录数据符号信息的新一代条码技术。由一个二维码矩阵图形和一个二维码号以及下方的说明文字组成，其具有信息量大、纠错能力强、识读速度快和全方位识读等特点。利用条码技术可以将信息写入，便于用户使用阅读器或者手机获取相应的信息。

2. 射频识别技术

射频识别（Radio Frequency Identification，RFID），又称电子标签、无线射频识别，是一种通信技术，可通过无线电讯号识别特定目标并读写相关数据，而无须识别系统与特定目标之间建立机械或光学接触。射频识别技术是一项利用射频信号通过空间耦合（交变磁场或电磁场）实现无接触信息传递并通过所传递的信息达到识别目的的技术。

一套完整的 RFID 系统由标签、读取器/读写器、天线、数据传输和处理系统几部分组成。其中，标签由耦合元件及芯片组成，每个标签具有唯一的电子编码，附着在物体上标识目标对象，俗称电子标签或智能标签；读取器/读写器是读取（写入）标签信息的设备，可设计为手持式或固定式；天线在标签和读取器间传递射频信号。

RFID 技术具有条形码所不具备的防水、防磁、耐高温、使用寿命长、读取距离大、标签上数据可以加密、存储数据容量更大、存储信息更改自如等优点，其应用将给零售、物流等产业带来革命性变化。

RFID 在生产过程中的应用相当广泛，比如仓储管理、整个生产物流的配送等，几乎可以用到条形码的地方都可以应用，也有一些特殊的场合必须要用。RFID 在制造业的应用多数属于闭环应用，芯片可回收、可重复使用，这就不存在成本问题，应用越多，成本就降得越低。消费品零售领域应用的 RFID 多为一次性的，容易受到成本的制约。

条形码已普遍使用于制造业，然而对许多条形码系统而言，往往需要在生产过程中通过手动修改和更新，既费时又费力。RFID 的一个直接作用是解放劳动力，消除人工操作的人为因素，而且能准确、快速、可靠地提供实时数据，这对大批量、高速的制造企业特别重要。RFID 能明显地改进和提高制造过程的各项关键性能，经济效益突出。

3. 专用传感技术（物体状态及环境信息的采集）

传感技术同计算机技术与通信技术一起被称为信息技术的三大支柱。从仿生学观点出发，如果把计算机看成处理和识别信息的"大脑"，把通信系统看成传递信息的"神经系统"的话，那么传感器就是"感觉器官"。

传感技术是关于从自然信源获取信息，并对之进行处理（变换）和识别的一门多学科交叉的现代科学与工程技术，它涉及传感器（又称换能器）、信息处理和识别的规划设计、开发、制/建造、测试、应用及评价改进等活动。获取信息靠各类传感器，有各种物理量、化学量或生物量的传感器。按照信息论的凸性定理，传感器的功能与品质决定了传感系统获取自然信息的信息量和信息质量，是高品质传感技术系统构造的第一关键要素。信息处理包括信号的预处理、后置处理、特征提取与选择等。识别的主要任务是对经过处理的信息进行辨识与分类。它利用被识别（或诊断）对象与特征信息间的关联关系模型对输入的特征信息集进行辨识、比较、分类和判断。因此，传感技术是遵循信息论和系统论的。它包含了众多的高新技术，被众多的产业广泛采用。它也是现代科学技术发展的基础条件。

传感器是智慧城市感知层获得信息的主要设备之一，传感器利用各种机制把被观测量转换为一定形式的电信号，然后由相应的信号处理装置来处理，并产生响应的动作。

传感技术按照不同应用领域、不同用途可分为温度传感、湿度传感、光传感、磁性传感、气体传感等，其在智慧城市中的各种应用领域，包括医疗、交通、物流、农业、公共管理、城市安全等，都得到广泛应用。

4. 多媒体信息感知与采集

多媒体信息感知与采集是利用录音设备和各种摄像设备对音频、视频信息进行同步采集，并将其存储的各类技术广泛应用于城市建设、公共安全与应急、城市管理等各个方面。

（二）信息感知网络技术手段

网络基础设施建设作为智慧城市建设的基础支撑，其发展程度将直接影响到智慧城市各应用领域系统的发展。只有具备了成熟、高效、人性化的网络，基于网络之上的应用才可能被政府、企业、市民所接受。同时，各种新型的业务应用也对网络基础设施提出了新的要求。智慧城市的网络基础设施建设主要包括光网络、无线网络、三网融合等。

（三）光网络技术手段

FTTx 宽带接入：光纤接入式宽带连接相比以前的铜缆接入方式可以大幅提高用户的网络带宽，根据不同城市、不同城市网络基础条件的不同，又主要可分为 FTTH 及 FTTB+LAN/DSL。

FTTH （Fiber to the Home）是指将光网络单元（Optical Network Unit，ONU）安装在住家用户或企业用户处，是光接入系列中除光纤到桌面（Fiber to the Desktop，FTTD）外最靠近用户的光接入网应用类型。FTTH 的显著技术特点是不但提供更大的带宽，而且增强了网络对数据格式、速率、波长和协议的透明性，放宽了对环境条件和供电等要求，简化了维护和安装。

FTTB （Fiber to the Building）是一种基于优化光纤网络技术的宽带接入方式，采用光纤到楼，然后再根据情况采用网线入户或者电话线入户的方式实现用户的宽带接入。

光网接入在接入技术的选择方面也是关键。无源光纤网络（Passive Optical Network，PON）技术现今已成为实现 FTTx 的主流光网接入技术，其中 EPON （Ethernet PON）和 GPON （Gigabit-capable PON）又是 PON 接入的主要的代表应用。

EPON 采用点到多点结构，其在物理层采用了 PON 技术，在链路层使用以太网协议，利用 PON 的拓扑结构实现了以太网的接入。因此，其综合了 PON 技术和以太网技术的优点。EPON 采用单纤波分复用技术，终端接入仅需一根主干光纤，并在光网单元侧通过光分路器分送给多个用户，其大大降低了终端设备和主干光纤的成本压力。通过 EPON 方式接入的上下行均可达千兆速率，充分满足接入网客户的带宽需求，并可方便灵活地根据用户需求的变化动态分配带宽。EPON 具有同时传输 TDM、IP 数据和视频广播的能力。

GPON （Gigabit-Capable PON）技术是基于 ITU-TG.984.x 标准的最新一代宽带无源光综合接入标准。其提供了下行速率高达 2.5Gbit/s 的高带宽，并且其非对称特性更能适应宽带数据业务市场。因此在智慧城市光网络建设技术手段选择中，应主要以 EPON 方式为主，部分特定地城市可少量部署 GPON 网络。

由于网络的市场需求正朝向多业务、宽带化、智能化和个性化的方向发展，建设综合的、承载多业务的城域网成为智慧城市网络发展的必然要求。

在城域网汇聚层中，现有技术主要为 MSTP/SDH、PTN 等。MSTP/SDH 技术基于电路交换，业务质量好，安全性高；PTN 技术基于 IP 为内核，满足数据业务的需求，同时具有较高的安全性。MSTP/SDH 网络主要承载 TDM 业务，而 PTN 网络主要承载分组化业务。随着业务的逐渐全 IP 化，为了实现对上层业务的高效承载，作为未来多业务承载的基础承载网络，PTN 网络建设成为大势所趋。但是由于分组业务和 TDM 业务在较长时间内处于共存状态，因此，PTN 网络不会在短期内替代 MSTP/SDH 网络。

在城域网核心层中，传统的 WDM 技术将会逐步被 OTN 技术所取代。传统的 WDM 技术以业务的光层处理为主，多波长通道的传输特性决定了它具有提供大容量传输的天然优势。OTN 技术解决了传统 WDM 网络无波长/子波长业务调度能力、组网能力弱、保护能力弱等问题，在保证了核心层网络可靠性的同时，增加了核心层组网的灵活性，网络结构由环状网向网状网演进。

因此城域网建设的技术发展选择近期主要集中于建设基于 SDH 的 MSTP 网络，后续逐渐从 MSTP 向 PTN 演进，而基于 OTN 的自动交换光网络（Automatically Switched Optical Network，ASON）技术将用于城域传送网的核心层，这是将来城域网建设的最终选择。

网络地址转换/协议转换技术（NAT-PT，Network Address Translation-Protocol Translation）通过与 SIIT 协议转换和传统的 IPv4 下的动态地址翻译（NAT）以及适当的应用层网关（ALG）相结合，实现了只安装了 IPv6 的终端和只安装了 IPv4 终端的大部分应用的相互通信。

（四）无线网络技术手段

无线网络的技术选择主要包括 Wi-Fi/Wi-Fi+Mesh、WiMAX、3G 技术等。

Wi-Fi/Wi-Fi+Mesh 技术：Wi-Fi/Wi-Fi+Mesh 是一种基于 IEEE 802.11 系列标准的无线网络技术，该技术下网络中的每个节点都发送和接收信号，并具备自动路由功能，是一种自组织、自管理的智能网络。在这样的组网模式下，无线网络由一组呈网状分布的无线 AP 构成，AP 均采用点对点方式通过无线中继链路互联，将传统 WLAN 网络中的无线"热点"扩展为真正大面积覆盖的无线"热城市"。它具有高带宽、兼容广泛、成本低廉等优点。

WiMAX 技术：即全球微波接入互操作，是一项新兴的基于 IEEE 802.16 无线接入标准的宽带无线接入技术。其提供在城域网一点对多点的环境下，有效地进行互操作的宽带无线接入手段。WiMAX 自身具备一定技术优势，如高宽带接入：提供高达 75Mbit/s 的传输率；覆盖范围广：实现最大 50 公里的无线信号传输距离；抗干扰能力强；安全性高等。

3G 技术：即第三代移动通信技术，是指支持高速数据传输的蜂窝移动通信技术。3G 服务能够同时传送声音及数据信息，速率一般在几百 Kbps 以上。3G 是指将无线通信与国际互联网等多媒体通信结合的新一代移动通信系统。目前 3G 存在三种标准：CDMA2000、WCDMA 和 TD-SCDMA。

（五）三网融合技术手段

"三网融合"中的三网是指以因特网（Internet）为代表的数字通信网、以电话网（包括移动通信网）为代表的传统电信网和以有线电视为代表的广播电视网。三网融合主要指通过技术改造，实现电信网、广播电视网和互联网三大网络互相渗透、互相兼容，并逐步整合成为统一的通信网络，形成可以提供包括语音、数据、广播电视等综合业务的宽带多媒体基础平台。

三网融合实质是业务上的融合，能通过任何一个网络开展语音、数据和视频等多种不同业务，满足广大消费者的需要。目前主流的业务有：普通电话、视频电话、标清电视、高清电视、互联网接入等。

随着技术应用的不断发展，语音、数据和视频三种基本业务经过相互的结合和渗透，衍生出了多种业务形式，例如 PC 电话、消息类业务、视频电话会议、IPTV、家庭视频监控、电影和多媒体文件共享、网络游戏、远程教育、远程医疗等更丰富多彩的业务。

二、数据存储与处理技术

信息化给人类生活带来了便利，伴随而来的却是急速膨胀的海量数据。随着物联网、互联网、多媒体、遥感等技术的进步，在现代城市数字化运行过程中，收集数据变得既迅速又简单，但是如何高效智能化地存储、管理和分析数据，并将有意义的信息提取出来应用于各种城市数据密集型应用，提升城市"智慧"已经成为至关重要的问题。数据量的高速膨胀、数据无意义的冗余、数据原有关系的割裂对信息进步形成了严重的制约，数据活化技术通过感知、关联、溯源等手段，可实现海量多源、多模数据的自我认知、自主学习和主动生长，能够很好地解决海量数据管理和分析等问题，是构建智慧城市的核心技术。现有技术中的动态数据中心、海量数据处理、数据监管、数据密集型计算、数据挖掘和信息推荐等技术都可以作为智慧城市数据层的技术手段，对构建智慧城市具有重要的意义。

（一）动态数据中心技术

动态数据中心是智慧城市的重要基础设施，智慧城市的运转需要依靠动态数据中心对数据进行统一处理，根据不同的应用需求提供相应的服务。数据活化正是基于对动态数据中心中的数据进行分析、处理的技术。思科、NetApp 和 VMware 都在就如何构建动态数据中心的研究上作出努力和尝试，提出了新的设计架构，帮助客户变革虚拟化动态数据中心，使之更加高效、动态化并且更安全。它们联合推出了端到端的安全多租户设计架构（Secure Multi-tenancy Design Architecture），据称该架构能够隔离那些共享一个通用 IT 基础架构的不同客户、业务单位或部门所使用的 IT 资源和应用，从而加强云环境的安全性。微软公司早在 2003 年 6 月就给出关于如何创建动态数据中心的技术白皮书（*Building a Dynamic Data Center*）。其主要是从硬件、操作系统上给出构建动态数据中心的建议，主要包括信息技术复杂性、资源管理、硬件资源、网络需求等，微软公司还倡导成立了动态数据中心联盟，根据合作伙伴的需求，提供相应的技术支持。

（二）海量数据处理技术

从 2000 年左右 Google 等搜索引擎兴起开始，海量数据处理问题一直是研究热点，它具有重大的应用价值。Google 作为行业领军，其使用的海量数据处理主要依赖于分布式的高扩展架构，主要分为底层架构、分布式系统、文件存储、数据存储和数据处理五个部分。底层架构将负载并行分配到多个硬件机器上，软件采用容错处理方式，大量采用刀片服务器和 PC Server、地段存储和网络设备；使用调度系统作为低层支撑系统，负责调度监控 Cluster 资源；使用 GFS 文件存储方式，Master 节点负责管理文件系统元数据，Chunkserver 存放具体数据；使用 BigTable 数据存储，采用多维稀疏映射图模型，将表按行分隔成 Tablet，分布到不同服务器上存储，Master 节点处理元数据和负载均衡，Tablet 服务器存储数据，锁服务器（Lock Service）控制数据访问的一致性；使用 MapReduce 进行数据处理，根据映射和简化两大功能批量处理数据。

（三）海量数据监管技术

数据监管（Data Curation）的主要内容包括数据的存储、维护以及数据生命周期中的数据增值。为了减少重复数据爆炸式增长带来的问题，数据监管主要对已有数据进行最大利用。数据监管过程中数据的生命周期包含以下过程：概念化、创建、使用、评估、处理、摄取、保存、再评估、存储和转换等。2004 年，为了更好地研究数据监管，为大学、公司、组织、结构等提供数据监管策略，英国爱丁堡大学联合格拉斯哥大学、巴斯大学的 UKOLN 和 STFC 成立了数据监管中心。此外，伊利诺伊大学、麻省理工学院等国际知名院校也有相关数据监管专业，成立了数据监管研究组。

（四）云存储技术

云存储是在云计算概念上延伸和发展起来的，通过集群应用、网格技术或分布式文件系统等功能，将网络中大量各种不同类型的存储设备通过应用软件集合起来协同工作，它是共同对外提供数据存储和业务访问功能的一个系统。近几年工业界建立的一些系统对数据密集型计算有所支持。Yahoo 公司推出的大规模分布式数据库系统 PNUTS 为其 Web 应用提供服务。Amazon 建立了高效 Key–Value 存储基础组件 Dynamo，用于支持其很多应用系统。这些系统可以较好地完成企业的要求，但是只能支持一些简单的操作，如关键字检索、选择操作等，无法支持复杂的数据库查询和其他数据密集型计算。BigTable 是一种针对检索应用设计的分布式的存储模型，无法有效支持数据查询、分析、挖掘等其他计算。在数据并行处理方面，MapReduce、Hadoop、Amazon's S3 存储云等都是专门为数据中心设计的数据计算并行处理系统，主要使用集群信息将数据文件以数据块的形式存放和处理。Google File System（GFS）是 Google 开发的分布式文件系统，是支持大型的、分布式的、对大量数据进行访问的应用。GFS 具有可提供高效数据存取和并行处理的能力，但不能支持较高层次数据密集型计算中的数据查询。到目前为止，MapReduce 在工业界的成功案例主要集中于操作简单的 Web 服务，并不适合于多变的多维时空数据以及复杂的数据关联操作。

（五）数据挖掘技术

数据挖掘技术是指从大量的、不完全的、有噪声的、模糊的、随机的数据中，提取隐含在其中的、人们事先不知道的、但又是潜在有用的信息和知识的过程。研究者们做出了一系列的努力，融合了数据库、人工智能、机器学习、统计学等多个领域的理论和技术。数据挖掘的过程一般有六个阶段：确定业务对象、数据准备、读取数据并建立模型、数据挖掘、结果分析、知识的同化。数据挖掘采用了人工智能 AI 中部分已经成熟的技术作为基础，包括决策树、神经网络、遗传算法、规则归纳、贝叶斯网络、粗糙集等。数据挖掘通常分成两个大的类别：描述型的数据挖掘和预测型的数据挖掘。前者给出对数据集合简洁的、总结性的描述，而后者则通过创建一个或多个模型，试图从当前数据集合推导出未知数据集合的行为。数据挖掘系统通常包含多个数据挖掘模型以完成多种数据挖掘任务，这些数据挖掘模型中，分类、回归和时间序列模型主要用于预测，而聚类、关联分析和序列发现主要用于描述数据库行为。数据挖掘技术从一开始就是面向应用的。它不仅是面向特定数据库的简单检索查询调用，而且要对这些数据进行微观、中观乃至宏观的统计、分析、综合和推理，以指导实际问题的求解，企图发现事件间的相互关联性，甚至利用已有的数据对未来的活动进行预测。例如，加拿大 BC 省电话公司要求加拿大 Simon Fraser 大学 KDD 研究组根据其拥有的十多年的客户数据，总结、分析并提出新的电话收费和管理办法，制定既有利于公司又有利于客户的优惠政策。又如，美国 NBA 的教练利用数据挖掘技术临场决定队员替换。

利用数据活化技术来处理城市时空数据，这是将城市作为一种复杂的地理实体，利用空间数据库模型和时空编码技术来发展城市数据时空关联的表达和描述方法；是利用地理编码、地图分析和计算几何等方法来发展城市网络数据的分析方法；是从质量、动量和能量（热量）守恒规律来理解城市内物质运输、能量转换传递、信息流动和时空交互作用等城市过程的数学物理方程（组）模型；是依据时空越相近越相关规律（地理学基本定律）来发展城市数据的时空统计方法，包括时空观测数据的探索性（描述性和可视化）分析和统计推断（统计模型和统计模拟）。利用多源时空数据融合、数据同化和数据挖掘方法来建立城市时空数据活化技术。

特别地，从空间数据质量标准、决策的风险性（错误的概率与损失代价的函数）、数据挖掘过程不确定性分析和发现知识的质量评价（如关联规则的信任度和支持度，新奇性和可解释性）等方面来分析数据活化过程及其结果的不确定性。数据活化结果及其质量评价一起构成可用的城市信息服务。

最后，考虑城市传感器网络、物联网、数字城市、城市空间信息系统的建设现状和城市不同行业和部门数据利用情况，调查国内外城市空间信息分类及数据加工标准，分析商品化城市信息系统软件中空间数据库的高级空间分析功能和时空数据管理分析原型系统，设计智慧城市中时空数据活化案例，利用课题组的人口和经济地理数据的空间探索性分析、气候变化数据的时空统计推断、城市网格化管理信息系统及灾害监测和应急响应等原型系统，开发相应的城市时空数据活化技术组件。

三、支撑服务和应用服务技术

（一）面向服务的架构体系（SOA）

面向服务的计算包括面向服务的体系结构和 Web 服务，是一种新的计算范例，已得到国际标准化组织、学术界和产业界的广泛支持。Web 服务是与平台和语言无关的、自描述和自包含的松耦合模块，并且遵循国际开放标准协议规范，通过 WSDL 描述，通过 UD-DI 发布，通过 SOAP 消息协议进行调用，因此 Web 服务为分布式环境下异构系统间的交互提供了一种标准方式，能更好地支持跨域实体间的协作，适用于分布性强、共享需求大的应用领域，如电子商务、电子政务等。

随着 Web 服务技术的应用和推广，网络上出现越来越多稳定易用的 Web 服务，但单个的 Web 服务能够提供的功能有限，为更充分地利用 Web 服务，将服务进行组装和协同，从而提供更为强大的业务功能的服务组合技术成为服务计算研究中的一个重点。互联网的发展和应用的加速，使得网络上聚集了越来越多的软件和服务资源，资源数目和类型的日益增长，为基于服务的网络软件开发提供了重要的基础。与此同时，在传统的面向对象、基于构件的开发和分布式对象等技术的基础上，集成网络上已有服务的服务组合技术可以更灵活、更便捷地完成业务流程定义，更高效地实现新业务系统的构建和原有业务系统的更新和扩展，因而成为了基于互联网的全新的软件开发、部署和集成模式。

（二）云计算技术与"SaaS"技术

云计算作为互联网时代的一种重要应用模式，在国内外学术界和产业界得到了极高的关注。云计算将各种资源集中在数据中心（Data Center）之上，并以服务的形式供用户使用。从类型上划分，目前云计算中的服务主要包括"基础设施即服务"（Infrastructure as a Service）、"平台即服务"（Platform as a Service）和"软件即服务"（Software as a Service，SaaS）。随着互联网的迅速普及，国际知名 IT 公司都开始大力发展互联网业务，并将云计算作为其产业布局中最为重要的一环，各自结合自身特点推出了云计算业务。其中，Amazon 的 EC2 云计算平台主要提供计算和存储服务，相关的业务收入已达 1 亿美元。谷歌（Google）建立了目前规模最大的云计算基础设施，其核心的搜索业务就建立在分布于全球 200 多个地点、超过 100 万台服务器的云计算环境之上。IBM 推出的"蓝云"计算平台提供一系列的自动化、自我管理和自我修复的虚拟化技术。微软于 2008 年 10 月推出了 Windows Azure 云计算平台，让 Windows 操作系统由单机延伸到互联网上。

　　"软件即服务"是指将软件以服务的形式通过互联网来交付。软件由 SaaS 运营商负责运作维护，用户无须一次性购买软件和硬件，也无需考虑软件维护的升级，只需交纳使用的服务费用。自美国 Salesforce 在 CRM（客户关系管理）、ERP（企业资源规划）等企业管理软件领域取得成功以来，SaaS 以其即需即用、节省成本、易于扩展的优势，开始得到国内外 IT 厂商的推崇。国际上知名厂商均开始向 SaaS 市场扩张，如微软推出了 Software+Service 的模式，谷歌推出了在线文档服务 Google Documents 等。国内企业最早以八百客、沃利森为代表，从开发 CRM、ERP 等在线应用作为切入点进入 SaaS 市场，用友、金蝶等传统管理软件厂商目前也均推出了在线 SaaS 产品。

（三）跨媒体搜索技术

　　数字内容产业是一个高度综合化的产业，其中不同类型的系统都涉及两个不同层面集成。一个层面是虚拟现实与数字媒体自身技术的高度集成，为了有效满足需求，靠单一技术无法全面解决问题，需要有效集成内容的获取与生成、内容分析与服务、内容展示与交互、内容安全等不同的技术，同时综合多模态的数字内容，形成功能完备的系统。例如现有的搜索引擎，为了满足不同类型用户对文本、音视频、三维模型的检索需求，需要在后台具备庞大的资源获取、分析等模块和数据中心，Google、百度、微软等都有相应的技术部门进行专项的工作，面向医疗、安全、装备、城市规划的系统也都具备完整的采集、分析、交互、展示等功能。另一个层面是与相关信息技术的高度集成，需要有效地利用计算、通信、安全等技术，使得服务和功能更为有效。数字内容庞大的资源数量，需要有先进的计算设施，如大型机、并行处理集群、网格及云计算平台，同时充分利用网络和通信技术面向不同类型的终端用户提供个性化的服务。现有的搜索引擎、并行绘制系统等都充分反映了这一特点。

（四）海量 Web 数据提取—管理—分析技术与系统

　　Web 数据提取技术是在开放的 Web 网络环境下，将数据海量、非结构化的 Web 数据提取、转化成结构化数据，并将数据进行保存和进一步分析处理的过程。这个过程需要探索开放环境下的海量网络数据模式构建与变化的规律，掌握 Web 数据的模式提取方法和海量 Web 的自动提取技术，实现对异构数据的集成与统一管理，建立面向城市的各应用领域的数据分析与挖掘平台，使人们像访问数据库一样访问 Web 信息，同时给出一种面向开放环境下的新型 Web 访问模式和服务模式，为人们提供从网络环境下海量数据中获取知识的手段，为智慧城市应用领域对开放环境下海量数据密集型应用系统建设提供有力支持。

当前城市各部门信息系统数据（包括市政服务信息管理、企业信息化、交通信息、医疗信息服务等重大应用领域）都迫切需要开放环境下的新型数据提取—管理—分析技术的支持。Web 互联网数据的模式研究、数据抽取技术和异构数据的集成与统一管理技术相结合，建立面向智慧城市应用领域的数据分析与挖掘平台，对于支持智慧城市的上层应用领域对开放环境下海量数据密集型应用系统建设具有重要意义。

（五）虚拟现实与增强现实技术

虚拟技术中除了对单类数字内容高真实感、高沉浸感的表现外，不同类型数字内容的无缝融合是当前的一个重要趋势。近年来，随着 Google Earth、微软的 Virtual Earth 以及 Natal 等普及新型应用的发展，互联网、家庭娱乐等领域对于可交互的信息内容需求日益迫切，IBM"智慧地球"等"物联网"的提出、CPS（Cyber-Physical System）对于人—机—物的要求等，进一步拓展了数字内容的概念，对人与虚拟世界、物理世界的融合方式提出了更高的要求，数字内容已不仅局限在对静态的单一内容的展示，而是更强调现实世界各种综合信息的接入与融合。例如，在美军正在研究的 LVC 系统中，通过融合真实的指挥控制、真实的作战部署、虚拟仿真器和仿真过程、计算机虚拟兵力，建立真实的作战界面和虚拟的地形地貌生成系统，提供一个能支持三维信息、文本命令、视频、传感器信息的综合集成环境。美军研究的未来作战系统（Future Combat System）所提出的嵌入式仿真（Embedded Simulation）以及欧洲面向工业设计和生产维护的 ARVIKA、ARTESAS 等计划也都体现了这一特点，综合数字内容的融合化展示成为重要趋势。

（六）海量异构数据建模与呈现技术

在智慧城市网络环境中，数据规模飞速增长，异构数据更加开放、难控，"数据噪声"问题日益严重。海量异构数据建模与呈现是通过提高数据关联的认知程度，获取传统数据处理中观察不到的现象和特征，使网络数据得到及时有效的利用。网络数据应用场景复杂多变，海量异构数据中的对象、空间、时间等多维信息之间存在不同程度的关联关系，这就需要研究异构数据间关系的规范化表示、添加、删减、重构等基本运算操作，实现数据模型的动态构建与实时更新；同时，由于数据内容已不仅局限在对静态的单一内容的展示，还更强调网络中各种数据的融合，进一步拓展网络异构数据的关联模型，海量数据动态建模与呈现系统在人与大规模建模场景之间的无缝交融技术，实现深度沉浸式交互，提高数据动态建模与呈现系统的浸没感。通过网络各种类型数据关系的有机结合，构建网络海量异构数据实时建模与呈现系统，形成网络世界虚拟主体数据关系态势图，使得政府相关部门、网络管理者和决策者能够通过异构数据建模获取网络真实详细的关联信息，实现随时随地了解网络运行中各种数据的当前状况。

（七）移动学习技术

"移动学习"是 21 世纪初刚刚兴起的一种学习理论，它利用智能化的移动终端和无线网络为学习者提供无时不可、无处不在的学习机会。在工业设备技术支持系统中应用移动学习理论，与传统的学习培训和技术支持相比，可以使操作者的学习和培训更加灵活、更加快捷、更加便携、更加以用户为中心、更加情景化、更加个性化、更加协作化以及更具有持续性。

移动学习被定义为一种借助移动计算设备在任何时间、任何地点进行的学习活动。移动学习最早于 21 世纪初在欧美国家被提出，近十年来，我国关于移动学习理论的研究和应用也获得了大量的理论研究成果，并逐渐在教育、生活、医疗、企业界得到应用。由于移动学习具有移动性、便携性、实时性等优势，其理念可以应用在航空工业设备技术支持系统中。把情景化移动学习理论应用到工业设备技术支持系统的想法和尝试如图 6-1 所示，当设备的操作者在操作中遇到困难时，可以利用移动终端进行即时学习，当在学习过程中获得了相关知识和技能时，立即回到操作作业中解决问题并完成相关任务。

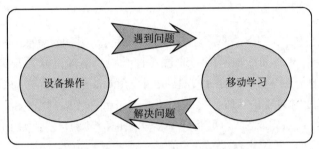

图 6-1　操作作业与学习之间的关系模型

技术支持系统为操作者提供实时的数字化技术资料，其最终目的是为了帮助操作者完成操作任务，并获得相关设备操作的知识和能力，计算机技术支持的学习、行动和协作是可以达到这个目标的重要手段。在现代企业和工业环境中，由计算机支持的学习方式主要有以下几种：实地学习、即时学习（Just-in-time Learning）、行动学习（Learning by Doing）和协作学习（Collaborative Learning）等，而移动学习理论可以结合以上几种方式，为工业设备技术支持系统提供更加高效的学习方式。

（八）信息和服务个性化推荐技术

如何从海量信息中选取个人所需，这是智慧城市应用中需要面对的重要问题。解决这一问题的关键在于要脱离传统的"人找信息"的尴尬局面，而是要提供主动的"信息找人"的信息服务理念。要达到这一目标，就需要根据用户的个人偏好，从庞杂无序的海量数据中挖掘出有用的知识和模式，并基于挖掘结果提供一种根据用户个人偏好对信息进行组织和过滤的智能人机交互手段。个性化推荐技术可看作对人工智能、信息检索和数据挖掘领域的综合应用和延伸，在 20 世纪 90 年代应运而生。智慧城市用户的需求层次丰富、呈繁杂的多样化，在其应用中，需要针对不同用户的不同特点，提供不同的服务策略和服务内容的个性化服务模式。个性化推荐技术是人工智能、信息检索和数据挖掘三大研究领域的交集，也属于数据活化的研究范畴。1995 年，美国人工智能协会及 ACM 组织等首次提出了个性化推荐原型系统的设想，标志着个性化推荐技术研究的开始；自 2000 年以来，人工智能、信息检索和数据挖掘研究领域内的很多国际著名学术会议以及标准组织都开始将个性化推荐技术作为一个重要主题进行讨论。同时，许多大型研究机构也组成了专门的研究团队，长期致力于个性化推荐技术的研究和应用拓展，其中以 Minnesota 大学的 GroupLens 研究组、Yahoo 研究院、NEC 研究院的 CiteSeer 项目组、微软的 Live Labs、IBM 的 Watson Research Center 和 Bell 实验室的研究成果最为卓著。近年来，我国许多在人工智能、信息检索和数据挖掘领域具备科研实力的研究机构（包括中科院计算所、清华大学、北京大学、浙江大学、南京大学、复旦大学、国防科技大学、北京航空航天大学等）也纷纷进入到个性化推荐技术领域内，并结合中国网络发展及使用状况，对其进行了探索性的研究，并取得了较为显著的研究成果。

第三节　智慧城市数据传输网络

目前随着科技的发展，传输网络的建设也日臻完善，将通信网、互联网、物联网构成智慧城市的基础通信网络和传输网络。通过各种无线、有线的长距离或短距离通信网络，或者内网（Intranet）、专网（Extranet）、互联网（Internet）等架构，在确保信息安全的前提下，实现选定范围内的互联互通。现有的智慧城市数据传输网络包括光纤网、2G 无线网络、3G 无线网络和 Wi-Fi 网络，今后将进一步实现包括以 TD-LTE 为主的 4G 无线网络。

一、3G 无线网络和 4G 无线网络在数据传输中的应用

3G 网络主要包含 WCDMA、CDMA EVDO、TD-SCDMA 三种方式，研究的是 3G 模式下数据传输的稳定性，以及 3G 与 4G 之间的无缝转换。

Wi-Fi 网络技术主要研究无线热点的覆盖问题，以及 Wi-Fi 协议安全性的提高，研究如何提高 Wi-Fi 网络的质量以及其互联功能。

二、光纤网络传输技术

目前需要研究光纤网络传输技术，以及研究利用光纤网络传输速度快、频带宽、损耗小、重量轻以及抗干扰能力强等特点将光纤网络建设成为智慧城市传输网的主干道，同时需要研究光纤接入的问题以及多址技术。

光纤通信的原理是：在发送端首先要把传送的信息（如话音）变成电信号，然后调制到激光器发出的激光束上，使光的强度随电信号的幅度（频率）变化而变化，并通过光纤发送出去；在接收端，检测器收到光信号后把它变换成电信号，经解调后恢复原信息。

光纤网络具有频带宽、损耗低、重量轻、抗干扰能力强等特点。目前光纤网络已经面向以下几个方面在演进，包括：光纤到路边、光纤到楼和光纤入户。

虽然光传输的损耗很小，但其仍不可避免地存在。由于材料吸收、波导散射、材料散射和漏泄模等原因会造成信号的衰减，我们需要光纤放大器来对信号进行放大和整合。光纤放大器一般都由增益介质、泵浦光和输入输出耦合结构组成。目前常用的光纤放大器主要有掺铒光纤放大器、半导体光放大器和光纤拉曼放大器三种。

未来的光纤通信将向超高速系统、超大容量 WDM 系统演进，而实现光联网是整个光纤通信发展的战略大方向。

其中光接入网面临诸多问题：需要解决 OLT 和多个 ONU 之间上下行信号的正确传输；解决上行信道的占用问题；下行传输，时分复用传送信元流，各 ONU 在规定时隙接

受自己的信息以及上行传输中用到的各种多址技术。光接入网的基本结构如图 6-2 所示。

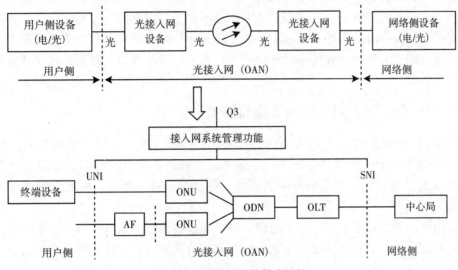

图 6-2 光接入网的基本结构

接入网是指用户网络接口与业务节点之间实现传送承载功能的网络实体。用光纤构成接入网来实现传送承载功能已成为接入网的发展方向，光纤宽带接入网将以其独特的优点，在业务宽带通信接入网中发挥主要作用。其一，光纤接入网的拓扑结构。电信网络最基本的拓扑结构有线形、星形和环形，由这三种基本结构组合而成的有双星形。其二，光纤用户接入系统的组成。接入网的用户终端设备都属于电气设备（如计算机、电话机、传真机等），所以在局端和用户端之间，以光波作为载波和以光纤作为传输媒介时，在两端都要进行光信号与电信号之间的转换。光通信系统的组成主要有光源、光纤、光检测器。光纤按其传输模式可分为单模光纤和多模光纤。在光纤中只能传送一个模式时称为单模光纤，同时传送多个模式时称为多模光纤。光纤的工作频带宽，传送的信号频率高。其三，光信号的复用技术。利用光纤作为传输媒介，其最重要的特点是光纤可以传输很高速率的数字信号，并且容量大。光纤的传输容量取决于光信号的复用技术：

第一，波分复用（WDM）和密集波分复用（DWDM）技术。

第二，频分复用（FDM）技术。频分复用与波分复用本质上没有什么区别，因为信号的频率与波长互为倒数关系。

第三，空分复用（SDM）技术。空分复用就是利用不同的空间（不同的线路）构成不同的信道传送各路光信号的方式。

第四，光时分复用（OTDM）技术。光时分复用就是让经电/光转换后的各路光信号在不同的时间占用同一根光纤传输。但是目前，当光传输速率较高时，很难实现发送端与接收端的时钟频率和相位的精确同步，所以在光接入网上 OTDM 通信系统还未进入实用化阶段。

第五，副载波复用（SCM）技术。副载波复用技术是让各路基带电信号光经过一次电载波（射频波）的调制，即电的频分复用，再将已频分复用的电信号对光载波即光源进行调制，然后经光纤进行传输。在接收端，经过光/电转换，恢复出电频分复用信号群，再经过电解调，恢复原来的各路基带电信号。第一次调制用的电载波被称为副载波。利用副载波复用技术，所传送的信号可以相互独立，互不相干，因而可以实现模拟电话、数字电话、图像信号以及各种数据业务的兼容。由于电子器件存在带宽限制、功率损耗大、易受电磁波干扰等缺点，使信号在传输过程中产生"电子瓶颈"现象，限制了系统的容量和速率的进一步提高。

三、面向专用智慧网络系统传输的技术

智能电网（Smart Grids）是指电网的智能化，是建立在集成的、高速双向通信网络基础上，通过先进的传感和测量技术、先进的设备技术、先进的控制方法以及先进的决策支持系统技术的应用，来实现电网的可靠、安全、经济、高效、环境友好和使用安全的目标。

智能电网中的通信系统主要用于监测、决策和控制信息的传输，是智能电网运行的基础。但是，现有电网的通信系统无法满足智能电网的发展需求，目前需要解决以下三个方面的问题：

第一，现有电网的通信系统主要依赖有线网络，很难做到无缝覆盖，并且难于改造。

第二，现有电网中的无线通信系统无法满足智能电网的发展需求。在现有的电网中已经存在无线通信系统，但是其主要用途是在微波频段传输重要地点的监测信息，该系统载波频率较高、带宽较窄、无线覆盖小，仅适用于信息传输，不适合未来大量用户监测数据的反馈接入与交互。

第三，电力线载波通信信号无法通过变压器，因此电力线载波通信技术无法解决智能电网的通信需求。

智能电网的主要研究内容包括：

第一，支持电力信息采集和传输的用户无线信息节点的设计与开发。

第二，宽带电力信息传输技术的研究。

第三，具备高度稳健性的电力信息网络（集中、分布或混合网络）协议设计与开发。

第四，同现有电网匹配的智能电力信息采集和传输网络体系架构下的研究。

四、智能网络传输监测

未来智慧城市的一个重要特征就是能从网络传输的内容中发现潜在的危险、疫情等问题。一个典型的例子是在禽流感暴发的初期，互联网上利用搜索引擎搜索感冒症状与对应治疗方法的请求急剧增加，并且发出请求的物理地点高度集中。基于这些信息，政府可以迅速地锁定疫情及相关地点从而较早地采取应对措施，防止疫情扩散。另一个例子是在日本核泄漏期间，部分商人恶意在网上散布谣言，声称食盐受到核污染，导致盐价急剧上涨，造成社会不稳定因素。因此，检测网络内容而做出智能的判断对于发现潜在疫情及破坏社会不安定因素有着非常重要的作用。

智能网络传输监测所面临的核心研究内容包括两个方面：

第一，网络传输监测内容的选取。网络监视的内容一方面要针对性强，所监测内容需

提供较多的信息，对相关问题进行推断。另一方面，网络监视内容不能过于宽泛，过大的数据量会导致数据分析与挖掘的困难。

第二，网络传输监测与隐私保护的矛盾。过多的网络传输监测会使民众丧失隐私感。因此，网络传输监测的核心业务应放在完全公开的网络内容以及网络流量的变化上。同时，内容分级加密是解决该问题的另外一种思路。

五、云计算数据中心的数据传输网络

云计算由处于网络节点上的许多计算机分工协作，共同进行计算，减少用户终端的处理负担，从而以更低的成本达到更强大的计算能力。通过把网络基础设备、计算、存储资源虚拟化，根据应用需求动态调配，使数据中心的基础架构更有弹性、更灵活、更敏捷，并降低企业数据中心的复杂度。

借助云计算平台的建设，一方面改变企业对于 IT 投入的传统方式，另一方面能够让企业各个业务部门清楚地知道数据中心的使用成本和价值。此外，可以使用户不需获取网络的具体信息，且不需具备相关的网络知识，只需通过对平台界面的操作，选择相应的云计算单元及操作系统等内容，获得所需的结果，从而满足用户的实际需求。

网络层基础平台承载"云计算"和"云存储"，它的改造和革新是数据中心向云计算演进的第一步。简洁、高度扩展的数据中心网络将更有利于计算和存储的虚拟化，实现更有效的负载均衡和更佳的利用率。

第四节 物联网技术

物联网将人类生存的物理世界网络化、信息化，使传统的、分离的物理世界和信息空间实现互联和整合。物联网将成为未来社会经济发展、社会进步和科技创新最重要的基础设施，也关系到未来国家物理基础设施的安全利用。中国工程院院士邬贺铨曾指出，智慧城市就是用智能技术构建城市的关键基础设施，通过提供服务，使城市的管理服务更有效，为市民提供人与社会、人与人、人与物和谐共处的环境，智慧城市本身就是一个网络城市。物联网是互联网的应用拓展，因此物联网是智慧城市的重要标志。中国工程院院士王家耀指出，智慧城市就是让城市更聪明。通过互联网把无处不在的被植入城市物体的智能化传感器连接起来，形成物联网，实现对物理城市的全面感知，利用云计算等技术对感知信息进行智能处理和分析，实现网上"数字城市"与物联网的融合，并发出指令，对包括政务、民生、环境、公共安全、城市服务、工商活动等在内的各种需求作出智能化响应和智能化决策支持。

智慧城市中的物联网建设应面向城市公共安全、交通物流、现代服务业等领域重大需求，以解决上述物联网应用领域共性问题为目标，运用系统科学的理论，探索物联网的基本规律，研究和解决大规模、实用化物联网所急需的关键科学问题。

面向智慧城市的物联网有以下研究目标：

第一，创建面向城市重大应用需求的多源异构互连的物联网体系结构基础模型，形成一套标准架构。

第二，研究物联网网络融合与自治机理、信息整合与交互的理论和方法、软件建模理论与设计方法、服务提供机理和方法，形成一套指导物联网建设的基本理论、方法和关键技术。

第三，研制一套面向智慧城市多应用领域的物联网综合验证平台，并提供面向智慧城市的物联网应用示范。

云计算数据平台的构建主要基于以下需求：

第一，简化网络架构。传统网络受限于网络设备端口、容量的限制，采用设备层层叠加的构建方式，网络层次的增加会带来拥塞、时延等问题。

第二，构建高度可扩展的网络。一味追求宽敞的空间、昂贵的网络设备，在各种技术快速发展的阶段，只会造成投资成本的沉淀和浪费。构建可伸缩、可扩展的网络是比较务实的方法。

第三，节能。统一控制，减少消耗。

因此，可以构建可运营、可管控的云计算服务平台，利用虚拟化技术将基础资源设施封装为用户可灵活使用的服务，以解决以上问题，并打造新的数据中心增值业务。

云计算数据中心的新型增值业务可以按照从底层硬件到顶层应用的不同层次来进行划分，根据每个层次的能力可以提供不同级别、不同形式的新型服务，主要包括：

第一，网络服务和软件服务。用户可从云计算数据中心获取数据及租用所需软件。

第二，平台服务。可将开发平台作为服务提供给客户，客户可以直接在平台上进行远程开发、配置、部署和 Web 应用管理。

第三，计算服务和存储服务。计算服务可给客户提供专有的独立计算资源，通过虚拟化资源池将资源映射到相应的设备上；存储服务将各存储子系统整合成存储池，并按需将读写授权分配给各应用服务器。

一、研究内容

（一）云计算数据中心的数据传输网络

云计算数据中心可分层构建，包括物理层、虚拟层、管理层和业务层。①物理层：提供充足的宽带资源，具有很大的资源开发和应用潜力。②虚拟层：将物理层硬件全面虚拟化，建立一个共享的、按需分配的基础资源设施，资源可以自动增长；建设分布式的数据存储系统，用于海量数据的存储和访问。③管理层：动态管理资源和支撑业务，包括容量规划、动态调度、动态部署、计费、监控及保证安全等功能。④业务层：面向不同层次的需求提供差异化的业务。

（二）智能交通系统中的数据网络设计与应用

目前基于无线传感器网络的智能交通系统的设计研究重点应主要集中在两个应用上：①以车辆为基础；②以路边装置为基础。其中车辆不仅局限于私人小汽车，还包括公共交通和商业运输。车辆交通基于无线传感器网络的智能交通系统的设计，相邻十字交叉路口处的无线传感器汇聚节点之间能够进行通信，提供了相对较多的数据冗余信息。无线传感器网络作为新兴的测控网络技术，是能够自主实现数据的采集、融合和传输等应用的智能网络应用系统。

在智能交通系统专用无线传感器网络节点设计时需要做如下考虑：①节点低功耗设计。终端节点都是电池（可用太阳能蓄电池）供电。②节点成本要低廉。在进行大规模交通信息采集等部署时，节点成本将是项目关键。③节点的数据处理及存储能力。一些节点需要进行高速信息采集并且运行识别算法，所以需要数据处理能力。另外还需要考虑在有限的空间之内存储程序、数据以及支持代码在线更新等功能。④根据不同应用场合的需要，无线传感器节点要具有不同的传感器接口，能外接不同的传感器。

其中，能耗管理应该作为重点考虑。特别是采用 32 位 ARM 处理器外接射频芯片的解决方案，需要有效降低节点能耗，需要在系统级软件上进一步改善能耗管理，例如优化 TinyOS 或嵌入式 Linux 电源管理功能等。

（三）智慧城市数据传输中的认知无线网络

智慧城市是以广播电视网、电信网、互联网等多网融合为基础，涉及智能楼宇、智能家居、智能医院、路网监控等多个领域，是以海量计算、高速率传输、大规模数据实时交换和动态决策等为主要特点的智能计算通信系统。其中，无线数据传输系统是智慧城市的核心系统之一。虽然通过使用 MIMO、OFDM、空时编码等新技术使无线数据传输速率得到了极大提高，但是仍然不能满足未来智慧城市中海量实时数据传输的需求。通过应用认知无线电技术、建设认知无线网络，使得无线数据传输系统能够通过对其所处环境的实时认知，动态获取可用频谱资源，克服现有静态频谱分配策略导致的低频谱利用率问题，从而系统地解决上述问题，有效提高无线数据传输速率，满足智慧城市海量数据实时传输的需求。研究内容包括：①建立面向未来智慧城市数据传输的认知无线网络体系架构；②研究各频段空闲频谱资源的可用性及其传输特性；③研究针对不同网络（如 GSM、CDMA、TD-LTE 等）中的频谱感知、动态频谱接入、动态频谱切换、动态资源管理等认知关键技术。

（四）面向海量数据传输的混合网络编码、P2P、喷泉编码技术

智慧城市需要形成基于海量信息的新生活，以及随时随地满足移动用户需求的目的。城市拥有海量的信息资源，通过分布在城市重要基础设施、城市公路环境中部署的传感系统、自动监测、监控设施的联网，以及分布在城市中各个角落的个人、组织、政府信息系统，实现城市海量信息与数据的实时收集与存储。构建如个人信息、法人信息、地理信息、统计信息四大城市基础数据库，以及如城市重大基础设施智慧监测信息、治安与道路实时监测信息等城市应用数据库。这些海量数据的传输给目前的通信系统提出了巨大的挑战。

现有的可以有效提升信息传输率的技术有：

网络编码。网络编码是一种融合编码和路由的信息交换技术，在传统存储转发的路由方法基础上，通过对接收的多个数据包进行编码信息融合，增加单次传输的信息量，提高网络整体性能。网络编码允许网络节点在传统数据转发的基础上参与数据处理，其已成为提高网络吞吐量、鲁棒性和安全性的有效方法。

喷泉编码：喷泉编码是针对大规模数据分发和可靠广播的应用特点而提出的一种理想的解决方案，由于没有了 TCP 的网络时延影响吞吐量，喷泉编码可以在互联网、无线网、移动网及卫星网上提供接近网络带宽速度的大文件传输。但是，喷泉编码的译码在接收数据数量不足时，译出的数据比例相当低，将网络编码与喷泉编码相结合，可在无线网络中实现可靠高效传输。

P2P 技术。由于 P2P 技术具有非中心化、易扩展、稳定性高、负载均衡等优点，越来越多地被应用于文件共享、即时通信、分布式计算、协同工作等各个领域，并促使这些领域出现了新的发展和应用。文件共享一直是网络技术发展的重要推动力，也是 P2P 技术最典型的应用。但是，常见的文件共享系统存在诸如对种子结点的依赖性太强、网络的稳定性较低等问题，采用喷泉码可以解决这些问题。P2P 内容分发协议一直是 P2P 应用系统的研究热点，基于网络编码的内容分发协议在节省带宽资源、提高系统的抗毁性和可扩展性等方面都比无编码协议优势明显。

综上所述，本研究提出面向海量数据混合有线、无线信息广播、多播、单播中网络编码、喷泉编码、P2P 技术的混合应用。

（五）面向海量数据传输的绿色通信技术

随着科学技术的迅猛发展，各个行业中都出现了海量数据，如国家户籍档案管理、医疗卫生、水利规划、气象预测、制造与销售等。海量数据的存储与传输需要消耗大量能源，一方面增加了对可再生能源及不可再生能源的使用负担，另一方面增大了二氧化碳及相关废气的排放，从而对人们的生活环境造成了很大的负面影响。为建设低碳型、绿色的工业智慧城市，开发具有低功耗的绿色海量数据通信技术是当务之急。

为了在智慧城市的无线与有线宽带通信网络中实现高效节能的海量数据通信，研究内容包括：①建设结构优化的海量数据管理技术，通过海量数据的分类管理提高海量数据的存储与读取效率。②建设快速精确的海量数据查询技术，在海量数据查询时以较低的复杂度和能耗快速精确地查到相应的存储位置。③建设有效可靠的海量数据传输技术，通过信源编码降低海量数据中的冗余信息，并通过信道编码提高海量数据的纠错能力。④建设高度保密的海量数据安全技术，通过数据安全技术提高去除冗余后海量数据通信的安全性。

二、技术思路

（一）建立面向未来智慧城市数据传输的认知无线网络体系架构

以广播电视网、电信网、互联网等多网融合为基础，建立面向未来、具有明确指向性和应用前景的认知无线网络体系架构的智慧城市。在兼容现有标准和终端的基础上，拓展系统架构，实现系统在频谱获取、频谱管理、频谱拓展、用户速率、切换效率、干扰抑制、网络共存、网络维护等方面的优化。

（二）研究各频段空闲频谱资源的可用性及其传输特性

对适用于无线数据传输的频谱资源进行系统测试，测量各频段的频谱利用率、分析主用户的传输特点、获取各频段空闲时间的统计特性，为认知无线网络的搭建和应用以及相应关键技术的研究提供信息保障。

（三）研究针对不同网络（如 GSM、CDMA、TD–LTE 等）的认知关键技术

针对不同网络的认知关键技术包括频谱感知、动态频谱接入、动态频谱切换和动态资源管理等。

1. 频谱感知

针对不同网络的传输特点（如所处频段、波形特征、主用户占用统计信息等），研究具有不同检测性能的频谱检测算法，包括单节点检测算法（兼顾检测性能及复杂度的新型检测算法）、多节点协作检测、检测节点的动态分簇管理、终端检测及基站检测的协同处理、基于频谱数据库访问的频谱信息获取方式等。

2. 动态频谱接入

研究面向未来智能城市认知无线网络架构的动态频谱接入控制机制，包括集中式、分布式和混合式的频谱接入控制策略，结合可用空闲频谱的容量分析及预测结构，控制可用空闲频谱上的业务负荷，在为主系统提供通信保障的同时，有效提高认知无线网络的网络性能（如吞吐量、接入时延、频谱利用率等）。

3. 动态频谱切换

根据主用户频谱接入的先验信息和学习所获得的累积信息预测可用频谱未来的使用状态，并以此为基础设计合理有效的动态频谱切换策略，使得认知无线网络能够根据当前网络可用频谱资源、用户通信业务类型、QoS 需求等信息快速选择备份信道，在快速避让主用户的同时，有效降低自身通信中断的发生概率。

4. 动态资源管理

根据不同网络的特点（如集中式、分布式、混合式），研究相应的动态资源管理算法，通过应用跨层优化、博弈论、图论等理论，使得认知无线网络能够充分、合理、高效地利用时域、频域、空域等多域资源，从而显著改善认知无线网络的资源利用率，有效提高网络性能。

第五节　智慧城市云计算支撑服务关键技术

云计算是互联网时代信息基础设施的重要形态，是新一代信息技术的重要方向。云计算以资源动态聚合及虚拟化技术为基础，以按需付费为商业模式，具备弹性扩展、动态资源分配和资源共享等特点，并以按需供给和灵便使用的业务模式提供高性能、低成本、低功耗的计算与数据服务，支撑各类信息化应用。云计算作为一种新兴技术和商业模式，将对国民经济和社会生活产生越来越广泛和深入的影响。云计算及其应用的快速发展，对加速信息产业和信息基础设施的服务化进程、催生大量新型互联网信息服务、带动信息产业格局的整体变革具有重要意义，为提升信息服务水平、培育战略性新兴产业、调整经济结构、转变发展方式等提供有力手段。

在智慧城市中，以海量信息收集、存储和处理为基础的应用服务模式，需要有大规模的计算、存储与软件资源管理和动态调度分配能力做支撑。数据和应用的规模性、资源分配的动态性以及资源环境的异构特征为构建上述支撑能力带来了众多技术挑战。与此同时，面向城市管理、政府决策、市民服务、企业服务等多类型的智慧城市应用在计算资源、数据处理、应用分发等环节存在众多共性需求，而在资源可靠性、服务质量保障、安全可信需求等方面存在巨大差异。如何提供统一的资源管理支撑平台，提高资源利用效率，降低智慧城市部署运营成本，使得智慧城市主体能够切实受益，这是智慧城市得以实现与可持续发展的关键。因此，采用云计算相关思想与技术，基于虚拟化与服务化技术，实现海量智慧城市应用的资源动态管理、软件按需即时服务、数据有效共享与协同，是实现智慧城市核心数据处理能力与应用服务支撑的重要技术基础。

以下就云计算技术对智慧城市支撑的不同关键侧面进行介绍，给出相应的关键技术的方向与内容阐述。

一、海量资源虚拟化与弹性分配技术

智慧城市在海量数据处理、应用支撑等方面均离不开有效的资源保障，同时由于存在应用对资源分配的灵活性需求大、时空分布不确定性强、多应用并存且资源独立性要求高等特点，传统的资源组织方式具有很大局限。

云计算作为一种新型的计算模式，其主要特征之一是资源虚拟化并且以服务的方式实现向用户按需提供弹性的资源供给。随着各种云计算产品应运而生，极大程度上为网络化应用程序的部署与运行提供了便利，例如亚马逊公司的 EC2，IBM 公司的 Blue Cloud 等，基于互联网提供包括计算、内存、持久化存储、网络、系统软件等多种资源在内的完整的计算机基础设施服务，可在其基础上部署各种应用。通过基础设施服务，用户不需要预先估算资源的使用量，而是根据实际需要，通过服务获取或释放资源，在临时需要大量资源时，能够迅速实现资源的动态扩展，节省了初期投入，提高了资源的利用效率，避免了资源浪费。通过将智慧城市的核心数据处理、应用资源管理等构建在统一的基于云计算的基础设施服务化平台上，可以有效实现资源共享，提高应用部署与维护效率，实现按需资源分配与调度。

针对智慧城市应用与数据处理过程中的资源需求特征，突破网络资源虚拟化与服务化关键技术，实现资源的有效封装与高效组织管理，研究虚拟资源管理及弹性计算技术，实现虚拟机底层资源弹性分配、虚拟网络管理以及在线迁移，满足用户突发的大量资源的弹性需求，消除系统热点，提高虚拟机中运行的应用程序性能，实现可伸缩动态资源管理、大规模任务调度，以及任务和资源的自适应分配技术，向上层应用提供稳定可靠的资源视图和编程接口，简化应用系统开发，最优化整体云环境的资源利用效率，实现低成本网络计算基础设施。具体研究内容如下。

（一）多模式业务的统一资源调度框架

在不同类型应用资源需求的统一描述和表达方面，参考 DMTF 等国际标准组织的开放框架，有针对性地制定面向互联网应用的分布式资源管理与描述标准。解决应用类型、负载特征与资源需求的动态映射问题，采用基于机器学习及人工干预相结合的方法得到不同应用对资源需求的描述，以及根据历史信息挖掘和预测资源需求的变化。

（二）多粒度可伸缩调度策略

在多机协同的分布式调度策略方面，将资源调度问题转化成为带限定条件的优化问题，借鉴传统的物流调度算法和基于群体智能的启发式算法，达到应用服务响应时间、系统整体吞吐能力和能耗优化等目标。研究跨多数据中心的资源协同机制，实现虚拟资源聚合与按需共享，根据地理分布负载特征进行高效负载管理与均衡。

（三）基于软件容错的高可用调度机制

在自适应调度方面，针对资源加入、退出等动态特征，结合层叠网技术在分布式动态资源上建立可靠、稳定的资源协作环境，对于可能的资源突发需求，建立基于分布式缓冲的负载分担机制。研究高效自动的故障检测与恢复机制与保障系统，针对底层软硬件环境的常态化故障模型，提供面向应用的资源供给容错能力。

（四）能耗感知的资源调度分配技术

在能耗感知的资源调度分配技术方面，结合现有的基于电压调整、CPU转速调节、关闭闲置部件等物理省能机制，研究适用于云计算平台的节能方法。通过引入"负载聚集"实现虚拟机粒度的资源动态调整，通过关闭空闲节点的方式来获得节能效果。针对云计算平台中应用程序对资源需求的动态特征，基于实时应用迁移与多级资源能耗管理机制，研究保持应用服务质量的能效最大化管理方法，实现面向能耗优化的细粒度的资源控制与分配。

二、软件服务化与应用即时服务技术

构建智慧城市的最终目的是提高城市规划、决策与管理水平，提高市民、工商企业参与城市生产生活过程的效率，提升社会整体效率与幸福感。从最终用户的角度来看，需要一种有效手段获取智慧城市应用，参与智慧城市生活，分享智慧城市建设成果。以随时随地获取数据和应用能力为目标的软件服务化与应用即时服务技术是实现上述需求的重要途径。

（一）研究内容

1. 网络化软件的持续运营机制

研究基于云计算平台的网络化软件远程虚拟执行和管理机制；实现网络化软件开发工具及部署运营机制；提供认证、计费、审计等基础运营支撑服务；实现对多种软件业务盈利模式的支撑；提供在线应用交易与托管服务。

2. 网络化软件按需流式加载与访问技术

研究网络化软件的高效按需流式加载执行技术，实现异构系统级依赖的应用隔离加载与执行，并实现网络流量优化。研究支持软件网络化服务的远程访问与控制技术，研究网络质量感知状态下的展现流自适应编码、压缩和最小更新技术，以降低软件远程展现的数据传输量。

3. 支撑智慧城市应用的软件与服务管理平台建设

开展面向智慧城市的软件与服务管理平台建设，着力围绕智慧交通、智慧医疗等典型应用开展部署与商业试运营。通过对软硬件整体方案、数据中心建设、协同与资源调度、多个平台的集成与资源融合等方面进行研究，主要解决大规模智慧城市应用的可扩展性、可用性和可维护性，为智慧城市应用软件开发商和数据供应商提供一个技术和商业验证平台。

（二）技术思路

针对网络化软件持续运营与应用即时服务需求，拟基于应用与展现虚拟化相结合的模式，研制网络化软件的持续运营系统。具体技术路线如下：

1. 网络化软件的持续运营机制

在网络软件的运营与发布方面，采用展现与计算相分离的技术，将较大规模的网络应用运行在网络端的外部资源节点上，而将人机交互界面显示在用户可使用的终端接入设备。研究基于终端服务的应用展现虚拟化和基于本地资源的应用执行虚拟化集成技术，构建智能应用服务运营平台与服务集市，提供服务化软件的在线搜索、推送、订阅、分发及在线更新能力，实现应用的按需分发、透明访问和集中运营。

2. 网络化软件按需流式加载与访问技术

在远程虚拟执行方面，针对云计算应用程序和服务的网络化执行需求，研究应用封装与分割技术，实现软件的按需流式传输，以及边加载边执行的运行机制。实现基于虚拟化技术的应用执行容器，研制操作系统相关的应用隔离执行平台；采用分块预取和文件粒度的应用流预取机制，以及分布式应用共享技术，优化应用流加载执行；基于分布式文件系统实现用户数据的隔离存储以及与网络化应用的动态结合。

3. 支撑智慧城市应用的软件与服务管理平台建设

在应用程序开发和托管平台方面，提供一套简单易用的应用构建、测试、部署、计费和监控的通用软件开发套件，通过动态持久性可扩展存储空间，提供海量数据库托管服务。采用能够支持主流语言的应用服务器，基于沙箱提供安全的开发及运行环境，采用轻量级进程虚拟化及容错技术，实现大规模并发 Web 应用承载服务持续运行。搭建基于云计算的智慧城市应用展示与搜索平台，为第三方开发者提供统一的智慧城市应用检索与推荐服务，建立一套云软件开发 API 及开放部署运营平台，支持第三方独立软件开发商或用户的软件开发、托管、运营、维护等系列需求，建立软件服务的完整产业链。

三、海量数据存储技术

在互联网软件运行系统存储技术方面，代表性的互联网搜索公司 Google 凭借一系列的海量数据存储技术（数据库、文件系统等）成为全球最大的互联网公司，提出大规模分布式数据库 BigTable、基于大量普通 PC 构成的集群系统的文件系统 Google File System（GFS）、分布式锁服务 Chubby 等技术。在互联网分布式大规模数据存储方面，主要包括 Column Stores、Key-Value Stores 和 Document Stores 三类非 SQL 存储技术。代表性的 Column Stores 技术包括 Google 所建立支持弱一致性的大规模分布式数据库 BigTable，用于处理海量的结构化以及半结构化的数据，以及 Apache 的 Hadoop 项目，适用于大数据对象、集中服务器和高带宽业务需求数据存储；代表性的 Key-Value Stores 技术包括 Amazon Dynamo、Yahoo PNUTS 以及社交网络 Linkedin 的 Voldemort，适用于小数据对象、分散服务器和低延迟业务需求数据存储；代表性的 Document Stores 包括 CouchDB、MongoDB，适用于类似 XML 等文档对象的数据存储。对于新型智慧城市业务，数据尺寸可变、数据量大以及高可用需求明显，需要依赖支持高可用、弱一致性的存储技术，以及可变尺寸数据块管理和分布式元数据支持。Amazon 公司发表了简单存储服务（Simple Storage Services，S3），其服务在可靠性、扩展性方面设定了更高的标准；之后 Amazon 公司推出了简单队列服务，能够使得托管虚拟主机之间发送的消息无须考虑消息丢失的问题。最近，Amazon 公司继续提供了 EBS 服务，为用户提供块级别的存储接口。此外，美国 Rice 大学、CMU 大学、Wisconsin-Madison 大学提出数据存储中拜占庭错误的最终一致性技术 Zeno，可伸缩、高性能的分布式文件系统 Ceph，以及通过 I/O 卸载实现高峰请求的负载均衡技术 Everest。

当前国内外的这些数据存储技术得到了广泛发展，但主要集中在对搜索数据存储等上，在数据动态放置、数据副本动态管理方面研究工作仍然不足。

（一）研究内容

实现适用于智慧城市的海量数据存储架构、物联网海量存储安全体系和设计高性能、低成本、高密度、绿色节能、安全、易用、易维护的海量数据存储设备，以及实现面向物联网海量数据存储的应用方案。结合目前 IT 界发展的最新趋势，并针对不同的应用模式提供个性化设计，实现存储资源优化配置、开放共享和高效利用。具体研究内容如下。

1. 超大规模混合存储系统的高效能和动态可扩展

为解决智慧城市中处理器运算能力和存储系统存取速度之间的矛盾，应从系统结构的角度，按照应用任务的需求，建立基于多种存储介质并行的混合存储系统，并可以根据海量数据规模变化动态实现可扩展；从存储资源系统架构的角度合理管理分配不同能耗的存储资源。

混合存储系统应具有高性能和低功耗等特征，这需要从硬件资源、文件系统、虚拟化等方面，研究大规模新型混合存储架构和存储系统体系结构优化方法。通过引入低能耗的闪存介质，降低整个存储系统的能耗。混合存储系统的高效性应主要体现在三个层次：根据实际应用需求合理地对存储资源进行分配和管理，保证存储资源利用的高效性；运行于混合存储系统上的应用可获得比现有运行环境更高的能效比；混合存储系统上的应用开发具有更高的效率。

2. 超大规模混合存储系统的智能管理模型与方法

大规模混合存储系统的管理模式与传统存储系统有很大的不同：存储系统具有多个层次，不同存储介质性能有差异，其巨大的规模必须面向多种不同特性的工作负载，大量异构设备需要动态地管理，需要在大规模混合存储系统中运用智能的管理模型与方法。

超大规模混合存储系统的复杂性和工作负载的多样性要求对系统进行智能管理。整个存储系统由多个层次组成，各层次之间的信息交互、数据迁移必须无缝地完成；针对不同的工作负载，要及时发现热点设备，在多个设备之间实现负载均衡；管理大容量的缓存不仅要设计高效的替换策略，还要考虑维护替换策略所需元数据的巨大开销；多任务共享缓存的一致性问题比普通的存储系统更加突出；不同存储介质的延迟和带宽各不相同，整个存储系统的 I/O 调度策略将出现新的特性。面对这些新问题，仅靠静态的系统管理策略和有经验的系统管理员是远远不够的，智能化的动态系统管理是超大规模混合存储系统的必然选择。

3. 大规模高性能固态存储设备和系统设计研制

大规模闪存固态盘 SSD 作为超大规模混合存储系统的重要存储结点，需要对固态存储系统的自身结构和互连结构进行研究。主要包括：研究大规模存储阵列的存储配置管理方法及硬件支持技术、闪存存储结点的冗余技术、整个固态存储系统的系统级功耗管理方法；研究多闪存芯片集成及访问控制方法、基于 DRAM 和相变存储 PCM 的高速混合缓存结构优化和多介质缓存管理技术、存储结点级的可靠性保障问题、集成多个闪存芯片的存储结点内部的功耗管理方法等。

4. 基于大规模混合存储系统的分布式文件系统

面向大规模、分布式和多介质的网络存储环境，研究基于混合存储系统的可扩展分布式文件系统结构；研究高效的多节点文件数据操作方法和协同工作模式；基于感知到的存储介质或层次结构信息，需要研究如何根据不同存储介质的特性，对各层次和各存储节点之间的数据进行合理布局和高效放置，如何根据混合存储体系各层次的设备物理特性对元数据组织和管理进行优化，使得混合存储系统在容量、性能和服务能力上达到均衡。

5. 超大规模混合存储系统的容错与可靠性

为解决各种存储介质自身可靠性缺陷与对混合存储系统可靠性需求之间的矛盾，防止超大规模数据存储系统中出现数据丢失或出错现象，需要研究支持多种介质节点的海量数据备份、多级别数据恢复功能、适合混合存储介质的数据压缩算法和数据组织方法，以及多种介质节点的故障检测与恢复。

6. 智慧城市海量数据存储系统架构

解决智慧城市海量数据多平台、不同应用下的数据统一管理、分布式存放和共享。

7. 智慧城市存储安全

解决智慧城市海量存储设备的访问、管理、磁盘数据的安全。

8. 智慧城市存储设备和系统设计研制

设计高性能、低成本、高密度、绿色节能、安全、易用、易维护的海量数据存储设备。

（二）技术思路

1. 超大规模混合存储系统的智能管理模型与方法

为了追求固态数据存储系统更高的存储性能、更低的资源能耗与更强的可扩展性，将分析评估固态存储介质和 SSD 给大规模存储结构带来的演化效应。结合混合存储系统的特点，着重解决大规模混合存储系统的高效能动态存储、智能管理模型与方法、容错与可靠性等所涉及的关键理论问题。

2. 超大规模混合存储系统的智能管理模型与方法

以高效能动态存储模型和体系结构为基础，通过上层文件系统和下层硬件资源的相互支持，研究和发展多层次、多介质的存储架构；研究大规模混合存储系统性能优化理论；研究在多介质存储节点之间的数据动态迁移和负载平衡。

3. 大规模高性能固态存储设备和系统设计研制

从大规模混合存储系统的基础硬件体系结构优化设计开展研究，降低混合存储系统的性能开销，提高能效比；通过软硬件综合优化的技术途径解决混合存储系统在体系结构方面所面临的性能、异构性、透明性等方面的问题。

4. 基于大规模混合存储系统的分布式文件系统

通过比较分析当前的分布式文件系统的实现结构，针对混合存储系统中不同存储介质在 I/O 性能、可用性等方面的不同特点，研究高效算法来动态调整不同固态存储介质和磁存储设备的应用比率，减少系统"瓶颈"，使得系统在容量和性能以及服务能力上达到均衡，研究文件与存储服务器之间的多维映射关系，以有效地提高系统可扩展性。研究存储介质敏感的热点预测机制，通过对设备的负荷进行实时监控，及时发现热点，在设备间无缝迁移数据，实现动态的负载均衡，同时保证对服务的影响降到最小。研究针对大规模混合存储系统的高可扩展性、高可信的副本技术，提高存储系统的数据访问性能和数据可靠性。

5. 超大规模混合存储系统的容错与可靠性

根据大规模混合存储系统的存储模型、体系结构和智能管理等特点，继承发展传统分布式存储系统的容错和可靠性方法，以提高整体性能和可用性为目标，提出混合存储可靠性设计方案和故障恢复机制。

6. 智慧城市海量数据存储系统架构的研究

面向物联网的智慧城市海量数据存储系统整体构造技术，结合对象智能化存储技术和云计算技术。

7. 智能化对象存储技术研究

通用 SAN 网络存储架构下（见图 6-3），在每个服务器连接部分设备的存储空间设定自己控制的文件系统，然后运行不同的应用程序。这种情况下，每个文件系统都是独立属于每个服务器，有不同的数据格式（NTFS、EXT3、数据库等）。各种数据混合存放在设备中，不能实现共享，也不能按照不同数据的特征进行数据调动和优化。

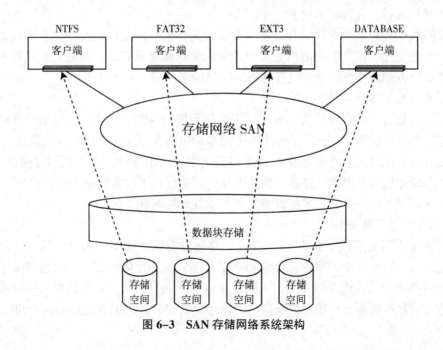

图 6-3 SAN 存储网络系统架构

智能化文件存储系统分为两层，管理文件目录信息、文件互相关联部分放在服务器端；文件的属性、分布等信息放在存储设备端，两者之间通过对象协议存储数据对象，这样就实现了数据的统一格式，可以方便地在不同服务器端共享，并实现数据的灵活调度（见图6-4）。

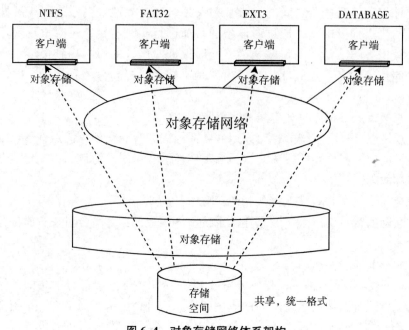

图6-4　对象存储网络体系架构

8. 物联网数据云存储技术研究

物联网数据分布多点存放，并且需要具备快速检索、快速存放的特性，可以借助于云存储设计方法实现。多个不同应用的客户端和对象存储组成的云存储系统节点集中管理的对象元数据服务仲裁数据的存放位置并快速提供检索结果（见图6-5）。

9. 数据管理策略技术研究

物联网数据分布式存储架构，采用位于采集数据前端的分布式小容量临时存储和集中式共享存储相结合的模式，前后端采用数据同步的策略保障一定时间端内的数据一致性。

集中式存储采用分层存储的架构，采用高速缓存、小容量、高性能的存储和大容量、低价格的存储相结合的方式，在提高整体性能的同时保证了设备价格方面的优势。

系统内部采用数据分发、多份数据复制和重复数据删除等设计。

10. 智慧城市存储安全

存储系统中需要连接交换机和IP网关，存储设备同时被多个用户访问，并允许从多个点接入网络，实现数据的集中式存储和共享存储。这种便捷的方式同时也带来了安全隐患：内部网络中的交换机强行接入、盗取存储设备管理员密码、在存储网络传输线路中利用耦合等方式侦听数据、直接盗取阵列中的硬盘等，这些都可能成为数据泄密的渠道。

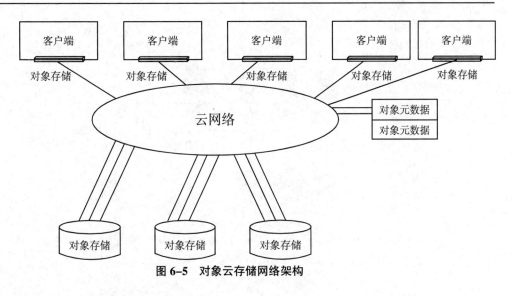

图 6-5 对象云存储网络架构

11. 存储网络中的主要薄弱点分析

服务器：在存储网络中，服务器是访问存储设备的主体。服务器对存储设备访问权限通常是由存储管理员分配的，在操作系统平台层或硬件层把服务器锁定，可以避免该服务器被攻破。但黑客可以冒充合法的服务器进入存储网络。

传输过程：存储命令和数据从服务器传送到存储设备的过程中，会经过传输线和交换机。交换机的密码泄露或被其他方式攻破，可以直接使得间谍用的服务器直接访问某些存储单元，造成数据泄露或破坏。传输线路上的问题主要是在远程数据容灾、备份上，由于备份的线路长，已经延伸到数据中心外，因此数据在传输线路上易被窃取。

存储设备：存储设备是数据存储过程的最后一环，除上述可能的服务器以各种方式接入存储设备窃取或破坏数据以外，存储设备中的硬磁盘直接被盗取或破坏也是存储网络安全的最大隐患之一。

存储管理员：存储管理员在存储网络中占有重要地位，存储管理员的密码被窃取或存储管理员直接从事间谍活动，可以视为存储管理员层次上的安全隐患。

网络存储安全弱点原理分析图如图 6-6 所示。

12. 存储网络中的安全防范措施研究

网络存储存在安全隐患分析和解决方案：从服务器、存储传输网络、存储交换机、存储设备，以及远程容灾传输网络等各个环节研究安全隐患。

物联网安全存储总体架构设计：针对上述研究，建立安全存储体系架构，防范各个环节的数据丢失或破坏。

安全认证方式：除传统的 wwn、IP 地址认证，或 chap 用户名密码认证，根据存储安全的特点，通过新的 USB key 等认证方式，进一步保障体系的安全。

大容量数据加密算法：根据网络存储高速、大数据量的要求，研究针对存储有效的专用加密算法，提高加密效率和加密的安全性。

三权分立的管理方式：管理员、安全员、审计员权力分开，确保限制管理员的权限。

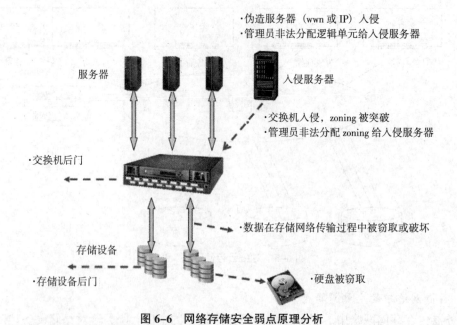

·伪造服务器（wwn 或 IP）入侵
·管理员非法分配逻辑单元给入侵服务器

入侵服务器

·交换机入侵，zoning 被突破
·管理员非法分配 zoning 给入侵服务器

服务器

·交换机后门

·数据在存储网络传输过程中被窃取或破坏

存储设备

·存储设备后门

·硬盘被窃取

图 6-6　网络存储安全弱点原理分析

13. 智慧城市存储设备和系统设计研制

适用于物联网的海量存储技术研究：实现高性能、模块化、高密度、低成本、低功耗的存储。

14. 高性能网络存储解决方案

主控制器采用英特尔最新存储硬件架构 Jasper Forest 的解决方案。Jasper Forest 保留了英特尔架构（Nehalem）的杰出性能，同时将系统功耗降低了 27 瓦。Jasper Forest 技术特性包括：非透明桥接功能，支持多个系统通过一个 PCIe 链接无缝连接，无须再使用外部PCIe 交换机；集成的独立磁盘冗余阵列（RAID）加速，支持存储客户迁移到英特尔架构或转换 RAID，以实现内核优化；集成的异步动态随机存取内存（ADRAM）自刷新内存，提供一个备份解决方案，可在电源出现故障时保护重要数据。

存储扩展采用 6Gbps 的新一代 SAS 技术，保证数据传输带宽。

15. 高密度、低成本存储

设计"大货柜式"存储，采用大密度盘的解决方案，在单位空间的机架中尽量放置多的硬盘位，降低单位占用空间的成本。采用简单的集中散热和供电方式，降低用电量和散热成本。保留热插拔模块的方式，提升系统的可用性（易维护）。

采用机架式的标准结构，在硬盘前后深度上堆叠，在 1U 的空间中放置 8~12 片硬盘，并支持热插拔方式，在单位体积的空间内实现最大量安装硬盘。

以 42U 的典型机柜计算，用传统方案，每机柜可以放约 200 个硬盘，单个硬盘分摊的机箱费用约为 40 元；采用本项目新方案，每机柜里硬盘数量翻倍，单个硬盘分摊的费用降低，极大地降低了成本。

16. 集中散热、集中供电

集中散热系统采用机箱分离式的大风扇统一散热。

大风扇集中散热系统中,大风扇的技术参数优于小风扇,由于叶片较大,产生空气对流的效率更高;集中散热系统的风扇使用个数降低,电机数量减少,降低成本的同时提高了可靠性;外置于单个系统,方便更换,提高易用性。

采用集中式供电系统,电源采用热插拔标准模块方式进行,可以根据需要随时添加功率,所以要建立标准化的模块标准。电源采用集中智能化监控系统,可以随时远端了解和控制各个电源模块的状态,从而达到节省人力、物力、能源的目的。

各个存储和管理模块采用标准单一转换电压进行供电,可以有效地提升电源的整体转换效率,各个模块内部采用高效率的标准转换电路,可以保证系统内部多个电压的需求,整体的电源转换效率可以控制在90%左右,完全优于每个机箱内的电源方式,如图6-7所示。

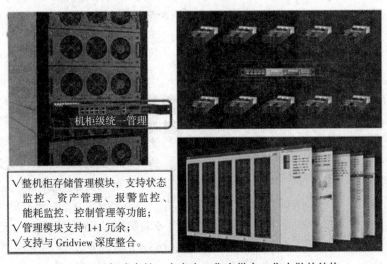

图6-7 机柜式存储、大密度,集中供电、集中散热结构

17.节能

采用高效能电源降低电源损耗;采用低功耗的硬件平台;采用休眠技术,在设备不用时,实现硬盘休眠和整机休眠。

四、海量数据共享与协同处理技术

智慧城市是以各类异构、动态、海量数据处理为核心的应用集合,在数据处理过程中,由于数据存在异构性、规模性与复杂关联特征,其处理往往难以在单一的计算环境中完成,而需要具有高度可动态伸缩的协同处理机制,在有效数据共享基础上实现快速实时处理,以满足智慧城市中各类主体对数据处理的需求。

随着基于云计算的分布式数据处理模型与技术不断成熟,国外在突破TB级的大规模数据集处理方面已经形成一定经验,特别是在互联网环境下的数据处理方面,以Google所提出MapReduce技术为代表,形成了系列解决方案,并成功应用于互联网搜索等领域。MapReduce是Google在2003年所提出的一种处理大规模数据集的编程工具,它从函数式编程语言中汲取经验，将任务分割为 Map（映射）和 Reduce（规约）子任务，这使得 Google 可以迅速处理 Web 上不断增加及更新的海量数据，保持高质量的搜索结果，并取得了巨大的商业成功。之后，Yahoo 为提高效率提出 Map-Reduce-Merge 模型，微软则提出基于有向图的 Dryad/ DryadLINQ 数据处理模型。这些分布式数据处理模型利用云计算基础设施的资源汇聚能力与任务调度机制，通过有效任务分解，实现大规模任务自动处理，并提供良好的容错支持。此外在学术界，美国 CMU 大学 PDL 实验室、MIT 的 DBg 实验室，以及英国 Edinburgh 大学的数据库研究室都在数据处理的事务管理、一致性维护以及数据清洗等方面开展了大量深入的研究。

基于云计算的海量数据共享与协同处理技术是实现智慧城市核心功能的技术基础之一，数据的规模性特征使得其可以借助云计算技术聚集大量的处理能力，同时由于智慧城市应用中数据还具有复杂、异构、多源等特征，数据处理的实时性要求高，因此需要在云计算数据处理模型基础上进一步研究具有时空约束的智慧城市共享与协同处理支撑技术，为智慧城市应用提供可靠高效的数据处理基础设施。

（一）研究内容

研究面向智慧城市的智能海量数据共享与协同关键技术，支持结构化和非结构化数据的分布式存储；提供数据的高可靠与高可用保障，实现云计算网络操作系统对海量异质异构数据高效、安全的存储与管理；研究智慧城市体系中多网络交互接口技术和协议，实现异构网络间的数据互联互通和互操作，构建统一高速的数据传输平台。围绕城市传感数据的关联性挖掘和综合分析等典型应用，提供可重构的并行处理基础设施，以及可复用的并行处理模型和算法，面向海量智慧城市运营数据实现分布式智能分析软件包，向上层应用提供优化的数据查询、挖掘以及基础性分析功能，支持云存储基础上的大规模计算。研究以应用为中心，以数据活化为驱动，面向服务的数据协同处理体系构架，为保障数据存储、传输和访问安全，从体系构架、功能和协议等方面形成新的解决方案。具体研究内容如下：

1. 大规模分布式数据存储

研究新的分布式文件系统，实现大规模数据的快速读写功能；研究实现文件并行操作的高效机制；研究存储系统状态的监视机制以及故障诊断和恢复算法；实现超过 50PB 的高效存取能力。

2. 大规模分布式数据管理

研究适合海量数据处理的数据模式，分布式大规模存储资源上的动态高效数据布局，以及异构、分布数据的实时共享；研究数据副本的高效管理以及分布式事务处理和分布式加锁技术；研究元数据的管理和一致性；实现数据的高可靠保障技术。

3. 大规模分布式数据智能分析

研究机器学习与数据挖掘算法的并行化模型，并针对海量数据挖掘算法的特点制定高效的数据分割、数据调度与 MapReduce 的优化技术，实现算法任务之间以及算法内部两个层面的计算并行化，并实现面向分布式数据的数据查询、挖掘工具包；研究基于图数据库的快速检索和智能分析技术。

（二）技术思路

针对支撑智慧城市的数据共享与协同处理需求，重点研究动态海量数据的分布式存储与管理技术、高效的分布式智能数据分析技术，具体技术路线如下：

1. 大规模分布式数据存储

在分布式文件系统方面，设计大规模的流式读写和小规模的随机读写并存的机制，同时对小规模的随机读写操作进行排序和批量处理，以实现海量数据的高效读写；用最小的同步开销实现快速的并行存取操作；用基于统计日志分析的技术来进行故障预测和诊断，并利用快速恢复和副本机制来保证海量数据的有效存储。

2. 大规模分布式数据管理

在大规模数据管理方面，设计基于 Key-Value 存储的高效数据模式，根据数据的访问规律在集群中进行分片、整理和摆放，依据系统的运行状况尝试并总结出分片的大小、副本拷贝的数目和速度、在网络拓扑结构下不同节点间数据摆放的策略；制定元数据发布标准，为结构化数据与非结构化数据的整合集成奠定基础；根据数据类型和数据特征研发基于规则和基于统计方法的元数据抽取器，实现文本数据、多媒体数据的元数据自动抽取；针对分布式文件系统、分布式锁服务的一致性问题，研究基于 Paxos 协议的分布式一致更新算法，并实现检查点和日志机制，形成数据的高可靠与高可用管理。

3. 大规模分布式数据智能分析

在高效的分布式智能数据分析方面，首先针对数据的关联关系在分布式数据存储系统之上构造数据关系视图，并针对数据抽取、数据分解、数据分类、数据聚类等算法建立一套高效、海量挖掘算法包，最后通过数据分析算法的并行化模型以及数据调度的优化，实现分布式数据的并行计算。

第六节 智慧城市空间信息支撑关键技术

智慧城市是在城市全面数字化基础之上建立的可视化和可测量的智能化城市管理和运营，包括城市的信息、数据基础设施以及在此基础上建立网络化的城市信息管理平台与综合决策支撑平台。为有效进行城市管理，我国各个省市的城市都大力兴起数字城市建设，现已逐步建立服务于城市政府部门或公众的各种数字城市空间信息系统，有力促进了城市管理的发展。智慧城市是数字城市与物联网、传感网、移动互联网、云计算等信息技术相结合的产物，通过将城市各种空间资源与自然资源、社会资源、基础设施、人文、经济相融合，以数字的形式进行城市信息获取、存储、管理和再现，采用各种智能分析技术对城市信息进行综合分析和有效利用，为提高城市管理效率、节约资源、保护环境和城市可持续发展提供决策支持。通过智慧城市，可以实现城市的智慧管理及服务。

现代城市中，人类所接触到的各种信息与地理位置和空间分布密切相关，空间信息作为智慧城市的重要支撑之一，是各种经济、社会、人口、城市管理等方面应用的基础支撑和空间参考基准，涉及的范围相当广泛，不仅包括高分辨率遥感数据，还包括各种与空间相关的街景影像、室内数据、定位信息和各种包含位置信息的经济、社会和人口等方面的泛在信息，需要从时空基准与定位、数据接入、信息关联、数据更新、基础信息服务等方面展开关键技术研究。具体包括：时空动态参考基准维持与定位、多源地理信息的汇集与加载技术、城市实体的地理关联技术、地理信息的动态更新技术、智慧城市位置服务应用支撑技术、城市基础地理空间信息服务。

目前，在时空基准与定位方面，用于野外空旷的城市、静态环境下的传统测绘定位技术已成熟，广泛用于现有 LBS 服务中，但对于城市中的密集建筑物、室内、地下等城市域，现有技术还存在不足，需要发展和突破，以满足智慧城市中车联网、室内导航、灾害救援等应用对于任何时间、任何地点的定位需求。时空动态参考基准维持与定位技术的主要目标是在建立和维持城市时空动态参考基准的基础上，突破室内定位、地下定位、联合定位、基于传感网的定位等技术，并面向各种不同行业和应用要求，将各种城市时空信息进行统一，为智慧城市空间信息的高精度应用和便捷服务提供支撑。

在数据接入方面，现有地理信息系统的数据源主要来自航空航天摄影、近景测量、激光雷达（Lidar）、全站仪测量、野外调绘等专业测绘手段，虽然也已广泛用于"数字城市"的建设，但对于信息来源更广泛（包括物联网、传感网、移动互联网等）、信息内容更丰富（包括公众自发地理信息、室内定位信息等）、信息形式更复杂（包括各种传感器数据、非结构化 Web 数据）的"智慧城市"，现有技术还需要进一步发展。多源地理信息的汇集与加载技术即是在统一的城市信息描述模型下，汇集梳理城市部件和事件等基本信息、室内外定位信息、传感器网络采集的实时数据、VGI 式动态信息、现有城市空间信息、具有地理标签的多媒体信息以及其他相关信息，并实现不同用户、不同主题与用户自适应的信息自主加载。

城市实体分布于一定的地理空间城市域内，实体之间具有紧密的地理关联关系，这种关系对智慧城市的智能分析决策、知识发现等高级应用具有重要支撑价值。目前，关于地理关联方面的研究还未形成应用体系，主要偏向于几何、方位、属性的关联，而对语义、尺度等更高阶的关联因子考虑较少，还达不到智慧城市的"智慧"需求，另外，相比"数字城市"，现有地理关联方法和模型对"智慧城市"中新引入的各种多维时空动态信息关注较少，需要进一步发展。

目前，我国各省市现有的"数字城市"的建设已为智慧城市提供了大量基础空间数据，智慧城市主要通过数据更新手段来不断补充现有数据来为各种应用提供空间数据支撑。传统地理信息更新主要是将野外实测和遥感影像特征获取的地理信息通过数据库和网络进行专业化定期批量更新和增量更新，这种专业化更新的数据标准要求严格、实时性和更新周期受限，缺乏较丰富的语义信息，更新过程中更新对象提取和匹配精度不高，数据来源有限。目前，随着传感网、互联网、物联网、VGI、遥感高分辨率雷达卫星、航空和地面雷达等数据获取途径的不断增加，可用于数据更新的手段多样化，通过多种信息的融合互补，可以有效提高智慧城市空间数据的现势性、精确度，为智慧城市空间信息基础设施提供有力的数据保障。

位置服务（LBS）已成为目前空间信息的重要应用服务之一，也是智慧城市其他应用使用空间信息的入口之一。现有位置服务主要集中在室外，随着传感网、物联网技术的发展，智慧城市中的位置服务需要进一步从宏观走向精细，从室外走向室内，从单纯的位置服务发展为位置感知的全方位综合信息智能服务。需要针对传感网、物联网、智能手机等广泛的数据获取途径和无所不在的大众空间信息服务需求，研究室内外一体化的全方位、多层次、多粒度，包含视频、街景、三维等在内的全息位置地图，在此基础上，再面向行人导航、三维导航、室内导航等新型应用领域提供各种个性化主动位置服务，也为各种基于位置的应用服务提供空间信息技术支撑。

空间信息作为智慧城市基础支撑数据之一，需要为各种应用提供大量基础空间信息服务。目前，伴随我国数字城市建设的开展，已建立大量的基础地理信息公共服务平台和专业地理空间信息系统，但现有基础地理信息公共服务平台主要以数据浏览可视化为主，缺乏空间分析统计相关的高阶功能，专业地理空间信息系统大多集中于政府部门，提供有各种独立的数据接口和专业分析服务，缺乏互操作标准，因此，现有空间信息服务不能满足智慧城市中组合型智能决策需求。为此，需要在现有空间信息服务基础上，提供多维动态空间数据访问、统一的地图可视化、基础空间分析和统计、支持语义的空间地名查询等一系列智慧城市基础地理空间信息服务。

一、时空动态参考基准维持与定位技术

时空参考基准是智慧城市空间信息高精度获取、统一应用的基础，需要一套基础且常规运行的系统支持。基于该系统，用户能够快速、方便地接入，即可实现智慧城市空间位置信息的快速、高效、高精度获取，从而实现基于位置的各类空间信息服务。时空动态参考基准维持与定位技术的主要目标是搭建这样的一个系统，为智慧城市空间信息的高精度应用和便捷服务提供支撑。

（一）研究内容

1. 城市时空动态参考基准的建立与维持技术

当前，定位导航技术已深入到人们生活的方方面面，作为智慧城市各类时空参考基准，在各行业的应用也是大行其道，目前城市动态的时空参考基准还未建立，需要深入研究。主要研究城市时空动态参考基准的建立方法；研究城市时空基准的动态更新技术、运行机制与维护手段；研究各类基准站之间的位置变化关系，建立误差修正模型等。

2. 城市空间信息时空统一表达技术

城市空间信息的表达具有各类标准。在不同的行业和应用中，由于应用模式、精度需求千差万别，这些空间信息的基准存在着系统性的差异。为促进并实现智慧城市各类空间信息的高度共享、高效应用与流通，需要实现城市空间信息的时空基准统一。为此，需要研究各种时空基准参考；研究各种时空基准之间的转换算法，评价误差传播模型及影响因子；制定时空统一标准规范等。

3. 基于时空动态参考基准的空间信息定位采集与应用技术

位置信息是智能服务所采集数据中不可缺少的部分，没有位置信息的信息通常毫无意义。在传感器网络中确定人与事件的位置是其最基本的功能之一。但由于传感器种类繁多、用途不一，携带传感器的载体或静止或移动，且传感器节点存在资源有限、通信易受环境干扰等因素，需要研究具有自组织性、健壮性、效率高等特点的新型定位技术和机

制。目前，基于 GNSS 的室外定位系统已广泛应用于导航、测绘、地质勘探等各行各业，但在复杂的室内环境里，如机场大厅、展厅、仓库、超市、图书馆、地下停车场、矿井等环境中，还未较好解决定位技术问题，需要研究室内、地下、水下相关定位技术。组合导航是未来导航技术应用的主要模式，通过融合单一传感器，克服各自的独特性和局限性，利用多种信息源互相补充，构成一种冗余度和准确度更高的多功能系统，这就需要研究组合导航相关技术。

（二）技术思路

1. 城市时空动态参考基准的建立与维持技术

当前，GNSS 定位导航技术已深入到人们生活的方方面面，在各行业的应用也是大行其道。作为空间信息定位的重要手段，GNSS 在城市时空动态参考基准的建立与维持中担当着主要角色。城市时空动态参考基准的建立将主要采用 GNSS 技术，通过搭建城市GNSS 连续运行基准站网及数据处理服务系统，定期、自动地将城市空间基准站与国家永久跟踪站、国际 IGS（国际 GPS 服务）跟踪站进行联合解算，确定基准站在全球框架中的位置变化、基准站之间的相对位置变化，周解、月解和季解变化，实现城市时空基准的动态更新，以及与国家和全球的统一，从而建立城市的永久性动态地心参考框架（TRF）。

2. 城市空间信息时空统一技术

需要充分研究各类空间信息标准内含的时空基准信息，从精度、效率上实现坐标基准的转换。拟考虑平面转换模型、三维转换模型，估计出基准变换的平移因子、旋转因子和尺度因子；结合海量空间信息的跨行业共享使用，开发出简单、易用的空间信息时空统一软件，满足大众、行业对城市空间信息的统一需求。

3. 基于参考基准的空间信息定位采集与应用技术

基于 GNSS 的城市动态参考基准的维持系统，可进一步采用 NRTK 技术，为空间信息定位采集与应用服务。NRTK 技术是指在城市 GNSS 连续运行基准站网中，通过各个基准站的各项观测数据，并对这些数据进行内插处理，模拟出用户位置的误差值，进而对用户的 GNSS 观测值加以改正，以提高用户精度。目前，国内外比较成熟且使用广泛的三种NRTK 技术分别为：虚拟参考站 VRS（Virtual Reference Station）技术、城市域改正参数FKP（Flat Plane Correction Parameter）技术以及主辅站 MAX（Master-Auxiliary）技术。基于 GNSS 的城市动态参考基准的维持系统和上述三类技术，结合大众用户对实时高精度空间信息获取的需求，拟采用新的 A-GNSS 技术，利用现代发达的 3G 通信技术，将高端、高贵的 NRTK 技术向大众普及，从而提高智慧城市空间信息的精度，最大限度地实现空间信息在大众层面的广泛应用。

对于室内、地下定位技术的研究，可充分参考现有的 A-GPS 定位技术、超声波定位技术、蓝牙技术、红外线技术、射频识别技术、超宽带技术、无线局域网络、光跟踪定位技术以及图像分析、信标定位、计算机视觉定位技术。评估各类定位技术的优缺点和适用场景，研究相互之间的组合定位框架和协同机制，形成稳定性、精确度、适应性更好的新型组合定位技术。

二、多源地理信息的汇集与加载技术

地理空间信息正在迅速成为政府与商业领域中重要的资产，城市公众信息服务中大约有 80% 的内容涉及地理空间信息，包括地址、地名以及坐标等数据。通过使用地理空间信息，管理者和专家拥有了共同的标准，从而能够将许多不同类型的数据和信息汇集于简明的地图中，以表达和解决复杂的问题。由于信息来源的不断丰富，无线传感器网络、自发地理信息（VGI）系统和现有成功实施的城市管理信息系统的运行、维护会产生大量的动态信息和业务数据，例如，城市部件和事件等基本信息、空间位置信息、传感器网络采集的实时数据、VGI 式动态信息、职能部门业务数据、城市空间信息系统服务信息以及其他相关信息。这些数据在各自所属的独立系统中已经被较好地组织和管理，但由于数据来源于不同行业部门，具有不同主题、不同的类型描述等特征，无法统一描述其与系统性的标准化，需要主动收集数据并进行繁重的分类整理工作。

智慧城市需要将这些分布在异构系统中的信息以标准化的方式在以面向服务的体系架构为基础的网格平台上进行汇集和加载。把这些拥有异构特性、模型差异、模式冲突的信息透明化地汇集起来，实现这种网格化的信息汇集需要解决信息的统一描述、自然地理信息采集、动态信息的汇集、异构空间信息的统一符号可视化、多源城市信息自主加载等技术难点。下面将对相关研究内容进行详细阐述。

（一）研究内容

1. 分布式异构城市信息描述

分布式异构城市动态信息统一描述是城市空间信息汇集与加载的基础，建立城市空间信息的统一表达和描述模型是进行空间信息汇集的基础，需要研究分布式异构城市信息描述方法，建立城市信息统一描述模型；研究城市信息的分类和编码标准；研究城市事件部件与其他信息之间的关联关系；研究城市空间信息统一描述语言，用以解决分布式异构城市信息的统一集成问题。

2. 异构地图符号的统一描述

针对现有符号库与 GIS 系统紧耦合的问题，为实现异构环境中的地图符号统一描述与可视化，需要研究地图符号统一描述方法，在符号几何、语义、样式、存储、配置等方面进行研究，用于实现智慧城市中各种异构 GIS 系统之间的地图符号共享与互操作，为分布式网络环境下地图服务提供支撑。

3. 城市动态信息的汇集技术

城市动态汇集的信息可以来自各类城市噪声传感器、温度传感器、二氧化碳传感器、城市监管人员（通过 PDA、手机等），也可以是现有数据库提取信息或者是处理过程的中间结果信息。动态汇集就是要将不同来源、不同类型的信息，按城市管理与智能分析服务的应用要求，生成可以进行加载显示和处理应用的目标信息，以便适应城市管理深层次应用。主要研究以传感网为主要数据源的动态信息汇集的运行流程、工作机制、汇集方法和管理维护手段，制定相关服务协议，研究多源城市信息汇集引擎的构建方法。

4. 多源城市信息自主加载技术

智慧城市面向用户类型众多，应用场景复杂，各种服务层出不穷，为了实现用户按需、自适应、自组织、动态、个性化、智能化的城市信息自主加载，避免信息迷失，需要研究多源城市信息自主加载技术。重点研究根据用户背景和应用场景的信息自适应加载技术；研究多源城市异构信息的自主发现、自主加载和同步更新方法；研究加载技术与现有技术平台的接入。

（二）技术思路

1. 分布式异构城市信息描述

针对空间信息的汇集要求，设计并实现面向城市动态信息的基于 XML 的全面且可扩展的描述模式，研究城市管理中部件、事件及相关信息空间和非空间属性的表达，通过引用、链接、嵌入等方式建立城市空间信息统一关联描述；基于现有相关标准，研究城市信息的分类与编码；针对城市管理的各类信息，建立城市部件、事件及相关信息的关联描述，构建可扩展的城市信息描述模型；为有效表达城市部件、事件及相关信息关联的实景信息，研究基于环境上下文的动态城市实景信息描述模型以及城市管理部件与事件的 XML schema 模型，建立名字空间、预定义标签、属性等详细规范。采用城市动态信息统一描述语言来解决如何表达城市信息中所关联空间信息以及选择空间参照和表达点、线、面的几何信息与城市地理实体对象间的拓扑关系等问题，并且保证动态空间信息统一描述语言的可扩展特性，使之能够适应城市的发展、进步和变化。现实的城市管理中管理方法和工作模式会快速变化，动态空间信息统一描述语言利用版本升级和更新来适应未来的变化。

2. 异构地图符号的统一描述

研究一套基于 XML 的符号描述语言。符号作为地图表现的核心元素，具有几何特征和语义特征，几何特征用于描述符号的形状、大小、颜色、线型、填充等，语义特征用于描述符号所表达的具体含义。对于符号的统一描述可以使不同应用系统中符号在几何、语义上差别的透明化，达到数据可视化的互操作。从符号的几何、语义、符号库以及符号配置等方面，研究灵活统一的格式来描述符号的几何特征；利用 RDF（Resource Description Frame）和 OWL 对符号的语义进行描述，为符号使用者提供更加智能的方式进行符号的检索与配置；通过 WSRF 将分布在网络上的单个符号组织起来形成统一的符号库来方便用户使用，研究符号的动态管理与集成。目前与符号化服务最密切相关的有 WMS 和 WFS 两种 GIS 服务，WMS 可以通过 SLD（Styled Layer Description）实现符号的配置。但当多个 WMS 集成在一起时，往往会出现符号的显示效果不一致现象，可以通过扩充 SLD，使其能支持符号服务描述的符号。

3. 城市动态信息的汇集技术

信息汇集平台可以定义汇集的数据输入点和输入位置，通过抽取、过滤等预定义步骤形成中间结果，此中间结果可用作进行空间数据智能分析的基础，调用网格平台上的空间数据存储服务即可进行持久化存储。首先要建立分布式异构城市动态信息的汇集机制、流程步骤及其维护管理方法；研究基于传感器网络的城市动态信息的汇集技术，由于用于城市动态信息汇集的智能传感网络必须实现 OGC 关于传感器网络的接口标准并遵循相应的服务协议，包括基于 OGC 传感器网络标准 SOS 的数据汇集；在城市信息分类、城市信息处理服务分类的基础上，针对不同的应用建立不同的汇集服务中间件，研究多源城市信息汇集引擎技术，并实现面向网格的城市信息汇集服务；不同的职能部门对于信息的种类、来源、特点、详细程度的要求也各不相同，针对典型城市管理应用与智能分析服务，研究基本城市信息汇集服务模式与面向应用主题的按需汇集技术。

4. 多源城市信息自主加载技术

对于城市动态信息自主加载而言，加载的服务和数据的信息描述通过城市空间信息统一描述语言实现，并且用户可以自主决定需要加载哪些信息，加载的场景和数据本身作为动态加载的配置信息实际保存在网格基础平台之中，实现按需、自适应、自组织、动态、个性化、智能化的自主加载。研究分布式多源、异构城市信息加载模式和用户可配置的信息自主加载技术，能够进行城市空间信息的按需加载、自适应加载、个性化加载和大众化加载等；研究多源城市信息汇集平台的动态信息发现、搜索、匹配方法，通过对动态信息和服务等资源的自动发现与使用来达到自主加载，能够使用通知服务（Notify Service）机制来保持源数据和汇集端数据的同步更新；研究异构可视化平台的城市信息的自主加载机制，建立城市空间信息统一描述、解析、处理与具体可视化平台之间的抽象统一接口，并在具体可视化平台中利用已有的可视化机制实现统一接口。

三、城市实体的地理关联技术

城市实体分布于一定的地理空间城市域内，与邻近的空间实体之间存在着某种联系，这种联系可能是空间上的，也可能是属性上的；可能是线性的，也可能是非线性的。空间实体间复杂的空间、属性、时间关系决定了空间实体之间复杂的关联特性。空间关联规则提取技术作为空间数据挖掘（Spatial Data Mining，SDM）的关键技术之一，是传统关联规则提取技术在空间数据挖掘领域的拓展与延伸。传统关联规则提取技术主要应用于发现关系数据库中不同项集（交易）之间有趣的相关联系。与传统关联规则提取相似，空间关联规则提取就是要发现矢量空间数据中不同实体间的联系，提取 GIS 数据库中更为隐含的、事先未知的有用知识，实现矢量空间数据的综合、有效利用。空间关联规则表达的是由一个城市域单元上单个或一类地理现象（空间实体）与邻近地理城市域单元上其他地理现象（空间实体）在空间（几何）或属性信息上的相关性而得出的知识性信息。空间关联规则反映的是空间实体间的关联联系，这种联系可能是空间上的，也可能是属性上的。例如，由高地和周围桥梁之间的距离和方位关系得出的高地对桥梁的控制能力即为两者间的空间关联规则；再如，由铁路和公路交叉点与公路桥梁的空间位置关系得出的铁路与公路交叉口为公路桥梁也为空间关联规则。空间关联规则提取就是通过分析空间实体间的几何、属性信息之间的相关性，建立空间实体间的联系，最终实现对空间数据的充分利用。下面将对相关研究内容进行详细阐述。

（一）研究内容

1. 地理关联分类与表达

空间实体是现实世界中某一地理城市域单元内客观存在的地理现象。一般认为，空间实体具有三大基本特征，即空间、时间和属性特征。空间实体的三个基本特征体现了地理空间实体之间复杂的几何、属性和时间联系，而且作为智慧城市中的实体本身类型复杂，存在丰富的语义特征，空间实体之间含有丰富的隐性深层信息关联关系，关联关系类型复杂，种类多样，目前未有统一的分类标准和表达方式，这对智慧城市智能分析、信息搜索、辅助决策等方面应用带来困难。因此，需要从城市实体的地理空间位置角度深入研究城市实体的地理关联的分类方法，地理关联的数据结构和逻辑表达模型；探讨空间实体的定义、数据组织结构及空间粒度及关联特性。

2. 城市多维动态时空数据关联模型

在城市时空认知研究的基础上，分析多平台泛在感知网空间信息在表示方法、时空基准、精度、时效、覆盖范围以及语义等方面的差异性，研究时间空间—运动变化—应急事件的多层次城市时空整体语义关联模型；研究多尺度城市环境现象时空场和城市时空实体的形式化描述模型；通过研究多源、异构时空数据的时间和空间配准方法和多源时空数据融合方法；研究泛在空间信息语义集成方法，建立语义的自动/半自动映射机制，实现异构信息之间的互联互通；分析多源数据存在的空间结构关系、空间拓扑关系、空间层次关系等多种关系，研究多种关系综合基础上的多源数据时空关联模型的建立方法。

3. 地理信息时空编码技术

城市地理编码是"智慧城市"空间信息基础设施的重要内容，是实现城市信息共享与交换的支撑技术，需针对多源、多类型、多尺度、多时态的地理空间信息提供统一的分类编码框架和规则，扩展地理空间数据组织能力，使得基于智慧城市中地理信息时空编码数据共享和更新成为可能。目前，由于各部门在已建或在建的管理信息系统和地理信息系统中不仅对空间的表达深度不一致，而且都自行拟定了一套城市信息分类和编码标准，造成对同一地理实体空间的定位方法不一致、标识代码不一致及信息系统内部数据结构不一致，阻碍了信息交换。因此，需要研究地理信息时空编码技术、地理信息时空编码框架和规则的构建方法、地理信息时空编码一体化组织和管理技术等。

4. 空间关联规则提取方法

空间关联规则的提取是一个复杂的过程，需要用到几何学、统计学、计算机视觉、模式识别、人工智能和专家系统等领域的理论和方法。空间关联规则研究的是空间实体间的空间和非空间关系，空间关联规则是一种知识型信息，其对于智慧城市所需的智能化空间分析和辅助决策系统有着很重要的意义。需要从智慧城市应用和空间关联规则种类出发，研究各种空间关联规则的提取方法。

5. 城市实体的关联规则评价体系

为了帮助人们获得有效的、可信的、可理解的、感兴趣的关联规则，在空间关联规则提取完成后对其有效性和真实性进行评价是必要的，空间关联规则的评价方法是保证空间关联规则正确性、有效性的关键。主要在综合分析现有关联规则评价指标的基础上，研究关联规则评价指标体系结构；分析各种关联规则的评价因素对评价正确性的影响；研究评价机制、工作流程和修正方法；研究和构建针对不同应用领域的评价模型。

（二）技术思路

1. 地理关联分类与表达

依据不同的分类标准，空间关联规则可分为不同的类型。根据空间位置涉及的空间范围可以分为局部空间关联规则、邻域空间关联规则和复合空间关联规则；根据空间关系和属性的抽象层次可分为单层空间关联规则、多层空间关联规则和跨层空间关联规则；根据处理的变量类型不同可分为布尔型空间关联规则、数值型空间关联规则和复合型空间关联规则；根据涉及的空间和属性数据的维数可分为单维空间关联规则和多维空间关联规则；根据空间关联规则提取的依据不同，将地理关联分为空间拓扑关联、空间距离关联、空间方向关联、属性关联、语义关联等分别进行研究。在空间实体关联规则分类的基础上，需进一步探讨空间关联规则可视化表达的技术方法，即采用什么形式的表达方法才能使提取的规则易于理解、易于被用户接受，这是空间关联规则提取的重要研究内容。

2. 城市多维动态时空数据关联模型

利用空间几何法、相关性算法、概率统计算法、基于模糊逻辑理论的方法、基于D-S证据理论等方法，实现定位位置与空间实体的关联模型；基于社会、经济、安全等城市信息与地图中多层次、多粒度空间实体的关联，以空间实体为桥梁，从空间距离、空间关系九交模型、空间地名语义推理、模糊推理等方面，充分考虑位置的时空动态特性，实现定位信息与城市信息动态关联模型的建立方法；采用数理概率统计理论，结合探索性时空分析等分析手段，发现数据在时空场中的整体运动趋势，建立城市时空数据之间的深层关联；从语义本体的角度，采用语义网相关技术，实现时空数据之间的语义关联。

3. 地理信息时空编码技术

在地理信息更新和共享的统一语义框架下，在现有全球空间网格划分编码方法基础上，加入时空维度，实现地理信息时空编码技术；地理信息时空编码框架和规则的构建；地理信息时空编码尺度关联和协同模型；地理信息时空编码一体化组织和管理技术等。针对多源、多类型、多尺度、多时态的地理空间信息提供统一的分类编码框架和规则，扩展地理空间数据组织能力，使得基于全球地理信息时空编码数据共享和更新成为可能。

4. 空间关联规则提取方法

根据空间关联规则提取的依据不同，研究基于拓扑关联规则提取方法，空间拓扑关系提取是根据具体的需求，定义合适的拓扑谓词，通过判断空间实体间的拓扑关系从而得出空间实体间的拓扑关联规则的；研究基于距离关联规则的提取方法，空间距离关系提取是根据特定的需求，定义合适的空间距离谓词，通过判断空间实体间的距离关系从而得出实体间距离关联规则；研究基于空间方向关联规则的提取方法，方向关系提取空间关联规则就是根据特定的需求，定义合适的空间方向谓词，通过计算实体间的方向关系，从而提取出实体间的空间方向关联规则；研究基于属性关联规则的提取方法，属性相似性提取就是根据空间实体间的属性相似性，对不同空间实体的某一项或几项属性进行属性匹配，找出属性相同或相似的实体集合，从而建立不同空间实体间的关联关系。

5. 城市实体的关联规则评价体系

在分析各评价指标含义的基础上，并从系统论的角度将评价指标划分为基本评价指标、定量评价指标和定性评价指标三类分别进行研究。其中基本评价指标包括支持度和置信度，它们是评价关联规则的两个常用客观性指标；定量评价指标是指评价指标用数量来表示，其对数据进行量化处理、检验和分析，它也是关联规则客观评价的依据，包括相关度、影响度、时效度和新颖度；定性评价指标是指评价指标用意义、经验和描述等进行表示，再经处理、检验和分析，是关联规则主观评价的依据，从而获得有意义的结论和规则，主要包括实用度与简洁度。

四、地理信息的动态更新技术

作为城市的重要空间支撑，GIS 已和人们的日常生活紧密相关，各应用行业的需求也日趋加强，目前我国已初步建立了一批地理信息系统工程，生产了大量的基础地理数据、行业专题数据等。例如，基础地理信息数据、土地利用现状数据、城镇地籍数据、房产管理等。由于城市作为人类居住密集地，处于不断的快速变化中，特别是当前社会建设发展日新月异，地理信息尤其是社会经济信息的变化处于一个相对活跃的状态，因此这些基础地理信息数据库建成后，必须对其进行动态维护和更新，以保证数据的准确性和现势性，提高数据的质量，更有效地服务于公众，这是智慧城市可持续运行的重要任务。下面对各研究内容进行具体阐述。

（一）自发地理信息采集更新

自发地理信息（VGI）是由大量非专业用户利用 3S 技术自发创建的地理信息，其现势性强、成本低、数据来源多样。对于智慧城市而言，VGI 尤其适用，因为 VGI 不仅描述传统概念中的地理信息，它可能还包括各种在城市中所发生的事件和城市里存在的各种突发情况。这些情况由普通人提供，即普通城市居民能为城市管理者提供最为细致和丰富的信息，既能够加强沟通交流，也能够使城市管理者获得决策和资源调度的充分信息，完善管理的各项措施，真正体现城市居民的利益和满足他们的要求。但由于数据具有自发性、无序性、非规范性和更新操作频繁等特点，直接使用难以满足智慧城市数据要求，需要研究自发地理信息运作机制、空间数据模型、质量控制方法、多人合作模式、数据更新模式等；研究自发地理信息的数据异构问题；研究自发地理信息的空间数据模型、空间操作、空间分析、空间索引、空间数据的检索理论和技术。

（二）基于本体的地理信息更新技术

由于各行业应用、地方标准以及数据生产单位对地理信息标准理解的差异、不同厂家数据格式之间的兼容性，会导致更新维护过程中产生冲突。同时在基础地理数据库和专业数据库模式下，许多专业数据库在原有的基础地理数据上添加了大量的专题属性，带来了语义冲突、数据库模式不一致、信息转换、数据融合等问题。所以需要分析和研究国内外各行业地理信息标准规范，研究同一空间实体在不同领域中的概念模型、属性、关系和约束条件；研究适应不同专业应用背景的本体建模、本体评价、本体演化和维护、本体转化和集成方法；研究基于本体的地理信息更新和共享的统一语义框架。

（三）基于影像金字塔的影像数据更新技术

采用影像金字塔进行空间信息的发布已成为当前地理信息系统常用方法。目前"数字城市"和地理信息基础平台的建设已经进入实施，全国各重要省市乃至全球都建立了大规模的影像金字塔。目前，影像数据的更新方式有完全替换的方式与增量更新的方式，完全替换的方式只是对不同时期的影像数据的"快照"，必然需要重建影像金字塔，较大地影响了影像数据更新的速度与性能，还增加了大量的存储空间，导致了较多的冗余数据，因此需要研究新型的基于影像金字塔的影像数据更新技术。重点研究影像增量更新方式；研究金字塔层次上面向对象的影像空间关联规则的归纳方法；研究影像金字塔的增量组织管理模式；研究多层次的影像数据空间关联规则模型。

（四）多尺度的空间数据联动更新技术

多尺度的空间数据联动更新是使用地图综合理论和技术进行预处理，生成不同比例尺的空间数据，利用缩编综合后的大比例尺空间数据来更新更小尺度的空间数据，减少数据采集费用，提高数据更新效率。由于地图综合会导致空间数据的形态和维数发生变化，需要研究空间数据逐级综合更新模式和误差传播模型；研究地图综合后的地理空间对象关联规则；研究多尺度下空间数据在语义、几何、属性与拓扑关系等方面的表示形式与数据结构等。

五、智慧城市位置服务应用支撑技术

当前，传感网、物联网、移动互联网络和智能移动终端的飞速发展，使得信息内容更丰富、获取形式更多样，可实现人与人、人与物、物与物之间按需进行信息获取、传递、存储、认知、决策等。人们在充分感受移动性所带来的好处时，一方面希望获取非单一主题的全方位关联信息；另一方面期望向信息服务中添加移动性，全方位地打破时间和空间的局限，享受随时随地、按需供给的泛在智能服务。位置作为空间基准，大部分泛在信息均具有直接或间接的空间位置属性，因此以位置为信息关联纽带，通过各种基于位置的传感器采集以及公众自发提供的地理空间信息，并与移动网络实时集成，可将各种与位置相关的地图空间信息、传感网信息、社交网信息、自发地理信息、实时公众服务信息进行相互联结，使得大众可随时、随地、随环境自适应地获得智能交通、旅游出行、家庭娱乐、公共安全、环境保护、灾害预防、食品安全等各个方面的智慧城市智能位置服务。

目前，随着全球定位系统等各种定位技术的发展和射频电子标签等定位传感器的微型化并与移动上网设备集成，室外位置信息的获取变得日益简单而丰富，室内定位技术处于快速发展阶段并趋于成熟，特定应用已经有了较成熟的解决方案，这为智能位置服务研究提供了位置获取的基础支撑，但如何进行语义和知识层次的更智能的位置信息服务还需要深入研究。在智能位置服务的基础地理信息承载平台方面，目前，我国以"天地图"为代表的地理信息公共服务平台承载了包括基础遥感影像、地理矢量、三维地形、城市建筑物三维模型等各种地面空间信息，极大地提高了地理信息满足电子政务和大众化应用的能力，但对于更加精细化的应用（如行人导航、室内三维导航、室内外一体化导航等）存在局限，且不具备对包括传感器信息、社交信息等在内的大规模泛在信息承载能力，需要进行能力扩展，以适应智慧城市对位置服务的需求。

智慧城市位置服务应用支撑技术需要突破智慧城市位置服务体系、位置信息提取与检索、室内外一体的全息位置地图、基于全息地图的智能导航服务、个性化主动位置服务等方面，要提供一个用户与现实世界的交互式模型，在不同时间、不同地点，这个模型会动态地向不同用户提供不同的信息服务，通过融合当前信息技术中的诸多新技术，把位置作为相关信息的索引，为用户提供与位置相关的信息服务，这对满足各行业、公众和政府部门对于位置信息的个性化需求具有重大现实意义。下面将对相关研究内容进行详细阐述。

（一）研究内容

1. 智慧城市位置服务体系

智慧城市位置服务体系是各种位置信息管理和应用的基础，现有的城市位置服务体系主要侧重于户外，以位置的几何信息为主要服务内容，形式单一，内容简单，难以满足智慧城市的不同人群需求，需要扩展到室内环境、运动环境、地下环境、水下环境等城市各个地域，需要研究智慧城市位置服务的接口形式、传输协议、位置参考坐标系的转换规范与描述方法、各种位置服务的分类规范等。

2. 位置信息提取技术

在分析室内室外、地上地下、水上水下等不同环境特点、信息获取手段和定位需求的基础上，基于已有的室内外定位技术，研究如何综合运用多种技术和协议进行位置获取。由于描述室内环境、室外环境、运动环境下地理对象的位置所采用的空间参考系统或地理标识系统、描述形式各不相同，需要研究如何进行位置信息在不同的参考系统之间的转换方法和语义描述，而且由于同一地理对象的信息在不同环境中的表达不同，提供给不同用户的方式也不相同，所以需要研究如何基于位置来以适宜的方式为用户提供适宜的信息表达形式和传输方式。

3. 位置信息检索技术

目前，位置检索服务主要以地名或兴趣点为中心的空间定位和邻近检索为主。随着传感网、物联网和移动互联网的不断发展，信息来源不断丰富，使得一些以协作共享为目标，具有动态性、智能性的新型位置检索服务成为可能，例如大众应用中的拼车。移动网、有线网、互联网以及 RFID 技术相衔接，构成了一个动态移动自组织网，可不断定位传感器、人、物、服务和资源，需要研究动态网络环境下的位置信息检索技术，重要研究以协同共享为目标的位置信息检索技术；研究以聚合动态信息为目的的位置关联检索技术；研究以自然语言为输入的位置信息检索模式和技术。

4. 全息地图位置导航服务

全息地图是指在传统地理信息系统基础上，突破对建筑物室内表示的限制，具备全方位、多层次、多粒度空间信息表达能力，用于存储室内外一体的三维几何、语义、属性与时空关系的下一代空间信息地理系统。为实现全息位置的感知与泛在信息服务的需要，需要研究全息地图的数据模型、全息地图的构建以及面向空间位置服务的自适应可视化等技术与方法，为全息位置感知与泛在服务提供数据支撑与显示支持；研究全息地图中的三维空间路径模型；研究三维空间路径搜索与规划算法；研究智能公交模型和智能导航模型；研究公交的智能换乘算法和导航的换乘算法；研究全息地图导航信息模式。

5. 个性化主动位置服务

面对用户移动特征和个性化需求，利用空间信息之间直接或潜在、动态或静态的关联关系，分析用户偏好，建立对信息源的需求和用户空间行为的频繁模式、进行时空异常行为特征、环境空间布局和环境事件分布，以及利用不同用户干预条件对用户偏好建立的影响，采用时空关联分析和时空数据挖掘方法，实现用户个性化偏好、空间行为、时空模式等高层知识的挖掘，建立用户个性语义描述模型；研究基于查询信息增量及对分发结果的反馈信息，实现空间信息用户个性化偏好模型的动态更新方法，以适应用户对空间信息的需求变化；分析研究自适应终端的用户应用服务架构模式，定义支持客户端与服务端交互的应用级自适应协议，通过直接面向终端采集客户端环境信息，实现依据环境上下文感知的时空数据自适应表达，为客户端提供与其能力相适应的位置应用服务。

（二）技术思路

1. 智慧城市位置服务体系

基于现有基于几何坐标的位置服务，扩展其空间服务范围到室内室外、地上地下、水上水下等城市各个城市域，挖掘"位置"信息的语义内涵和描述方法；研究能提供深层拓扑方位、空间关系、空间位置、空间形态、空间对比、空间趋势、运动轨迹、时空模式和时空异常等高层次智能位置服务的接口形式与传输协议；根据应用领域和用户群不同，对各种位置应用服务进行分类编码，并制定相关标准；由于描述室内环境、室外环境、运动环境下地理对象的位置所采用的空间参考系统或地理标识系统、描述形式各不相同，需要研究如何进行位置信息在不同的参考系统之间转换方法和语义描述；同一地理对象的信息在不同环境中的表达不同，提供给不同用户的方式也不相同，需要研究如何基于位置来以适宜的方式为用户提供适宜的信息表达形式和传输方式。

2. 位置信息提取与检索技术

分析室内外环境的特点、信息获取手段和定位需求，综合运用多种技术和协议，例如GPS、Zigbee、RFID、Wi-Fi、3G 通信网、蓝牙等，分析多种室内定位系统的定位算法，包括三角定位法、三边定位法、场景分析法、近邻定位法等，通过研究其在表示方法、时空基准、精度、时效、覆盖范围等方面的差异性分析，解决多源位置信息冲突与协作问题，实现多源位置信息的互通和互补，建立适合室内外、地上地下、水上水下等不同城市域的定位框架模型，实现全方位位置提取。从准确率、更新率、架构总体费用、部署难度、鲁棒性、安全性等方面进行各类模型评估，为各种位置应用服务提供定位模型参考。分析在室内环境、室外环境、运动环境下地理对象的位置所采用的空间参考系统或地理标识系统的基础上，利用语义网相关技术，建立位置概念本体，实现位置的语义描述与转换，继而实现蕴含位置信息的提取。

3. 位置感知的信息检索技术

分析各种以协作和共享为目标的位置应用的用户需求和操作模式，分析动态位置信息与用户行为之间的关系，采用缓冲城市分析、最邻近分析等空间分析手段，研究定位传感器、人、物、服务和资源之间的动态网络关系，实现协同型位置信息检索；基于现有自然语言的分词技术，结合基础空间信息数据（如地名库），采用相关时空计算模型，进行自然语言中位置信息深层次语义级信息发现，分析各种应用需求，实现自然语言位置信息检索；依托地理关联技术，分析各种动态数据的位置特点，实现位置关联检索。

4. 全息地图位置导航服务

从数据模型、构建方法和可视化技术等角度探讨室内外一体化的全息位置地图服务。对于全息地图的数据模型，分析全息地图所需数据特点，研究满足构建全息地图要求的全景照片组织、三维对象几何、空间拓扑关系、语义逻辑层次与三维对象属性的统一数据表示，建立全息地图模型的统一编码方式与关系描述方式，从而满足在全方位（多方向多角度）、多层次（室内室外）、多粒度（包含建筑室内不同尺寸的物件）的智慧城市位置服务环境中对地图表示的需求。为实现全息地图的构建，首先需要分析现有不同表示形式的空间地理信息数据、室内外全景照片或三维模型的数据采集、整理、编辑和组织；重点研究建筑楼层、室内环境、不同粒度、不同表现形式的空间实体数据采集及建模方法；研究时空关系标定与位置关系定义方法；研究建模过程中的几何一致性、时空关系一致性、语义逻辑一致性与属性一致性的控制方法。全息地图场景可视化是使用全息地图位置服务的重要方式之一，需要在传统空间地理信息可视化的基础上，主要研究全息地图的可视化特征分析与提取，实现兼顾室内室外、地上地下、水上水下的全方位、多层次、多粒度二维矢量、可量测实景影像、与位置相关的 POI 信息、视频音频、三维模型之间的无缝组织与显示技术，完整地表达出由这些多维信息所构成的具有丰富语义的城市真实场景。

分析全息地图中蕴含的语义信息、空间几何拓扑信息，构建三维空间路径模型，并将该模型与空间实体的对象语义、音视频、传感器信息进行动态关联，研究时变环境下的三维空间路径搜索与规划算法，实现交通环境中的车辆自动避让、自动位置语音向导，基于自然语言的导航旅游路线智能规划，大型商城、医院、停车场的室内导航。研究智能公交模型和智能导航模型，在这些模型的支持下，研究公交的智能换乘算法和导航的换乘算法，研究路网与街景影像之间的绑定方法，实现导航的同时可查看对应的街景影像和街景视频，实现了影像导航和视频导航功能。

5. 个性化主动位置服务

参考当前的各行业服务和业务标准，并结合用户的主题信息，进行泛在服务功能的语义描述和表达，建立泛在服务的分类体系；研究用户个性语义描述模型，实时监测和收集用户位置信息和服务使用过程信息，自动建立并实时更新用户偏好模型；基于用户地理位置、环境上下文、用户偏好和服务 QoS 的自适应"需求—服务"的匹配方法，通过位置感知的泛在服务索引机制和服务快速搜索策略，实现最优泛在服务的高效推荐；基于时态、位置和用户偏好及组合对用户进行多主题聚类，自发在用户之间形成不同虚拟组织，从多个角度、空间尺度和主题进行位置信息服务；设计自适应终端的用户应用服务架构模式，定义支持客户端与服务端交互的应用级自适应协议，通过直接面向终端采集客户端环境信息，为客户端提供与其能力相适应的位置信息服务。

六、城市基础地理空间信息服务

伴随我国数字城市建设的开展，城市中已建立大量的地理空间信息系统。这些系统大多集中于政府部门，提供各种独立的数据接口和专业分析服务。由于不同系统中数据和服务的异构性，系统之间又缺乏有效的互操作标准，形成了许多信息孤岛，不能够支持联合型网络化智能分析，不能满足智慧城市建设管理中的智能决策支持需求。面向企业和公众的地理空间信息服务相对较少，且服务类型单一，伴随智能移动设备的大规模普及，公众需要通过地理位置了解与其生活和利益密切的其他信息，企业需要通过地理空间信息进行更加高效的运营，而现有的基础地理空间信息服务无法满足此要求。

针对基础地理空间信息在线服务的需求，要在城市基础地理信息数据库的基础上，建成统一的、权威的、标准的地理信息公共服务，提供二维地图、三维地图、地理编码和数据应用分析等基本服务，并提供标准服务接口，供有关部门叠加专业信息，实现地理信息与城市的其他经济社会、自然资源和人文信息的互联互通与整合集成应用，使城市管理和服务空间化、精细化、动态化、可视化，将管理和决策立足于具有综合集成能力的现实观测信息，提高管理的科学性、时效性和准确性。通过城市基础地理空间信息服务建设，形成权威、标准、统一的城市地理空间信息服务公共平台，人们可以从不同角度、全方位地了解城市社会经济发展和建设情况，可以方便及时查找到与日常生活密切相关的衣、食、住、行等方面的信息，极大地提高人们的生活质量。

开放地理信息联盟（Open Geospatial Consortium，OGC）虽然为地理信息服务规定了标准的抽象接口，但在服务的语义描述方面还不足，在服务的智能组合和智能推送方面还不能有效实现。城市基础地理空间信息服务通过对研究城市空间信息数据服务和处理服务的分类、语义描述方式，提供面向城市管理常见应用的城市空间信息数据服务和处理服务，形成标准、智能的城市基础地理空间信息服务。主要提供的基础地理空间信息服务包括以下几方面。

（一）研究内容

1. 城市基础空间数据服务

数据服务是城市地理空间信息获取、共享与互操作的基础。根据智慧城市的特点，研究针对动态空间数据的网络要素服务；研究时间影像序列 WMS 服务；针对网络覆盖服务能力要求，研究其接口定义及标准；研究城市信息在地图中的表达方法；研究结合城市信息的网络地图服务操作定义、参数描述以及接口规范；对网络要素服务在大数据量时返回 GML 编码文件过大而处理不便的问题，进一步研究网络要素服务中 GML 增量渐进传输方法。

2. 城市基础空间分析服务

城市基础空间分析服务的质量涉及城市地理空间信息利用水平，影响到地理空间信息服务效果。针对城市基础空间分析服务的异构问题，研究城市基础空间分析服务接口标准，实现服务的统一调用及互操作；研究空间关系查询、距离量算、方位计算、网络分析、缓冲城市分析、邻近分析等基础空间分析接口定义规范；研究探索性时空分析的服务模式和接口规范；研究时空趋势面的分析方法和服务接口；研究空间分析操作之间的层次关系，制定空间分析服务组合模式；对常用影像处理进行分类，制定接口规范。

3. 城市基础空间统计服务

面对大众用户，提供各类商铺、基础设施的实时空间分布情况及多种形式的空间统计服务；研究探索性空间数据分析及多种空间聚类技术；研究空间自相关、空间分布模式、时空聚集模式等高级空间统计服务，并制定相关接口规范；研究智慧城市典型空间信息应用模式，建立适合的空间回归模型，为各种应用提供空间统计支撑；研究动态交互联动式地图及图表的分析结果展现服务，为空间统计信息的多维可视化提供支撑。

4. 城市基础空间地名服务

地名作为最常用的社会公共信息之一，不仅与人们的日常生活息息相关，而且是国家行政管理、经济建设、国内外交往不可或缺的基础信息资源。地名信息是基础地理信息的核心要素，政府管理、企业运营、人们生活都与地名使用息息相关。城市基础空间地名服务具体包括：研究地址编码服务；研究不同内容表现形式、不同来源地名地址的规范化与标准化；研究城市基础空间地名服务标准；研究地名快速查询、动态管理、图表联动和地名信息可视化等技术；研究支持自然语言的地名查询服务；研究自发地理信息模式下的地名服务模式及接口规范。

(二) 技术思路

1. 城市基础空间数据服务

网络要素服务允许客户端从多个 Web 要素服务中取得使用地理标记语言 (Geographic Markup Language，GML) 编码的地理空间数据，并提供对要素的增加、修改、删除等事务操作。针对网络要素服务能力要求，研究其接口定义及标准，主要包括以下几类：服务能力描述接口，返回 Web 要素服务性能描述文档 (用 XML 描述)；要素类型描述接口，返回描述可以提供服务的任何要素结构的 XML 文档，并支持常见统计量的直接获取，例如均值、方差等；要素获取接口，为一个获取要素实例的请求提供服务；事务接口，为事务请求提供服务；要素锁定接口，处理在一个事务期间对一个或多个要素类型实例上锁的请求；服务聚合接口，实现多个网络要素服务的逻辑关联，形成新的网络要素服务。减少视窗范围变化导致的 GML 频繁重加载问题；结合传统文本压缩算法与地理空间位置特性，研究网络要素服务的 GML 自适应压缩算法，使之能够在网络中高效传输；研究网络要素服务中数据生成 GML 高效索引方法，支持 GML 增量渐进传输。针对网络覆盖服务能力要求，研究其接口定义及标准，主要包括以下几类：服务能力描述接口、覆盖获取接口和覆盖类型描述接口。制定网络覆盖服务类型的描述接口，操作允许客户端请求由具体的网络覆盖服务器提供的任一覆盖层进行完全描述；制定服务聚合接口，实现多个网络覆盖服务的逻辑关联，形成新的网络覆盖服务；研究现有网络地图服务 (Web Map Service，WMS) 的标准规范，分析网络地图服务各种操作的服务内容和参数描述；研究能够提供缓冲城市分析、最短路径分析、叠置分析等增值信息的网络地图服务的操作定义、参数描述以及接口规范等；扩展标准网络地图服务范围到城市信息的各个方面，研究城市信息在地图中的表达方法；结合城市信息特点，制定网络地图服务操作定义、参数描述以及接口规范。

2. 城市基础空间分析服务

研究现有地理信息系统的空间分析，针对政府、企业、公众的不同需求，按照功能进行合理归类，提供不同类型的分析服务；参考现有 OpenGIS 和国际规范，结合智慧城市信息动态特点，研究面向传感网和定位服务的新型城市基础空间分析服务，并制定接口规范；参考地理信息工作流服务提供工作流定义、部署、订阅等功能，将空间分析按照层次关系，解除服务之间的耦合关系，确定基础原子服务，制定空间分析工作流组合语言。

3. 城市基础空间统计服务

提供高效、快捷且可自定义的报表展现及可视化服务，并以多种图表可视化联动展示为用户提供直观、易用的查询服务。分析智慧城市多源异构传感器数据的特点，针对行业需要，研究探索性空间数据分析及多种空间聚类技术，提供热点事件城市域实时研判服务，结合空间自相关特性，分析事件的空间分布及模式，为各行业应用提供结果为地图、统计图形及文字报表等多种形式的分析服务接口。分析智慧城市频繁的数据更新所增加的数据中所蕴含的潜在变化与趋势，面对专业用户，结合应用需要，研究城市经济、环境、城市热点事件等的时空聚集模式，分析同一城市域不同指标或不同城市域相同指标之间的数据彼此关联，并研究建立适合的空间及时空回归模型，分析指标的影响因素及强度，提供预测和模拟其变化及发展趋势的数据分析接口，并为用户提供结合动态交互联动式地图及图表的分析结果展现服务。

4.城市基础空间地名服务

地名服务涉及地址编码、地名及城市兴趣点等内容，将用户文本、自然语言等方式输入的不规则地名或地址规范化、标准化，充分理解其语义后，找出该点的空间坐标，与地图服务相融合，提供城市基础空间地名服务；针对中文地名特点和城市日常用语习惯，提供涵盖收集、整理、标准化处理、储存、管理、输出地名信息等全过程的地名服务，制定城市基础空间地名服务标准；采用 Web 表现形式，实现地名的在线交互和可视化。

第七节　智慧城市可视化与仿真关键技术

智慧城市可视化与仿真技术是支撑服务层的核心技术之一，通过复杂城市的三维模型构建，为各种智慧应用提供数值仿真计算平台，并动态直观地展现各种城市问题与现象。智慧城市可视化与仿真技术不仅为城市管理决策、企业虚拟经营、市民人性化服务提供了新颖的手段，也为智慧城市的复杂问题分析与发现提供了通用的交互式平台。该技术主要包含三维建模、数值仿真、渲染三个关键部分，技术体系架构如图 6-8 所示。

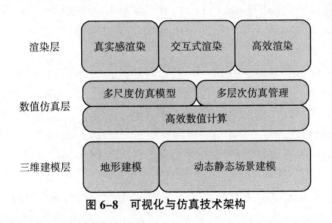

图 6-8　可视化与仿真技术架构

第一，三维建模层。三维建模层是智慧城市可视化与仿真技术的最底层。三维建模是由地形建模与场景建模组成。地形模型在空间上大面积、连续分布，承载了所有城市场景，地形建模技术目前已经比较成熟。但城市场景建模需要综合考虑数据传感获得的几何、纹理数据，以及动静态场景信息，这是智慧城市三维建模中最复杂的部分。

第二，数值仿真层。数值仿真层是对城市几何模型根据不同的应用模型进行数值计算的过程。在建模层产生的三维模型基础上，数值仿真需要进一步完成多尺度几何仿真模型的生成。对于不同的智慧应用需要不同的应用模型，多层次仿真管理技术将不同层次的应用模型与不同尺度的几何模型进行数值计算。数值仿真的结果往往会使城市几何模型发生改变，如城市建筑发生爆炸、坍塌、开裂等的损毁仿真，所以需要渲染层对仿真结果进行显示。

第三，渲染层。渲染层与智慧城市真实感体验的关系最为直接。真实感渲染技术主要解决渲染效果的真实性问题，如城市地形、自然景物、光影的逼真绘制。基于 Web 3D 的交互式渲染可以满足城市管理者和使用者对城市数据的三维操作需求。同时，在高效渲染技术的支持下，解决复杂的大规模城市渲染的效率问题。

在这样的技术架构下，本研究将本部分内容组织成以下几个部分：

第一部分是关于智慧城市的多层次多尺度建模，包括复杂城市研究的多层次模型和复杂城市多尺度几何模型构建技术。目的是通过构建复杂城市的多层次多尺度模型架构，为全三维数字城市仿真环境和平台提供模型基础。

第二部分是关于三维环境数据真实感的渲染技术，研究的主要技术是地形绘制技术、自然景物逼真绘制、实时光影绘制方法。目的是提高智慧城市场景渲染的真实性和逼真度。

第三部分是大规模数据渲染技术，研究的主要技术为并行绘制方法、多层次细节模型绘制方法、特定模式裁剪方法。目的是提高智慧城市大规模场景渲染的绘制速度，提高实时性。

第四部分是图形场景的交互控制技术，包括基于 Web 的交互式可视化方法研究、场景调度技术、渐进绘制技术。目的是提高智慧城市场景渲染的交互控制特性。

第五部分是智慧城市的多尺度重建和仿真技术，包括复杂城市真实场景的模型构建、复杂城市真实场景的快速渲染技术、复杂城市真实场景与虚拟场景的联动仿真技术。目的是提高复杂城市多尺度场景仿真的性能，用于构建虚拟环境与真实城市环境联动的、实时动态交互的城市仿真平台。

对于智慧城市中种类繁多的数据，如何将需要进行可视化和仿真的数据快速逼真地呈现给用户，在此基础上进行流畅的交互控制，是提高智慧城市用户体验的一个重要方面。

对于智慧城市中对逼真度要求较高的数据来说，展示出来的是场景最直接和直观的部分，需要快速有效并且能够高质量完成绘制任务的技术。作为用户体验中所占比例最大的部分，智慧城市中三维环境数据的渲染绘制对于最终绘制效果的真实性起到了至关重要的作用。

对于对速度极为敏感的动态显示来说，智慧城市包含了各种各样的数据，数据量之大超乎想象。对于需要绘制和呈现的内容来说，如果不进行针对大规模数据的优化，是几乎不可能进行渲染的。在城市信息可视化领域，人们除了希望得到高质量可视化场景，还希望能够进行实时性的交互操作，以实现对物理世界的真实模拟和对虚拟世界的真切体验。但由于城市信息数据规模非常庞大，同时要求进行实时交互，需要快速计算在视角范围内的大量城市信息数据，并绘制大规模的场景。

对于智慧城市中包含的图形数据来说，高速、高质量的渲染绘制方法能够保证图形和场景的真实性。但是单纯的展示并不能够满足智慧城市广泛覆盖的多种应用需求。智慧城市中，信息的流动正是以交互控制来驱动的。在保证快速高质量绘制需要展示的场景同时，加入图形场景交互控制技术，以满足不同应用对不同数据的操作需求。

对于智慧城市中多种数据和感知方式相融合的全新应用来说，传统二维图形界面的局限性越来越明显。在承载信息量方面，二维图形不能使用一种自然的方式来表示智慧城市中广泛存在的多维信息关系。这就使得二维图形界面不得不采用分窗口的方式来表示应用信息，从而使得用户需要更高的认知能力和更加烦琐的操作来获取希望得到的信息。这一方面造成用户体验度的降低，使用起来很不自然，另一方面也大大增加了用户的交互难度。将智慧城市中图形场景交互控制技术的应用由传统的交互方式从二维扩展到三维，一方面使得交互语义的表达变得自然清晰，另一方面便于用户理解和掌握。

一、智慧城市的多层次多尺度建模

利用智慧城市所构建的感知技术与信息化平台，以及城市场景的各种物理和几何模型，通过智能仿真技术对城市的各种问题进行智慧仿真是智慧城市的重要目标之一。利用多学科交叉研究智慧城市的多层次多尺度模型架构，为构建多层次多尺度的全三维数字城市仿真环境和平台提供技术基础。

（一）研究内容

1. 复杂城市研究的多层次模型

城市问题复杂而又相互联系，针对不同城市问题的研究往往需要不同层次的城市模型。建立独立而又相互联系的多层次模型（包括多尺度几何模型层、物理层、移动层和社会层）。多尺度几何模型层研究城市的多尺度几何表示方法；物理层通过物理模型与物理仿真研究自然灾变的应对技术；移动层在较粗粒度上研究城市人流、物流、交通等城市中存在的移动问题；社会层研究城市的组织生态以及社会管理模型。

多层次模型为不同内容的智慧城市研究提供差异性的研究架构，如图6-9所示。各层模型相互结合，用于数值仿真计算，产生针对特定问题的动态变化的城市三维场景数据，再用于后续的渲染等，进行动态呈现。在这个架构下，层次之间的相互关系及模型复杂度与可信度评价方法，以及模型与数据的关联存储、多层次模型的引擎架构等是需要深入研究的问题。

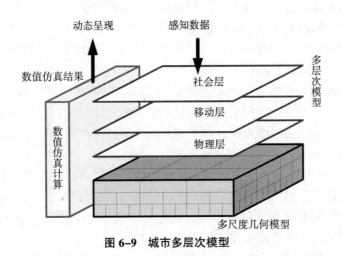

图6-9 城市多层次模型

2. 复杂城市多尺度几何模型构建技术

城市问题的复杂性催生了多层次的问题研究架构，而不同层次的城市问题呈现在城市的不同尺度几何模型上。与三维渲染中的层次细节（Level of Detail）面向视觉感知的无差异性不同，多尺度几何模型更侧重降低层次仿真的复杂度，提供仿真结果的可信度，并能与其他不同层次的模型进行高效的整合。

主要研究内容包括：城市多尺度几何模型的特征搜索、自动模型简化和渐进表示技术，以及大规模城市场景的管理和表示方法；借鉴视觉关注度机理，对复杂城市中的不同地物模型实现多尺度编码、感兴趣城市域渐进式编码；根据信道状况，开发多尺度复杂城市几何模型网络自适应传输技术；研究基于 GPU/FPGA 的异构可编程硬件加速方法。最终，利用多尺度几何模型技术构建复杂城市研究平台。

（二）技术路线

1. 复杂城市研究的多层次模型

（1）多层次模型的层次关系及复杂度与可信度评价方法。针对特定问题的复杂城市的各层次模型构建有赖于不同学科的专业研究人员，但模型构建后不同层次之间的关系还需要进行深入研究，包括不同层次模型的相互引用关系、对外的统一描述方式等，需要一个统一的系统架构进行描述，才能有效地对多层次智慧城市现象进行仿真。

另外，复杂城市的各层次模型必然是极其复杂的，很多时候对城市地物模型简化是必然的，因而需要研究简化模型的可用性与可信程度。因此，需要研究多层次模型的复杂性、模型简化与模型可信性的评价与度量，以及如何平衡可建模型和对模型的期望值等。

（2）多层次模型的引擎架构技术。城市仿真的逼真性取决于外观建模水平，更有赖于仿真对象的多层次模型的建模。多尺度几何模型层、物理层、移动层和社会层代表了不同层次的模型结构，需要研究如何在一个统一的系统架构下对外提供统一的接口和通用的访问服务，形成针对特定研究层次的可复用平台引擎架构。如物理层引擎需要提供虚拟环境中物体运动、场景变化、物体与场景之间、物体与物体之间的交互作用和动力特性效果功能，并以节点模型库的形式提供各种功能模块，以及各模块与应用程序间的接口，这方面已经有较多研究基础，可在此基础上将模型推广至更高层次。

（3）模型与数据的关联存储与检索技术。多层次模型与所表示的复杂城市真实场景数据之间具有高度的关联性，这种关联性既存在于同一层次的数据与模型之间，也存在于同一研究对象的不同层次的数据之间。先要对真实数据根据所面向的层次模型进行分层，然后需要研究同层模型与数据、各层数据之间的关联存储。利用复杂城市中地物模型 2D 投影的特征尺度距离，开发地物模型与数据的高效检索技术。同时，实现地物模型与数据的快速同步传输技术，提高后续复杂城市中现象仿真和数据智能分析的速度和效率。

2. 复杂城市多尺度几何模型构建技术

（1）模型简化与地物模型多尺度表示技术。城市三维模型的复杂度和精细度的提升导致了模型网格化以后几何面片数的急剧增加，这会造成仿真计算结果的不收敛，也会对仿真的实时处理和传输带来极大的影响，因此在处理模型时要对模型进行网格简化。另外，对于多层次模型的仿真也应匹配相应的多尺度模型。

复杂城市三维模型的网格模型简化研究主要集中于三角网格的简化，地物模型表示方法是其中的研究热点，它以边折叠和点分裂为基本操作，记录模型简化过程中原顶点和新顶点位置以及顶点间拓扑关系的变动信息，由此生成一个由原始模型的最简化模型和一系列简化信息组成的渐进表示模式。算法可以将任意拓扑网格进行高效、无损且具有连续分辨率的编码。

（2）复杂城市地物场景感知压缩编码与感兴趣城市域编码技术。压缩感知编码是利用人类感知的心理视觉特性进行编码。就复杂城市地物场景视觉压缩感知而言，目前还没有一种成熟的模型。为了提高复杂城市地物三维模型的压缩性能，需要重点研究人类的主观视觉感受，研究视觉关注度特征，建立对三维模型显示质量的感知模型，同时引入心理学、解剖学中的视觉元素，对复杂城市地物三维模型的视觉感知进行评价和建模，从而找到较为完善的视觉感知模型，并结合渐进式压缩方法进行编码。

感兴趣城市域编码是对用户感兴趣的复杂城市地物模型或数据进行压缩编码并优先传输和解码，突出显示和表现感兴趣的重要信息。对于复杂城市地物场景，可结合感兴趣城市域理论，在用户观察复杂城市地物模型时，对用户感兴趣的复杂城市三维模型部分的数据进行优先编码、传输和显示。同时在渲染时可采用凝集风格显示算法，重点渲染感兴趣城市域部分，这样在总体传输数据量较少情况下，高质量突出显示复杂城市地物模型重要部分。与感知编码不同，感兴趣城市域包括该城市域的所有感知特征。所以，感知压缩编码与感兴趣城市编码可结合使用，在感兴趣城市域中可进一步利用感知编码进行压缩。

（3）大规模城市场景数据的管理技术。复杂城市逼真虚拟环境数据具有集中或分布存储的海量性数据特点，这些海量数据的有效管理是一个具有挑战性的问题。针对复杂城市地物模型数据的特点，实现地物模型的分类存储，对建筑物、马路、地表、植被等不同类型模型建立节点库，实现分类管理。

同时，对同类模型库中的不同城市的城市域模型建立子节点库，实现复杂城市中同一类模型的不同个体模型的有效管理。这般如此，最大限度地对大规模城市场景数据开发适合复杂城市大规模地物场景数据的快速、高可用性的基于服务的海量数据存储、调度、检索和维护的系统管理技术。

（4）多尺度复杂城市几何模型网络自适应传输技术。大规模城市三维地物模型的高度复杂度使其在网络传输上遇到极大的困难，通常采用渐进式多尺度编码技术实现网络自适应传输，但是多分辨率网格编码也存在着一些网络传输的技术缺陷。首先，多分辨率网格模型的数据总量大于原模型数据总量；其次，层的概念并不完全适合网络传输，因为大规模模型中层与层之间的数据量差别很大，而为了降低层与层之间的模型数据尺度距离使用过密的分层会导致模型的数据总量剧增，这些因素均会导致网络传输效果不理想。

开发网络状态时刻变化条件下的实时检测技术，并及时反馈服务器和客户端。根据当前网络传输状况，及时调整数据传输策略。采用多种流式压缩方法，形成具有质量可扩展性和分辨率可扩展性的不同码流，进行编码以有效地应付有损网络中的丢包率，从而可根据网络条件自适应技术选择相应的压缩码流，达到最优的传输效果。以此通过智能算法自适应实时选择相应的数据流和调整传输参数，实现多尺度复杂城市几何模型网络自适应传输。

（5）城市多尺度几何模型的特征搜索技术。城市多尺度三维模型极其庞大，为了充分利用已有的模型资源，研究基于三维模型特征的搜索引擎也是一个迫切需要解决的问题。其中，模型的特征提取对模型的相似性判断至关重要，是三维模型检索研究中的一个关键技术。研究技术有：基于 2D 投影点集的有效特征提取方法、2D 投影点集的三维模型几何相似性测度方法、利用多特征加权的相似性距离度量方法。

对复杂城市地物不同类的模型遍历提取有效特征，建立 2D 投影点集的不同类型模型的特征库。开发不同类型模型间的基于几何本征尺度距离的测度方法，实现不同类模型城市地物 2D 投影点集的相似性测度技术。利用复杂城市中不同地物模型的 2D 投影点集的多特征性，进行地物模型几何本征特征的加权来解决相似性尺度距离度量的技术难题。

（6）基于 GPU/FPGA 的异构可编程硬件加速方法。复杂城市大尺度三维数值仿真与几何建模需要巨大的计算支持，普通多核 CPU 已不能满足其计算需求，许多研究者开始采用 GPU/FPGA 的异构可编程硬件加速方法，国外许多著名研究单位已率先开展了利用混合异构的 GPU/FPGA 可编程硬件构建高性能计算核心。研究内容包括利用 FPGA 进行加速粒子仿真，通过定点化实现粒子系统中的力学、积分、碰撞检测与反馈等问题。

二、智慧城市三维环境数据真实感渲染技术

在智慧城市三维环境数据中，地形作为最基础的地理数据，是智慧城市虚拟环境中的重要内容，体现了实体与地面承载体之间的实时交互作用，在智能交通、城市规划等领域有着广泛的应用需求。在智慧城市三维环境数据渲染中，需要深入研究动态地形中的多分辨率表示、简化和变化数据时序特性等相关问题，实现智慧城市中地形网格平滑过渡以及地形实时绘制目的。

其他自然景物（如花草树木以及河流等场景）对于城市建设来说，则是提高智慧城市场景整体效果不可或缺的内容，所以自然景物的绘制对于智慧城市三维场景绘制的真实感和沉浸感有很大影响。但是，自然景物的建模和绘制是相当复杂的，由于自然景物大都拥有较为复杂的外观，所以对其进行建模和绘制都需要耗费相当长的时间。

光影效果是三维场景影响立体效果最重要的因素之一，没有正确的光影效果，人眼几乎无法感知场景中的空间立体效果。所以光影效果的生成和绘制一直是计算机图形学真实感图像绘制的研究重点。对于智慧城市场景来说，光影效果生成的速度和质量都是需要保证的。

（一）研究内容

在智慧城市三维环境数据真实感渲染技术中，主要研究智慧城市中的地形绘制、自然景物逼真绘制以及实时光影效果绘制三部分内容。

1. 地形绘制技术

在仿真过程中由于实体作用，地形的高程、颜色、纹理等属性发生变化，此类地形称为动态地形。智慧城市可视化与虚拟仿真系统中的地形就属于动态地形的范畴。目前的绘制算法绝大部分采用三角形表示和绘制地形。采用体绘制时，将地形的三维空间分解成体素，每个体素对应一个可测的地形属性值，并通过体素的颜色、纹理绘制出地形。在分布式交互仿真与训练系统中，包含有大量的仿真实体及环境特征物，地形数据在每个仿真节点有相同的备份，在仿真过程中引起地形的变化需要由仿真节点发布，发布的信息要保证需要的节点能收到且具有相同的次序。地形变化计算及信息发布导致仿真出现网络带宽、计算资源及数据一致性问题，所以，地形绘制的研究内容主要包括两点：

一方面，加速地形模型绘制的一个有效途径是构建地形的多分辨率模型。在地形场景中，当观察者离地面较近时，视点中心附近的地形表面才需要精细的地形模型；远离观察者的地形，则完全可以采用粗糙些的模型。这就需要一个包含不同程度的细节的多分辨率模型，以支持地形绘制时选择适当的细节层次。为此，我们针对三维数字地形的多分辨率表示、简化、绘制等内容开展研究。

另一方面，分布式环境中仿真节点间地形变化数据有效组织是数据一致性的保证。数据一致性体现在节点间地形的一致及新加入节点对历史数据的获取上。因此需要研究地形历史变化数据的组织及分布式环境中变化数据的一致性。

2. 自然景物逼真绘制技术

相对于简单的室内场景来说，对自然景物比如山、水、云、树、火等的真实感绘制更加困难，但对于智慧城市场景来说也更重要。人们提出了多种方法来绘制这些自然景物，如绘制火和草的粒子系统（Particle System）、基于生理模型的绘制植物的方法、绘制云的细胞自动机方法等。所以，寻求能准确地描述客观世界中各种现象与景观的数学模型，并逼真地再现这些现象与景观是图形学的一个重要研究课题。很多自然景物难以用几何模型描述，如烟雾、植物、水波、火焰等。在智慧城市的自然景物逼真绘制中，为了保证快速地绘制，因此使用简单的模型描述复杂的自然景物。这里的自然景物绘制包括以下几个方面：①交互式水波的绘制。计算水波的折射、反射等现象，并根据流体物理方程进行动态水波的仿真，以及根据水与物体的交互等现象进行模拟。②树木草地等植物的绘制。对场景中常见的植被进行模拟，减少可能导致绘制速度降低的重复绘制，使得在场景中的多种不同植被能够被快速绘制。③云的绘制。在城市场景上空实现静态及动态的云绘制效果，结合天光更好地表现城市场景，进一步提高场景的真实感。

3. 实时光影效果绘制方法

真实感图形的绘制主要涉及三个方面：场景几何、物体材质和光照模型。其中光照模型描述的是光源与被绘制表面颜色的关系，可以分为局部光照模型和全局光照模型。

对于光影效果来说，通常将光照分为局部光照（Local Illumination）和全局光照（Global Illumination），局部光照通常只考虑光源与模型之间简单的直接光照效果，虽然可以显示出场景的立体效果，但由于缺乏整体场景之间光影效果的相互影响，所以与真实场景的差距较大。鉴于此，在局部光照的基础上，研究人员引入了折射、反射以及间接光照等多种场景中相互影响的光影效果，将局部光照扩展为全局光照，使得渲染后的场景与真实场景的光影效果基本一致。

局部光照模型指在绘制时，当前绘制点的颜色只受直接照射该点的光线的影响，而不考虑通过其他途径（比如内部散射、透射，物体周边其他表面反射）传播过来的光的作用，因而一般默认表面为不透明的理想漫反射面。

全局光照模型除考虑直接来自光源的光照外，还需考虑整个场景对当前着色点的光照影响，包括反射、透明物体的折射、半透明物体的子表面散射及物体与光源间有遮挡物而产生的阴影等效果，这是场景绘制迈向真实感的一个必要手段。

（二）技术思路

1. 地形绘制技术

应用于智慧城市的大规模地形，可采用与视点相关的连续细节层次技术。首先要进行基于视点的动态数据调度，然后生成地形网格的连续多分辨率层次细节，同时要解决在不同层次地形块网格边界处所产生的几何裂缝问题，最后需要解决不同多细节层次（Levels of Detail，LOD）间进行切换的误差判据计算方法以及切换过程中控制几何细节平滑过渡的策略。地形 LOD 的表示与绘制的基本过程如图 6-10 所示。

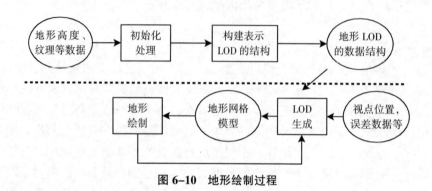

图 6-10　地形绘制过程

针对地形动态变化时表现的城市域局部特性及绘制的特殊需求，需要保持地形城市域及融合多精度数据的绘制算法。在三角形二叉树中构造城市域的最优划分，根据三角形与城市域的包含关系设置分裂点的活跃状态，从而强制引入一些顶点保证城市域的大小与边界不变。这样就可以解决地表网格模型中不连续问题，同时保证城市域在视觉范围内的正确绘制。

由于地形数据非常复杂，对于大规模场景来说，数据量都十分巨大，必须采用一些方法来进行简化处理。主要涉及两个方面的工作：一方面是数据从存储器到内存阶段的简化；另一方面是数据在场景渲染之前的简化。目前地形简化技术已相当成熟，都是基于已在内存中的整个地形数据集而没有考虑到从磁盘上动态载入的情况。

对于智慧城市中地形历史变化数据的组织及分布式环境中变化数据的一致性问题，可以使用一种按时间变化次序及空间关系保存局部变化数据的时序模型，该模型能抽取任意指定时间的地形数据，从而能支持分布式环境加入仿真的实体获取最新的地形，实现地形数据的一致。

2. 自然景物逼真绘制技术

通过波形的生成和表面光学特性的绘制，模拟出的水面已经具有了较高的真实性，但在交互性上仍然远远不能令人满意。如果想在向水面投掷一个物体时在水面溅起一阵涟漪，或是随着物体在水面移动而产生扇形的尾迹，那就需要将水波与其他物体的交互考虑进来。通过与浅水方程结合的方式实现水波的交互，物体对水面的作用将直接导致浅水方程中参数的变化，从而引起波形的变化。绘制过程中主要考虑碰撞检测、调节水面的高度和速度以及更新物体的运动等问题。

对于自然景物来说，草的建模和绘制是相当复杂的，由于为每片草叶建模都需要大量的几何运算，这样就不可能实现实时绘制。通常的加速技术就是使用 Bill Boards 方法来表示草，但是只是简单的 Bill Boards 会导致建模过程中大量的重复绘制，并且将这些草绘制到场景中需要花费大量的建模和存储开销。把草当作有纹理的 Bill Boards 的集合来建模，然后把它们安排到一个规则的网格中，并使用光线跟踪的方法来进行绘制，则可以展现出草的所有可见的特性，例如视点移动或是场景中有风时引起的视差和遮挡效果。

对于树木的绘制，用体纹理层覆盖的城市域表示森林，重复使用棱柱体形状的纹理模式（称为纹理单元）；使用两种纹理单元，一个是比较简单的常规纹理单元，另一个是复杂的轮廓纹理单元，如图 6-11 所示。常规纹理的切片和地面平行，轮廓纹理和屏幕平行，这样就可以避免在 CPU 上重复进行创建和传输新的面片，从而定义非周期性的纹理映射。

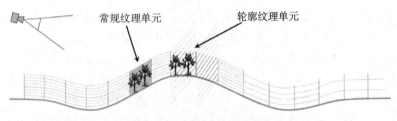

常规纹理单元　　　　　　　轮廓纹理单元

图 6-11　树木绘制示意图

云是一种主要的自然景物，为了能对自然界中不同的云进行模拟，必须能构造出不同灰度和厚度的云，使其具有很强的真实感。颜色融合是一个图形处理技术，通过像素点前景色、背景色以及透明度相互影响来生成新的颜色效果。颜色融合可以产生透明效果，故用其来模拟云层的厚度。最终云彩的图形是由多个具有不同灰度和透明度的多边形组成。云彩的边界是由细小的多边形围成的，因此呈现为不规则的曲线。

3. 实时光影效果绘制方法

动态透明物体的绘制主要包括二次折射效果绘制和焦散绘制两个部分。二次折射在光穿过透明物体时，考虑了第一次进入物体和第二次离开物体两次的折射效果，而焦散则是场景中不规则透明物体在光照情况下不规则折射效果的体现。

实时焦散绘制方法经过两遍处理过程：第一遍从光源出发，完成光子发射及光子能量收集的模拟；第二遍从视点出发，实现焦散及透明阴影的实时逼真绘制。

在第一遍生成光子图纹理的基础上，第二遍的处理过程主要负责完成焦散效果的实时绘制。焦散绘制时首先需要将焦散接受体的几何顶点从视空间转换到光源空间，然后用该点在光源空间的坐标索引光子图纹理进行纹理混合以完成焦散效果的绘制。

为了生成适用于智慧城市的场景阴影效果，使用基于双向半影图的软阴影实时绘制方法。双向半影图是一张用来记录半影城市范围和光照变化强度的纹理。利用 GPU 对场景阴影效果进行绘制，可分为四个步骤：第一步，以光源位置为视点绘制场景，得到阴影图；第二步，根据阴影图利用拉普拉斯操作数进行阴影边缘提取，根据光源大小以及光源、遮挡物和阴影接收体三者之间的位置关系计算阴影图中提取到的阴影边缘点所对应的半影城市宽度；第三步，根据阴影边缘点所记录的半影城市宽度，从阴影边缘点向内半影城市和外半影城市两个方向进行扩展，计算光照强度沿两个方向的变化幅度；第四步，从视点对场景进行绘制，结合阴影图和双向半影图中所存储的信息对场景的阴影进行处理，得到软阴影效果。

三、智慧城市大规模数据渲染技术

对于智慧城市中的大规模数据，靠传统的渲染方式根本无法保证绘制的质量和速度。并行绘制技术将并行计算理论和方法引入图形处理领域，提供了并行的特征，加快了图形的绘制速度，是实现高性能图形计算的重要手段。目前的并行绘制系统多为图形绘制流水线并行化。在智慧城市并行绘制中，需要深入研究集成系统环境中计算任务和绘制资源的分配问题，计算结果汇集与集成显示以及对于大规模数据场景绘制任务的均衡负载问题。

智慧城市中的场景多数属于复杂 3D 场景，其中包含地形以及其他大量的三维模型，如果不对模型加以处理，那么所要处理的图元是巨量的，绘制效率将急剧下降。为了解决这个问题，必须采用有效技术，在保持绘制效果的前提下，提高绘制效率。细节层次（Level of Detail，LOD）技术，对同一个场景或场景中的不同部分，使用具有不同细节的描述方法得到一组模型，供绘制时选择使用。计算机在生成视景时，根据该物体所在位置与视点距离的大小，分别调入详细程度不同的模型参与视景的生成，从而降低渲染量。

从智慧城市中场景自身的角度考虑，在场景中并不是所有的内容都是可见的。对于用户来说，只需要绘制出那些能够显示出来的内容，而将不必要的内容进行裁剪，避免耗费资源来进行计算，这是提高绘制效率的一种有效方式。

（一）研究内容

在智慧城市大规模数据渲染技术中，主要研究智慧城市中的并行绘制、多层次细节模型绘制以及特定模式裁剪三部分内容。

1. 并行绘制方法

并行绘制是智慧城市的重要组成部分，智慧城市是一个新型的、多维化的、人机和谐的信息系统。实时性、沉浸性和交互性是其赖以生存的关键因素。实时交互性要求智慧城市系统具有交互性和实时显示能力。人类感知过程的研究表明，如果智慧城市系统能在外部事件发生后 100 毫秒内做出响应，则一般认为具有实时交互性。响应的延迟时间越长，系统的真实感就越差，用户就越难获得沉浸感。实时显示是指当用户的视点变化时，图形显示速度必须跟上视点的改变速度，否则就会产生迟滞现象。要消除迟滞现象，计算机每秒必须生成 10~20 帧图像。面对城市这种大规模数据场的绘制，单机资源已经无法满足要求，一个实时可靠的并行绘制系统是必不可少的，而并行绘制技术主要有以下几个方面：

（1）体系结构研究是并行绘制技术的核心。针对可利用的计算机软硬件资源，设计适合于数据场景特征的并行绘制体系结构，以充分挖掘系统的计算能力和图形绘制功能。传统的并行绘制系统往往需要有一次集中对整个三维场景数据进行处理的步骤（如 Sort-first 系统对整个模型空间进行划分，Sort-last 系统对整个屏幕的像素进行合成），其中的网络通信开销很大，常常成为系统的主要"瓶颈"。为了避免集中对数据进行处理，预先将任务分配给各个进程将有利于提高绘制的速度。

（2）针对智慧城市大规模数据场的并行绘制技术的研究，主要需解决好的关键技术问题有：任务划分、任务调度和负载平衡问题。实际上，选择合适的任务划分和任务调度方法的目标就是实现系统任务的负载平衡。负载平衡的目的是在处理器间合理地分配任务负载，以获得最快的执行速度。理想的情况是让所有的处理器连续执行任务，使执行时间最短。

2. 多层次细节模型绘制方法

要采用 LOD 技术在限定的时间内绘制出最佳的可视化效果图，需要解决如下两个问题：一是模型简化的问题，二是在限定的时间内选择哪个细节层次模型来进行绘制，使绘制时间既不超过限定时间又能达到最佳的可视化效果的问题。

LOD 模型的自动生成算法本身要考虑诸多问题，比如模型简化的程度，如何评判简化后的模型与原模型的匹配度，如何避免删除模型的关键特征等。在虚拟城市中，包含多种多样的场景模型，除了主要的地形及建筑物数据外，还包括植被、道路及其他附属设施（植物、路灯、公告栏、广告牌、路标和指示牌等）。每一种场景模型都具有不同的特征，如一栋规则的楼房与一棵树，前者较为简单，采用简单的方法就可以，而树是一种复杂的模型，它的面片数多，结构复杂，通常不能采用和前者同样的简化方法。因此，如何针对每一种模型提供一种合适的 LOD 模型自动生成方法十分重要。

对于虚拟城市中的三维模型，具体需要考虑以下两个方面：

第一，采用离散 LOD 还是连续 LOD。离散 LOD 是预先根据模型生成一组不同精细度的模型，在绘制时只要根据一定规则选择相应精细度的模型进行绘制。连续 LOD 不生成显示的细节层次，而是在绘制过程中自动生成与视点相关的细节层次。离散 LOD 由于其生成过程属于计算过程，所以绘制效率较高。连续 LOD 是在绘制的同时生成，效率较离散 LOD 低，但绘制效果是连续的，不会出现抖动，因此效果较好。

第二，在解决上述问题之后，需要确定用何种方法生成较低精细度的模型。在生成过程中，究竟用何种标准评判低精度模型与原模型的匹配程度，其中关键的问题是需要识别出模型上的关键特征，避免将其删除，生成差的简化模型。

3. 特定模式裁剪方法

遮挡裁剪的主要任务是在将场景中对象有效组织的基础上，通过查询和判断策略，确定这些对象之间的遮挡关系，从而快速剔除场景中不可见的对象，使得需要进一步处理的对象尽可能少，其核心内容就是对象遮挡关系的计算。当场景规模很大时，这个计算的开销会严重影响实时绘制的效率，而将更多的计算转移到硬件上是计算机图形处理领域的重要趋势。近年来，图形硬件生成厂商也提供了遮挡查询的功能以辅助遮挡裁剪的计算。因此，在克服传统场景组织方式局限性的基础上，如何更好地利用硬件提供的遮挡查询，以提高遮挡裁剪与复杂场景实时绘制的效率，就成为本研究的基本出发点。

目前，硬件提供遮挡查询的通常过程是采用包围体代替复杂的几何体，并将其发送给图形处理器（Graphic Processing Unit，GPU），包围体被光栅化后，将其片元与 Z-Buffer 中的值进行比较，并由 GPU 返回可见像素的数目，如果比较后没有像素小于 Z-Buffer 的值，则对象不可见，不需要进行渲染。硬件遮挡查询简化了场景中物体之间的遮挡关系的确定，但它也存在一定的时间开销，即调用遮挡查询本身的开销（因为每次查询都增加了一次另外的绘制调用）和等待查询结果引起的开销。

（二）技术思路

1. 并行绘制方法

在大规模三维复杂场景并行处理和绘制以及对多屏幕高分辨率显示的需求基础上，设计了一种适用于多任务多屏幕的并行图形绘制系统的体系结构。该并行图形绘制系统的体系结构如图 6-12 所示。

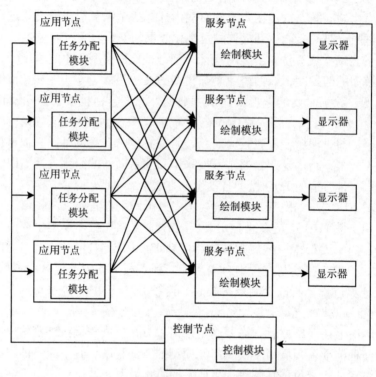

图 6-12　并行图形绘制系统的体系结构

并行图形绘制系统的体系结构具有如下特点：①可将图形任务分布到多个处理节点进行计算；②可将计算结果送到多个服务器端进行绘制；③可将绘制结果对应到多个屏幕进行显示。

为了避免对数据进行集中处理时阻塞网络，预先将任务分配给各个进程，任务之间具有较少的耦合度和通信开销，这将有利于提高绘制的速度。该并行图形绘制系统结构将几何计算任务与图形绘制任务相分离。几何计算节点只负责一个 OpenGL 应用程序进程的计算任务，各节点之间的计算任务具有较少的耦合度，几乎不需要进行通信；图形绘制节点对应绘制屏幕上的一部分图形，节点上可以有图形加速硬件的支持，以便快速绘制多边形图形，提高绘制速度；最终显示城市域由多台显示屏幕拼接而成，可以实现多屏幕、高分辨率的显示效果。几何计算任务与图形绘制任务分离，如果它们分别在计算能力较强和图形绘制功能较强的计算机上进行处理，将能够发挥硬件的最佳性能，特别适合于超级计算机和高性能图形工作站组合的集群系统。

针对并行系统的负载平衡问题以及任务调度，为达到较好的负载平衡效果，可将任务划分和任务调度作为负载平衡算法必须经历的两个阶段。通过实时捕捉绘制节点绘制一帧的时间，对任务调度方案进行反馈与评估，再结合前一帧的任务划分方式，快速计算出新的任务划分和任务调度方案以控制下一帧的绘制。由于需要获得上一帧的任务绘制时间，这可能会带来判断时机的延迟，可对绘制任务的变化特征进行预测，及时获取每个任务的负载度量，以决定任务划分和任务调度方案。将负载平衡算法分为两个映射阶段：任务量映射和进程映射阶段。任务量映射是指将任务量用同一种方法来统一度量并进行划分，每一个任务用数值来表征其负载；进程映射是指将每一个任务映射到各个进程，其实就是建立任务编号与进程号的对应关系，分配任务到各个进程。

2. 多层次细节模型绘制方法

在虚拟城市中，首先要解决的是地形的绘制问题，拟采用基于四叉树的 LOD 地形简化方法。四叉树由一个树根节点和若干个树枝节点及叶节点组成。每一个节点包括地形网格的四个顶点的空间位置坐标，四个子节点指针和父节点指针。

利用这种结构的基本操作是反复将一个矩形城市域四等分，再连接水平方向和垂直方向上城市域边界的中点形成四叉树。采用自顶向底的构造方法：首先取已划分好的地形矩形块为根节点，然后判断该节点是否细分，如它满足某种条件，则认为它是叶节点，否则将其分为四个节点，再递归检查四个新节点是否需要进行细分。这样一直进行下去，直到所有节点都不能细分，最后的叶节点即为简化的模型。

除了地形之外，还存在建筑物以及其他各种三维模型，拟采用离散 LOD 方法对每个模型进行简化。拟采用几何删除的方法，即通过删除模型的顶点、边和三角形来简化模型，具体如下所述：

（1）顶点删除法。计算确定每个顶点的局部几何和拓扑特征，决定该点是否为可删除点，如果为可删除点，则将其删除。例如楼房的边角处的顶点是不可删除的，而楼面上的点是可删除点，因为这些点不影响绘制效果。

（2）边压缩法。边压缩操作将一条边压缩为一个顶点，同时删去相关的三角形，关键是如何判断一条边是否可删去。

（3）三角形移除法。与前两个方法不同，这是要移除一个三角形，移除三角形后，将产生空洞，这时需要重新进行三角划分。

将地形与其他场景模型分开来采用不同的 LOD 方法是必要的，因为毕竟地形数据与普通的三维模型无论在物理形态上还是采用的数据结构上来讲都不同。采用不同的方法一方面可以大大提升绘制效果，另一方面会大幅提高绘制效率。

3. 特定模式裁剪方法

在模式裁剪的过程中，拟采用优化的基于概率计算模型的相关性层次遮挡裁剪算法，主要包括数据重组、优化计算等阶段。首先将复杂场景的原始数据进行松散八叉树场景组织，在此基础上，为了降低场景绘制的复杂度，通过优化计算裁剪不可见的对象，然后将可见对象发送到图形管线，如图 6-13 所示。

在进行遮挡查询前，如果判断出当前节点的绘制时间开销比较小，则无论可见与否都可以直接进行绘制从而提高效率。这一思路的核心在于需要对节点的绘制时间与查询时间

图 6-13 概率计算模型裁剪示意图

的开销进行估计。

（1）绘制时间开销估计。当前的图形绘制管线大致可以分为三个阶段：顶点处理阶段、三角形化阶段、像素处理阶段。时间开销主要以顶点处理阶段与像素处理阶段为主，根据图形管线结构的特点，对象绘制的时间开销是由图形管线的"瓶颈"，即图形管线中最慢的阶段决定的。如果能够确定这一"瓶颈"位置，同时知道所有数据通过该位置需要花费的时间，就可以计算出绘制速度。

（2）遮挡查询开销估计。遮挡查询是将对象的包围盒送入图形管线，因此在顶点处理阶段，只需要对包围盒 8 个顶点进行处理即可，时间开销比较小。因此，图形管线的绘制时间以像素处理的时间为主。

（3）可见概率估计。在实时绘制系统中，相关性是客观存在的，对象可见性的状态是与特定帧相关的，尤其在动态的场景中。当视点进行连续移动时，帧与帧之间的可见性状态变化是很小的，对于前一帧可见的对象，它在后一帧可见的概率是很大的。

（4）估计错误分析。算法可能因为估计误差导致出现下面两种错误情况，但在这两种情况下均不会产生错误的绘制结果：①错误地认为绘制开销大于查询开销。当这种结果发生时，算法的行为是先进行遮挡查询，根据查询结果进行绘制或者裁剪。②错误地认为绘制开销小于查询开销。当这种结果发生时，则直接进行绘制。

四、智慧城市图形场景交互控制技术

对于智慧城市来说，一个重要的信息传播和交互途径就是互联网。对于图形场景的快速渲染以及交互控制，在互联网上的应用还不能达到令人满意的程度。对于智慧城市中涉及图形场景的远程交互控制，基于 Web 的交互可视化技术可以满足相关应用的需求。

如果需要交互操作巨量的场景模型数据，若要逐一进行处理，即使是当今最强大的硬件也无法达到可以接受的帧率。所以在面片被送往渲染管线之前，需要采用各种办法削减面片。在渲染之前将场景存储在硬盘等外部存储设备上，需要时再调度到内存中进行处理和绘制。另外，如果内存中的面片数过多，会严重影响绘制效率。

如果需要远距离操作智慧城市中的场景，需要通过渐进式传输与绘制来实现网上大规模虚拟场景的快速下载与绘制，减少用户的等待时间。该操作通常使用三角形网格来描述表面非常复杂的三维模型，但这些海量的网格数据却很难存储、显示、传输。所以需要采用简化方法，对网格模型进行简化；同时采用压缩方法，对网格数据进行压缩，以便减小存储空间，加速显示和网络传输。

（一）研究内容

在智慧城市图形场景交互控制技术部分，主要研究智慧城市中基于 Web 的交互式可视化方法、视点相关的场景调度技术以及渐进传输绘制方法三部分内容。

1. 基于 Web 的交互式可视化方法

Web3D 又称网络三维，该技术源于 VRML（Virtual Reality Modeling Language）即虚拟现实建模语言。1998 年，VRML 组织改名为 Web3D 组织，同时制定了一个新的扩展 3D 标准，即 Extensible 3D（X3D）。随后，Web3D 组织完成了 VRML 到 X3D 的转换。X3D 整合正在发展的 XML、JAVA、流技术等先进技术，包括了更强大、更高效的 3D 计算能力、渲染质量和传输速度。

就目前而言，绝大多数的 Web3D 技术都是主要针对三维显示技术的网络应用开发，这也决定了 Web3D 技术主要特点就是对 3D 模型的网上交互式演示。基于 Web 的交互式三维发布系统，通过 Web3D 和三维浏览技术，构建起易于交互的三维发布框架以及图形引擎，并通过 Web 浏览器发布到因特网上。

在交互式可视化平台中，需要解决漫游导航、感兴趣城市域浏览、视点平滑移动、地形跟踪以及递进传输等三维浏览的关键技术，并实现交互式的三维图形浏览器。该浏览器需要嵌入 Web 浏览器之中，采用递进传输模式；除提供场景漫游等基本操作外，还可使用二维地图导航和选取感兴趣城市域浏览，自由控制光照，以及选择点、线、面等不同的外观表现手段对三维模型进行展示。

2. 视点相关的场景调度技术

从硬盘到内存的场景数据调度，一个简单而重要的方法是依据视点的位置和朝向，即视景体来判断哪些物体可见，哪些物体不可见。因为视景体通常只能包含整个城市的一部分场景，视景体以外的城市域将不会被绘制和显示。那么可以根据视景体形状进行判断，这就剔除了很大一部分不可见城市域。但是对每个面片都进行上述判断，无疑是不可行的，可以结合空间分割技术进行更快速的剔除。

除根据视景体来选择场景进行调度之外，为了达到平滑的交互效果，位于视景体周围但并没有进入视点可视范围内的部分场景作为预调度的部分，也需要作为场景调度的部分被提前调入内存，为在交互过程中的快速平滑绘制提供支持。

除此之外，在场景交互式控制过程中，视点的移动线路和操作可能呈现出一定的规律性和习惯性，所以根据视点的移动路径来进行适当的线路预测，并将预测线路上的场景内容调入内存准备显示，这同样是提高绘制效率的一个很好的方法。

3. 渐进传输绘制方法

在很多应用领域，如虚拟现实模型、CAD 模型等，人们通常用三角形网格来描述表面非常复杂的三维模型。但这些海量的网格数据却很难存储、显示、传递。随着三维数据的不断增长以及网络图形的不断应用，原始的 download-then-play 模式不能被用户接受，所以这种先传输并显示一个较低精度模型的粗网格，再边传输边显示精细细节的渐进传输绘制的方式成为近年来的研究热点。预期效果如图 6-14 所示。

实现三维模型的渐进式传输，首先要生成不同细节层次的多分辨率模型。在传输时，首先传输基模型，然后通过简化细节信息记录逐渐向基模型中插入顶点并更新三角形，最后获得原始网格。但是多分辨率网格表示都占用较大的存储空间，极不利于海量数据的传输与绘制，因此还需要对多分辨率网格的数据进行压缩，以减少网络的传输量及用户的等待时间。所以，渐进传输绘制的主要研究内容包含以下几点：

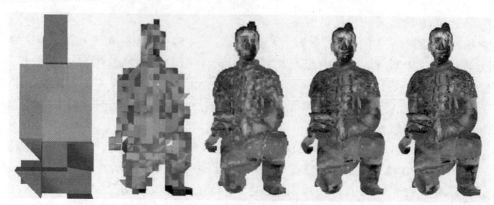

图 6-14　渐进式传输示意图

第一，三维模型的简化技术。渐进传输与绘制的第一步就是模型的简化，需要对模型生成各种分辨率下的简化模型，在传输与绘制的时候再先从细节最少的简化后的模型开始传输，直到细节最丰富的模型。这样，在传输的过程中，用户不需要太长的等待时间，而是可以直接先显示出细节较少的模型，然后在传输完成后再显示出完整的模型。

第二，多分辨率模型的表示方法。对于简化后的各个分辨率下的模型，我们需要一种数据结构或方法来表示这一系列的模型，使得绘制引擎可以快速提取出正在传输的模型并进行及时的绘制。

第三，多分辨率模型的压缩技术。由上述步骤可以看出，生成的多分辨率的网格表示一般均需要较大的存储空间，反而增加了网络以及绘制引擎的负担，因此还需要对生成的多分辨率的网格进行压缩存储，以便于网络传输。

（二）技术思路

1. 基于 Web 的交互式可视化方法

Internet 越来越广泛的普及使得原先的客户端/服务器（Client/Server，C/S）结构的应用逐步转向浏览器/服务器（Browser/Server，B/S）这种更加经济的体系结构的应用。B/S 的优点可以总结为：①无须不断升级客户端的硬件设备；②简化客户端的安装和配置；③显著降低系统开发的费用，减少维护人员的工作量。

基于 Web 的交互式可视化平台采用一种基于 B/S 结构的三维发布方案，如图 6-15 所示。

该框架采用模型—视图—控制器（Model-View-Controller，MVC）的设计模式。在数据端使用 VRML 或 X3D 的文件格式；逻辑控制端使用高层语言控制整个 Web 应用程序的类；在浏览端使用不同的应用程序来发布。

发布系统需要为用户提供友好的界面和交互功能，以便用户浏览。因此，需要设计并实现以下交互功能。

（1）漫游与导航。交互式漫游是一种重要的虚拟观测手段，它可以使人们从不同角度和详细程度观察场景中的可视化对象。在漫游系统中，视点即为人眼的"化身"，漫游过程其实就是一种通过不断移动视点或改变视线方向而产生的三维动画过程，视线方向可由观察点的位置确定。通常漫游命令包括：行走（前进、后退、左转、右转）、立定环视

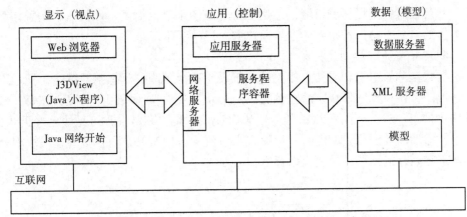

图 6-15　基于 Web 的交互式可视化平台结构示意图

（仰视、俯视、左转、右转）、平移（上升、下降、左移、右移）等；对物体的操作命令包括旋转、平移、缩放等。

（2）感兴趣城市域浏览。有时用户只对模型或场景的某一部分城市域比较关注，这时，需要对此城市域进行局部放大或拉近，以便用户更细致地观察。系统中依靠"拾取"（Picking）功能来实现。

在三维场景中，用户的屏幕对应三维空间中的一个投影平面，当用户在屏幕上看到一个物体，并使用拾取功能点击屏幕上某一点时，则建立由空间中的视点向投影平面上的兴趣点的一条射线（Pick Ray），沿射线方向检测是否有物体与该射线相交，保存一定范围内所有相交的物体，根据需要返回指定的物体（见图 6-16）。

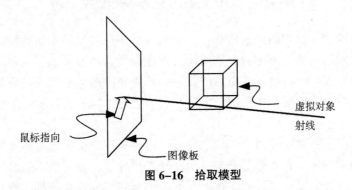

图 6-16　拾取模型

（3）视点平滑移动。为了提供更好的虚拟空间体验和更真实的沉浸感，系统提供了视点切换的功能，用户在查看模型或漫游场景当中可以随时变换视点，选择最佳位置进行观察。

视点切换方式有两种：跳变切换和平滑切换。跳变切换的速度为无穷大，用户可以在瞬间从起始视点移动到目标视点，这样的技术虽然效率很高，但是容易导致用户丧失方向感；平滑切换则是以一定的速度从起始视点移动到目标视点，即使在移动速度很高时，也不致引起用户方向感的丧失。因此我们采用了平滑的视点切换技术。

（4）平面导航。对于城市域较大且结构复杂的三维场景，用户常常无法定位当前方向和位置，并且较难锁定目标城市域；使用二维导航图则可以提供一种与三维场景相联系的宏观、整体的信息，是一种很好的维持用户方向感的手段。

2. 与视点相关的场景调度技术

合理的数据分块组织和与视点相关的基于漫游路径预测的动态调度策略，把地形块分为可见地形块、预可见地形块、潜在预可见地形块和外部地形块四种情况，在每一帧只绘制可见块中的可见部分（可见城市裁剪）并保证预可见块和潜在预可见块已经调入内存，当视点进行移动需要进行块调度时，根据视点位置和方向对已在内存中的地形块属性进行更新并将不在内存的预可见块调入内存，如图 6-17 所示。

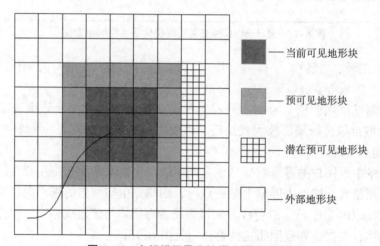

图 6-17　大规模场景分块调度预调示意图

基于分块三维地形场景的调度策略有：①对每一个当前可见城市地形块，保证其周边内容在内存中；②对每一个预可见城市地形块，保证它周边的潜在预可见地形块在内存或缓冲城市中；③替换规则：按照从外向内的顺序，首先将距离当前可见城市最远的数据替换，如果有多块数据符合标准，将根据数据块与当前前进方向的一致程度决定替换的先后次序。

地形数据的预调度主要通过两个步骤来完成：首先通过记录的之前视点所经过的地形块坐标生成 B 样条曲线来对视点接下来的运动路径进行预测，根据预测的路径可以得到视点可能要进入的下一地形块；然后根据视点当前的位置对可见块和预可见块进行调度，同时根据当前视点位置和预测得到的下一视点位置对潜在预可见城市进行调度。

在漫游过程中始终记录视点所经过的地形块位置坐标，每当视点进入到一个新的地形块时，首先根据记录的视点最近所经过的七块地形位置坐标进行 B 样条拟合，根据生成的 B 样条曲线对试点将要进入的下一地形块坐标进行预测。

3. 渐进传输绘制方法

三维模型简化的宗旨是在尽量保持模型特征的前提下，最大限度地减少模型中的细节信息，使用一个近似模型来表示原始模型。通常的做法是把一些不重要的图元（顶点、边或三角形）从网格中删除。在这个过程中，为了更好地保持模型本来的形状，在每一个删除步骤中都需要选择一个图元，使得该图元的删除对模型的可视特征影响最小，即所带来的误差影响最小。

针对三维模型的拓扑结构及属性特征，本章在几何网格简化的基础上，根据不同三角形网格对模型整体特征贡献的重要程度，将原始网格进行分类处理，以保证模型的特征在简化过程中得以保留（见图6-18）。

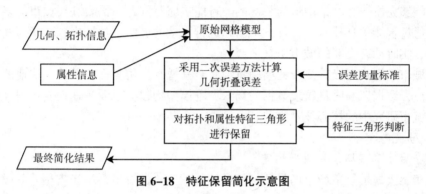

图6-18 特征保留简化示意图

算法分为三个基本步骤：首先根据三角形特征性对三角形进行分类；其次根据三角形类型的不同，采用不同的误差计算方法计算折叠误差；最后选择最小的误差三角形进行折叠。

递进网格传输是一种细粒度的模型多分辨率传输方案。在得到基本网格数据后，可以马上开始对粗糙模型进行渲染和细化过程，并且可以提供较其他方法更高精确度的模型，但其不足在于与非递进方法相比，需要消耗很长的时间来恢复出完整的最高分辨率模型。

基于八叉树的递进编码是一种粗粒度的模型多分辨率传输方案。由于压缩后文件数据量较小，它的响应时间很短，随着恢复信息的传输和解码，模型几何数据成批更新，模型分辨率逐层提高。

递进网格作为一种构造连续LOD模型的方法，为三维数据的网络传输提供了有效的增量传输方式，提供了一系列高相似度的多分辨率模型；与之对应的压缩编码可以在不改变原始网格的拓扑结构的情况下，采用较少的比特数来表示三维模型，以缩短传输总时间。

对纹理的递进处理可以有两种方法：①将纹理图像分解成与每个几何网格对应的若干平面三角形，借鉴顶点分裂树，在恢复时产生新的三角形网格的同时将纹理分裂或产生出与几何网格对应的单元；②对纹理图像进行递进分割，将原始图像分解成一个低分辨率的基纹理和一系列递进优化的信息，以多路复用的技术配合几何网格进行恢复，以不同分辨率的纹理匹配不同分辨率的几何模型。

网格数据的压缩技术可分为一次性压缩技术和渐进压缩技术两种。前者，即单分辨率表示模式的压缩技术，是对网格模型实行一次性压缩和一次性解压缩，传统的方法只针对几何数据，而智慧城市中的三维模型应当包含拓扑和属性描述，因此，将基于八叉树的几何编码进行拓扑和属性数据上的扩展。具体做法分为以下几个步骤：①对几何模型的顶点进行八叉树的多分辨率层次化组织，直到最精细化的树节点能够表达量化的精度；②由粗到细以广度优先的方式遍历八叉树的各个节点，并输出描述顶点位置情况的数据流；③对拓扑数据进行顶点索引的重排和压缩；④将属性信息预先按照几何节点流的叶顶点的顺序排列并压缩；⑤对所有数据流进行算术编码。

五、智慧城市的多尺度重建和仿真技术

为了能够完成智慧城市中最为关键的"智能响应"问题，需要利用城市的多层次多尺度模型，通过智能仿真技术对各种城市问题进行智慧的展示，达到虚拟环境与真实城市环境联动的、实时动态交互的城市仿真平台。

现代城市环境具有极其复杂的结构特征，对其智慧化仿真需要精确、快速的基于复杂城市场景点云数据以及巨量纹理数据的场景三维模型构建，以及快速逼真再现技术。这已成为智慧城市研究中的核心技术之一。

（一）研究内容

1. 复杂城市真实场景的模型构建

在真实感大规模复杂城市场景几何信息的基础上，通过机载激光雷达等手段采集大规模复杂城市场景点云数据以及巨量纹理数据，并与现实城市地理坐标进行有效拼接及精确配准。对城市场景域的特征点进行有效抽取，并对海量数据结构实现约简，得到简化的复杂城市的各个城市域模型。

2. 复杂城市真实场景的快速渲染技术

利用多 GPU 并行图形硬件强大的计算能力，实现大规模复杂城市地物场景的快速实时绘制。通过基于视觉关注度的 LOD 远程加载、基于特征精确提取的城市模型有效简化、大规模城市数据的动态实时交互等技术实现复杂城市场景的快速显示及实时漫游。

3. 复杂城市真实场景与虚拟场景的联动仿真技术

智慧城市真实场景的感知数据需要与虚拟场景交互、联动。需要将真实环境中的各种复杂物理特效和自然现象等再现于虚拟场景中，支撑各种自然灾害、公共安全、城市桥梁隧道建筑安全、社会文化地理以及资源配置等跨学科功能仿真。复杂物理特效理论和算法、自然现象及物理特效的模拟一直是计算机图形学最具挑战的前沿问题之一。

这些物理过程具有不光滑性、不确定性及不规则性，而且这种变化是非常复杂、随机的，要精确地对其进行仿真，关键在于建立精确的数学模型，并且要采用实时高效的渲染方法。在多层次多尺度城市数学模型的基础上，研究网格精细化技术、有限差分法模型解析方法、有限元体积法模型数值分析方法、基于 GPU 的快速准确的仿真计算能力及远程动态载入技术。

（二）技术思路

1. 复杂城市真实场景的模型构建

（1）巨量几何纹理的获取技术。城市空间几何与颜色纹理数据快速获取是智慧城市仿真的基础。城市域的大尺度、多遮挡和场景的复杂性以及应用的多样性决定了任何单一的数据获取方式都无法满足需求。比如地面测量无法得到建筑物顶面信息，而空中对地观测又无法解决高层建筑间的遮挡和立面信息缺失问题，激光扫描设备很容易获取三维几何数据但缺少颜色纹理信息等。

为了快速、准确、完整、经济地获取城市三维空间信息，需要综合利用空中与地面移动测量及近距离、手持式等各种数据采集方式：激光扫描测量可以直接得到物体表面的三维点云数据，而相机拍照得到的是物体表面的二维纹理信息，研究利用多源传感器的集成组合与协同快速采集城市空间的几何纹理信息。

（2）城市场景地理坐标的获取以及 3D 点云估计与精确整定技术。城市场景地理坐标参数的获取，是为使得重构效果与真实城市地物信息保持高度一致性；对以 3D 点云数据形式生成的城市地物信息实现初步估计，包括冗余数据剔除、地物点云初始模型生成。

在复杂城市真实场景的模型构建中，采集得到的城市场景需与实际地物的物理坐标保持一致。利用机载激光雷达实施航拍过程中得到的初步复杂城市场景地理坐标信息，结合 GPS 精确定位功能实现虚拟复杂城市场景与现实城市地物场景的高度匹配，并对复杂城市场景点云数据与现实城市坐标进行有效拼接及精确配准。

（3）真实感大规模复杂城市场景几何建模技术。其一，智能交互式快速建模。由于城市场景的极端复杂性和获取数据的不完整性，全自动的建模方法常常导致不准确甚至错误的结果，而人类具有高层次的分析理解能力，能够轻易解决这种场景复杂性和不完整性带来的问题，充分利用人的高级智能，通过少量交互引入高层信息，比如指定拓扑结构、勾画大概位置或基本形状等，实现人与计算机的分工与协作。其二，缺失几何信息重构。激光扫描得到的点云数据常常很不完整，存在许多孔洞，传统的点云重建方法无法处理这种大规模的信息缺失，但是人类却可以很容易根据目标物体的结构相似性或规则性从整体上推断出缺失部分的三维几何结构，其中一个重要的原因就是人脑充分利用了物体结构上的规则性和关联结构关系。对此我们仿照人类的这种认知智能，研究城市场景中规则性几何结构特征（重复结构、规则性、近似规则性等）的提取，并应用于缺失几何信息的重构。其三，同类物体的参数化描述与重建。城市场景中具有相似结构或重复出现的物体很多，比如树木、建筑物墙面等，而且在整个城市场景中这些物体数量庞大，为了实现快速建模和模型的多尺度几何表示，需要研究特定物体（比如树木）的参数化描述与重建。具体研究内容包括物体通用模型构建，数据驱动的特征提取与参数化，基于测量数据与参数化模型的三维建模。

（4）大规模复杂城市场景特征点抽取及其配准技术。基于大规模复杂城市场景的海量数据结构特点，需对特定城市域城市场景特征点进行有效的抽取，以有利于海量数据结构的约简。研究不同模型的特征点抽取算法，实现复杂城市场景中不同地物模型特征点的有效快速抽取。

同时，复杂城市场景中不同类模型之间及单个模型自身的配准是一个技术难点。利用提取的复杂城市地物三维模型特征进行三维地物模型匹配，实现不同类型地物模型特征间的关联匹配。以此开发单个模型及不同类模型之间的特定配准算法，实现对城市地物场景特征点的精确配准，以保持仿真城市地物场景与真实场景结构高度一致。

（5）大规模地物城市场景生成的无缝拼接技术。通过航拍采集得到的大规模地物城市场景数据，一般会有 60% 数据重叠，如何进行城市场景生成的无缝拼接至关重要。针对大规模地物城市场景数据的复杂性，需对各类不同地物模型开发细分无缝拼接算法，研究特定城市地物模型间的无缝拼接方法。

总体上，以航拍锚点位置为基准实现不同锚点之间的无缝拼接，生成完整的大规模地物城市场景，以保持复杂地物城市场景不同模块之间的衔接，实现虚拟场景与大规模真实场景的高度一致性。

（6）基于特征精确提取的城市模型有效简化技术。通过点云数据呈现的城市场景具有100TB级以上的规模，难以实现有效的处理和利用。需要解决针对复杂城市地物场景，提取不同物体的特征数据，针对不同城市地物模型归纳和总结主要特征，并建立特征提取算法。通过这些特征，提出建立城市不同地物模型的理论依据。

根据城市地物模型特征采用更加有效的模型特征精确提取算法，实现地物模型的有效简化功能。实现基于特征精确提取的约简，可有效去除城市地物点云次要数据；实现大规模复杂地物城市场景的可操作性，包括实时绘制、远程加载、快速显示。

2. 复杂城市真实场景的快速渲染技术

（1）复杂城市场景多 GPU 并行快速实时绘制技术。目前的高性能 GPU 中具有大量并行的浮点运算单元，充分利用这些资源可以获得较高的运算效率。基于 GPU 的快速仿真技术，其本质是将模拟仿真的数学运算过程分别交由不同的 GPU 运算单元（Shader）来实现。针对复杂城市场景的数据特点，实现大规模复杂城市地物场景的快速实时绘制，合理且有效的计算任务分割方法将变得极其重要。

为了达到复杂城市场景较好的实时绘制效果，地物场景需要具有较高的细节，如此才能取得具有高真实感的三维显示效果。多 GPU 并行的超分辨率实时处理能力，可将地物场景分成小块，建立各种低分辨率块与高分辨率块之间一对多的关系。实现对每个像素点进行分类，每个类使用不同线性插值参数，最终得到对应的高分辨率像素块。利用多机协调 GPU 实现复杂城市地物场景的并行绘制。采用高速串行网络实现复杂城市数据与指令的快速传输，并且根据地物场景数据归属分类，支持动态的任务分配和负载平衡，充分利用 GPU 着色器特征，提高绘制效率与效果。最终，实现快速实时绘制复杂城市地物场景。

（2）基于视觉关注度的智能 LOD 远程加载技术。针对复杂城市真实场景快速渲染的需要，利用人眼视觉中枢视神经的聚焦生理特性，根据用户视点移动及三维模型的缩放、旋转、平移等情况，预测下一时刻将要在复杂城市场景中显示的地物信息，从而提前进行数据下载。对于数据还没有完全收到就要显示的三维模型，根据已有数据预测出没有收到的数据，同时利用视觉关注度理论，结合智能 LOD 技术，实现针对大规模复杂地物城市场景的远程动态载入，使得客户端能有效地载入服务器端特定城市域的地物城市场景数据。

（3）复杂地物城市场景的快速显示及实时漫游技术。根据城市场景中复杂地物数据的特征，利用智能 LOD 远程加载技术。先期对载入的基网格数据进行实时显示，利用视觉关注度原理，重点对视觉关注城市域范围内的复杂地物城市场景进行重构。如此可最小地载入城市场景数据，实现复杂地物场景的快速显示。

进一步地，为有效显示复杂地物城市场景，需对场景进行结构管理和实时位置拼接，实现大规模复杂城市场景的实时漫游，提供用户高效的真实感大规模复杂城市浏览体验。

（4）大规模城市数据的动态实时交互技术。为了实现大规模城市数据的动态实时重建，采用双向预测调度算法，实现服务端与客户端的实时数据交换。将超过计算机内存容量的点云数据按一定结构分块存放在数据库或硬盘上，根据视点位置进行实时载入。

通过基于客户端请求的调度策略将需要绘制的数据从服务器数据库中读入客户端，同时设置合适的数据缓冲机制从服务器数据库高效读取数据，实现大规模城市数据场景的三维实时绘制。另外，算法还需包括数据反馈过程，已变化的点云数据会从服务器交换回到客户端，实现大规模城市数据的实时快速双向调度。

（5）复杂城市静态阴影和动态阴影实时生成技术。为真实再现复杂城市场景，根据不同的光照实现静态阴影及光照变化条件下的动态阴影的实时生成；为真实仿真动态阴影，需建立精确的粒子系统来模拟动态阴影。

针对光照变化条件下阴影动态变化的复杂性，现有粒子系统对动态阴影的仿真往往动态性和真实感较差，需对现有粒子系统的渲染过程进行结构性改良。光照漫射过程模拟是复杂城市中动态阴影实时生成中的难点，需建立动态光照漫射模型，提高复杂城市场景中动态阴影的仿真效果。

3. 大规模城市真实场景与虚拟场景的联动仿真

（1）真实场景与虚拟场景的联动技术。真实场景由于各种内外因素的作用会不断地发生变化，这些因素包括突发事故、爆炸、台风、暴雨、材料老化等，需要将这些变化及时地在仿真系统上反映出来。通过传感装置动态采集场景信息，并将其反映在场景几何模型上，通过仿真在虚拟世界中进行 3D 模拟。技术关键是如何从真实场景的变化转换成仿真几何模型的变化，如利用有限差分法对模型进行解析，采用有限元体积法对其进行数值计算等。

利用有限差分法对真实城市场景中的不同类模型（建筑物、马路、地表、植被）进行分类解析。针对不同类模型进行特定真实场景与虚拟场景的联动算法设计，提高不同类模型与真实场景联动的效果。利用有限元体积法对同类模型中的不同个体进行联动算法设计，使得单个模型与真实城市场景中的单个模型的联动保持高度的逼真性。

（2）网格精细化技术。基于大规模城市场景与虚拟场景联动仿真的需要，对虚拟场景中的部分场景网格进行智能精细化。由于利用基网格的骨架信息进行物理模拟可以有效简化物理模拟的运算量，以此可以提高联动仿真的时效性。在真实场景与虚拟场景的联动仿真过程中，基网格骨架会产生形变、断裂等物理模拟结果，使得整体网格的联动产生误差。

通过利用 GPU 的 Tessellation 等技术实现真实场景与虚拟场景联动过程中，保持虚拟场景联动的高度逼真性，并且可以将物理模拟的结果、自然现象等更加快速有效地再现在虚拟场景中。基于 GPU 的网格精细化等技术，可为虚拟场景的物理模拟结果重现提供更加快速高效的平台。

（3）基于 GPU 的快速准确的仿真计算方法。基于虚拟现实场景的跨学科仿真往往具有非常高的算法复杂性，如果需要对真实环境进行提前预测，对模拟仿真的效率要求就非常高。快速准确地完成仿真算法可以对各种城市风险问题达到预测预判的目的。

为了加快处理速度，可以引入 GPU 硬件加速算法。一个有效模拟仿真过程首先需要提取物体的基础骨架，并对其进行模型的物理模拟。物体的基础骨架是由多个元素（点、线、面）构成，每个骨架元素都会参与物理模拟的过程。所以，骨架元素的各自应力分析及计算可以分别交由 GPU 的运算单元完成。不过，各个骨架元素的受力、运动等还会相互影响。

第八节　智慧城市智能分析与辅助决策支持关键技术

随着物联网和互联网技术的发展，城市信息的采集变得日益方便，其共享和发布也变得越来越高效。面对海量城市信息，如何进行有效快速的实时高效处理，从而提供面向各种应用的辅助决策支持成为智慧城市建设的一大难题。

随着各种新型传感器的出现，城市感知网的建设，现场采集和历史积累的城市时空数据越来越多，数据过多、信息爆炸而知识缺乏的问题非常突出，巨量城市数据为发展高效数据统计分析技术提供了契机。复杂社会经济发展过程、城市生态变化模拟和交通地理行为模式挖掘等城市时空数据分析研究势在必行。

从感知网结构的角度来看，由大量底层的感知节点数据经过层层聚集，传输到汇聚节点，这种网络数据流量分布特性称为"漏斗效应"。网络规模越大，数据流量越多，漏斗的压力也就越大，发生阻滞和拥塞的可能性也越大，将会严重地影响网络性能。信息处理技术能够很好地解决这个问题，针对底层节点庞大的数据流量，随着数据汇聚程度的增加，在保证基本信息不丢失的前提下，尽量地减小传输数据量。因此，信息处理技术最大的特点和优势体现为：在传输数据的同时，也对数据进行处理。数据在由采集节点到上层的传输过程中，完成了复杂而完整的信息处理流程，而具体的信息处理方法则根据不同的应用需求进行设计和实现。

对于智慧城市的传感、射频、视频等获取的实时数据的异常事件感知需要系统在海量的数据中提取具有代表性的系统特征模式，更精确地描述事件异常等级，是保证检测有效性和实时性的关键。数据挖掘技术是目前一种通用的知识发现技术，将其应用于实时检测系统的目的是要从海量数据中提取对检测有用的信息，方法是通过数据挖掘中的关联分析、序列模式分析等算法提出异常事件特征，并可根据这些特征构建异常事件检测引擎，最终实现对异常事件的识别和报警。目前基于数据挖掘的异常事件检测系统总体上还处于理论研究阶段，离形成商业化产品还有相当距离，近年来国际上在这个方面的研究非常活跃，美国国防部高级计划署、国家自然科学基金会对这些研究给予了较多关注和支持。

城市信息来源具有多样性，来自同一领域不同部门、不同单位的数据存在语义表达不一致的问题，为了对多源数据进行整合和智能分析，需要构建领域知识库。对于智慧城市而言，与城市运行管理、建设规划、应急指挥、公众服务相关的医疗、食品、能源、交通、供应链等各个领域都需要建立其领域知识库，为城市管理各应用领域部门决策提供基础，但对于城市更高层的决策者来说，对城市事件的分析决策可能涉及多个领域，还应该研究各领域之间在沟通时所需的知识，建立更高层次的知识库。所以，为实现辅助城市各级决策者进行城市运行管理、建设规划、应急智慧等的分析决策，智慧城市领域的知识库应该是多层次的，其研究建设工作需要很大的投入，这是国内外智慧城市建设研究发展正着力解决的问题之一。

基于智慧城市信息的辅助决策需要涉及政府各职能管理部门、社会经济的各个利益团体甚至市民个体，因此面向地理分布的决策者建立协作决策环境及其支撑技术势在必行。在地理信息科学研究中，跨组织、跨地域、跨学科的交流与合作成为科研活动的主流。国内外已经开展协同时空数据分析、计算和决策的科学研究，发展趋势是将整合信息化基础设施（Cyber Infrastrucre，CI）、空间分析、建模以及领域知识，构建一个协作式软件框架，以满足多种不同应用需求，希望通过整合信息化基础设施的海量数据管理、高性能计算、高端可视化等能力，为解决涉及海量数据处理和复杂的分析、建模的复杂科学应用问题（如资源环境、公共卫生、城市规划、灾难预防、应急响应）提供了可能。

总之，城市应用需求多样、业务模型多样、决策过程复杂。研究基于城市感知网、云计算基础设施、空间信息基础设施和动态数据中心，需要建立突破海量城市信息的高效处理技术、多源异质数据的在线融合技术、城市变化信息的动态提取技术、城市信息智能分析技术、多层次辅助决策支持技术和面向智慧城市辅助决策支持的信息聚焦服务等技术，建立智慧城市分析与决策支持平台，提供面向多层次、多粒度用户的辅助决策支持能力。

一、海量城市信息的高效处理技术

感知网和动态数据中心获取的城市数据具有海量特征，为了从智慧城市观测数据中有效提取信息及其变化参数，需要研究基于多源多维观测数据的快速信息提取方法，为对智慧城市应急响应数据联合处理提供共性技术，为智慧城市信息提取与分析提供面向应用的参数集。

(一) 研究内容

1. 海量分布式信息在线搜索技术

研究在城市感知网和动态数据中心搜索信息的"主动爬取—高效组织—智能搜索"的新模式，提出主动识别和发现海量、分散、异质的网络信息资源和元数据自动析出方法，以及支持智能检索的信息检索库组织与管理模式，帮助用户在互联网上快速找到需要的时空信息。主要研究内容包括：研究城市感知网信息资源的识别与高效爬取方法，依据爬取到的不同类型传感器时空信息，分类制定元数据抽取规则，研究传感器信息元数据（内容）的自适应自动抽取和快照自动析出机制；制定支持智能检索的传感器信息检索库组织与管理模式，支持基于资源与搜索关键词联系紧密程度的检索结果优化，研究如何实现传感器信息状态的监测机制；设计和实现顾及主题关联和感知用户行为模式的传感器信息智能化检索，实现检索智能化。

2. 城市传感器信息模型与表达方法

城市物联网异构传感器的元数据描述是建立传感器互联共享的前提。由于不同领域、不同应用的传感器定义、分类、元数据不同，所采用的描述模型也各式各样，缺乏统一标准。因此需要采用统一的描述模型来表达传感器信息，并实现传感器资源的分类组织、快速建模和智能发现，为多源传感器数据融合与同化、综合分析奠定信息模型基础。研究内容具体包括：城市传感器分类体系；城市传感器信息描述模型；城市传感器信息编码方法；城市传感器资源快速建模方法；城市传感器资源智能发现方法。

3. 多源异质数据归一化处理技术

针对智慧城市数据的异质性特点，以从感知网搜索到的多源数据为基础，研究空—天—地异质数据在时间、光谱维度的特征描述及归一化技术，为面向应用的参数提取与变化分析提供同质性数据。主要研究内容包括：多源数据的异质性描述方法；智慧城市多源数据的归一化信息处理模型；多源高维数据的相关性分析、特征提取与维数减少方法。

4. 大规模分布式感知信息处理技术

根据感知网中大量底层感知节点数据在聚集、传输过程中导致的网络阻滞和拥塞问题，研究大规模分布式感知信息的处理技术，减少信息传输量，建立数据流的完整的聚集于融合同化流程，研究海量感知数据的高效计算技术。主要研究内容包括：建立互联网与物联网的连接，研究感知网内协作模式的数据聚集机制，研究感知用户行为模型的智能化数据聚集策略；通过分析空间数据的来源、种类和结构，研究感知网内信息融合与同化方法，实现多源异构传感器数据的一致性整合，消除观测数据误差；研究基于高性能云计算平台的海量感知数据变换和融合处理算法，解决感知信息处理中海量多源数据融合处理和同化计算的问题。

（二）技术思路

1. 海量分布式信息在线搜索技术

建立网络传感器时空信息资源的识别和高效爬取方法。设计主题之间的关联规则，基于权威主题分类，建立自动主题关联的初始主题模板库。运用模糊数学综合评判法自动计算和动态更新与各主题的相关度。采用自适应的多线程技术周期性监测已收录的海量地理信息资源的生命周期状态，确保定时更新特征信息及质量的顺利完成。采用多模式相结合的检索方式，如基于元数据及质量信息的复合检索、基于地理范围可视化定位的检索、基于快照特征（色调、饱和度、轮廓等）的检索等。设计检索请求与主题的映射规则，实现检索请求的模糊匹配。采用线性规划方法对检索请求与主题关联的紧密程度定量结果进行最优结果排序。在获取用户行为（如鼠标动作、页面停留时间、按键操作等）的反馈信息上，采用统计学方法析取用户偏好和满意程度，定期动态调整主题之间的关联程度。设计实现在线传感器时空信息的搜索门户，建立图形化应用客户端，提供美观友好的用户检索界面。

2. 城市传感器信息模型与表达方法

针对城市中多层次、立体分布、标准各异的传感器，分析这些传感器观测模式、数据采集流程、结果时空特征以及技术要求等，特别是对传感器采集的数据和观测结果信息进行系统分析，形成城市传感器分类体系。在分析城市传感器观测模式和采集过程差异的基础上，结合现有传感器元数据、数据交换标准和传感器建模现状，建立起能够描述传感器系统部件、时空参考系、采集数据特征的传感器描述模型，为多源传感器数据融合、信息提取、综合分析奠定信息模型基础。

传感器信息描述模型的基础，把传感器信息归结为物理平台和逻辑算法两种类型的处理，采用可扩展的标记语言（XML），把传感器信息分为系统、部件、处理模型和处理链，实现传感器信息的归一化表达。在建立的各层次城市传感器模型的基础上，结合传感器分类体系，分析各层次城市传感器观测数据时空特征，根据不同的采样模式和编码规则，建立起典型传感器的观测数据编码体系和规则。

通过对城市各级传感器分类、建模，以及在对典型传感器的观测数据进行编码的基础上，归纳传感器资源的概念、划分其类别、梳理其相互关系，建立基于语义的传感器资源的智能快速查找定位方法。基于上述本体模型实现对地观测传感网资源的语义标注；结合服务语义注册信息模型和交互协议的设计，实现城市资源的语义注册，并以一阶逻辑理论为指导，实现轻量级的语义相似度匹配算法，提供完整的语义查询机制。

3. 多源异质信息归一化处理技术

通过研究多时—空—谱数据的特征描述方法，研究多源数据的互补与联合信息提取模型，针对智慧城市应急响应异质数据的多源高维特性，利用数据压缩、智能化编码、多层信息提取等技术途径，建立基于空—天—地多源异质性数据的归一化模型。

4. 大规模分布式感知信息处理技术

建立动态时空数据分割与时间切片方法，实现传感器时空数据的连续可视化和快速预览；设置时间条的时间间隔，可以改变时间条的精细度，缩小处理分析的范围。基于传感器时空信息提取行为特征，即基于城市域的特征与基于边界的特征。设计基于图像矩函数与模糊智能计算的行为判读算法，提出模糊行为分析、模糊云模型，设计基于模糊计算和神经网络计算的时空数据智能融合与同化算法。围绕算法复杂性和计算强度的空间优化理论研究，发展不影响估计精度（足够信息量保持）下样本数据减小、大维时空协方差矩阵降维、数据变换和特征抽取、模型化简和近似等数值优化方法。

二、多源异质数据的在线融合技术

以物联网、传感网、遥感、社会网络组成的城市感知网获取的观测数据具有多角度、多波段、多尺度、多时间序列等特征，为了综合有效地利用城市复杂环境下的多源异构观测数据，融合互补信息并消除数据冗余，需要研究传感器及其观测数据级、特征级和决策级的共性关键技术，以及融合服务模型、接口和网络实现机制，为智慧城市提供信息更加丰富的数据集。

（一）研究内容

1. 智慧城市信息融合框架

提出传感、射频、视频、存档数据、服务数据等多层次多元信息融合框架，提升或产生新的数据和信息能力，以支持决策服务。主要研究内容包括：从语义上下文看，研究多层次多元信息传感器与数据融合、特征融合和决策融合。从融合服务架构概念看，研究融合框架中人员、处理、数据和联合功能信息和时空信息技术，包括收集和合并、产生和合成、可视化和过滤多层次多元信息，无缝地和可互操作地支持多种服务和编码标准，支持生产者和消费者互联，提供决策支持。

2. 智慧城市传感器级融合技术

多传感器及数据融合能很好地特征化不同观测特性的传感器测量，和融合同一现象的多传感器测量进行联合的观测，得到一致的中间数据。主要研究内容包括：发现满足用户中间要求的传感器系统、观测和观测处理；决定传感器能力和测量质量；访问传感器自动允许软件处理和地理观测的参数；获取实时或时间序列的观测；规划传感器获取感兴趣的观测；预订和预警传感器和传感服务；识别、分类和关联实体；融合处理通过访问处理引擎和相关信息；得到特征化的一致观测。

3. 智慧城市特征级融合技术

特征融合是处理观测到更高级别的语义特征和特征处理，使用这些特征识别、整合、关系、解析和组织。主要研究内容包括：实体关联、集合和相关分析，识别实体活动及其在空间和时间中结构和功能的变化；研究元数据描述来源、质量和不确定性；发现数据和服务；整合、综合数据；分析空间、时间和语义（如实体映射、过滤、相关、模拟和可视化）；解析、链接、组织和共享融合源和融合输出的数据模型、编码和服务；采用地理工作流驱动的自动处理；最终得到语义层次更高的特征。

4. 智慧城市决策级融合技术

决策融合关注的是客户端呈现给分析决策者的可视化的分析和编辑数据的工具。融合不同的数据和信息伴随着处理、政策和限制。主要研究内容包括：整合数据源成一个融合处理；融合处理提供输入给决策过程；发现决策者和分析者控制的融合处理的数据资源；获取实时或时间系列的基于标准编码的数据，该数据能融合成有用的信息；决定数据和有数据融合的产品的质量和有效性；融合不同的数据和信息，这些数据和信息满足决策支持者要求的处理、政策和限制；在空间客户端应用中，表示得到的信息；能够与其他的决策者和分析者共享这些信息。

（二）技术思路

1. 智慧城市信息融合框架

基于对传感观测过程的分析，发展通用观测模型，实现对多时—空—谱数据的共同描述；基于贝叶斯建模方法及其理论推导准则，建立多时—空—谱尺度数据一体化处理的理论框架；通过建立稳健的空间先验模型和高保真光谱先验模型，同时提高空间信息融入度和光谱信息保真度；结合传感器模型、特征空间构建、不确定性理论、知识学习等方法，建立传感器级、特征级、决策级数据的一体化融合模型与方法。

根据语义上下文递增，将多层次多元信息融合分为传感器与数据融合、特征融合和决策融合，分析每种融合的范畴、内容和关键技术，从而显示融合提升数据到特征乃至信息的过程。研究融合服务框架时关注数据流在框架内外结点流动方式和交互方法，根据决策者和分析者要求整合数据流成工作处理流，得到最终的决策需要的信息。

2. 智慧城市传感器级融合技术

开发、精炼和执行一系列传感器标准和工具用以发现、访问和融合多观测；采用基于虚拟传感器概念的多源设备和数据的统一标准对观测数据编码；开发融合处理，即基于标准的面向服务的易扩展的访问观测、传感器规划、处理和发现服务；融合处理依据用户要求产生中间统一特征的数据；处理、可视化、分析和决策支持统一特征的数据。

3. 智慧城市特征级融合技术

引用 ISO19115 标准来描述元数据；通过开放地理信息联盟的目录服务、OASIS 的 ebXML 机制来发现服务；使用 UncertML、SensorML、O&M 来模型化和表示数据；通过处理服务整合数据；综合使用多标准分析空间、时间和语义；使用工作流整合多服务处理和自动处理；获取比原始资源更有力、可扩展和精确的处理结果。

4. 智慧城市决策级融合技术

联合传感器与数据融合和特征融合的数据，融合成决策融合产生的融合信息，即决策者和分析者要求的信息。通过网络服务链接生产者和消费者，由工作流自动整合数据融合服务和特征融合服务，同时采用网格/云计算方法提高处理的性能和效率。产生空间、时间和语义明确的信息；可视化、连接、组织和共享这些信息。

三、城市变化信息的动态提取技术

城市是人口集中、集约经济活动及不同生活方式并存的复杂社会。城市又是人类活动的缩影，并且不断地经历着迅速变化的过程，需要及时地进行变化特征提取与分析。城市管理、规划、建设、应急指挥、环境监测面临的任务之一，就是从那些融合后的数据中高效动态获取有效的城市要素信息及其变化参数。主要研究内容是基于遥感、信息提取和变化检测技术获取城市建设发展及自然环境的变化情况，实现动态、准确、及时、全面地反映城市的有效信息及其变化参数，为智能分析与辅助决策支持提供变化信息服务。

(一) 研究内容

1. 城市变化信息遥感动态提取技术

针对城市的典型特征——动态变化的特点，以遥感数据为数据基础，研究通过红外、多光谱、雷达等多源、多时相的遥感影像数据，动态提取城市大尺度变化信息的方法，包括提取建筑物沉降、城市扩展、城市热岛效应、城市气溶胶厚度、城市人口密度、城市土地利用等能有效反映城市建设发展及自然环境宏观变化的信息。

2. 基于城市感知网的快速信息提取

以物联网、传感网、社会网络组成的城市感知网获取的海量数据为基础，建立以任务为导向、以事件为驱动的信息快速提取模型，为信息的变化分析提供有效而稳健的参数集。主要内容包括：多源数据的信息提取耦合模型；基于城市感知网的高精度和时间尺度连续的信息提取算法；高精度智能化影像信息提取理论；城市典型参数的快速提取方法。

3. 城市异常事件分类与检测技术

针对传感、射频、视频数据进行实时感知，并通过异常事件处理模型进行分类和匹配，根据实时感知的结果进行决策分析，给出异常事件的处理方案和应急预案。主要研究内容包括：总结分析城市异常事件的类别，建立异常事件处理模型；研究多源数据的异常事件实时感知技术并及时汇集上报；在实时感知的基础上进行异常事件关联分析，推断发生原因并提出实时决策建议；制定分类异常事件的应急预案，实现对智慧城市中的实时异常事件的及时反应。

4. 基于城市感知网的变化信息自动提取技术

研究基于城市感知网的多时间序列信息参数变化提取方法。主要研究内容包括：多时—空—谱信息变化检测机制；基于城市感知网的变化参数智能检测算法；多源数据支持下的变化成因分析方法；典型因子的变化信息提取方法。

（二）技术思路

1. 城市变化信息遥感动态提取技术

针对建筑物沉降、城市扩展、城市热岛效应、城市气溶胶厚度、城市人口密度、城市土地利用等城市典型大尺度特征变化，分析遥感影像所能体现的不同城市变化类型，通过高精度几何配准，辐射水准归一化，热图像条纹噪声消除，各种干扰因素的识别、压抑、剔除以及目标信息的增强来研究通过遥感影像进行城市变化的识别、分类和统计测算的方法；研究多时序遥感影像变化信息自动提取算法、多源遥感数据的互补与联合信息提取模型，形成城市变化的遥感动态提取方法。

2. 基于城市感知网的快速信息提取

针对城市感知网多源数据的多尺度特性，建立多源多尺度信息耦合模型，利用马尔可夫随机场、均值移动、面向对象分割等方法，建立多尺度数据联合解译模型；针对城市感知网数据的多时相特性、基于地物的时间序列变化规律来建立基于多时间尺度的信息提取框架；针对城市感知网数据的多传感器特点，建立基于成像模型的多传感器信息融合模型，研究基于像素、特征和决策级的多传感器信息联合反演模型。

3. 城市异常事件分类与检测技术

拟通过建立传感、射频、视频数据源异常事件学习样本集，对异常事件进行分类，建立异常事件处理模型。根据异常事件处理结果，建立基于多 Agent 的群决策模型对实时感知的结果进行决策分析。对分类的异常事件建立相关处理的应急预案，根据决策的结果和对应的应急预案进行异常事件处理。

4. 基于城市感知网的变化信息自动提取技术

通过研究空—天—地传感器数据与特征的融合机理、面向对象和多尺度分析、多时相多源遥感影像序列分析以及多元特征提取与分析等新方法，重点发展多源多维信息变化检测和分析的关键技术。运用时间序列分析理论研究传感网探测条件下的变化信息提取方法。结合 GIS 信息分析工具，研究信息变化的驱动因子与变化规律，建立变化信息动态分析的理论方法。同时，利用城市感知网数据的多传感器、多时相、多分辨率数据源，以目标探测器、亚像元分解与定位方法为基础，研究异常变化信息的提取方法。

四、城市信息智能分析技术

（一）研究内容

1. 面向过程和行为的智能分析技术

分析智慧城市数据中可发现的知识，结合数据的特点和可用的理论方法，研究多源数据智能挖掘分析技术，研发智慧城市中的数据挖掘算法。主要研究内容包括：从具体城市社会人文时空现象中抽象出通用规律，建立城市过程的机理模型；根据城市过程的经验分析，建立智慧城市框架下的统计方法；开展城市空间行为模式的挖掘分析，探索城市各种社会经济现象和个体/群体移动行为的分析仿真技术，发展移动对象数据管理分析技术和各种应用；分析传感器数据的不确定性，提高数据分析和仿真的可靠程度。

2. 基于城市感知网的异常事件分析

针对多层次观测数据的特点，以异常信息识别理论为基础，研究异常事件识别与响应方法。主要内容包括：基于多源观测数据的异常事件定义方法；基于多源数据分布特征的异常信号探测方法；基于多源数据融合理论的异常识别方法；基于分块自适应模型的异常目标探测方法；面向任务的异常事件识别方法。

3. 基于感知网的城市变化趋势分析

针对城市土地利用、人口分布、气候条件、环境质量等基本特征，利用感知网所获取的海量、异构数据，通过城市变化信息动态提取技术，研究城市各类变化的时空分布特点，采用时空序列分析法、多元统计分析法、回归分析法、指数平滑法等趋势分析技术来分析城市不同特征的时空变化趋势。

(二) 技术思路

1. 面向过程和行为的智能分析技术

分析目前城市基础设施存在的威胁种类以及应急处理办法，建立城市基础设施的网络流模型。按照传感器的类型，监测响应时间、代价确定城市基础设施传感器选址的位置。根据威胁发生范围、威胁处理的代价、受影响的人群确定城市基础设施应急处理预案。设计针对交通，供水管网及电网等典型基础设施的仿真模型，利用仿真模型对各种管理预案进行仿真测试。根据传感器获取的城市时空数据，挖掘历史、政治经济、文化遗产、城乡发展、旅游与景观等人文社会信息内在关联，发展一些城市域化社会经济行为物理（引力模型等）和经验模型。扩展时空统计的理论体系，建立异构传感器网络约束的时空相关（时空自相关）描述方法、时空统计模型（地统计/克里金估计、随机点过程、时空自回归、地理加权回归、时间或空间过滤、计量经济学模型或面板数据分析模型、时间序列分析、随机过程或统计信号分析模型等）和时空统计模拟方法。开展连续和离散移动综合建模、自由和受限空间（网络）多层次建模。设计和实现全时态（过去、现在和未来）空间轨迹数据索引，建立移动用户对移动对象的查询机制。探索移动不确定性和移动信息可靠性。

2. 基于感知网的城市异常事件分析

研究在城市感知网获取的多源数据条件下异常事件的定义和响应方法、异常事件的协同观测与识别机制。利用高光谱数据在特定环境场景下揭示细微光谱变化的特点，利用高分辨率数据空间信息丰富的特点，利用城市感知网捕获微小环境差异的特点，对异常事件进行定义、关联和分类，实现空—天—地立体、协同、高效地探测异常事件。基于高光谱、高分辨、气象等城市数据对不同性质、不同尺度的环境变化因素、地表空间分布变化因素进行观测；根据任务驱动的原则，选择在城市感知网不同配置的协作观测，利用实时异常目标探测、变化监测等快速分析方法，研究不同异常事件的探测方法。建立针对不同任务性质的，不同响应速度的、不同观测尺度的异常事件探测与表征的技术方法。

3. 基于感知网的城市变化趋势分析

利用感知网获取的多源、多尺度、多时间序列数据，分析各类数据对城市变化影响的权重，通过多元统计分析、聚类分析等数学方法，提取影响城市变化趋势的因素，综合利用回归分析、指数平滑等手段，形成感知网数据与城市变化趋势的关系模型，并根据动态的感知网数据和城市特征变化，对关系模型动态修正和优化，从而实现基于感知网的城市变化趋势的快速、准确和智能分析。

五、智慧城市多层次辅助决策支持技术

(一) 领域知识库驱动的多层次辅助决策模型

对城市进行运行管理、建设规划和应急指挥，提供城市公众服务，都需要来自城市医疗、食品、能源、交通、规划、供应链、城市园城市等领域的数据及数据处理服务的支持，需要研究建立面向各领域的知识库。另外，对城市事件的决策分析可能与多个领域相关，如流行病的暴发可能与食品和水资源的安全有关、供应链的畅通与交通和电能源有关等。因此，还需建立领域间交流沟通所需要的知识库，形成多领域多层次知识库结构。

(二) 高性能多用户协同辅助决策技术

在大规模传感器时空信息感知处理和在线搜索技术的支持下，结合智能时空数据分析和模拟技术以及异常事件实时监测技术，建立智慧城市时空分析决策模型，实现高效可靠的协同辅助空间决策。主要研究内容包括：研究智慧城市多领域多层次知识库体系，采用统一的分类标准和描述模型来表达城市分析决策知识，建立高效的知识库组织、存储和访问的机制；研究有效的支持决策分析的知识服务的机制；研究智慧城市辅助决策支持技术，建立高性能计算支撑的开放式城市空间协同决策支持环境。

(三) 辅助决策过程模拟技术

针对在城市规划、日常管理、突发事件等城市问题中的规划决策方案制定，以感知网获取的实时动态信息和其他历史统计资料为基础进行研究，依托辅助决策模型库，利用虚拟地理模拟、计算机仿真和虚拟现实等技术手段，分析规划决策的目标制定、资源调度、方案执行、实施效果和动态演变等过程，研究以模拟仿真的方式表现规划决策实施的过程与城市历史发展、城市规划情景、城市土地利用格局、生态环境变化和突发事件中产生的现象和动态变化之间的关系，为城市演变规律分析、土地利用规划、应急预案的制定提供科学的依据。

(四) 辅助决策模型智能组合技术

随着网络以及云计算技术的发展，越来越多的决策模型以网络服务形式进行计算资源共享，将形成一个模型网 (Model Web)。用户所需的决策支持可以由不同的模型进行有机组合成模型链得到。因此，需要研究：模型的建立与描述、模型的注册与发现、模型链的实例化与执行、模型链的评估与优化、典型的应用模型链等，为辅助决策支持的模型库提供一个服务组合的容器。

六、面向智慧城市辅助决策支持的信息聚焦服务

针对城市辅助决策支持任务多、业务模型各异、资源分散等特点，为了在动态复杂网络环境下根据任务对观测资源进行优化配置、对计算资源进行高效聚集、以最优模式建立起城市传感器直接支持辅助决策的聚焦服务，就需要建立事件驱动的信息聚焦服务模型，高效聚合传感器资源、数据资源、处理资源、决策资源，通过网络化服务协作实现智慧城市辅助决策支持服务。

(一) 研究内容

1. 典型任务的描述和分类方法

研究快速决策支持中的典型任务模型，从空间、时间等方面研究任务的分解方法，形成元任务组合的行为规划模型。研究内容包括：任务的形式化描述方法；任务的粒度性划分；任务的聚类方法；元任务组合的行为规划模型；任务的分解和动态建模方法。

2. 智慧城市辅助决策支持信息聚焦服务模式

研究智慧城市环境下不同类型任务的资源分配机制，获取任务对资源服务的能力需求，聚合传感器资源、数据资源、处理资源、决策资源，提供及时、可靠、主动的信息服务。研究内容包括：长期渐变和突发性事件决策任务的聚焦服务模式；任务与资源的映射模型；传感器规划与观测、事件预警和通知、信息处理和决策支持等功能的服务机理和联动机制。

3. 智慧城市资源搜索机制和方法

为了实现智慧城市环境下传感器、观测数据、处理模型等资源的发现、定位和绑定，为信息聚焦服务提供资源保障，需要研究资源的搜索机制和方法。研究内容包括：资源信息的发布共享机制；资源信息的查询检索机制；资源信息的组织与管理；顾及时空、尺度、不确定性等传感网资源特征的语形、语义和语用搜索方法。

4. 智慧城市智能分析与辅助决策支持服务组合与优化

研究服务组合与优化，提供适应事件变化的信息聚焦服务运行机制，保证对典型任务快速、准确和灵活的支持。研究内容包括：服务资源的状态监控、服务资源的质量评估和优化选择、组合服务管理、组合服务运行状态监测和执行控制方法、组合服务运行过程的评估、反馈与优化、组合服务自主演化方法、服务资源协同调度机制。

(二) 技术思路

1. 典型任务的描述和分类方法

根据不同应用领域的特点，围绕事件特征、实时决策、决策机制，研究智慧城市多级网络环境下自主决策机制，辅助支持不同行业领域的用户针对典型观测任务快速完成合理的决策过程；确定任务的基本属性、时空特性和任务流程，建立任务的规范化描述方法；根据任务的属性和关联，提出任务的分类规则和聚类方法。

2. 智慧城市辅助决策支持信息聚焦服务模式

分析长期渐变任务和突发性事件任务辅助决策过程的异同，建立适应不同任务需求的聚焦服务模式；提供智慧城市资源的科学分类和网络化服务方法，根据任务的属性特征，分析任务与资源的关系，建立任务与资源的映射关系模型；设计传感器规划与观测、事件预警和通知、信息处理和决策支持等功能的服务标准接口和协议，为聚焦服务提供原子服务集合和服务协同机制；建立传感器观测、传感网信息处理和决策模型间的联动机制，当动态数据中心信息无法满足安全决策要求，将增加或更新某些指标及关键参数，当这些指标及关键参数无法从当前数据源中获取时，就通过智慧城市感知网调度传感器来获取，并进行数据处理。

3. 智慧城市资源搜索机制和方法

研究建立辅助决策支持资源注册中心，提供对辅助决策支持资源和服务能力的描述，定义辅助决策支持资源描述信息的信息注册模型，设计注册信息的收集、发布、查询服务标准接口和协议，基于注册中心实现顾及时空、尺度、不确定性等辅助决策支持资源特征的语形、语义和语用搜索方法。

4. 智慧城市智能分析与辅助决策支持服务组合与优化

在对辅助决策支持资源和功能提供服务的基础上，进行服务状态监控，研究服务质量评价模型，提出具有主动协同能力的组合服务运行状态监测和执行控制方法，在组合服务运行过程中进行在线、实时的评价，并向整合结果进行反馈；根据状态监测和反馈结果及时发现新启用的更适合的服务，并替换原有的服务；当某个服务运行超时时，通过相应的服务调度和优化措施提高服务组合的自适应性和服务质量。

第九节　智慧城市应用关键技术

一、城市管理

目前，中国大多数的城市管理决策方式仍然采用人工为主、管理系统辅助的管理方式，分析和决策也主要依靠管理者的经验。城市信息管理系统中的分析决策支持知识应用水平低、知识贫乏，致使系统分析决策的能力无法达到高效、智能、按需、自适应处理等要求，成为阻碍城市管理和服务高速高效和智能化运转的一个制约因素。因此，迫切需要针对智慧城市的需求开展知识工程的研究，建立关于城市基础设施生命周期、城市空间信息、城市观测信息以及信息处理服务的领域知识库，研究城市多源城市数据的整合分析和处理，为城市社区智能综合服务、城市综合执法提高分析和决策的智能水平，并为城市管理决策者提供城市信息智能分析与决策辅助。

（一）智慧城市基础设施的全生命周期管理关键技术

大量城市建筑承担了现代城市的许多重要职能，由钢铁、水泥、砖瓦、土石、玻璃构成的城市基础设施具有不同的物理特性，需要由更加智慧的方式进行管理。通过城市基础设施的三维模型以及获取的传感数据，研究城市重要基础设施的结构安全与生命周期管理技术，以达到保护资源、保护生态、实施可持续发展的目的，为城市正常运转、人民财产生命安全提供保障。具体研究要点包括：

（1）城市基础设施（楼宇、桥梁、隧洞）生命周期模型。对城市基础设施从规划、建设、运行、维护，直到拆毁和再生处理等的生命周期全过程的结构安全进行建模，包括外力因素、环境侵蚀、自然灾害、自然损耗等情况下基础设施结构安全的变化发展的各种结构安全模型。

（2）城市基础设施生命周期仿真技术。在全生命周期结构安全模型的基础上，利用GIS信息和建筑物3D几何模型，计算建筑物在内外力作用下的结构变化，然后对城市基础设施进行三维几何建模和仿真，形象地展示基础设施在外在因素作用下的动态发展过程。

（3）基于传感数据与结构模型的安全评估和动态预警预测。通过传感网等采集城市基础设施的动态物理参量，在构建的模型基础上构建静态和动态的安全评估系统，对设施的变化程度进行智能预测，给出整改措施，并对可能发生的危险及时进行动态预警。

（二）智慧城市基础设施与部件动态管理关键技术

在城市管理网格单元划分里，各个单元互相连接，形成不规则边界线的网格管理城市域；在研究城市基础设施与部件分类体系上，按照设施和部件的性质和特点制定分类规则和分类编码方法；在研究城市部件管理方法方面，把物化的城市管理对象作为城市部件进行管理，运用地址编码技术，将城市部件按照地理坐标定位到城市单元网格中，通过时空数据仓库管理平台对其进行分类管理；通过研究海量城市基础设施与部件信息快速更新方法，以保持基础设施与部件数据的现势性。

（三）智慧城市社区综合服务与管理关键技术

智慧社区综合服务与管理关键技术研究以社区网格化为基础、以信息化为手段，通过智慧分析、可视表达、决策支持等关键技术的研究，推动城市智慧社区综合服务与管理等方面的建设，拓展社区服务，整合社区卫生、文化、环境、治安等多方面资源，体现管理层以人为本、服务居民、资源共享、共驻共建、责权统一、管理有序的城市社区建设基本原则；对社区服务对象来说，能够获得便捷、实时的一站式服务。城市的管理者能够以创新的手段为居民提供便捷、安全、高效的服务，而城市居民也将在"城市因智慧而改变"的过程中获取丰厚的回报，这些都将有利于保持社会和谐。

（四）智慧城市管理综合执法监管关键技术

针对城市部件、城市轨道交通设施、立交桥梁和其他特殊或重要设施的运行状态，研究长期自动监测的技术方法，实现城市部件、基础设施等状态信息的自动捕获和传递；研究对城市部件、基础设施等海量状态信息的整合和分析算法，实现对城市固件全面、系统地监控和突发事件的快速应对；通过研究多源数据整合、信息挖掘、知识发现、高效空间运算与智能化空间检索方法，提高城管综合执法监管水平和精细度。

（五）智慧城市建筑节能监测关键技术

主要研究城市建筑节能监测技术，对采用不同节能设计、施工、改造的建筑利用智慧城市研究成果对其进行节能监管，为保证建筑节能目标落实、节能改造决策提供支撑。主要研究内容包括：建筑能耗信息实时获取技术；基于空间网格的城市能耗信息汇集、分析算法、工具及模型；城市建筑节能监管系统。

（六）城市建设工程安全质量监管关键技术

城市建设工程安全质量监管在空间信息网格的节点技术的基础上进行，通过集成空间信息网格的数据互操作技术与信息共享技术，针对公众位置服务的应用平台建设，基于公共、政务信息安全技术搭建面向公众、小城市信息服务平台以及政务信息服务的应用平台。

二、智慧交通

据世界卫生组织统计，全世界每年死于道路交通事故的人数约有 120 万，另有数百万人受伤。在中国，城市的道路纵横交错，形成很多交叉口，相交道路的各种车辆和行人都要在交叉口处汇集通过。目前的交通情况是人车混行现象严重，非机动车的数量较大，路口混乱。由于车辆和过街行人之间、车辆和车辆之间，特别是非机动车和机动车之间的干扰，不仅会阻滞交通，而且还容易发生交通事故。中国拥有全世界1.9%的汽车，引发的交通事故占了全球的15％，已经成为交通事故最多发的国家。2000年后全国每年的交通事故死亡人数约在10万，受伤人数约50万，其中60％以上是行人、乘客和骑自行车者。中国每年由于汽车安全方面所受到的损失约为5180亿（人民币），死亡率为9人/万车。因此，有效地解决交通安全问题成为摆在人们面前一个棘手的问题。

如今的城市都在高效率地运转着，城市中的人、车、物都在不停地运动，产生了城市交通问题研究的需要。越来越严重的城市交通拥塞问题正是城市交通设施运行效率低下、设置不合理的外在表现。通过对城市道路的交通数据的分析，建立城市的车流、人流移动模型，利用城市的交通模型可以为智慧交通分析、城市交通的综合治理、移动目标的信息服务提出一种新的思路；同时也为城市紧急疏散与公共安全治理提供智慧的应对策略。

（一）大规模交通信息的智能采集技术

采集可靠及时的交通信息是构建智慧交通系统的关键。研究采用移动通信用户定位信息、基于机器视觉的数据采集技术、地感线圈等综合手段采集规模化车流、人流的空间分布情况，并进行数据的融合，为后续的处理提供高可靠性的基础信息。交通信息还需包括城市公路图、公共交通行车路线和时刻表、收费站点图，以及可能影响未来交通流量的各种事件，比如演唱会、火灾、交通事故、道路坍塌、紧急维修等，以反映智慧交通管理对综合性信息的要求。

（二）构建城市车流、人流的动力学模型及运动预测机制

根据车流、人流的运动特性，构建其动力学模型，根据相邻城市域交通流相互影响的特性构建群体运动的预测模型。

（三）结合 GIS 和车流、人流模型的智能 3D 仿真技术

结合 GIS 定位系统和车流、人流模型进行车流人流动态 3D 在线动态仿真，形象展示城市移动目标的群体运动场景及其发展趋势，为政府和市民提供形象化的决策支持和展示手段。

（四）城市域交通流数据挖掘技术

根据城市域交通数据在空间上和时间上的相互关联特性，采用数据挖掘技术发现特定的运动规律，构建交通控制策略，以进一步提升交通指挥能力和完善交通设施。

（五）城市功能形态组织的决策支持

根据人车交通流的现状特点，结合市政道路与基础设施规划，分析并提出便利疏散车流客流的城市功能形态组织的决策咨询，为智慧城市的紧凑化、低碳化提供仿真评估环境。

（六）移动目标的信息服务技术

通过室外情报板、电视、手机、广播等综合手段为市民提供任何时间任何地点的关于交通、生活、气象、新闻等全方位的移动信息服务，具有智能性、预测性和直观性。

具体来说，需要开展如下研究：

（1）面向大型国际活动的城市智能化交通管理和出行服务系统。以满足大型国际活动交通需求和建设和谐城市为目标，借鉴北京奥运会、上海世博会的成功交通解决案例，探索广州亚运会、南京青奥会等重大国际事件中的交通解决方案。

（2）进一步实施智能化交通信号与诱导系统、综合性智能化公共交通调度管理系统及综合交通信息集成服务系统，在北京和上海重点进行城市交通智能化控制、城市主干线道路交通诱导和公交信息服务等技术开发，探索城市域性综合交通信息平台的建设和运营模式。

（3）在水运方面，研究国家综合交通智能化服务与管理。以国家远洋运输为背景，研究开发远洋船舶及货物运输在线监控技术与系统，确保海上物资运输的安全高效。研发远洋船舶及货物运输在线监控系统。

（七）交通信息交换和共享平台

交通行业信息资源的全面整合与共享，是智能交通系统高效运行的基本前提，智能交通相关子系统的信息处理、决策分析和信息服务是建立在全面、准确、及时的信息资源基础之上的，可以说信息是构成智能交通系统的血液。

现有交通基础信息散落于不同部门的多个信息网络之中，但这种按部门划分的数据分散存储方式将严重影响跨行业综合交通管理工作的开展。随着智能交通系统的不断深化建设，ITS要在交通的大范围内、全方位发挥作用，更加迫切地需要将跨行业、跨部门的基础信息整合起来，建立全局统一的数据资源视图，为各项工作提供综合的查询、分析和信息发布服务。

因此，交通信息交换平台在完成交通基础信息的汇集之后，需要建设交通数据中心（见图 6-19），提供对交通基础数据的全局统一的采集、存储、备份和服务。

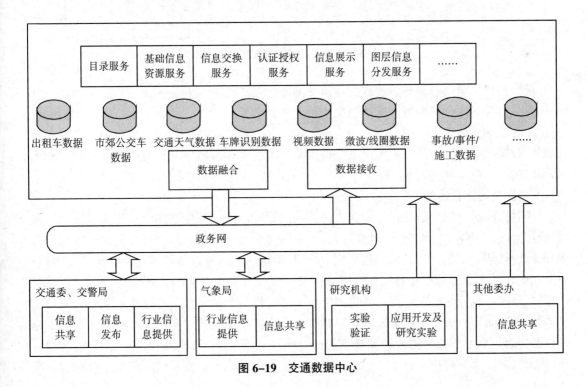

图 6-19 交通数据中心

需要在全面掌握行业应用系统和政务管理系统的各类数据资源的基础上，建立完善的数据标准规范和信息资源目录，对数据进行有效整合。整合后的共享库以镜像库方式实时向交通委、交管局提供，支持其做好业务管理和交通信息服务工程的建设；整合后交通及位置信息通过共享交换平台实时向相关需求委办局提供服务，支持做好相关工作。数据交互和共享机制示意如图 6-20 所示。

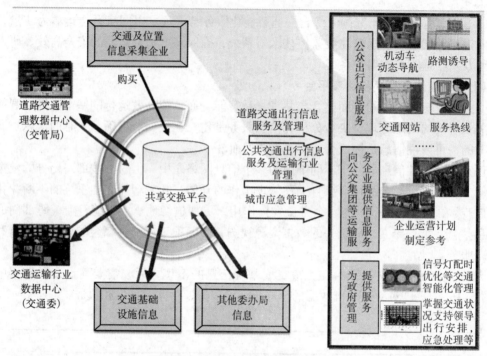

图 6-20　数据交互和共享机制示意图

最终要建成全面、完善、权威的城市交通基础数据交互平台，实现全市交通各类信息的充分共享与交换，实现城市交通数据的综合管理和综合应用，为政府部门提供辅助决策支持，为公众交通信息服务提供数据支持。逐渐建立规范可行的数据采集机制、数据更新机制、数据共享机制，从根本上保证交通信息资源的全面规范采集、及时有效更新、合理共享应用。

（八）交通综合监测

针对目前对全局交通综合监测能力薄弱的问题，以交通管理的实际应用为需求，构建智能化交通监测体系，建立覆盖城市交通体系的综合监测系统，在交通现场大范围布设自动探测、感知、识别设备，应用物联网、IPV6 等新技术，通过多种网络（专网、互联网、3G、DSRC）将交通数据上传给交通数据中心，实现交通全行业的数据综合监测。实现对公共交通人、车、站、线、路一体化的信息采集，提高公交站台信息化水平和公共、个性化信息服务能力；实现对整个城市交通状态进行实时动态监测，基本实现对交通基础设施（包括交通场站、枢纽、口岸、机场、码头、高快速路和主干路等）的视频监控、交通事件检测、交通流检测和交通违法的综合监测，实现全面掌控城市交通态势及运行状态的能力，逐渐提升交通监测系统的现代化、智能化水平，为精确交通指导提供科学的依据，为整个交通基础设施的科学规划、有序建设、先进的交通管理和全面的信息服务提供基础数据保障，为企业管理、公众服务提供数据支撑。

基于管理的需要，城市交通综合监测可分为交通管理监测和运输运营监测两部分，这两部分信息的采集方式以及地理分布有较大的差异，其中交通管理监测信息汇集到交管数据中心进行处理再上传至交通数据中心，而运输运营数据直接上传至交通数据中心，然后通过网络实现信息的共享与流动，最后在交通运行指挥中心实现更高层次的信息融合与信息综合利用。交通综合监测系统原理如图6-21所示。

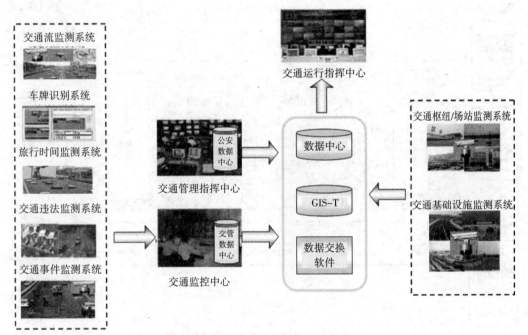

图 6-21 交通综合监测系统原理图

（九）多源、异构数据融合

位于不同网络、不同管辖部门的数据均有其各自特征，这些异构数据之间存在着紧密联系，反映了同一主题的不同侧面，但 ITS 智能交通系统具有整体性。以往由于行业划分而条块分割的业务数据在新的综合管理要求下却具有很强的内聚要求。

建立全市交通基础数据的统一数据存储管理机制，实现数据管理由分散型向集约化的转变，其主要措施包括：

（1）基于各交通信息网络提供的共享数据资源，建立交通数据统一视图。通过对交通行业各项业务、应用需求的全面整理分析，设计完善统一的数据库结构和分视图，建设基础性、全局性的全市交通信息数据库。

（2）推进主题数据库建设。主题数据库来源于业务数据群和基础数据库群，主要用于支撑 ITS 交通综合服务平台应用，例如交通规划主题数据库、公众出行信息主题数据库、综合监控和信息服务主题数据库等。通过对综合应用平台的应用需求分析，建立若干分析主题，以应用主题为对象，以基础数据库为根本，整合各类动静态业务数据，形成针对某一主题的综合数据支持库。

（3）梳理出数据标准体系，运用数据清洗、活化技术在采集数据后对数据质量实现优化、融合前对不同特征数据进行关联，最终实现可靠的数据融合。多源、异构数据融合机制如图6-22所示。

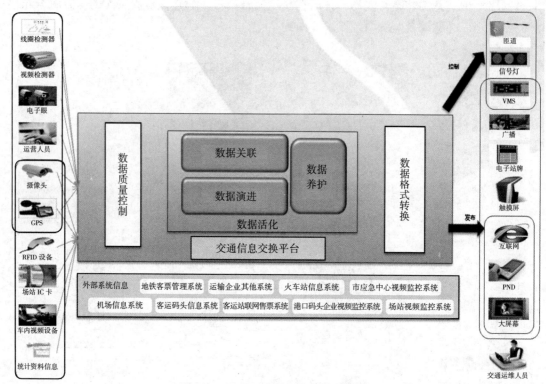

图6-22　多源、异构数据融合机制图

三、公共安全

智慧城市需要面对城市中的各种物理环境问题（如热岛效应、水污染、声污染、洪水等）以及复杂多变的自然气候问题。物理仿真技术为解决这些城市灾变问题提供了一种新的思路。通过对城市大尺度范围内的光、热、水、声、气等的物理建模，分析并发现各种自然灾变问题的原因（如城市某一位置热岛效应的产生），并根据城市现状与自然环境的变化（四季、昼夜、雨雪等）做出智慧应对；对可能产生的灾难性后果进行仿真和评估，提出应急响应策略。

（一）城市灾变的物理模型构建

城市灾变包括热岛效应、水污染、声污染、光污染、大气污染及洪水等。对城市自然灾变的各种主要因素进行多尺度物理模型构建，包括灾难变化的动力学模型、灾变趋势预测模型等。

（二）分布式的并行灾变数值模拟平台

为了支持大规模高精度自然灾变的数值模拟，设计分布式并行灾变数值模拟平台，该平台具备不同粗粒的多层并行架构，研究高效并行算法以及面向典型并行平台的优化和高效动态负载平衡算法等。

（三）自然灾变的智能 3D 仿真技术

在数值模拟的基础上，为了研究灾变场景的渐进表示方法以及高效高精度 3D 绘制技术，利用 3D 动态仿真技术对灾变的形成、发展态势进行虚拟仿真，以实现城市灾变的动态仿真及趋势预测。

（四）城市灾变的智慧应对方案与技术

根据城市灾变的模拟计算和 3D 动态仿真结果，提出不同灾变情况下的应对措施和应急预案，并提出预防灾变的城市基础设施改进措施。

四、环境监测

智慧的城市环境监测需要采用包括化学、物理、生物、物理化学、生物化学及生物物理等可以表征环境质量的方法，对城市空气、水体、土壤、固废、生物等对象进行长期、综合的监测，并对监测数据进行统计处理，并结合城市的自然地理条件和社会经济等各个方面进行综合分析评价，准确、及时、全面地反映城市环境质量现状及发展趋势，为环境管理、污染源控制、环境规划等提供科学依据。具体目标包括：①根据环境质量标准评价环境质量；②根据污染分布情况追踪寻找污染源，为实现监督管理、控制污染提供依据；③收集数据，积累长期监测资料，为研究环境容量、实施总量控制和目标管理、预测预报环境质量提供数据；④为保护城市居民健康、保护城市环境，合理使用自然资源，制定环境法规、标准、规划等服务。

（一）城市大气环境智能监测

城市大气地面站和移动数据采集可以通过微波散射计、风廓线仪、太阳光度计、红外成像仪、浊度计、开路红外气体分析仪、光合有效辐射传感器、Mie 散射激光雷达、Raman 散射激光雷达、炭黑黑度仪、可移动式激光雷达等遥感探测设备获取大气成分特性。通过以上设备实现多时段、高频次的大气气溶胶和黑炭气溶胶等空气质量指标的日变化特征观测，得到黑炭型气溶胶的辐射数据。研究内容包括：①多源大气观测数据的融合方法；②大气成分的物理特性对大气辐射特性的影响；③大气成分的尺度分布及其对人类健康的影响；④基于多源、多时态异地观测数据同化的大气成分的时空变化特征预测。

（二）城市水资源环境智能监测

分析研究降水、径流、地下水、土壤水和蒸发等自然属性以及居民活动对城市水资源的影响因素，分析、归纳和总结水循环机理和水质变化的原因，从环境保护、经济发展和减灾、防灾等不同角度，研究水资源事件的分类方法，研究水资源事件的状态和驱动力指标、评价体系，以及相应的知识描述方法，研究卫星遥感、地表传感器网络和航空遥感集成的多尺度时空水资源事件感知方法，形成湖泊水资源物理和化学要素多尺度时空获取和分析方法。

（三）城市环境综合评估与灾害预警研究

通过采用各种先进的感知设备，包括航天航空传感器、在线监测设备及监控视频、地面手持式传感器、车载传感器等，建设城市洪涝灾害、气象灾害及地质灾害防控网络，形成对城市自然灾害的实时监测和早期预警能力。研究内容包括：①城市空气污染风险评估、影响评价及预警研究；②城市水涝、水污染风险评估、影响评价及预警研究；③城市地质灾害风险评估研究；④城市灾害评价体系与预警研究。

第十节　车联网技术

一、运载工具智能化技术

（一）智能汽车

1. 动态导航系统

动态导航系统的关键技术如嵌入式系统技术、GIS 技术、组合定位技术、地图匹配技术和最优路径规划技术，国内的企事业单位和科研院所在关键技术上已取得突破，静态导航系统已经成熟并成功用于商业化应用。同时，通过技术合作引进，解决了动态导航系统在信息采集、信息传输、数据表示等方面的技术关键。

但是对于动态导航系统的发展在数据处理上还存在两方面的问题，一方面是多源实时数据融合技术。目前道路车辆实时信息的采集方式众多，数据来源的不同导致了数据处理上必须制定相关的标准或者通过中间件的形式完成数据的融合。这也是解决前文中提到的"基础设施具有一定的规模，但是产生的效益不够"问题的一种有效手段。

另一方面，要想实现真正的动态导航，动态交通流预测理论和方法的研究和实现将是下一步工作的重点。借助动态交通流预测的结果之后，动态导航系统不再是简单地将"当前"的路况信息反映给导航终端，而是提供了带有一定的诱导功能的调整之后能反映短期"未来"的导航信息。这样的导航更具有科学性，对缓解道路拥堵、提高通行能力具有积极的作用。

2. 汽车远程信息服务系统

汽车远程信息服务是通过集中式的信息中心与客户汽车上安装的车载信息终端或客户其他的通信终端之间的通信联系，目前的系统一般为客户提供信息查询、盗抢报警等一系列的汽车实用信息服务。其应用更侧重于中心到客户的信息提供，这只是实现了一种单向信息的发布和简单的交互，并没有实现真正的中心与终端之间的信息交互。基于物联网的智能车载信息终端，需要同车载电子和传感器系统紧密结合起来，可以将车辆的实时驾驶状态、设备运转状态、油料消耗、尾气排放等数据实时整合，为驾驶员提供一些参考。同时将数据上传到信息服务中心，由中心对数据分析处理后，做出对驾驶员行为的判断和决策支持，如车辆保养建议、加油提醒和其他会影响到正常行车的问题提醒。车辆油耗和排量信息同样可以为交通管理和环境监测部门提供相关的数据参考。

3. 安全辅助驾驶系统

汽车安全辅助驾驶系统的功能就是使汽车在较差的环境中能够识别路况信息，并能够辅助驾驶员安全行车。

从车辆安全辅助驾驶当前的发展状况来看，基于视觉的环境感知、多传感器的融合、自动驾驶等技术是其今后的发展趋势。发展的主要技术包括事故提醒、紧急电子制动、道路险情提醒、道路特征提醒、交通标志标线提示等。

从驾驶员本身的驾驶安全性的发展趋势来看，对驾驶员本身的身体状态的识别和监控，也是安全辅助驾驶系统的一个重要环节。主要技术包括基于人脸识别的驾驶员疲劳驾驶提醒、驾驶员酒后驾车锁车、基于车辆运行状态的驾驶安全提醒等。

（二）智能列车

智能列车一直是铁路相关领域研究的一个热点，物联网系统的引入使智能列车系统的优化和升级成为可能。通过物联网系统采集列车基础设备的关键数据，并汇聚至列车服务器端进行分析和计算，可有效实现智能列车的综合管理和高效运行。

1. 智能列车监控系统

智能列车监控系统是保证列车高效率运行的重要系统，它将现代通信技术、计算机技术与物联网技术相结合，对列车运行进行监督和自动控制，实现多项列车运行参数的智能调整和决策功能。在列车内部，通过物联网使各设备连接形成一个完整的网络系统，实时对牵引、制动、供电等系统进行控制、监测和诊断，各种信息能够传输至地面监测系统，可以实时查询列车运行位置、速度和各系统工作状态，并可根据列车运行计划调整速度、优化运行路线等，能够保障铁路运输安全、高效、节能的运营。

2. 智能列车服务系统

通过与先进的物联网技术、通信技术相结合，智能列车系统可以为旅客提供更丰富的旅行服务。例如可以通过对列车内温度湿度信息的获取自动调节车厢空调的运行状态以保证旅客的舒适度；也可以为旅客在旅途中提供高速宽带接入的服务，使旅客能够轻松获取互联网上丰富多彩的信息资源。

3. 车地通信系统

要想实现基于通信的列车控制系统（Communication Based Train Control System，CBTC），必须为列车机车与地面之间提供高效稳定的通信通道，能够实现城轨列车与地面间的双向、大容量、连续、可靠通信的通信系统。可以用于实时传递车地间的数据、图像及语音信息，改变了以往车—地相互隔离、以地为主的状态，使列车与地面（轨旁）紧密结合、整体处理，通过车地间的实时信息交换，达到车—地联动、系统自动监控的目的。

二、基础设施智能化技术

（一）车辆识别系统

目前的车辆识别系统多以图像识别为主，识别的准确度受气候条件和一些人为因素的影响，存在着很多的不足。采用 RFID 的电子车牌将普通车牌与 RFID 技术相结合形成一种新型电子车牌。基于 RFID 的阅读技术，提高了车辆识别的成功率，同时在硬件设计、软件设计、数据加密后，电子车牌不可能被仿制，这就杜绝了假牌、套牌车辆的出现。

电子车牌的另一个重要应用是ETC（Electronic Toll Collection，电子不停车收费），前文中已经对其进行了较多的描述，设备的复用既降低了实施成本，又减少了数据融合和系统接口的难度，能产生极高的社会效益。

（二）交通控制系统

目前国内的信号控制系统除北京、上海、深圳等智能交通发展较为先进的城市和一些省会城市外，大多采用单点式的信号控制系统，即使进行了联网集中控制，控制水平和对实时路况的处理同国外相比还是具有一定的差距。这是实现交通运输物联网所要面对的一个重大问题。我们必须研发出具有自主知识产权的、能达到国际先进水平的城市域自适应交通信号控制系统，同时要考虑同传感器网络、车辆之间的信息通信，真正实现智能化的交通信号控制。

此外，交通信号控制系统的特种车辆优先（公交、急救等）功能也需要从交通运输物联网的角度进行完善和提高。

（三）交通事件检测

影响高速公路和城市道路正常通行的因素除了交通流量之外，交通事故和违章行为等特殊事件对路段服务水平也具有很大影响。在交通事件检测技术方面，利用视频监控、路测车辆检测器以及同车辆的联网，能够迅速定位到异常事件，如交通事故、货物倾泻、车辆逆行、路中人员乘降等。当系统检测到特殊事件出现的时候，能迅速地对信息平台、事故影响范围内的车辆、相关指挥救助人员进行提示，将事件发生后的后续事故和损失发生的概率降到最低，同时在一定程度上保证了道路的畅通。

（四）高速铁路智能化技术

第一，技术装备的全面配置。在高速铁路的建设过程中，所有技术装备均应达到世界先进水平，主要行车设备需要实现免维修或少维修，所有技术装备和技术参数实现数字化控制、信息化管理，努力建设数字高速铁路。

第二，运营管理的优化配置。建立具有中国特色的高速铁路运营管理机制，采用先进高效的管理手段，实现智能化运输，做到用人少、成本低、效益好。在整个高速铁路基础设施的建设过程中，除了要对现有的各类信息化系统进行更高层次的整合和优化、全面实现信息共享外，还需加强综合调度系统、列车控制系统和安全保障系统的建设，在确保行车安全的同时，进一步提高运输效率，并进一步加强电子商务、客货营销系统和信息服务系统的建设，大幅度提高服务的质量、效率。

三、网络通信与移动网络技术

随着交通工具、交通设施的日益智能化，人们对交通出行的要求越来越高，交通信息量越来越大，传统的智能交通系统已经难堪重任。首先，传统智能交通系统的交通数据单一化、局限化。目前的交通信息不仅包括道路上的视频、微波等采集手段收集道路交通状况宏观信息，而且还有车辆本身状态和状况的精确感知信息。其次，交通管理主要采用集中式的管理，交通工具、交通设施、交通对象之间无法进行数据的交换与感知，无法保障交通工具、交通对象的安全。因此，道路、车辆等的"智能感知"、"网络化"成了解决问题的关键。这些传感器成为交通信息的"神经末梢"，各车—路传感器节点、车—车之间的传感器节点采用自组织方式构成通信网络，驾驶员及交通管理系统可以通过这些车辆传感器网络感知车内、车间、道路上的各种信息，从而提高行车安全，降低交通拥挤，减轻汽车造成的城市污染和能源消耗。研究交通运输物联网络通信，延伸、扩展车辆和交通管理中心对车辆本身、车辆周边环境的感知能力，可以解决日益严重的交通问题服务。

网络是交通运输物联网的神经中枢和大脑，包括通信与互联网的融合网络、网络管理中心、信息中心和智能处理中心等主要功能，负责将感知的信息进行传递和处理，类似于人体结构中的神经中枢和大脑。在交通物联网络架构中，无线传感网尤显重要，简称WSN（Wireless Sensor Network）。它由部署在监测城市域内大量的廉价微型传感器节点组成，通过无线通信方式形成的一个多跳的自组织的网络系统，其目的是协作感知、采集和处理网络覆盖城市域中被感知对象的信息，并发送给观察者。传感器、感知对象和观察者构成了无线传感器网络的三个要素。

具体而言，网络层的主要作用有两个：一是完成各类设备的网络接入，重点是接入方式，如3G/4G、Mesh网络、Wi-Fi、有线或者卫星等方式。二是为原有的互联网、电信网或者电视网完成信息的远距离传输。

车联网技术涉及如下主要技术：

第一，网络通信协议：物联网是互联网的延伸，在物联网的核心层面是基于TCP/IP的协议。

第二，无线通信技术：主要是面向传感网在工业无线监控等应用中的低功耗、实时MAC层标准。

第三，物联网路由技术：物联网是由大量受限设备构成，我们所设计的物联网路由算法必须综合考虑物联网络普遍具有的特征。

然而，和互联网的网络技术相比，交通运输物联网需要重点研究的核心网络技术是：

第一，基于IPv6的下一代网络技术研究。在交通运输网络中，感知节点众多，传统的IPv4技术很难满足，只有IPv6技术在协议、地址分配、通信等方面达到要求，同时也充分利用了IPv6的技术特性。

第二，基于移动性场景的组网技术。交通事件中，交通对象和交通工具时刻运动，交通信息不停变换，移动断续连接场景下的组网技术非常关键，尤其是移动通信过程中的延时、丢包等问题。

第三，高速移动场景下的高速路由技术。鉴于交通物联网络中不停地组网，如果路由链路速度跟不上，则大量的资源用于建立路由链路上，从而无法实现网络节点的拓扑快速变化后路由的快速有效重建。

第四，海量数据的传输及处理。为了及时准确地掌握交通信息，感知交通状态，大量的感知节点必然会产生海量交通信息数据，如何将这些海量信息进行收集和传输非常关键。除此之外，在这些海量信息中开展QOS服务，如何保障服务质量也是需要研究的内容之一。

通过上述核心内容和关键技术的研究，最终形成全面感知、无限互联、高度智能的物联网新的网络形态——车联网。

车联网不是一个单独的网络或是一个部门的事情，它首先需要固定网络和移动网络，通过多部门协作和各种类型的传感器操作，将地理信息、交通信号、摄像头信号、拥堵路段报告、天气情况等多方因素链接到一起，实现汽车运行与道路交通管理的完美融合；其次还需要加强道路及技术管理部门之间的沟通及配合。通过物联网技术将汽车、道路、天气、人有机地结合在一起，实现一个互联互通的网络。

利用现有的基于 3G 卫星定位系统，并结合多个行业特点和需求进一步研发的新一代移动互联网车载终端产品是未来的发展方向，是车辆卫星定位系统车载终端技术、汽车行驶记录仪、油耗记录、全球定位（兼容 GPS/北斗）、物联网（RFID、传感器、视频监控）等技术的系统集成。

就网络运行平台而言，传统的智能交通以交通为重点，依托"智能交通系统关键技术开发和示范工程"、"现代中心城市交通运输与管理关键技术研究"、"卫星导航应用产业化专项"、"汽车电子产业化专项"、"下一代互联网示范工程"等国家重大工程项目，针对中国实际情况，以提高中国交通管理水平和运输效率，开展智能交通系统的关键技术攻关、关键产品开发和示范应用。示范重点是智能化交通管理系统、智能化公交调度系统、综合交通共用信息平台、卫星定位技术在运输车辆上的应用、应用下一代互联网技术的交通监控以及现代物流系统等。随着交通信息的无限感知，新的交通智能发展重点主要有两点：首先，改变发展目标，一方面"以人为本"，注重向应用实际发展，以服务为目的；另一方面向技术开发的前沿发展，以自主创新为龙头，以实现产业化为目的。其次，解决资源不共享、整体系统的设计水平不高的问题。

第七章　智慧城市信息安全关键技术

由于信息新技术的快速发展和信息学科之间的交叉融合，网络的泛在化与融合化、应用与业务的融合与互联，人类社会与信息空间的融合给人类带来了便捷、实时、有效的信息，但对智慧城市信息安全架构和技术也带来了巨大的挑战。

智慧城市的信息安全问题其实是一种典型的物联网规模化应用带来的衍生性问题。一方面，其范围不仅涵盖核心网络，还包括泛在的无线前端网络；另一方面，由于综合化、智能化的应用，海量数据的分布式存储、计算和处理会产生"云安全"之类的问题。

在物联网的发展和终端智能化程度提高的同时，其安全性方面的影响不容忽视。物联网信号的窃取和改变将造成网络功能失效、敏感信息泄露，更有甚者，如果掌握部分控制权，可以造成比传统网络更具威胁的破坏。病毒、黑客、恶意软件的强大，很可能会限制人的出行或通过入侵手机阻挡通信。当互联网上的电脑感染病毒后，我们可以通过断网阻挡病毒的传播，但是当整个世界都成为一个网络后，病毒一旦爆发泛滥时，我们是否可以做好应对的准备。事实上，物联网建设不仅是技术问题，还将涉及规划、基础建设、管理、安全等各个方面的问题，这需要国家层面出台相应配套的政策、法规并加强技术方面的建设。

由图7-1可以看出，在物联网总体架构中，物联网是以现有网络为基础，在此基础上添加物联网感知层和物联网应用层，从而形成物联网的三层基本结构。根据物联网自身的特点，物联网也存在着一些与已有网络安全不同的特殊安全需求。

由此分析出物联网所面临的安全问题，如图7-2所示。

物联网的安全问题包括：其一，信息系统的安全：安全、可靠的基础设施节点动态性，规模庞大，非中心性和管理物联网的隐私保护问题。其二，信息自身的安全：安全、可信的信息内容信息广播带来的隐私问题、保护能力弱的问题和物联网的可信问题。其三，信息应用的安全：安全、可控的控制应用，计算的开放性让"人不在回路中"成为一种风险。

第一，在物联网的感知层，由于物联网终端节点或感知节点处于无人值守的环境中，因而物联网终端节点的认证显得更为重要。由于物联网中终端节点的数量巨大，终端设备形态更加多样化，每个物联网用户可以拥有多个不同类型的物联网终端节点，因而物联网用户的认证和终端节点认证的关系将更加复杂，密钥管理的必要性和难度将增加，密钥更新时间也会有不同的要求。

感知层面临的安全问题包括：安全方案依附于具体网络，受到节点能力限制，安全机制比较简单；感知网中的安全机制独立于网络层，无法受到大网的控制；隐私容易泄露，缺乏身份认证；如RFID系统——非接触操作、长距离识别、具有穿透性和无屏障阅读功

智慧城市的理论与实践

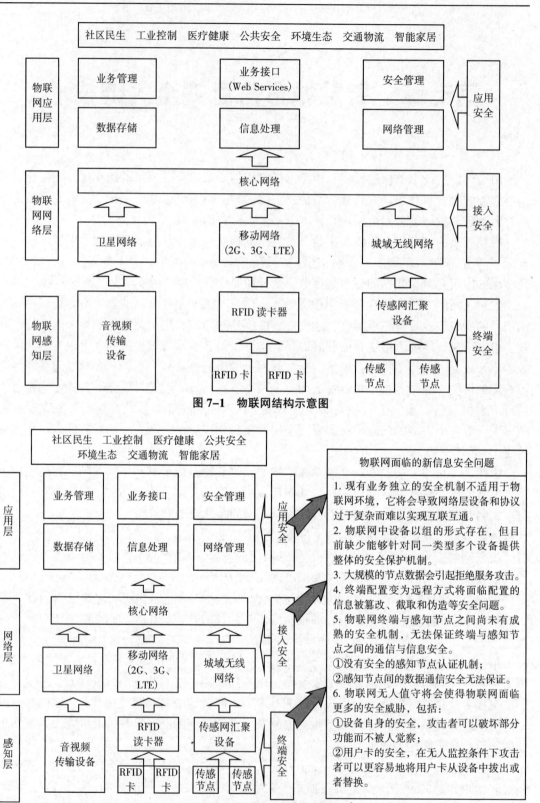

图 7-1　物联网结构示意图

图 7-2　物联网的安全问题

· 182 ·

能、无须可见光源；Tag 处理能力较弱，应用逻辑较为简单。信号丢失，连接可能时断时续，物理捕获不可避免，容易窃取节点内部信息；计算能力有限，节点容易被冒充，发送虚假数据；传统的安全机制无法直接应用。例如，传感节点——部署于无人值守场合；节点资源严格受限，难以采用复杂的安全机制；节点处理能力较弱，应用逻辑较为简单。易受病毒入侵，泄露个人隐私数据，也可对网络或其他用户发起攻击。例如，移动终端——处理能力较强；移动性强，可以随时接入网络。

第二，物联网网络层实际涵盖现有的各种网络形式，包括移动通信网、互联网、卫星网络、政企专网、集群通信网等。这些网络原有的安全问题都会被引入智慧城市中，并且由于智慧城市的特殊性，原有的网络安全问题可能会被放大。

网络层面临的安全问题包括：认证机制是用户归属服务器对用户的一对一认证，缺乏同时认证多个网络节点的组认证机制；缺乏对设备和 M2M 用户的绑定认证；大量的设备接入网络带来的安全问题，如网络拥塞——物联网的设备数量巨大，短时间内大量接入网络，很可能会带来网络拥塞，而网络拥塞会给攻击者带来可乘之机；认证和密钥生成机制受到挑战——当大量物联网设备接入网络时，如果按照原有的逐一认证产生密钥的方式，会给网络带来大量的资源消耗；感知网络和通信网络分离产生的安全问题，如"中间人攻击"，通过窃取、篡改、伪造信息，威胁、干扰感知网络和通信网络之间的正常通信。

第三，物联网应用种类繁多，因此应用层的安全性研究会更加多元化，不同应用的移动性可能也有很大的差别。是否需要为不同的应用研究不同的应用层安全机制，抑或是为不同的应用研究统一的网络层安全架构和机制还有待进一步研究。此外，在感知层的感知网络中，基站与终端节点之间的空口安全问题、感知节点与感知网关间的空口也存在着安全威胁。

应用层现状和面临的问题包括：缺乏对 M2M 设备远程签约信息管理的能力；没有统一的安全管理中心，无法实现统一的日志审计功能等。存在端到端的保护机制可以在应用层复用；隐私威胁——隐私泄露，包括用户的病历信息、个人身份信息、兴趣爱好、商业机密等信息。恶意跟踪——隐私侵犯者可以通过标签的位置信息获取标签用户的行踪；业务滥用——有可能出现非法用户使用未授权的业务或者合法用户使用未定制的业务等情况；身份冒充——无人值守则可能被劫持，然后用于伪装成客户端或者应用服务器发送数据信息、执行操作；信息窃听/篡改/伪造——网络的异构，使得不同网络的安全机制相互独立，因此应用层数据很可能被窃听、注入、篡改和伪造；抵赖和否认——业务的使用者可能否认或抵赖曾经完成的操作和承诺；重放攻击，信令拥塞——短时间内大量终端向应用服务器发送接入请求，有可能导致应用服务器过载，使得网络中信令通道拥塞。

综上所述，智慧城市重点需要解决的安全问题如下：

第一，移动终端的安全问题。

第二，物联网机器/感知节点的本地安全问题：终端设备需要安全加固和一定的信息安全防护措施，否则很容易被"遥控"和"伪造"等。

第三，前端感知网络的传输与信息安全问题：无线感知网络的协议通常较为简单，空中信号被截取不可避免。

第四，核心网络的传输与信息安全问题：核心网络具有相对完整的安全保护能力，但是由于物联网中节点数量庞大，且以集群方式存在，因此会导致在数据传输时，由于大量机器的数据发送使网络拥塞，产生拒绝服务攻击。

第五，物联网业务的安全问题：由于物联网设备可能是先部署，后连接网络，而物联网节点又无人看守，所以如何对物联网设备进行远程签约信息和业务信息配置就成了难题。

第六，分布式数据存储和处理引发的安全问题：敏感数据不容易保护得面面俱到，信息安全防护措施和投入需求非常大，实用性降低。

从智慧城市发展战略角度考虑，需要建立促进经济建设与城市建设良性互动、协调发展的现代制度平台，在战略目标、资源配置、运行机制等方面建立有效的制度保障体系，要在信息安全领域加大科研投入力度，有机融合智慧城市科研优势，形成强有力的综合科研团队和配套的资源设施，从而积极应对智慧城市所面临的信息安全态势，在未来的发展格局中占据重要的位置。

构建一个完备的一体化、可信任、多层次智慧城市网域安全保障体系主要由以下几个层面关键应用技术来保障，分别是：

- 智慧城市的网络身份管理；
- 智慧城市的关键基础设施安全；
- 智慧城市的自主高可信软硬件系统；
- 智慧城市的信息网络安全；
- 智慧城市的移动互联网安全；
- 智慧城市的网络分布式拒绝服务攻击和P2P僵尸网络检测与防御；
- 智慧城市的网络空间态势感知监测与预警；
- 智慧城市的云计算安全；
- 智慧城市的三网融合安全；
- 智慧城市网络空间多层次失泄密检测与防范等方面；
- 智慧城市数据安全传输关键技术。

如何构建一体化、可信任、多层次的智慧城市信息安全保障体系，最重要的就是要解决好这几个关键域的问题，需要从关键应用技术体系上全方位进行融合突破。

第一节　智慧城市信息与网络安全体系架构

针对智慧城市中涉及国家敏感信息多、空间数据量大、用户身份复杂、应用平台安全需求种类多、信息城域联动的特点，要构成完整、安全、可信、可控、可管、可靠的智慧城市的物联网应用，需要对智慧城市信息网络安全的体系架构进行研究。

通过对智慧城市物联网应用的三个层次进行分解，除了传统的安全技术外，具体需要研究终端安全、传输安全、云安全、业务应用安全以及各个层次对应的认证技术、入侵防护与隔离技术、动态安全策略等内容。

完整的物联网安全认证体系如图7-3所示。

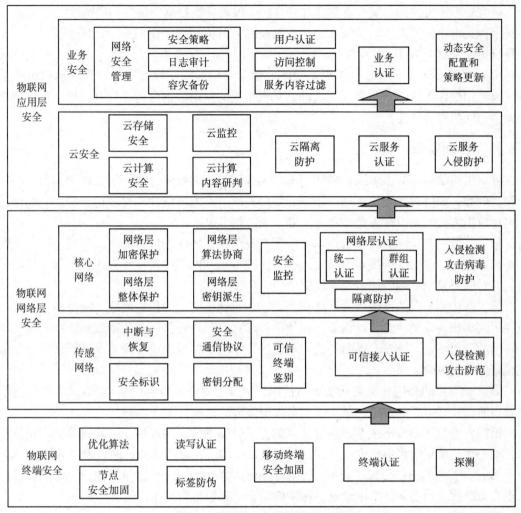

图7-3 物联网安全体系架构示意图

一、终端安全

终端安全的研究内容包括：针对传感节点和RFID标签类终端，研究如何保护数据的完整性和可信性、机密性与可用性；研究能量有限情况下的高效安全算法；针对手持式移动终端，研究安全可信的操作系统等。关键技术包括：

第一，传感节点的安全加固技术。设计低功耗、高性能的安全芯片，整合无线射频IP单元，研制单芯片控制的无线传感节点器，实现真正安全可信的"智慧尘埃"，使得节点可以适应条件恶劣，但又安全级别较高的应用场合。

第二，加密解密算法开发和优化技术。设计适合低功耗节点的安全加密解密算法，或优化现有算法使其满足网络对节点的可靠认证需求，保障信息的可信和完整性。算法满足实用性要求，进行计算复杂度测试和设计。

第三，电子标签的防伪造技术。设计安全RFID芯片，整合射频IP单元和存储保护单元。研究轻型不可逆内容摘要算法和加密算法，保障标签数据完整性和机密性。

第四，电子标签的读写认证和访问控制技术。对读写器的使用进行认证和授权，防止假冒身份非法读写 RFID 标签数据。

第五，移动终端安全加固技术。硬件上整合安全芯片，设计安全型终端软件操作系统，或通用操作系统的安全客户端软件，实现系统的应用数据保护、病毒防护、存储城市域安全访问机制等功能。

二、传输安全

针对组织结构松散、多跳、异构的前端无线网络，需要研究统一安全级别标识、解析问题。例如，如何对离线节点进行认证、如何判断节点的可信性和保障信任传递、如何抵御多种攻击方式以及设计入侵检测方法等。关键技术包括：

第一，统一安全标识和解析技术。对所有安全级别的终端进行分类，研究统一安全级别标识方法和可靠的解析技术。通过该技术实现节点和网络的安全级别识别，保障通信质量，并对假冒复制终端的搜索和系统定位。

第二，传感节点的可信接入认证技术。基于感知层前端的传感网络，在满足低功耗的条件下，实现高安全性的节点认证，包括两种形式：分布式认证和集中式认证技术，适用于不同的应用场合。该技术还需解决"非连接"情况下的节点认证和连接恢复认证，尽可能地降低入侵风险。

第三，节点的密钥分配与动态更新技术。该技术保障了传输网络对节点的信任分配，为数据通信建立可靠的链路，是实现信息加密传输的基础。

第四，可信终端鉴别技术。通过认证的方式，鉴别节点的可信性；通过侦测和记录日志，动态评估节点的可信程度，并在分布式认证环境下，对信任的传递性加以验证。

第五，安全的通信协议。研究基于多跳和通信质量变化的无线网络的安全通信协议，根据安全级别，动态调整路由设置，保障信道安全和信息的可靠传输。

第六，网络入侵检测技术。这里的网络入侵检测，主要针对传感网络，基于功率谱和信号强度反馈分析传感网中发生的异常情况，跟踪判断入侵行为。

第七，网络的攻击防范技术。针对感知层前端网络的交互，保障网络的正常运行，避免各种方式的攻击。

第八，网络节点的中断和恢复连接技术。该技术为可信分析结果提供网络行为支持。根据节点的可信程度，以取消认证合法性的方式中断连接，并可以在故障排除后进行连接重建。

三、云安全

"云"是海量分布式数据存储、计算和处理的动态形式，其在网络应用静止的情况下就会消散，而在网络应用繁忙时会快速集聚，它是物联网应用智慧化发展的高端产物。云安全主要研究用户隐私保护机制，防止智能化结果对业务用户造成伤害；研究云的认证机制，以确保云是可信的；研究网络隔离和防护机制，以确保云自身的安全、可靠；研究云的使用控制技术，建立优先级排序，智能排除不合法的信息计算。研究云的分类、控制云的形成和消散的来源和方式，为以上研究提供基础条件。关键技术包括：

第一，云计算和云存储安全技术。研究云的业务使用用户认证和存储访问控制，实现云计算的安全防护和结果的保密保障。

第二，云服务的可信认证技术。认证形成云的群体身份，切断不可信的连接，保障云的形成来源可控、可调整。认证云服务的可用性，结合动态度量和远程证明等保护方式，来构建一个安全可信的终端使用环境。

第三，云服务网络隔离和防护技术。通过研究网络动态隔离技术，实现对有安全性要求的云形成后的分割逻辑城市域防护，过滤可疑数据，形成对病毒的防护能力和有效抵御等多种攻击手段。

第四，云服务内容智能研判技术。研究和建立云计算分析模型，对比结果，智能判断云计算内容。通过检索技术监控云计算内容，对监测到的不合法内容及结果进行跟踪和标识，控制其输出路径。

四、应用业务安全

应用业务是物联网应用的最上层，需要对业务安全性需求进行分类，研究业务服务的数据完整性、保密性保障，研究业务间网络的隔离和管理以及业务认证等。关键技术包括：

第一，业务网络的管理技术。该技术包含业务网络范围内的安全策略制定、容灾备份方案、日志审计等传统网络安全技术，并衍生出动态的安全策略配置和更新技术，该技术可以实现安全策略随业务的安全级别变化而变化。

第二，业务认证技术。该技术实现业务的登记、注册，应用层认证和授权。可以有效地控制业务开展的范围和进行数据交换的内容，为实现应用层综合业务安全管理系统提供支撑。

第三，用户认证技术。此用户指的是与业务网络进行数据交换的用户，通过认证技术，对用户进行分类和授权，同时对非授权内容和业务数据进行有效的防护。

第四，业务间网络隔离技术。应用层的业务种类繁多，需要进行梳理和分类。研究隔离技术，既可以实现数据保护，又可以方便同类关联检索，形成对智能化处理的一个有效支撑。隔离防护从根本上不会影响信息共享，网络可以通过合理授权开放数据互访通道。

第二节　智慧城市的网络空间身份管理

目前，中国的网民规模达到 7.85 亿人，居世界第一，2013 年电子商务交易额超过 10 万亿元，居世界第一。互联网应用飞速发展，赛博空间的网络虚拟社会已经型构为一种新的社会形态，网络身份的虚拟性所带来的安全和诚信问题日益凸显和不断加剧，虚假信息、商业欺诈、失信行为等问题呈泛滥趋势，严重制约了互联网的健康发展，给维护智慧城市安全和社会稳定、商业信用及电子交易安全等方面带来了巨大的挑战。

但是，由于现行基于电子签名的电子认证服务机构的数字证书发放环节为商业行为，无法实现网络中虚拟身份同自然人真实身份的有效关联，必须要在公安机关颁发的权威、公正及普适性网络电子身份证（eID）基础上，构建与设计智慧城市网络空间身份服务体系架构和服务模式，构建系统平台并通过城市、行业应用进行验证。

通过网络空间身份认证技术，为智慧城市中各种网络服务与网络应用提供网络空间身份服务基础保障平台和技术支撑，通过对智慧城市互联网使用者主体身份有效鉴别和判定，大量政府民生应用和服务可以以网络形式向公民提供，为公共资源的信息化、高效化、合理化配置提供支撑；可满足智慧城市对于网上交易、虚拟财产安全及个人隐私保护的迫切需求，提升智慧城市人民群众网络活动的安全感；将推动智慧城市网络身份服务产业核心竞争力的全面提升，创造巨大的经济效益和社会效益。网络空间身份认证关键技术内容包括：

第一，研究与实现网络身份数据存储与业务处理安全服务系统，包括研究基于多副本的网络化高可用数据存储管理技术、灵活多维度数据划分方法、网络化新型索引管理和维护技术、可演化的复合数据模型、网络化数据资源的信息采集和集成技术。研究个人身份确认请求的处理和访问日志查询和分析请求的处理，研究高可扩展的网络化服务请求处理体系结构、层次式多副本服务请求处理模型、基于云平台的服务部署与配置技术、服务请求的网络化并行处理和优化技术。研究服务环境快速动态构建机制、虚拟资源动态调度策略与机制、服务容错机制和服务平台监控与诊断机制、服务高效放置策略与高效服务分发机制。实现大规模的高可靠、高性能、高可扩展的海量数据存储管理与分布式并发服务请求处理平台。

第二，研究与实现安全服务协议与接口系统，基于电子签名的网络身份服务平台旨在提供真实可信的身份鉴别和属性证明服务，其应用服务对象和业务终端多种多样，最终涵盖互联网所有具有实名需求的业务，对系统互操作性和扩展性要求非常高。因此，安全协议框架消息流程和可靠的安全服务接口是关键技术的重点，在安全身份鉴别协议设计完成后进行标准化工作，提供标准类型的服务接口，方便各种网络应用与网络身份服务平台的对接。主要包括身份鉴别服务接口、隐私访问控制策略定制服务接口、属性证明服务接口、信息订阅发布接口等，并规范业务终端厂商、第三方服务机构、网络应用服务提供方、网络身份服务平台等各方实体之间的互操作消息。因此，本项目技术重点之一是研究设计安全服务协议消息与接口，并将协议与消息进行标准化，形成相关标准。

第三，研制高性价比、高兼容性网络身份服务终端安全模块与机具，eID 的普适化应用必须要解决高性价比、高兼容性的网络身份服务终端安全模块和读写机具的研发与产业化问题，要研发和实现 eID 普适性的安全应用接口，支持多种系列软硬件平台和各种主流浏览器，能够满足不断发展的移动互联网应用需求。为保障 eID 终端环境及载体环境安全，需要规范业务应用访问逻辑结构、设计完整性度量及终端监控构件模块，需要明确应用到 eID 载体媒介访问的层次结构、清晰定义层功能和接口，规范 eID 终端操作系统、IC卡等载体操作系统的安全构件与接口调用。

第三节 智慧城市的关键基础设施安全防护

目前，智慧城市中网络空间关键基础设施安全问题严重：一是智慧城市中大多数重点行业的控制系统采用国外品牌软件，技术维护更新都严重依赖于国外的技术和人员，一旦出现安全问题很难及时解决，潜在威胁日益突出；二是智慧城市中重要基础设施网络部分租用公用网络，即使采用与国际互联网物理隔离的方式，但是随着新漏洞不断被挖掘，数据摆渡攻击方式和手法层出不穷，与外部数据交换需求增加，威胁依然严峻；三是智慧城市中关键基础设施以其不同于互联网公众设施的特点，将面临内部人员攻击或对合法权限滥用的威胁，其监测与防范都极为困难；四是新的安全问题出现时间短，目前对智慧城市中关键基础设施的安全防护技术研究极为不足，现有的少量安全防护措施也仅仅是将计算机网络与信息系统最通用的防护手段简单地转移到关键基础设施的信息系统中，而没有考虑到二者在系统特征、应用环境、威胁模型、攻击目标方面存在的极大差异性。此外，针对智慧城市中关键基础设施特定要求的安全防护技术研究非常匮乏，关键基础设施的安全防护标准也尚未有涉及。

因此需要针对智慧城市中关键基础设施攻击威胁的形势，研究建立系统完善的安全防护体系，开发具有自主知识产权的安全防护系统，重点研究针对关键技术设施共性的、核心的安全防护技术，特别是在智慧城市关键基础设施软硬件安全体系结构、高安全控制平台、安全传输控制协议、内部攻击监测与防范、高可存活性等技术领域加大研究力度，初步形成对智慧城市关键基础设施的针对性防护能力，有效提升智慧城市关键基础设施抵御高强度攻击的能力。具体内容包括：

第一，建立高安全的控制平台，包括硬件与操作系统安全增强技术、可重组安全组件技术、控制软件安全确保技术、安全传输控制协议等研究，研究如何降低安全机制对系统性能影响，在保证系统鲁棒性的同时，达到终端、控制器和网络接入可信的目标。

第二，可存活体系结构及方法和工具、有效的部件或信息冗余、容错和负载平衡、可存活性度量、功能隔离机制、防止连续失效、系统自修复或重载等。

第三，策略驱动的内部威胁建模、主机网络协作精确检测内部威胁、内部威胁预测和响应、基于行为和能力的细粒度差分访问控制技术、多级安全模型、内部攻击诱骗和阻止技术等关键技术。

第四节 智慧城市的自主高可信软硬件

设计并研制自主的、安全导向的软硬件是智慧城市信息安全的迫切需求。随着以网络为中心的信息时代的到来，信息系统的基础设施正面临重大革新。操作系统作为信息化系统的重要组成部分，是整个信息系统安全的关键环节。在现今"网络战"的前提之下，网络中各个端系统的安全可信成为整个网络系统安全可信的基石。随着计算机安全技术的发展，传统对端系统安全性的关注已经开始逐渐转变为开始同时强调端系统的可信性，即如何保证端系统按照预定的行为来执行软件，也就是如何使端系统和网络的行为具有可预测性。

因此，设计以自主为基础、可信与安全为导向的端系统和网络软硬件，从处理器、操作系统、计算平台、网络设计之初就充分考虑可信与安全问题，设计完善的可信与安全机制，研制自主的、安全导向的处理器、操作系统、计算平台、网络和安全保障体系。

第五节　智慧城市信息网络安全

针对智慧城市中信息通信网络规模不断扩大、数据海量累计且重要性和敏感程度不断上升、业务对信息网络依赖程度的不断提高、内外网互通互联需求的日趋强烈、网络安全风险凸显、安全保障难度不断加大的新形势和新问题，突破智慧城市中信息通信网络安全防控体系构建的共性关键技术，实现智慧城市的全程全网可信、可知、可控、可管，为维护社会稳定、促进社会发展创建安全可信的网络信息环境。

"大幅提升以信息和应用保障为目标的智慧城市信息通信网络安全防护能力"这一战略任务分解为安全虚拟计算环境、软件安全运行保障、内外网安全交换三部分。

"大幅提升以密码技术为基础的智慧城市信息通信网络安全信任支撑与服务能力"这一战略任务分解为网络身份管理、安全服务支撑两部分。

"大幅提升以综合动态防范为核心的智慧城市信息通信网络安全管控能力"这一战略任务分解为威胁感知响应、安全检查评估、统一安全管理三部分。

进行专用信息通信网络关键技术与设备研制，提升智慧城市信息通信网络安全防控体系的可信、可知、可控、可管。

第一，可信。加快以 eID 为核心的全程全网可信应用环境构建。实现多类型电子身份的安全保护、应用、管理与审计，降低电子身份窃取和滥用风险，提供可保障信息采集、处理、存储、交换、使用等全业务流程高度可信的安全服务。

第二，可知。实现信息网安全状况的实时掌握和安全威胁的准确感知。建立公安信息网安全协同响应模型，支持多级网络安全状态信息的汇聚和分析，提供各类安全威胁准确感知与定位技术手段，形成多部件、多模式协同响应和处置机制。

第三，可控。在业务应用过程中保障重要敏感信息始终处于安全可控状态。确保终端、软件和应用系统的安全认证、访问、交互和稳定运行，实现网络边界的安全信息交换与共享。从而有效防范失泄密，维护信息网边界的完整性。

第四，可管。形成信息网统一综合安全管理与评估体系。建立基于等级保护管理流程的安全检查与评估机制，提升等级保护工作的效率和管理水平，形成安全态势综合分析与智能辅助决策能力，实现安全管理工作的平台化、智能化。

第六节　智慧城市的移动互联网安全

移动互联网继承了传统互联网技术以及移动通信网技术的脆弱性，面临来自互联网和正在 IP 化的移动网的双重安全风险威胁。智慧城市的移动互联网目前主要的安全隐患包括：用户个人信息泄露、非法信息传播以及垃圾邮件和垃圾短信、恶意代码和病毒造成的信息泄露等。移动互联网的安全隐患会造成通信网络的堵塞甚至瘫痪、信息传输不可靠、个人隐私和公共信息泄露，造成包括互联网、电信核心网络在内的所有通信网络不能正常运行，给人民、社会的财产造成重大的损害。因此，对智慧城市的移动互联网的安全核心技术的研究，建立移动互联网的安全体系是当前亟须解决的重大问题之一。

移动互联网安全的重点是在端到端安全、可信接入安全、用户信息监管、安全管理和安全性分析以及移动终端恶意代码防范和防泄密等方面的关键技术，包括移动互联网的端到端安全技术、移动互联网的可信接入安全技术、移动互联网用户的信息监管、移动互联网的安全管理和安全性分析技术，以及移动终端恶意代码防范和防泄密技术研究。

第七节　智慧城市的网络分布式拒绝服务攻击和
P2P 僵尸网络检测与防御

分布式拒绝服务（DDoS）攻击指借助于客户端/服务器技术，将多个计算机联合起来作为攻击平台，对一个或多个目标发动攻击，从而成倍地提高拒绝服务攻击的威力。随着智慧城市互联网应用的迅猛发展，各种网络服务开始盈利，电子商务、电子政务也逐渐取代传统的大厅服务，这些都使得 DDoS 攻击形成了互联网上的一个最直接而且经济收入很高的产业链。

在攻击方式上，利用 P2P 僵尸网络进行 DDoS 攻击。由于该攻击技术操作简单、代价小，对民用和军用网络都会形成极大威胁，掌握了其检测和防御技术，就可以避免在危机时刻遭受巨大的损失。同时，其技术本身的研究也有极大的复杂性和挑战性，因为其攻击和防御都与 P2P 系统本身的分布式、异构、自组织等特性密切相关。

针对 P2P 系统自身的特征，研究并验证各种基于 P2P 僵尸网络进行 DDoS 攻击方法；根据对攻击方法的性能和特点的分析比较，研究其检测与防御技术，并分析各种技术的可行性和有效性；设计和开发出集攻击、检测与防御为一体的有效系统原型。

关键技术内容包括：P2P 网络的特征和性能研究；利用 P2P 僵尸网络进行 DDoS 攻击的技术；P2P 僵尸网络 DDoS 攻击的检测与防御技术；软硬件一体化的 DDoS 攻击与防御系统技术。

第八节　智慧城市的网络空间态势感知监测与预警

近年来，随着电信网与互联网的融合，特别是移动互联网的发展把移动网与互联网融合在一起，使得网络的触角深入到世界的每一个角落，建立智慧城市网络空间的安全威胁感知、监测与预警平台，可以提升智慧城市信息安全基础设施的整体安全保障水平，提高智慧城市在信息安全中的主动性和积极防御能力。需要重点关注和研究以下几个方面：

第一，攻击行为发现、失泄密反制、有害信息监测及协同管理等关键技术。

第二，智慧城市网络空间的安全威胁评估指标体系、网络安全态势模型与主要影响因素分析、国家网络宏观态势预测、网络安全态势可视化等关键技术。

第三，构建覆盖智慧城市信息基础设施、集信息监测与防护于一体的网络空间安全态势监测预警平台。

关键技术核心包括：智慧城市网络空间安全态势感知的数据获取；基于云计算的海量数据的融合分析、关联挖掘与异常判定；自感应网络空间安全态势模型、技术与安全态势指标体系；智慧城市网络安全态势发展趋势的预测模型；智慧城市中基于物理空间和信息空间相结合的网络安全态势可视化展示。

第九节　智慧城市的云计算安全

云计算在提供方便易用与低成本特性的同时也带来了新的挑战，安全问题首当其冲，它成了制约云计算发展的关键因素之一，能否确保云计算平台的安全性，将在很大程度上决定用户是否愿意将其数据和应用向云计算平台进行迁移。

要解决云计算平台的安全问题，需要解决云计算平台体系结构的安全问题。虚拟化技术作为云平台的核心技术，实现了云计算资源的灵活配置，大大提高了平台资源利用的效率。因此，首先需要解决虚拟化架构的安全问题。由于多个用户共享云平台资源，在资源利用效率提高的同时也带来了更大的安全风险；另外，来自云服务提供者的攻击更是难以防范。传统分布式计算平台侧重于解决服务端对访问者的控制和信任问题，但云计算具有的服务外包和基础设施公有化特征导致用户对自身任务与数据的安全不可控，需要以"用户为中心"开展相关的模型和理论研究。

其次，由于用户将数据交由云端的服务程序进行存储和处理，导致了用户无法完全控制其所拥有的数据，从而引发了一系列新的数据安全问题。当用户或企业将所属的数据外包给云服务商，云服务商就获得了该数据的优先访问权。事实证明，由于存在内部人员失职、黑客攻击及系统故障而导致安全机制失效等多种风险，云服务商没有充足的证据让用户确信其数据被正确地使用和存储。

随着云计算平台提供的服务增多、上网终端的多样化,对企业信息系统的攻击正从个别向多重、从分散到系统、从单一目标向多个目标转变,相对于以前的单一目标攻击,信息系统在这种复杂攻击面前显得更加脆弱。

最后,云计算平台的开放性以及大规模特征带来了比传统环境更严重的安全威胁,因此需要更全面、功能更强的综合网络安全防御体系提供保障。云平台的安全性同样依赖于平台本身的健壮性,但是由于云平台常采用存在较多安全漏洞与缺陷的开放性软件构建,导致平台的安全风险大大增加,用户面临着各种平台系统及服务软件被恶意使用所带来的威胁,攻击者更容易窃取或破坏用户数据。另外,平台中大量用户的存在以及用户需求的多样性加大了安全配置管理的难度,稍有不慎将带来致命的安全隐患以及不可估量的损失。如何为云平台提供有效的漏洞扫描及安全配置管理手段,成了云平台安全的一项重要挑战。另外,由于云平台的开放性以及常采用存在较多安全漏洞与缺陷的开放性软件构建平台,导致平台的安全风险大大增加,因此云平台软件本身的安全性显得非常重要。

构建云计算平台安全框架与体系结构、掌握云计算安全关键技术、研发云计算平台安全软件与配置管理系统,这是云计算安全工作的重要内容,具体内容包括:

第一,云计算平台安全体系结构研究。针对云计算的安全体系结构开展研究,提出面向云计算环境的关键安全模型和理论方法,例如:信任模型、访问控制模型、平台的可生存性理论等;研究虚拟机架构的安全,分析虚拟机本身的安全问题,提出针对虚拟机攻击的防护机制;研究和实现基于云计算平台的运行安全保障机制,包括云平台的安全监控、面向多用户的安全隔离、云服务的故障容错,以及用户任务的可信执行环境的构建等。

第二,研发云计算安全存储系统。针对存储安全系统开展研究,设计分布式用户访问权限控制、基于门限密码的数据自我销毁机制、可搜索加密算法体系、分等级的高效数据加密和验证体制和云计算存储提供者、云计算应用提供者、云计算用户之间的数据安全交互协议。针对云备份系统软件,综合考虑负载均衡与节能需求,研究多应用节点与多服务节点之间并发备份的任务调度策略,实现全量备份、增量备份、差量备份等多级别备份功能。针对基于云模式的安全审计,主要在双线性签名和同态认证的基础上进行,设计更为高效的审计协议和验证算法。

第三,支持云环境的漏洞扫描和安全配置管理:基于云平台安全体系结构,针对多层次云服务的安全漏洞,提出面向云环境的安全核查模型,研究云环境的漏洞发现技术,建立多级联动扫描和交互式漏洞检测机制;基于半监督反馈原理,研究面向云计算、云存储和云服务的风险评估模型和理论方法,建立全面的安全核查与配置管理体系,提供可靠的风险分析与加固方案,以规避安全风险,并验证安全策略的有效性与合理性,保障云平台安全体系结构的可生存性。

第四,云计算的平台安全软件支撑体系:针对云计算软件的安全质量,提出面向云计算的软件安全质量模型,并制定相应的安全测评指标体系及测评标准规范;研究面向云计算的软件安全测试机制,包含对云计算所提供的借口进行安全性测试以及对其中的软件进行源代码级漏洞检测;研究面向云计算的安全关键计算标准,包含数据安全隔离技术规范、云存储安全体系规范和安全审计规范等,为云计算软件安全提供基础性标准支撑。

云安全的核心技术内容是：

第一，在三个方面开展云安全体系架构研究：①信任体系。云环境中的信任已经和传统计算环境存在很大不同，它更强调的是用户对平台的信任。另外，也同样需要考虑平台对用户的信任以及云内部组件间的信任。②访问控制体系。需要对云平台各复杂实体之间的交互关系进行规范描述。③云平台的可生存性。为不同层次的云服务模式下服务的可靠性保障提供理论依据，并指导服务容错技术的研发。

第二，采用基于身份的分布式安全存储架构，将用户访问权限与被访问对象相关联，存储设备在接受成员访问时只需验证用户身份，依据用户身份、所属的角色以及与被访问对象相关联的访问控制项进行访问控制。基于身份的分布式安全存储架构考虑了用户访问权限集中放置带来的性能"瓶颈"和管理复杂的问题，强调了用户访问存储系统时的实名制问题，并基于门限加密算法，提出云计算环境下的门限密钥的自失效方法，从而实现门限密钥所保护的数据的自我销毁机制。

第三，采用主机扫描、端口扫描、网络服务扫描与代码扫描等多种扫描技术，结合多级联动扫描机制和多种漏洞扫描加载方式，对云环境进行分布式深度检测，形成风险分析与建议报告，通过安全配置管理，实现漏洞修补、策略维护、风险规避和有效性验证等，提升云计算平台的综合防护能力。

第四，开发、构建和部署云计算平台中的安全网关，同时利用虚拟化技术所带来的诸如虚拟机镜像管理、迁移等优势，实现安全网关的虚拟化技术，对安全网关的功能模块进行高效的性能扩展、无缝的功能升级、快速的故障恢复等。具体内容包括：结合云计算架构的核心技术——虚拟化技术，研究云计算环境下的新型攻防技术、远程安全接入、安全访问控制、抗拒绝服务攻击、入侵防御、Web安全等技术，研发虚拟化综合安全网关产品，使其能够满足云计算及应用环境下的安全保障能力。

第五，拟采取静态预处理与动态监控相结合的方式进行漏洞分析。在动态监控中，所获取的信息多数是局部信息，不利于分析数据流的来源、去向等整体信息，而对二进制代码进行静态预处理则能较好地解决这个问题。

第十节　智慧城市的三网融合安全

由于三网融合的网络在物理层上是互通透明的，即一个网络的信号可以直接传递或者经过组织、变换传送到另一个网络中去，并且通过另外的网络传送到用户终端时不改变信息的内容。用户只需一个物理网络连接，就可以享用其他网络的资源或者与其他网络上的用户通信。在应用层上，网络之间的业务是相互渗透和交叉的，但又可以相互独立，互不妨碍，并且在各自的网络上可以像以往那样独立发展自己的新业务。网络之间的协议兼容或者可以进行转换。因此随着三网融合工作的开展，原先封闭的电信网、广电网将不断开放。这种开放性使得外部的攻击者有了可乘之机。

三网融合以后，网络用户数量和网上活动大量增加，网络用户权益保护和网络安全秩序问题将更加突出。运营服务主体增加,业务范围扩展,监管盲区加大。分行业监管体制机制和监管能力水平难以适应。并且,音视频等多媒体信息传播更加便捷,信息量大幅增长。由于音视频信息的自动识别尚属攻关的技术难题,对网上有害音视频难以有效管控。网络终端类型增多,任一终端都可以同时具备打电话、看电视、收发信息等多种功能,信息发布源大量增加,信息发布的审核控制难度加大。单一网络将承载多种业务,遇到重大突发事件时,难以有针对性地对特定业务实施控制。

因此,三网融合运行面临各种安全风险与威胁,网络音视频信息监管、打击网络犯罪和网上突发事件处置等问题更加突出,不仅直接影响三网融合实施的正常进行,而且将对政治、经济、文化和社会稳定带来威胁。三网融合安全技术的具体内容包括:

第一,应当在战略方向、理论模型、关键技术多个层面形成三网融合技术中完整的信息安全管理体系。

第二,三网融合防护平台。研究播控平台、分发系统、传输网络等重要信息系统的安全保护技术,平台必须具备三级以上安全保护能力,并研究相适应的网络运行与流量监测技术。

第三,三网融合防护技术。加强对于三网融合新技术、新业务相适应的安全防护手段的研究,提供信息安全技术防护手段的延伸建设,保障网络运营安全。重点研究防黑客攻击、防信息篡改、防节目插播、防网络瘫痪等技术。

第四,研究三网融合下 IPTV、手机电视、音视频业务传输上的逻辑分离技术,确保在紧急状态下能够实施分业务、分城市域的管理与控制。

第五,研究基于等级保护技术与管理要求的三网融合安全风险评估策略和方法,系统地分析三网融合系统所面临的威胁及其存在的脆弱性,评估安全事件一旦发生可能造成的危害程度,提出适合的、有针对性的抵御威胁的防护对策,为防范和化解信息安全风险、将信息安全风险控制在可接受的水平、最大限度地保障信息安全提供科学依据。

运用科学的方法和手段,系统地分析三网融合系统所面临的威胁及其存在的脆弱性,评估安全事件一旦发生可能造成的危害程度,提出有针对性的三网融合安全风险分析评估框架与模型、抵御威胁的防护对策和整改措施,为防范和化解三网融合安全风险,将风险控制在可接受的水平,最大限度地为保障三网融合安全提供科学依据。基于三网融合的信息安全风险评估及框架与模型作为三网融合技术中信息安全保障工作的基础性工作和重要环节,要贯穿于三网融合的规划、设计、实施、运行维护各个阶段,建设符合等级保护的三网融合环境。本课题研究拟采用的基于等级保护规范的风险评估框架与模型,综合了三网融合安全风险分析的基本要素和与这些要素相关的属性。三网融合技术中信息安全风险分析中要涉及资产、威胁、脆弱性三个基本要素,每个要素有各自的属性,资产的属性是资产价值;威胁的属性可以是威胁主体、影响对象、出现频率、动机等;脆弱性的属性是资产弱点的严重程度。

按照基于等级保护规范的风险评估框架与模型,提出基于三网融合的信息安全管理策略对策,研究构建防黑客攻击、防信息篡改、防节目插播、防网络瘫痪、内容信息监管的多层次、全方位的信息安全管理体系架构、策略和技术方法,确保三网融合的信息安全。

第十一节 智慧城市网络空间多层次失泄密检测与防范

随着智慧城市信息化建设的深入和互联网的广泛使用，保密信息泄露问题也日益突出，特别是在一些政府机关、科研机构、大型企事业单位等关键部门，由于缺乏有效的防护和管理手段，泄密事件时有发生，给国家造成了重大损失。

当前防泄密普遍存在着文档分级管理弱、移动存储设备控制不灵活、监控力度不细、操作取证困难等不足，无法完全满足对防止信息泄露的需求。因此，亟待深入研究智慧城市网络空间防泄密关键技术，研发安全性强、经济易用的防泄密系统，解决信息的保密问题。具体内容包括：

首先，针对目前信息安全保密的形势，研究保密信息泄露的渠道，建立系统完善的防信息泄露安全体系，开发具有自主知识产权的防信息泄露系统，通过对网络和主机中软硬件资源、用户行为、重要数据的安全防护和管理，确保信息的保密、可管、可控，防止信息非法泄露。

其次，研究高速流量监测、海量数据分析、窃密行为检测、失泄密事件推演等互联网信息失泄密监测关键技术，开发互联网信息失泄密监测系统，实现窃密攻击行为的主动发现、失泄密事件的监测预警和查证审计，搭建应用示范环境，对各种关键技术进行验证和演示。

核心技术内容是：

第一，防泄密关键技术研究。包括一体化信息防泄露防护体系设计技术、移动存储设备分级保护技术、存储设备电子取证技术、多维环境下的文件分级标识技术、数据安全摆渡技术。

第二，互联网信息失泄密监测技术研究与示范应用。包括基于 IP 分组的内容级线速匹配技术、网络窃密行为的自动化分析与特征提取技术、失泄密事件及内容快速发现技术、基于语义的内容分析与检测技术、重点对象发现与实体态势估计技术。

第三，建设可信、安全、可靠的网络服务体系。包括建设覆盖全面的涉密信息的安全可信服务环境、海量涉密信息的安全保密共享平台、海量涉密信息的容灾备份服务、涉密信息安全传输系统等。

第十二节 智慧城市数据安全传输关键技术

智慧城市需要保证数据安全传输，保证数据传输的单向性：数据信息只从低密级网络向上传输，高密级信息无法流到低密级网络中，从而实现数据单向推移。数据安全传输通过切断网络之间的通用协议连接，将数据包进行分解或重组为静态数据，对静态数据进行安全审查，包括网络协议检查和代码扫描等；确认后的安全数据流入内部单元。主要研究两个独立的网络不存在通信的物理连接、逻辑连接、信息传输命令、信息传输协议，不存在依据协议的信息包转发，确保完全防止各种可能的泄密。

传输系统由于不存在反向数据传输，在传输层无法采用面向连接的传输控制协议即TCP协议，在传输过程中出现数据错误无法通过交互进行重传纠正。而基于无连接的用户数据包协议UDP则无法胜任这种环境数据传输要求。为了提高数据安全传输系统的数据可靠性，结合系统的应用需求，需要研究提出一种新型的传输层协议，该协议采用无连接字节流的协议，发送数据前不需要建立连接，直接发送数据。将应用程序交下来的数据仅仅看成是一串无结构的字节流，保证接收方应用程序所收到字节流必须与发送方应用程序所发出的数据字节流完全一致。

第十三节　社会安全的管理技术

城市中的人具有高度的社会性，具有各种不同的社会阶层和社会属性，并通过社会中的各种要素相互关联。随着 Web2.0 技术的发展，博客、微博、即时通信、社交网站等在线社会网络成为人们网络生活中不可或缺的沟通工具。与现实社会网络相比，在线社会网络具有沟通不受时间、空间限制的优势，呈现出许多与现实社会网络不同的新特点，是当前社会管理中需要重点关注的研究对象。

通过社会学、生态学、人口学、生物学等与信息技术的跨学科协同研究，利用社会网络分析理论、社会感知计算等手段对智慧城市中组织生态与社会管理的现状与模型以及发生发展的趋势与预测等进行研究。研究包括全球化和信息化加速背景下的社会组织生成机制与城市复杂社会的治理方式，社会资源与公共物品的配置，群体性事件的预测预警，社会转型趋势预测预警等；为智慧城市的组织生态与社会管理提供信息化、可视化的研究手段，有助于各种社会问题的及时发现和解决，从而构建和谐社会。管理的关键技术包括以下几方面。

一、社会信息的智能采集与信息化管理

通过智能化和信息化的手段，采集各种社情民意、社会组织和城市社会文化地理信息，以及在线社会网络（博客、微博、论坛、即时通信工具等）的动态信息，进行有效的数据整理、归类和管理，形成社会数据库。研究提高信息采集的有效性、及时性和正确性的技术手段，为政府决策、社会管理与服务、企业生产经营等提供及时完整的咨询。

二、社会组织生态和社会治理研究

运用现代风险社会的基本理论，深入认识、概括和预判城市在信息化条件下社会组织与社会运动相互联系方式的变化走势。综合运用组织社会学、网络社会学、公共管理学、新传媒研究等多学科的研究手段，围绕基层社会的各类实体组织、网络虚拟组织等社会性

组织，深入研究国际化大都市社会安全管理所面临的新问题，探索解决这些新问题的新理念和新方法。

三、社会转型趋势预测和预警

综合运用社会转型理论、社会分层理论、社会资源理论、人口社会学理论以及数量分析方法，通过大量的实证调查分析，研判当前中国城市的社会转型态势，以及城市社会转型走势可能对经济和社会发展的重大影响；结合社会网络的数学模型和智能分析技术作出及时的预测和预警，为城市社会管理创新提供有价值的决策咨询。

四、组织生态与社会管理的虚拟仿真、预警和展示

借助计算机模拟仿真技术和数值分析技术，在城市社会转型态势数学模型和社会数据库的基础上对社会风险进行仿真和展示，包括社会组织分布、城市风险分布、公共/文化设施分布和历史文化信息分布等社会文化地理的立体演示，形象展现城市各类社会文化信息地理分布和各类要素的相关性，为市民提供优质、直观的社会性、生活性信息服务，为政府决策提供有效、即时的信息支持。需要涉及的具体技术内容包括：

（一）社会信息的采集与信息化管理

社会信息主要包括现实社会的动态社情民意、城市社会文化地理信息、在线社会网络动态信息等，通过信息技术的手段进行采集、分析、综合和管理，以形成完备的城市社会信息库。

（二）社情民意信息的采集和数据库管理

以智能化信息技术为手段，收集、分析、整合和反映社区居民关于环境、安全、公共服务、民生方面的主观需求和产业活动，实现社会管理和社会服务的信息化和智能化。信息采集渠道包括人大、政协的提案，政府相关部门得到的基层反映，现实社区的信息反馈，网上虚拟社区言论，信访等，对其进行有效的分析、综合和归类，形成数据库化的管理。

技术手段上包括 Web 网页智能搜索技术、图像智能分析技术、文本分类技术、数据挖掘技术、关键词提炼及其数据库检索等。

（三）城市社会文化地理数据库的构建

以地理信息系统（GIS）为工具，在收集大规模的城市公共资源配置信息和各类社会文化信息的基础上，综合社会学、历史学、文化学、经济学、管理学、传播学等学科知识，研究建立包括社会组织分布、城市风险分布、公共/文化设施分布和历史文化信息分布在内的城市社会文化地理数据库。

（四）在线社会网络数据库的构建

社会网络的数据资料是一组反映行动者关系的数据信息，简称关系数据。关系数据不同于属性数据，不仅其本质内容不同，其表达形式也不同。对典型的在线社会网络，如著名博客、微博、论坛、即时通信工具等进行数据的动态采集和分析，研究基于 Web 数据挖掘的虚拟社区社会网络关系数据智能采集技术；采集数据的自动分类聚类、主题检测、专题聚焦技术、数据活化与融合技术等，形成更便利于上层智能分析的数据管理平台。

五、社会组织生态和社会治理

需要研究的问题包括：全球化和信息化加速背景下的社会组织生成机制与国际化大都市复杂社会的治理方式；"虚拟参与"与"现实参与"以多种机制相互交织于一体的特殊集体行动；网络群体性事件的预警和干预；公共资源合理配置与大都市社会文明秩序建设；特大城市社会协调与管理的规律；政府组织、企业组织、社会组织在社会管理中的分工协作；社会矛盾的源头治理；风险社会与公共政策研究；老龄化背景下的社会工作研究；借用生态模型，研究组织多样性对社会系统的影响等。

重点研究互联网、微博、即时通信工具等新媒体科技手段的运用对社情舆情传导机制的影响，以及网络社会的人际交往方式和虚拟组织的运行规律；研究网络社群组织对民意民情的影响，建构网络舆情监测预警平台；研究虚拟社会重大社情舆情对实体社会影响的路径，预警可能发生的重大社会冲突，为政府正确决策提供咨询。技术上则重点研究"网络组织"的形成、发展机理与模型，网上谣言的产生、传播的机理与模型等。

六、社会转型趋势预测和预警

中国的城市正以较快的速度由工业社会向后工业社会转型，其产业结构和经济增长方式将会出现快速调整，随之有可能出现社会继续分化、需求结构复杂化、公共服务供给主体多元化、老龄化、族群关系变化以及国内外新移民融合等重要问题。总之，新条件下的社会矛盾凸显期可能出现，政府的社会管理将面临一系列新挑战。

具体内容主要包括城市社会分层结构变化及其趋势；中间阶层的形成规律；社会分化和阶层冲突的缓解；社会大流动背景下的中外移民族群和本土族群的文化认同和社会融合；多元化社会需求与生活性服务业发展；城市社会管理与服务模式比较研究；老龄化背景下的劳动力市场的培育和发展；城市养老模式等。

通过人口学、历史学、公共管理学、现代信息技术和生物统计学等多学科的合作，重点研究建立面向后工业社会的都市社会转型态势数学模型，预测城市社会转型趋势，为政府制定有关培育和壮大中等收入阶层、引进各种高端人才、培育劳动力市场等相关政策提供咨询，并预警社会转型过程中可能产生的社会冲突。

以生物学集群迁徙模型和"空间点格局"方法为基础，建立人口迁移数学模型、各种社会组织或人群的社会分布模型；与生态科学技术相结合，研究人与自然、人文环境的相互融合特性，为城市规划提供新的理念和思路，如宜居社区和生活环境规划等。

七、组织生态与社会管理的虚拟仿真、预警和展示

(一) 虚拟仿真与展示技术

对社会转型趋势的各种预测模型进行计算机数值仿真，结合城市社会数据库、城市GIS系统的信息，对计算机数值仿真结果进行虚拟现实的可视化展示研究，关键技术包括模型的高效数值计算方法、结合各种趋势模型与城市地理模型的多尺度动态三维仿真几何模型、城市大场面高精度实时渲染技术、实时联动仿真处理技术等。

（二）社会组织生态与社会管理演示平台

综合社会数据库、虚拟现实仿真平台及城市 GIS 系统，研究建设社会组织生态与社会管理演示平台，形象地展现城市各类社会文化信息地理分布和各类要素的相关性，以及社会转型趋势的可视化展示和社会问题的预警及响应等。为广大市民提供优质、直观的社会性、生活性信息服务，为政府决策提供有效、即时的信息支持。

八、社会信息传播的内容安全

（一）互联网舆情巡查应用示范

近年来，某些突发性、群体性事件多以网络新闻转载、论坛发帖等形式在互联网上广泛传播，并迅速成为互联网讨论的热点。由于互联网传播的广泛性和快速性，仅仅依靠人工已很难分析事件发展的态势，政府部门不便做出及时快速的相应决策，因此，互联网舆情巡查有重要的实用意义。

依据网民的发帖行为，可以发现一般网民常会在某些本地网站、国内主流网站以及综合网站的本地板块上发表信息，这类站点就是经常出现本地舆情的地方。目前，人们上网方式越来越多，如网吧、单位、家庭和移动终端等，只有快速地感知各种数据源的信息，才能使得舆情发现和舆情分析等功能具有广泛性和代表性。

基于某些舆情专题分析模型，采用时间过滤、站点过滤、内容过滤等方法，将某类舆情事件中所涉及的地域、角色和行为等多种元素抽取出来，形成一个统一事件描述集合，结合数据活化方法与云存储中的数据关联规则库，挖掘深度逻辑关系，建立舆情事件分析模型，对舆情事件进行网络溯源，形成舆情事件的形成、发展、传播与态势等多方面分析报告，提供完善的互联网舆情巡查应用服务。技术层次具体描述如下：

第一，数据获取层。获取互联网海量结构化和非结构化数据。

第二，云存储层。将互联网海量结构化数据和非结构化数据存储在云数据管理平台中，这些数据的规模非常庞大，信息存储的规模可能达到 PB 级，传统的数据库管理系统无论从数据加载还是数据管理上都无法满足。

云数据管理平台单节点入库性能可以达到 500GB 每小时，多节点入库性能同样可以实现线性增长，同时数据入库可实现并行处理，完全可以满足海量数据入库的性能需求。云数据管理平台可以实现读写分离，保证在数据入库的阶段不影响查询，提升系统整体的可用性。通过数据分片和数据分城市机制，可以将海量数据的查询范围极大地缩小，同时利用节点的并行执行能力提升查询性能。此外，舆情数据在入库时，可按照列存数据库的技术特性对数据建立智能索引。当进行舆情事件巡查时，可以精确定位每个词出现的位置，极大地降低系统 I/O，减少 CPU 运算量，提高查询效率。

第三，数据活化层。通过数据挖掘、数据关联和数据对象化技术，消除数据的不一致性，建立数据之间关联关系，提高舆情事件巡查的精确性与有效性。

第四，应用服务层。采用全息展现技术，将舆情事件的形成、发展、传播与态势全面地、系统地呈现给用户。

（二）虚拟社会组织关系网挖掘

虚拟组织关系网对于研究网络个体、群体之间的关联关系具有重要意义。智能海量数据资源应用服务平台通过数据关联、数据溯源与数据对象化，分析网络中人与人、人与事件、事件与事件之间的关联，刻画虚拟社会组织结构分布形态，构建出满足行业应用需求的虚拟社会组织网络拓扑结构，为虚拟社会组织信息研判、关系网发现与挖掘、组织行为描述提供极其重要的作用。

虚拟组织关系网发现是极其复杂的人机交互式关系关联与挖掘的过程，针对海量互联网多源异构数据，结合云存储的计算能力与关联规则库，利用数据活化技术，挖掘虚拟组织中个体与个体、个体与群体、群体与群体间的关联关系，构建虚拟社会组织的多层关系网。

基于智能海量数据资源应用服务平台的虚拟组织关系网发现应用，技术层次具体描述如下：

第一，数据获取层。获取互联网海量结构化和非结构化数据。

第二，云存储层。社会关系网的数据来源多种多样，包括人口基本信息、家庭关系信息、聊天记录、通话记录、上网信息、机场登机信息、酒店登记信息、视频监控信息等，数据量会随时间急剧增长，云数据管理平台利用节点线性扩充技术可保障服务器节点的在线增加，提升数据管理能力；利用数据分片技术能够提高查询性能；利用智能压缩技术减少数据存储空间；利用智能索引能够响应复杂查询；大表关联技术提供一种跨节点数据查询方法，可有效提高关系挖掘数据现有跨节点查询数据时进行的大量计算和数据交换性能，实现复杂表之间的高效查询。

第三，数据活化层。通过数据挖掘、数据关联和数据对象化技术，挖掘虚拟组织中个体与个体、个体与群体、群体与群体间的关联关系，构建虚拟社会组织的多层关系网，形成虚拟社会组织的网络拓扑结构。

第四，应用服务层。采用全息展现技术，将虚拟社会组织多层关系网络结构全面地、系统地呈现给用户。

第八章　智慧城市建设

第一节　中国智慧城市建设面临的主要问题

一、机制问题

第一，决策咨询机制缺失。目前国内亟待成立智慧城市建设方面的专家决策咨询机构，智慧城市建设思路往往缺乏特色，照搬国外模式。通过建设专家决策咨询机制，可以集思广益，及时将各地智慧城市建设的经验和教训进行总结，以利于国内智慧城市建设的健康发展。

第二，规划与实施脱节。目前中国智慧城市建设呼声很高，但是往往仅出台了总体规划，缺少具体实施方案与计划，使得智慧城市建设很难落到实处。在建设智慧城市过程中应该确立智慧城市建设的具体实施时间表，同时落实建设资金。

第三，缺乏协调机制。政府部门在推进智慧城市建设中由于各部门投入力量的不一致，容易产生步调不一和互相推诿。政府各部门之间缺少横向联合与沟通，容易造成设备不兼容、网络等资源不能互联互通，信息不能共享等问题。智慧城市建设应该成立专门的政府领导小组，明确管理职能，理顺各部门关系，统一协调智慧城市建设。

第四，评估考核标准缺失。由于智慧城市建设评估体系的不明确，无法对智慧城市建设进行有效评价，急需依据科学的调查研究，制定完善的智慧城市建设的评价方法和体系，发挥评估体系在智慧城市建设中的导向作用。

第五，共享合作机制不足。智慧城市的建设需要更加开放的心态，政府与企业、高校等单位需要建立一个长效合作机制。在"风险共担、利益共享"的前提下，分工合作，发挥各自的专长，加快推进智慧城市建设。

第六，运营机制创新不足。政府应制定相应的管理规则，引入市场化机制，鼓励运营机制创新，利用运营效益提高智慧城市建设积极性。

二、技术问题

现有技术手段难以满足智慧城市的建设目标。智慧城市建设的目标是深化城市的信息化建设，并最终有效地为城市的管理者和使用者服务。现有技术手段在信息的智能采集、高效传输、智能分析与决策支持，信息技术与智能应用的结合还不够广泛和深入，距离智慧城市的建设目标还有较大差距。

（一）未形成开放的、可扩展的智慧城市技术体系

智慧城市的技术体系架构应本着适度超前的原则进行设计。智慧城市的建设是一个长期、复杂、动态的过程，随着建设的不断深入和应用环境的不断变化，会面临许多新的问题，这些问题可能会引入新的技术、淘汰现有技术、修正部分相关技术。智慧城市的体系框架必须在保持体系相对稳定的同时，满足随时可能出现的新需求。因此智慧城市技术体系架构应当具有可扩展性。

智慧城市的建设过程需要兼顾以往的各行业信息化建设和数字城市建设所积累的宝贵经验和建设基础。应积极统一已有的技术标准，促进现有系统整合。另外，通过智慧城市体系架构设计，尽量满足兼容已有技术的需要，节省建设资金。因此还需要考虑智慧城市技术体系架构的兼容性。

另外，智慧城市的体系架构还应满足开放性，通过标准化的规范和接口，鼓励和吸引更多的企业和研究所为智慧城市的建设贡献各自的成果。

（二）缺乏有广泛共识的智慧城市技术评测体系和评测方法

智慧城市的建设急需一套完整有效的技术评测方法，然而目前评测理论和方法尚不成熟，国内外也都没有成熟方法和范式可以借鉴。智慧城市评价指标体系复杂，涉及多种技术，涵盖不同的层面，涉及不同的软、硬件和系统，服务的范围和目标也不同。不同城市存在地域差异，城市发展水平也有很大的差异，需要结合这些状况和特点探讨适合多种类型城市的评测指标体系。智慧城市的评测指标需要逐步完善、丰富和发展。国家对于智慧城市还没有统一的规范和标准，也没有特定的部门进行管理监督和指导，国家级评测中心的建立也需要多个部门或机构的协调与规划。

（三）信息技术服务于智慧应用的广度和深度不够

智慧城市建设是城市信息化持续深入的过程，这与国家信息化整体发展战略一致。在推动智慧城市建设的同时，应着重与人民生活需求、政府高效管理、传统产业转型紧密结合。智慧城市建设还应与国家战略新兴产业结合起来，如物联网、三网融合、3G/4G通信、低碳城市经济等。将信息技术更广泛、更深入地融入智慧城市建设的各个应用领域，科学推进智慧城市建设。

（四）信息网络安全基础设施薄弱，信息安全保障体系亟待健全

智慧城市中各种应用服务会涉及各行各业的资料和居民的隐私，这必然要求更为复杂的网络与信息安全保障机制。传统的信息化建设可能仅在单一部门和部分系统开展，网络与信息安全保障意识不足，存在着许多亟待解决的问题。主要有：信息安全基础设施薄弱，网络与信息系统安全防护水平不高；应急处理能力不强；信息安全意识不强、制度不健全、网络失泄密事件时有发生；管理体制不健全，信息与网络安全管理机构尚未建立；信息与网络服务机构少，信息安全支撑体系尚未形成；信息安全技术与管理人才缺乏。以上的安全问题应该在智慧城市建设初期充分评估，在保证智慧城市与原有系统的兼容与扩展基础上，更要梳理信息基础设施的安全性问题。如果不予以充分的认识，网络与信息安全隐患可能会造成巨大的影响与损失。

（五）智慧城市时空服务和应急服务问题

构建智慧城市时空信息服务体系架构，需要厘清不同服务对象的需求，才有可能突破目前数字城市被动、机械的服务模式，提出面向多主题的智能应用服务流程，实现智慧城市的主动多样服务模式，这是目前技术上的一个难点。构建智慧城市应急响应体系架构，城市应急的共性需求很难抽取，这也是目前应急体系滞后的"瓶颈"之一，需要提出全生命周期的智慧应急体系，从现阶段数字城市被动滞后应急响应模式上升到智慧城市的主动即时应急响应模式。

三、人才问题

智慧城市的建设需要政府、企业、居民各个层面的参与和配合，需要更加多元化、跨学科的人才。在这一方面，应积极推进人才培养、引进与使用机制，切实营造"育得精、引得进、留得住、用得好"的人才环境。

（一）人才培养

目前，智慧城市相关人才总量偏少，且结构不合理，低水平应用型人才多，高水平开发建设型人才少，人才供需矛盾突出。因此应加大学科投入，推进人才教育培训，尤其是智慧城市建设所急需的研究型、专业型、跨学科人才的培养。着力建设以国家知名大学和科研院所为主体的高端人才平台，开展产学研一条龙人才培养。

（二）人才引进

虽然我国智慧城市建设的起步与国外差距不大，但是仍应加大国际上智慧城市建设的优秀人才的引进，尤其是智慧城市建设的高端人才。应在人才政策方面，尤其是人才引进、项目支持、创新奖励、人才住房等方面出台鼓励政策，吸引高科技人才聚集，建立智慧城市建设的国际化人才团队。

（三）人才使用

智慧城市的建设涉及城市的各行各业，应成为有利于各类人才创新创业、展示才华的舞台，并为构建智慧城市提供智慧支持。将智慧城市建设所需的知识和技能作为政府领导干部、企业人才选拔和任用的基本要求。完善创新人才的发现和使用机制，不仅要发现人才，更要善于使用人才，切实营造人才创新氛围。

第二节　智慧城市建设与未来城市发展

一、智慧城市建设符合未来城市发展方向

未来城市发展要以环境友好、经济高效、生活宜居、生态良性循环、资源利用效率不断提高为目标，通过资源再生、循环利用和无害化处理等手段，达到经济社会可持续发展、人和自然协调发展以及人类生活质量改善。我国城市未来的建设与发展尤其应解决人口、资源与环境之间的尖锐冲突，其核心是城市的可持续发展。这是一种对人与自然关系

重新思考和定位后所提出的新型城市发展模式。通过人类群体的觉醒和现代科学技术的发展，处理好城市与城市域、人与自然、人工环境与自然环境的关系，在整个社会范围内建立起与自然生态系统类似的共生关系。同时，城市生产方式和生活活动、消费模式也会发生根本性变革，这是人类对城市发展理论的不断探索和智能技术发展的结果。

二、智慧城市建设解决城市发展面临的问题

智慧的城市建设是以全新的角度看待城市发展，把以往那些只是被分别考虑、建设的如人、交通、能源、商业、通信、水等城市问题综合起来考虑，并进行统筹规划。智慧城市应当更加有效地解决城市化进程所面临的土地、空间、能源和水等资源短缺的约束，以及城市人口膨胀、生态环境恶化等问题。智慧城市是围绕城乡一体化发展、城市可持续发展、民生核心需求，将先进信息技术与先进的城市经营服务理念进行有效融合，通过对城市的地理、资源、环境、经济、社会等系统进行数字网络化管理，对城市基础设施、基础环境、生产生活相关产业和设施的多方位数字化、信息化的实时处理与利用，构建以政府、企业、市民三大主体的交互、共享平台，为城市治理与运营提供更简捷、高效、灵活的决策支持与行动工具，为城市公共管理与服务提供更便捷、高效、灵活的创新应用与服务模式。从而推进现代城市运作更安全、更高效、更便捷、更绿色的和谐目标。

三、智慧城市建设促进城市发展的低碳化

据联合国统计，世界城市人口占世界总人口的 50%，城市碳排放量占全球碳排放量的 75%，我国 85% 的能源被城镇所消耗。85% 的二氧化碳排放量来自城镇。中国建设低碳生态城市目标已定，2030~2035 年，争取实现温室气体排放零增长，对于正在进行大规模现代化城市建设的中国，实现这一目标任务艰巨。现代化的城市规划模式与大规模的城市高速化进程致使中国低碳城市发展比世界任何国家难度都大，涉及范围也最广。

西方学者对许多城市进行了人口增长与土地开发量之间关系的调查后，证明土地开发量增多的同时人口密度降低这一现象，城市扩大因而造成市中心城市空洞化，资源浪费或新开发城市服务设施不齐全等现象，土地开发无序蔓延是罪魁祸首，应加以制止。人口密度与碳排放量关系的调查表明：无序蔓延，城市范围扩大导致道路延伸，汽车的碳排量增大，能源消耗量增大。

智慧城市应当紧密结合城市低碳化、紧凑化发展的策略。利用信息化手段摆脱传统的西方城市发展过程依赖汽车和道路无限延伸的城市盲目无序扩张蔓延。智慧城的规划可以通过增加土地功能的混合化减少人与汽车的移动。研究表明，人口密度增加 10%，每人移动公里数可减少 1%~3%。通过高效的智慧交通管理，可使汽车移动距离减少 10%~30%。减少移动距离是控制碳排量的手段之一，这是世界范围对碳排量控制削减在城市形态方面研讨的结果。

四、智慧城市建设需要城市结构的优化

智慧城市建设在限制城市范围的条件下提高城市功能，是方便生活、方便生产、发展经济的城市模式，建立低碳的城市模型，以城市土地的高效利用为目标，限制城市扩展范

围。提高城市密度（紧凑度），有助于解决现有城市规划的无序开发现象，从而走一条节约土地资源的发展模式。智慧城市建设可以将住宅、商业、学校、公园设施设于公交车站点附近，开发范围约束在步行可达圈内，提供更为智慧的城市规划手段，建立有良好环境的居住城市。

智慧城市的公共空间可设于建筑附近及近邻活动城市，方便利用，强调可达。在已建近邻地区沿公交线路空地可再开发便于利用的邻近设施。提倡对城市中心的建设或整治为复合功能中心（商业、居住、办公、工业），多功能混合便于使用者利用，缩短使用者移动距离。提高城市人口密度，有助于资源利用，因而为生态、自然环境留出充裕的空间，这是实现生态城市的保证。智慧城市建设为城市域复合功能中心的统筹安排和精细计算提供保障。

（一）城市信息化系统改造思路

1. 加强城市信息化环境建设

第一，加强信息安全法规与标准体系建设。在智慧城市评测体系的指导下，形成协调配套的信息化改造支持体系。加强对信息安全的产品、服务资源、信息资源、信息系统的安全管理与测评认证。

第二，进一步加大对外开放力度。借助智慧城市产业联盟、城市高峰论坛等方式，扩大国际信息科技交流合作范围，举办具有国际影响力的对外信息科技交流活动。同时，注意发挥高等院校、科研院所的学术组织作用，利用国际学术交流渠道，做好招商引资服务。

第三，建设科技人才队伍。培养和引进合格的信息技术人才，制定有吸引力的政策吸引人才，积极实施人才国际化战略，大力引进国外高级人才，建立激励机制，充分落实国家有关信息技术入股、信息技术参与分配等相关政策。

2. 加大信息基础设施建设力度

（1）加大信息技术投资力度。首先，加强关键信息技术创新行动，密切跟踪国内外最新信息技术和信息技术成果，推进关键技术创新，在信息技术产业领域掌握一批核心技术。其次，加强信息资源开发，强化公共信息资源共享，推动信息技术在国民经济和社会发展各领域的广泛应用。最后，发挥信息技术的外溢效能，要通过建立各种有效的机制，使信息技术在其他领域产生很好的外溢效能，从而产生真正意义上的有助于城市信息化改造和经济发展的范围经济和差异经济。

（2）培育信息产业。首先，加大政府扶持力度，促进城市信息产业的发展。要实施长期的扶持政策，为信息产业的发展涵养内功，并帮助企业解决发展中存在的其他问题。企业自身也要进一步深化改革，创新体制机制，积极探索加快发展的有效途径。其次，拓宽资金筹集渠道，通过多方筹集资金推进城市信息产业的发展。

（3）加大信息通信基础设施投资力度。信息通信基础设施是城市信息化的基础性工程。因此，应加大在建设信息通信基础设施方面的投资力度，健全信息网络体系，提高网络传输速度，大力发展高速宽带信息网，重点建设宽带接入网，适时建设第三代移动通信网，建设基础国情、公共信息资源、宏观经济数据库及其交换服务中心，完善地理空间信息系统。

3. 加强城市信息化改造应用平台建设

基于智慧城市的数据活化等核心技术，实现数据的整合与活化，消除数据孤岛，实现资源的共享与交换。在辅助城市规划建设、稳定社会治安环境、降低城市交通拥堵等方面加大改造力度，有助于切实改善民生，对外打造优质的城市品牌形象；支持各级领导高效的宏观决策和指挥，极大增强城市反恐和应急救援能力，为实现"和谐社会"理念服务。

(二) 构建智慧城市生态圈，促进科技成果产业化

智慧城市产业生态系统包括消费者和服务提供者，具体由服务对象、基础研究、基础建设、集成与系统服务、应用软件开发与推广、内容与个人服务六大要素构成。政府、企业和机构通过统一的智慧城市架构研究自身的价值定位和各自在整个智慧城市生态圈中的作用和位置，竞争合作，互惠共赢，合力推动智慧城市建设。高等院校、科研院所等机构主要从事智慧城市技术池选定和技术的基础研究。成熟的技术通过集成与系统服务进行产业开发，并经过应用软件开发与推广环节，由互联网企业和服务运营商向包括政府、市民和企业等在内的服务对象提供服务。整个科技成果产业化流程中，由电信运营商、网络设备制造商和硬件设备制造商等构成的基础建设环节发挥了关键的作用。

要厘清政府、企业和机构在科技成果产业化中的相互关系。科技成果转化是个复杂的系统工程，同时也是一项风险性事业。没有政府作后盾，没有政府资助，个人或企业很难做到。在科技成果转化过程中，政府作用是必不可少的。所以，科技成果转化，首先是政府要引导，要制定相应的政策。企业是科技成果转化和推广过程中的重要主体。企业可以自行发布信息或者委托技术交易中介机构征集其单位所需的科技成果，或者征寻科技成果的合作者，也可以独立或者与境内外企业、事业单位或者其他合作者实施科技成果转化，承担政府组织实施的科技研究开发和科技成果转化项目，还可以与研究开发机构、高等院校等事业单位相结合，联合实施科技成果转化。

高等院校、科研院所等科研单位是科技成果的供给主体。在"科教兴国"战略指导下，随着"211 工程"、"教育振兴行动计划"的实施，我国高等教育取得了历史性的发展，高校科技创新工作取得了极大的进展。高校正逐渐发展成为基础研究的主力军、应用研究的重要方面军，以及高新技术产业化的生力军，高校科技工作已经成为国家科技创新体系的重要组成部分。自技术市场开放后，科技中介服务机构大量涌现。它们存在于技术市场化的全过程的各阶段，沟通了技术供给方与需求方的联系，是技术与经济结合的切入点，是技术进入市场的重要渠道，对于技术市场化的进程有很大的推动作用。

(三) 按步骤有重点地推进技术研发，建设和谐智慧城市

智慧城市总体构架将智慧城市技术池用层次式三维立体的方式来组织。首先，将城市所有关键技术所支撑的结构层次作为技术标识的第一维。其次，对每项技术的重要性划分等级，作为技术标识的第二维，分为核心技术、重要技术和一般技术。最后，根据技术所支持的应用需求种类作为技术标识的第三维。

紧密围绕试点城市，做好智慧城市需求调研。首先制订总体计划和需求调研计划，初步确定典型城市、人员组织、时间节点以及调研内容；与典型城市协调时间安排，沟通调研内容，修订调研计划；在试点城市和其他示范城市的政府决策部门、信息中心、规划、城管、国土、交通、教育、医疗、环境等相关部门进行调研，了解智慧城市建设的共性需求和亟须解决的热点问题；与欧盟、美国、韩国、日本、新加坡等相关机构或企业进行接洽，组织国际合作与交流，进行国际调研；总结归纳、整理调研结果，对调研得到的资料进行对比，确定技术池技术的研发步骤和分阶段目标。优先发展关系食品安全、医疗卫生等民生问题的核心技术和具体应用，促进资源合理开发并有效地协调、分配，极大地提高资源的使用效率，促进人与自然和谐发展。

（四）强化智慧城市技术应用，落实成效改善民生

智慧城市要改善民生、建设和谐社会，最终需要落实在应用上，强化应用是推动智慧城市建设、实现科研成果转化、落实成效所要解决的关键问题。智慧城市应用将服务于城市生活的各个方面：在交通、生态环境、资源管理、安全防卫等公共管理领域，"智慧城市"将有助于加强政府部门对物、事、资源、人等服务和管理对象的信息采集、传输、处理、分析和反馈，提高现场感知、动态监控、智能研判和快捷反应的能力和水平，实现精细、敏捷、全时段、全方位的高效、主动、可控的运行管理，提升政府行政效率和应对突发事件的能力，增强政策的前瞻性和及时性。

在医疗卫生、教育文化、水、电、气、热等社会服务领域和社区基层服务领域，开展智能医疗、电子缴费、智能校园、智能社区、智能楼宇、智能家居等建设，有利于加强对服务设施、资源和对象的信息采集、传输、处理、分析和反馈，实现便捷、高效、个性化、精细化的惠民服务，提高为企业和居民服务的质量和水平。

在安全方面，自主发展"智慧城市"对于保障国家信息安全和主权具有更为重大的意义。"智慧城市"对经济和社会的渗透性更强，一旦遭到自然或人为的破坏，将带来难以估量的损失。

五、智慧城市产业体系

从国外已有的经验来看，智慧城市的建设与发展将催生出一批新生的产业，同时也将促进现有产业快速发展，智慧城市的发展将以智慧城市产业为纽带，从而推动整个城市的良好运转。对于我国而言，智慧城市建设将直接催生新一代信息技术产业（云计算、物联网等）的飞速发展，而且也是促进城市产业转型升级的重要契机，将会带动一大批具有广阔市场前景、资源消耗低、产业带动大、就业机会多、综合效益好的产业发展，堪称"一把钥匙开多把锁"。从宏观经济的角度来看，智慧城市的发展将促进产业链升级和获利能力的提高，催生出智慧社区、智慧家庭、智慧交通、智慧物流、智慧医疗、智慧银行、智慧电网、智慧政府、智慧学校、智慧农业、智慧环保、智慧建筑等对国民经济和社会发展具有直接拉动作用的、可持续发展的新兴产业。

从产业催生、产业促进和产业提升的角度来看，智慧城市产业主要有四种形态：新一代信息技术产业、促进先进制造业、促进智慧农业和提升现代服务业。

就新一代信息技术产业而言，主要是指在智慧城市建设过程中培育物联网、云计算等新型产业，同时加快光通信、移动通信、地球空间信息、软件及服务外包等产业的发展。

就促进先进制造业而言，主要是指通过智慧手段促进先进制造业的发展，如汽车产业、钢铁产业、石化产业、装备制造业、食品加工产业等，促进制造业由生产型制造向服务型制造和制造业与服务业的融合发展，让信息技术更好地融入企业产品研发设计、生产

过程控制、产品营销及经营管理等环节，明显增强企业自主创新能力，大幅提升核心竞争力，全面实现企业生产经营的自动化、集成化、网络化、智能化和协同化。

就促进智慧农业而言，主要是指精准农业的引入，它是由信息技术支持的根据空间变异，定位、定时、定量地实施一整套现代化农事操作技术与管理的系统。以最少的或最节省的投入达到同等收入或更高的收入，并改善环境，高效利用各类农业资源，以取得经济效益和环境效益。

就提升现代服务业而言，主要是指利用智慧手段增强城市的服务功能、拓宽行业服务内容、提升集聚水平和强化辐射能力。例如通过建立和利用一体化的物流平台来整合物流资源和提高物流效率，通过电子商务平台来提升现代商贸业的发展等。

综上所述，智慧城市的产业体系就是通过打造以物联网、云计算、软件和信息服务业等产业为代表的智慧信息产业、以智能制造为代表的智慧工业、以设施农业和精准农业为代表的智慧农业，以现代物流和电子商务为代表的智慧服务业，提高信息技术对经济发展的贡献率，推动产业结构优化升级，转变经济发展方式，以智慧城市建设带动智慧产业发展，以智慧产业发展支撑智慧城市建设。

六、智慧城市建设总体目标

高举中国特色社会主义伟大旗帜，以邓小平理论和"三个代表"重要思想为指导，深入贯彻落实科学发展观，以《中国国民经济和社会发展第十二个五年规划纲要》为指导，以"结构调整取得重大进展"为目标，做到进一步巩固农业基础、继续优化工业结构、战略性新兴产业发展取得突破、服务业增加值占国内生产总值比重提高 4 个百分点，形成完善的智慧城市产业体系。

七、智慧城市建设总体思路

以智慧城市产业规划与发展的总体目标为指导，形成了以下智慧城市产业规划与发展的总体思路。

(一) 进一步巩固农业基础

坚持走中国特色农业现代化道路，加快转变农业发展方式，提高农业综合生产能力、抗风险能力和市场竞争能力。推进农业结构战略性调整。完善现代农业产业体系，优化农业产业布局，加快发展设施农业，推进农业产业化经营。加快农业科技创新。推进农业技术集成化、劳动过程机械化、生产经营信息化。

健全农业社会化服务体系。加强农业公共服务能力建设，加快健全乡镇或城市域型农业技术推广、动植物疫病防控、农产品质量监管等公共服务机构。培育多元化的农业社会化服务组织，积极发展农产品流通服务，加快建设流通成本低、运行效率高的农产品营销网络。

(二) 继续优化工业结构

优化结构、改善品种质量、增强产业配套能力、淘汰落后产能，发展先进装备制造业，调整优化原材料工业，改造提升消费品工业，促进制造业由大变强。

推进重点产业结构调整。加大淘汰落后产能力度，压缩和疏导过剩产能。优化产业布局。按照城市域主体功能定位，综合考虑能源资源、环境容量、市场空间等因素，优化重点产业生产力布局。加强企业技术改造。制定支持企业技术改造的政策，加快应用新技术、新材料、新工艺、新装备改造提升传统产业，提高市场竞争能力。促进中小企业发展。大力发展中小企业，完善中小企业政策法规体系。促进中小企业加快转变发展方式，强化质量诚信建设，提高产品质量和竞争能力。

（三）战略性新兴产业发展取得突破

以重大技术突破和重大发展需求为基础，促进新兴科技与新兴产业深度融合，在继续做大做强高技术产业基础上，把战略性新兴产业培育发展成为先导性、支柱性产业。推动重点领域跨越发展。大力发展节能环保、新一代信息技术、生物、高端装备制造、新能源、新材料、新能源汽车等战略性新兴产业。

实施产业创新发展工程。以掌握产业核心关键技术、加速产业规模化发展为目标，发挥国家重大科技专项引领支撑作用，依托优势企业、产业集聚城市和重大项目，统筹技术开发、工程化、标准制定、应用示范等环节，支持商业模式创新和市场拓展，组织实施若干重大产业创新发展工程，培育一批战略性新兴产业骨干企业和示范基地。

加强政策支持和引导。设立战略性新兴产业发展专项资金和产业投资基金，扩大政府新兴产业创业投资规模，发挥多层次资本市场融资功能，带动社会资金投向处于创业早、中期阶段的创新型企业。

（四）大力发展现代服务业

发展现代服务业，要做到深化专业分工，加快服务产品和服务模式创新，促进生产性服务业与先进制造业融合，推动生产性服务业加速发展。面向城乡居民生活，丰富服务产品类型，扩大服务供给，提高服务质量，满足多样化需求。

其一，发展面向生产的服务业。有序拓展金融服务业，大力发展现代物流业，培育壮大高技术服务业，规范提升商务服务业。其二，发展面向生活的服务业。优化发展商贸服务业，积极发展旅游业，鼓励发展家庭服务业，全面发展体育事业和体育产业。

八、智慧城市建设政策导向

实现智慧城市产业发展目标，必须紧紧围绕推动科学发展、加快转变经济发展方式，统筹兼顾，改革创新，明确重大政策导向。

同步推进工业化、城镇化和农业现代化。坚持"工业反哺农业、城市支持农村"和"多予少取"的放活方针，充分发挥工业化、城镇化对发展现代农业、促进农民增收、加强农村基础设施和公共服务的辐射带动作用，夯实农业农村发展基础，加快现代农业发展步伐。

依靠科技创新推动产业升级。面向国内国际两个市场，发挥科技创新对产业结构优化升级的驱动作用，加快国家创新体系建设，强化企业在技术创新中的主体地位，引导资金、人才、技术等创新资源向企业聚集，推进产学研战略联盟，提升产业核心竞争力，推动三次产业在更高水平上协同发展。

健全节能减排激励约束机制。优化能源结构，合理控制能源消费总量，完善资源性产品价格形成机制和资源环境税费制度，健全节能减排法律法规和标准，强化节能减排目标责任考核，把资源节约和环境保护贯穿于生产、流通、消费、建设各领域各环节，提升可持续发展能力。

推进基本公共服务均等化。把基本公共服务制度作为公共产品向全民提供，完善公共财政制度，提高政府保障能力，建立健全符合国情、比较完整、覆盖城乡、可持续的基本公共服务体系，逐步缩小城乡城市域间人民生活水平和公共服务差距。

第九章 智慧城市的经济社会影响

第一节 经济影响

一、促进产业升级和结构调整

随着智慧城市的发展，物联网、云计算、数据活化等相关的先进制造业和新兴服务业将获得极大的发展空间，产业规模不断扩大，社会效益显著增强。通过智慧城市建设，突破相关核心关键技术，掌握一批自主知识产权，制定多项行业、国家和国际标准，培育一大批具有核心竞争力的创新型企业，推动智慧产业聚合升级，加快经济发展节奏。

在智慧城市建设中，对物联网前端感知设备、解析设备、传输设备、处理设备的需求量将快速增长，这也将带动包括物联网设备与终端制造业、基础设施服务业、网络服务业、软件开发与应用集成服务业，以及信息应用服务业等大规模产业链的形成，产生巨大的产业带动效应，并且通过智慧城市产业联盟等形式，以辐射全国的应用服务推动城市创新数据服务产业发展，产生 1:10 以上的投资放大效应。

智慧城市建设在产生新兴产业聚集效应的同时，将吸引大量的高科技人才、高精尖技术，以及大量的资金投入到新兴产业，形成良性循环，不断聚集科技创新能力。各种新兴智慧技术将带动工业化发展的升级、改造信息产业的内部结构、提升服务业的效率和速度，形成一批具有较强竞争力的战略性新兴产业和高新技术产业，为城市提供可持续发展的动力。

二、促进经济增长方式的转变

智慧城市将转变经济增长方式，突破传统增长极限，形成节约低碳、智能环保的新型经济发展态势。智慧城市将创新性地使用新一代信息技术、知识和智能技术手段来重新审视城市的本质、城市发展目标的定位、城市功能的培育、城市结构的调整、城市形象与特色等一系列现代城市发展中的关键问题，特别是通过智慧传感和城市智能决策平台解决节能、环保、水资源短缺等问题。

智慧城市将充分整合资源，减少政府在信息化建设上的重复投资，最大限度地利用现有各部门成果。同时有效地降低城市发展的能耗成本，降低开支和经营成本，并通过信息化手段提高生产、运营和管理效率。随着城市整体信息化能力的提高与水平的增强，对于政府部门、企事业单位和社会民众的生产、运营和管理工作都会有所促进，不仅提高了社会各环节的运转效率、降低了相关的人力成本，最终也有效地增加了社会整体经济收入。

第二节 社会影响分析

一、提高了政府的管理服务水平

智慧城市的建设将整合政府服务资源，建立充分的信息保障和技术支持手段，统筹整体信息化建设。政府各部门和机构围绕资源信息共享平台，实现互联互通、信息共享和部门间业务协同，使部门工作如行政审批、公共服务等各环节各项工作实现有效衔接，加速形成多机构联合服务的新局面，提高政府公共服务效率，改进服务质量，增加社会和公众满意度。

同时将促进新型监管机制和监管模式的建立，实现政府监管工作过程可监控、全程可追溯、公众可监督，实现综合、动态、事前、事中、事后相结合，最终形成一个全方位、多层次、规范化信息化监管模式，增加监管的深度和力度，实现科学监管，提升政府公信力。

通过智慧城市的建设，还可以第一时间快速感知公共突发性事件，通过其智能化的调控能力和行为意识（如建立城市智能决策平台）加快判断和决策的准确性、有效性与及时性，实现不同行业、城市域的协同和应对能力。同时也可以通过其"学习"能力，不断提高处理应急事件和突发性事件的水平，使应急预案程序化、智能化。

二、改变了居民的生活方式

智慧城市将彻底改变人们的生活方式，最突出的表现就是生活的国际化、社会化、网络化。智慧城市将利用新一代信息技术建立实时更新的控制和协调系统，实现智慧化管理，通过信息化和网络化手段为居民提供各种服务，从而与日益复杂的城市实体系统协调一致，达到现代人宜居的目标（如智慧社区等）。智慧城市还将转变传统管理方式，通过智能医疗、智能交通、智能安保、智能城管等建设，妥善解决居民食品药品安全、家政服务质量和人身安全、社区安全等问题，切实改善民生，树立现代的城市新形象，打造优质的城市品牌。

城市的高宜居性是稳住和吸引高智能人才的重要条件之一。智慧城市将推进人才引进和人才培训，汇聚城市新智力。另外，将调整产业结构，促进产业升级，打造新型数据服务产业链，增加城市就业机会。

第三节　环境影响及其效益分析

一、增加自然保护、促进环境优化

通过智能环保等项目，将无线传感器网络技术、地理信息技术等运用到无人维护、条件恶劣生产、生存环境监测中，重点推进水资源、地下管网监测和森林生态安全监测试点示范。建立体现资源稀缺程度的价格机制、环境污染责任保险制度、城市域环境保护协作机制；建立并完善主要污染物排污权交易制度、生态补偿长效机制、环境信息披露制度、绿色采购制度，加强固体废物处理，大力提高生活垃圾无害化处理率，提高垃圾减量化和资源化水平。同时，优化城市环境，构建宜居的城市生态格局，切实加深人民对城市生活的幸福感。

二、减少资源浪费，推动低碳节约

在智慧城市建设过程中，发展低碳经济和循环经济，推进节能减排，逐步构建以政府为主导、企业为主体、全社会共同推进的节能减排新格局；加强对城市域和城市生态具有重大影响的生态绿地、沿湖绿地、河流水系、各类湿地的保护和绿化建设，以创造良好的人居环境为中心，推进生态环境与城市发展相互促进、资源节约与可再生资源开发利用并举，最终构建宜居的城市生态格局。

第四节　智慧城市建设提升公共服务水平，改善民生

智慧城市建设与民生改善息息相关，通过智慧医疗、智慧商业、智慧食品安全等一系列工程，真正改善民生，惠及人民，让社会各个环节更智慧、更便捷、人民生活更幸福。

一、增加了城市就业机会

就业是民生之本，保障民生的第一件大事就是保障就业。智慧城市将促进产业结合和结构调整，形成新兴产业，带动相关产业发展，形成大规模信息应用服务产业链，增加就业岗位。建立智慧创新概念模型，深入推进全民创业，大力培育创业主体，全面提升创业能力，完善创业服务体系，营造创业社会氛围。

建立统一高效的就业服务新体系，积聚发展就业容量大的主导产业促进就业，鼓励发展非公有制经济吸纳就业，支持发展具有比较优势的劳动密集型、中小企业扩大就业，鼓励劳动者通过灵活就业形式实现就业。通过产业结构调整和智慧创业概念实施，将大大增加城市就业机会，扩展就业范围，拓宽税源，改善民生。

二、调节收入分配制度

合理的收入分配制度是社会公平正义的重要体现。智慧城市建设将促进城市发展，带动城市 GDP 增长。GDP 的发展会带来社会事业的进步，带来城乡居民收入的提高。提高城市 GDP 增长的同时，加强社会监管，使全体人民朝共同富裕的方向稳步前进。一方面要鼓励自主创业，通过创业提高城市经济活力，提高收入水平；另一方面，在转变发展方式的过程中，提高产业层次和效率。合理地分配好产业发展方向，保障城乡居民收入与GDP 同步增长，扩大中等收入者比重，逐步提高居民收入在国民收入中的比重，提高劳动报酬在初次分配中的比重，逐步改善贫富差距。加大对农民和其他低收入者、弱势群体的保护、保障及援助力度。有效调节过高收入，取缔各种非法收入，缩小行业间收入差距，使社会各成员之间的收入差距控制在社会可承受范围内，促进和谐社会建设。

三、促进了文化教育发展

教育是国家发展的基石，事关民族兴旺、人民福祉和国家未来。只有一流教育，才能培养一流人才，建设一流国家。随着智慧城市的建设，在教育、文化等领域充分运用宽带、无线、海量存储等技术，实现数字化、网络化、智能化，促进电子娱乐、数字图书馆等发展，完善国民教育的各个环节，提供无处不在的城市教育资源和形式多样的文化教育手段，为民众提供便捷的教育服务。在全社会推进各类各级教育均衡协调优质发展，巩固提升义务教育，普及高中阶段教育，重视发展职业教育、学前教育。

四、完善了社会保障体系

社会保障作为一项基本制度，是社会的"安全网"，也是经济的调节器。建立社会保障制度是现代国家的重要标志，也是现代政府的重要职责。

智慧城市要实现养老保险、基本医疗保险全覆盖，并不断提高保障水平。完善失业、工伤、生育保险制度，将机关、事业单位、社会团体及民办企业的职工纳入工伤保险制度覆盖范围，建立健全就业、失业预防与失业保险制度的联动机制，探索建立面向全体社会成员的生育津贴制度。建设城乡社会救助体系，完善专项救助制度与基础性救助制度、紧急性救助制度以及社会保险制度的衔接配套措施，进一步健全自然灾害应急机制，促进社会福利、慈善事业和商业保险发展，建立一个以现有社会福利机构为基础、其他所有制形式社会福利机构为骨干、社区福利服务为依托的社会福利服务体系，努力实现老有所得、病有所医、老有所养、住有所居，使改革发展成果最大限度惠及人民。

五、推动了医疗卫生改革

通过智慧医疗、智慧商业、智慧食品安全等关系民生幸福的工程，将物联网技术与食品、药品等生产企业原有的生产、供应链管理系统融合，实现对食品、药品生产、流通、消费的全程监控，定时发布安全的食品药品信息，不合格者预警，避免出现安全事故；利用物联网技术将生产商、商品、商场、消费者有机连接，实施未来商店项目，推行手机支付、网上交易，促进重点行业电子交易中心和专业市场电子商务发展；城乡居民的社会保障体系覆盖更加广泛，居民衣、食、住、行等方面的小额消费将更加便利，电子病历与医疗保险的衔接更加紧密，城市环境预测与控制机制更加完善，农产品产量质量得到提高，保障能力增强。

六、维护社会公共安全

通过智慧城市建设，健全安全监控的各个环节，建成比较完善的信息基础设施，形成较为完善的智慧城市公共安全监控、指挥、调度支撑体系，保障民生、环保、城市服务、能源、文化、工商业活动等社会公共领域的运行安全，智慧应用达到全国领先水平，全面实现城市不安全因素信息的快速感知、高效传递和智能响应，通过城市基础设施全面物联和有效整合，使应急处置能力得到增强，企业、城市公共安全监控和管理效率大幅提高，以营造安居乐业的公共安全环境，满足人民安全感的需求。

第十章　智慧城市管理与运营

第一节　智慧城市管理

随着智慧城市概念的提出和近几年的探索和发展，我国的智慧城市发展也进行了尝试和探索，目前我国已有许多个城市或地区提出了建设智慧城市的目标，有些城市已经联合国内外智慧城市领域知名公司着手进行智慧城市的规划方案编制和试点项目的研发，大量新兴城市的建设以及城市企业信息化发展的各类新趋势驱动了智慧城市市场，智慧城市的相关市场的规模将超千亿。

在我国的城市化进程中，政府主导的因素起着决定性作用，远远超出了市场演变的因素，政府政策、管理模式在城市信息化进程中也同样起着决定性作用。政府在智慧城市的发展规划、建设管理、运营发展等方面均起着主导作用。

随着智慧城市相关技术不断发展，参与城市不断增加，建设步伐不断加快，作为对智慧城市规划建设、运营发展起主导作用的智慧城市的管理模式能否适应智慧城市的管理需求，能否为智慧城市提供高效、优质的管理服务便成了一个迫切需要解决的问题。

一、存在的问题

目前我国城市信息化建设取得了长足的进步和跨越式的发展，但在发展的过程中也存在一些问题，有观念、体制机制、管理手段等诸多方面，归纳起来有如下几点。

（一）管理观念落后

重建设轻管理，重经济效益轻社会效益，重建设轻规划，重眼前利益轻长远利益，重部门利益主导轻资源共享主导，缺乏规划意识与规划缺乏严肃性、权威性并存，城市信息化建设管理容易受部门利益驱使，多头开发、重复建设、重复投资和信息孤岛现象严重。这些导致整个城市的信息化发展缺乏系统、科学、整体规划，项目建设缺乏统一协调，各部门各自为政，受部门利益驱使，导致系统重复建设，信息资源重复建设，缺乏统一标准，缺乏共享机制和渠道。

（二）管理体制落后

城市信息化管理职能分散在城管、交通、环保、建设、国土、水务、消防等部门，管理机构重叠，政出多门，条块分割，多头管理，责权不明，职能交叉，关系不顺，造成重复管理、无人管理、交叉管理综合征。财权在"条条"，事权在"块块"，"建、管、养"

一体，"等、靠、要"并存，僵化落后的城市管理体制严重制约城市信息化功能的发挥。

（三）管理机制落后

行业垄断、政企不分、地方保护，培养了公用事业单位的优越感和依赖感，城市信息化单位事业性质所形成的铁交椅、铁工资、铁饭碗，使公用信息化企事业单位丧失了激励约束机制，人浮于事，因人设岗，管理不善靠财政补贴，经营不善靠涨价，人头费挤占维护费，以部门利益为先，无视整体大局，以权代法，以情代法等现象兼而有之。

（四）管理手段落后

管理手段单一，主要依靠行政手段，忽视法律手段、经济手段和宣传教育手段的综合运用，管理方式停留在经验式管理、问题式管理、运动式管理、突击式管理、粗放式管理上，缺乏系统管理、目标管理、网络管理、标准管理、前置管理等现代管理手段，城市信息化管理的指挥系统、决策系统、执行系统、控制系统、保障系统、监督系统、评价系统不健全或功能难以发挥。

（五）管理评价标准落后

没有一套科学、系统、完整的城市信息化管理评价指标和专业化评价机构。自上而下的程式化评价标准由于缺乏企业、公众的广泛参与，使得各项评价停留在运动化、形式化，使中心城市与边缘城市、重点部位与非重点部位、评价前与评价后在城市信息化管理效果上形成强烈反差。

二、智慧城市管理模式的转化

基于以上问题，为了确保智慧城市规划、建设、运营、发展的科学高效，充分发挥智慧城市的功能，使其真正实现智慧城市的发展愿景，智慧城市管理模式必须适应智慧城市发展的客观要求，不断改善与优化，实现智慧城市管理模式的转化，以适应智慧城市和现代社会发展的需要。同时，根据智慧城市特点及发展规律，对智慧城市管理模式也提出了更高要求，智慧城市管理模式的转化势在必行。

（一）管理理念的转化

管理理念将实现以经济发展为主向服务社会、服务民生为主转化。以经济发展为主的模式主要表现在通过行政主导经济管理，以行政城市划分和政府行政部门实现经济管理，这种模式势必会带来对社会管理的重视不够，认识不到城市经济和社会发展的内在规律和相互之间的统一、协调，以及在城市信息化建设规划、建设、发展上的社会性和超前性方面导致社会管理与城市经济发展脱节，严重滞后。这种城市管理方式必然会使城市管理部门往往不考虑城市经济社会、城市民生、生态环境诸多方面可持续发展的协调和结构优化，而片面地追求城市 GDP 的增长、经济发展速度的提高和经济规模的不断扩展，不能达到又好又快的科学可持续发展，从而不可能实现对城市建设和发展进行有效、科学的管理。服务社会、服务民生的管理理念的核心是以人为本，确立人在管理过程中的主导地位，从人的实际需求出发，围绕着调动人的主动性、积极性、创造性，以实现管理目标和促进人的全面发展的一切管理活动，在深刻认识人在社会经济活动中的作用基础上，突出人在管理过程中的主导地位。

(二) 管理体系架构的转化

管理体系架构将从过去以条状垂直独立管理体系向横向扁平协同管理体系架构进行转化。传统的城市管理体系架构是一种条状垂直独立管理的模式，即各个城市政府职能部门自上而下、自成一体、相互独立，在管理方面基本上是相互独立的，没有交叉。这种管理体系架构的弊端表现在：会造成城市管理职责不明确、信息资源缺乏互联共享、监督和评价机制缺乏和滞后等方面，这就导致涉及部门利益时经常会出现多头管理而涉及部门责任时又无人负责、无人管理的尴尬局面，使城市管理显得十分被动低效，公众满意度不高，显然这种城市管理体系架构已不适应智慧城市发展的需要。智慧城市横向扁平协同的管理体系架构是根据协同管理的思路，打破部门间的壁垒和限制，按照不同的城市管理领域实行集中管理和处置，在管理体系架构上趋向横向扁平化，在管理模式上达到信息互联、资源共享，在管理效果上体现了低成本、高效率，最终实现智慧城市管理的协同化、一体化、智能化。

(三) 管理目标的转化

管理目标将从过去主要对人的管理向以人、物和信息流为主体的管理目标转化。以往城市管理目标更多的是对人的管理，以管理人为出发点，通过管理人去达到对城市其他方面的管理，现在看来这种模式缺乏宏观性和引导性，容易出现多头管理、职责不清，造成简单事情复杂化，不能有效提高管理效率和公众满意度。智慧城市的管理目标不仅包括人和物，更加注重对信息流的管理，通过对各种信息流的有效分析、利用和管理，做出科学的决策和判断，进而实现对城市中人和物的正确引导和管理，这是一种思路的转变，更能体现以人为本的管理理念，通过对人、物、信息流的综合有效分析与管理，提高智慧城市管理的效率，提升智慧城市管理的水平，促进智慧城市各项事业的可持续发展。

(四) 管理方式的转化

管理方式将从过去单一的行政管理向行政管理与社会发展规律自身调节相结合转化。以往的城市管理方式大多是纯粹的行政管理，单纯依赖政府职能部门依据行政规章进行城市管理，是一种程式化、模式化的管理方式，城市管理主要是人的意志在起支配作用，各地方的信息化建设项目立项中，人的因素是主要的，并且有一个现象，只要是政府一把手或主要领导抓的项目，无论是项目立项、人、财、物都会一路绿灯，反之则困难重重，人浮于事，项目进度、质量、应用效果无从保障，进而导致一些项目建成后就一直处于闲置状态，甚至于半路夭折。所以单一的城市行政管理方式不仅会加大城市管理的依赖性，而且会出现人为过多干预而造成智慧城市发展不利的局面。智慧城市管理方式需要行政管理与社会发展规律自身调节相结合，要充分发挥社会发展的自身调节功能，遵循智慧城市发展的自然规律，减少人为干预。

(五) 管理制度体系的转化

将从过去单一的管理制度供给体系向多样化的管理制度供给体系转化。以往的城市管理制度都是由政府相关部门制定的，政府是唯一的制度制定者和提供者，这就形成了单一的管理制度供给体系，不能有效利用各方的优势资源。智慧城市管理制度体系建设需要改变由政府作为单一制度体系供给的现状，鼓励和引导城市化进程中的所有利益相关者参与制度供给体系建设，形成多样化的供给体系，充分重视各种产业联盟、领军企业和各类研究机构和团队在智慧城市制度体系建设中的积极作用，用制度体系建设供给主体的广泛性弱化制度实施过程中的阻力，转变单一的以政府供给的制度体系建设理念，优化制度体系建设渠道，进而推动整个制度建设体系的不断完善，为智慧城市建设提供有利的制度体系环境，为智慧城市可持续发展提供制度支撑和保障。

在我国，智慧城市建设必然以政府为主导，因此，智慧城市的管理模式是一项重要的软环境建设，要在智慧城市建设过程中集中社会各方面力量，通过科学的研究、分析、实践而逐步完善。同时，在我国智慧城市建设及管理模式完善中，也要高度重视国际和国内宏观环境的影响，并结合我国不同城市域不同规模、不同类型的智慧城市建设发展进程的现实状况及不断涌现出的各种管理需求，不断加强智慧城市管理模式的创新和完善。

三、智慧城市管理目标

我国改革开放 30 多年来，随着经济发展和工业化的推进，城市化进程始终以两倍于世界同期平均速度的步伐高速发展。现代城市管理最大的特征，是以人为本提供融合便捷的公共服务。为此，在构建现代城市管理平台的过程中，需要将政府职能与信息技术充分融合，解决医疗、交通、能源供给、社会保障等一系列社会管理服务问题。与此同时，还能催生一系列新的产业，为社会经济的持续繁荣创造更多的发展空间。

智慧城市是城市管理和发展的又一次创新和飞跃，是现代化城市信息化发展的又一次提升。智慧城市的建设过程，就是以社会经济繁荣为目标，以社会和谐稳定为前提，以民生幸福为考核标准，通过云计算为代表的信息技术手段进行融合创新，推进新型的城市化进程。其核心在于运用现代信息通信技术构建无所不在的高速融合网络、智能感知环境和云计算，提高城市管理和服务水平，提升公众的生活质量和幸福感，推动发展新兴产业和现有产业的高端环节，促进经济发展模式转变，实现科学可持续发展。

以智慧城市为代表的新一轮城市现代化建设，将促进城市各种创新要素聚集、智慧交融，催生新的技术、产业、业态和商业模式，经济实力不断增强，信息化、现代化、国际化进程不断加快，城市管理水平和居民生活不断提高，幸福感不断加强。同时，也将为现代城市所面临的环境资源、产业发展、城市管理等方面的问题提供科学发展的新的解决思路和途径，解决城市整体发展问题，实现城市经济发展的新跃升，促进城市运营管理精细化，满足公众对城市生活和民生环境的新需求。

建设信息资源融合畅通、共享便利、公平开放的智慧城市管理服务环境，加强城市运营主体间的协作，通过一站式服务和一体化运营，实现城市管理及公众生活高效的智慧管理服务。推动网络、平台、信息资源融合，整合城市信息资源和技术服务，实现各平台间数据和应用支撑的互联互通。

制定智慧城市制度体系。深入研究现有城市信息化管理制度体系，制定智慧城市管理的制度体系，鼓励和引导城市化进程中的所有利益相关者参与制度供给体系建设，形成多样化的供给体系，充分重视各种产业联盟，领军企业和各类研究机构和团队在智慧城市制度体系建设中的积极作用，用制度体系建设、供给主体的广泛性弱化制度实施过程中的阻力，同时针对智慧城市运营模式，智慧城市运营平台的信息获取、传输、运算、服务等方面制定开放式标准体系，推进现有各信息系统向智慧化演变、过渡和融合，为其提供制度体系和标准体系的支撑。

发挥政府主导作用。率先启动政府智慧应用项目建设，这些项目应重点关注社会民生、低碳发展、基础条件成熟的智慧城市项目，以政府智慧应用建设和采购启动市场鼓励企业和科研院所围绕智慧城市进行技术创新和产品升级，围绕智慧城市建设进行服务创新，提供多样化的智慧型服务。

打造一站式政府管理服务门户。建设可定制的、个性化的，公众能参与互动的一站式政府管理服务门户，使市民可以参与到智慧城市管理中来，与智慧城市建设、智慧城市管理形成互动，使市民能够定制个性化智慧城市服务，直接享受来自政府、公共服务机构向市民及企业提供的所有公共服务，同时提升智慧城市管理的广泛性和敏感度。

四、智慧城市管理的基本原则

（一）政府主导，企业、市民参与

发挥政府部门在智慧城市管理中的主导作用，通过管理模式和服务机制构建政府主导，企业、市民等社会多方参与的互动开放的智慧城市管理格局。强化政府在智慧城市规划、建设、政策、发展等方面的主导作用，提升智慧城市管理的水平和效率。

（二）推动资源整合共享，建立创新机制

整合城市各类信息资源和基础设施，实现基础设施与资源信息互通共享，进一步推动城市信息化协同应用，促进信息系统的互联互通与资源共享，提升系统和信息资源的利用水平和效率。政府推动建立制度、技术、标准、产业业态、商业模式等的创新机制，提升智慧城市建设的横向联合、协同创新和市场开发能力。

（三）建立制度与标准体系，提供制度保障和标准支撑

建立适应智慧城市管理需求的制度体系，为智慧城市管理提供制度保障。瞄准同类国际标准，避免落后于人，建立智慧城市标准体系，制定标准发展规划，争取标准的话语权，抢占标准制高点，为智慧城市提供标准支撑。

（四）关注民生，示范先行

智慧城市将重点关注目前比较突出的民生问题，如医疗、就业、教育、社保、公共安全等方面。通过政府主导智慧城市建设，将优先启动民生方面的智慧城市建设，为市民提供及时、便捷、准确、优质、廉价的智慧化服务。通过这些智慧城市项目的示范作用，不断推动和提高智慧城市管理模式的转化和管理水平的提高，从而带动智慧城市的科学、可持续发展。

第二节 智慧城市运营

一、智慧城市运营的问题与思考

（一）城市运营模式的基本概念与内涵

所谓城市运营模式是指："在依托城市运营客体（资源要素）的前提下，能够尽快打开城市发展局面的运营措施或出路。"其本质是一种城市发展突破口。城市运营模式概念有以下的特征：

第一，特色性。不同的城市、不同的资源要素和不同的运营方式构成了不同的城市运营模式。

第二，启发性。城市运营模式不是城市运营标准，它是一种启发性参考，而不是一种"放之四海而皆准"的标版或示范，更不是可供其他城市刻意效仿和完全套用或照搬的工具。

第三，措施性。城市运营模式本质是一种城市发展突破口，是打开城市发展局面的运营措施或出路。因此说，城市运营模式既不是城市运营的程式化道路，更不是城市发展的战略内容。

如何运营好城市、增强城市对地方经济的拉动作用，这已成为各级地方政府认真思考的重要内容和迫切需要解决的课题。

（二）目前制约城市建设与发展的几个因素

城市建设特别是基础设施建设，是一个庞大的、多功能的、综合性的系统工程。对大多数地方来说，加快城市建设、推进城市化进程的最大难题还在于缺乏城建资金。从实际情况看，目前，尤其在经济发展中的城市，困扰和制约地方城市建设与发展的因素主要来自以下几个方面。

1. 运营城市理念不够，市场化运作程度提高不快

较长时间以来，在一些地方，仍有计划经济时期单纯依靠政府搞城市建设这一传统思想观念的束缚，也还存在借助于"人民城市人民建"的口号，靠"群众集资搞城建"的想法和做法，城市建设投资主体单一，没有打破城市基础设施主要由政府投入的格局。

2. 财政困难，无法形成对城建的强劲投入

在"吃饭型"财政的城市，收支矛盾十分突出，预算内安排用于城市建设维护的资金仅能勉强维持人员"吃饭"和日常维护，难以形成对城市建设的强劲投入。虽然地方政府想方设法力争每年都保持对城市建设投入一定规模的资金，但城建资金总量仍不是很大，远不能适应城市建设与发展的需要。根据财源现状和"一要吃饭，二要建设"的原则，今后一段时期内，对财政地方"吃饭"来讲，政府对城建投入难有大幅度增长具体表现在：

第一，土地作为城市最大的资产优势没能得到充分显现。土地是城市的载体，也是城

市最大的资产。近年来，一些地方虽也通过盘活存量土地、实行土地招商吸引了一些外资，但土地收益作为城市建设资金来源的主渠道地位没能真正形成：其一，土地资产市场配置的比例低；其二，划拨土地使用者在土地资产巨大利益驱动下，以各种形式使划拨土地大量非法流入市场，有的以联营、联建的形式将土地转让给房地产开发商，有的利用划拨土地自建商品房出售，更多的将土地擅自改变用途用于商业运营或出租谋利，严重扰乱了土地市场秩序；其三，国有土地资产收益流失也很严重。此外，城市拆迁成本过高，造成土地成本增加，影响制约开发过程，也是造成政府土地无法取得最大收益的一个因素。

第二，政策性收费减免较多，影响了城建投入。一些专项用于城市建设投入的专项资金、收费项目由于各种原因，某些地方政府在征收环节上制定了不少减、免、缓缴政策，收入流失较多。近年来，国家还先后陆续取消了十多项城建收费项目，有的调低了收费标准，这也影响了地方城建资金的筹集和投入。

第三，部门的潜力和优势发挥不够，建设城市的合力没有全面形成。目前，很多地方的城市建设工作基本上靠的是城建等为数较少的几个部门在"孤军奋战"，很多部门和单位在城建方面的长处和优势没有充分发挥，没有形成城市建设的强大合力，这也导致城建的不少项目难以如期实施和快速推进。

（三）运营城市，应正确处理好三方面关系

按照市场经济规律指导现代化城市建设，实施"运营城市"战略，应当处理好三个方面的关系，确保城市持续、健康、有序发展。

1. 要处理好运营城市和城市规划的关系

城市是城市建设的蓝图和城市管理的依据。一个科学的总体规划本身就是最大的资源和财富。长期以来，城市规划大多以工程技术、建筑艺术为出发点，注重"技术规划"，而对规划的经济意义缺乏足够的重视和深层次的研究。在运营城市中，在继续重视"技术规划"的同时，应确立"经济规划"观念，充分发挥城市规划的财富功能。城市规划是建设的龙头，对建设用地的近期价格和远期开发价值存在着决定性作用。通过规划引导、促进城市运营。同时，运营城市为城市规划与建设服务，为科学合理规划提供保障，应在坚持搞好规划的同时，坚持把运营城市理念贯彻到城市规划、发展、建设、管理的全过程，改善城市环境，树立城市品牌，促进经济建设与发展。

2. 要处理好运营城市和环境效益的关系

良好的城市生态环境是城市保值、增值的重要基础，城市环境作为城市建设与发展的特殊资源，对城市资产保值与增值具有基础性、关键性的作用。通过改善城市环境，提高城市环境质量来加快土地升值。城市建设和发展必须考虑环境要素，把环境建设和资源的合理配置、利用与保护视为城市经济持续增长的先决条件，要防止急功近利行为。要以改善城市生态环境为目标，通过"拆旧建绿"、"见缝插绿"、"河岸镶绿"，以及有计划地建设一批广场、公园和绿地，提高城市绿地率。建设污水处理工程，实施城市亮化工程，逐步实现地面变绿、水面变清、环境变美，创造良好的生态环境和居住环境，使人们安居乐业，创业有成。

3. 要处理好运营城市和公共服务的关系

城市是社会公众活动的载体。运营城市的一个重要任务，就是在做强经济、做大城

市、做美环境的同时，还要做优城市的功能，为广大市民提供充分的公益服务，提高广大市民的生活质量和品位。因此，运营城市的实施应当坚持以人为本，将社会效益作为应有的题中之意认真加以考虑。一方面，在运营城市的过程中，不能一味地强调经济利益，只重视对营业性基础设施的建设，而忽视对不能直接产生经济效益的公益性基础设施的投入；另一方面，也要认识到，即使是为公众服务的公益性基础设施，它作为一种服务于城市生产和市民生活的特殊劳动产品，也必然要求在服务中实现价值补偿，以保证正常的维修和更新。即对涉及居民生活、企业生产运营的用品、服务和对贷款和合资建设的市政公用项目分别实行"保本微利"、"成本补偿、合理盈利"和"还本付息"的定价原则，随着城市经济的发展和居民生活水平的提高，还可逐步提高公用事业产品的服务价格标准。

（四）智慧城市实现城市管理与运营的多赢

智慧城市通过整合先进信息技术与先进管理理念，旨在实现城市管理、城市服务、城市运营的多赢。智慧城市在建设思路上，要充分发挥政府的主导与协调作用，以确保智慧城市建设的健康有序发展，从而实现以下几方面。

1. 让信息成为运营城市的新资源

把开发支撑城市运转的信息资源作为首要任务，重点建设数字城市公共服务平台，将政府及社会的数据、信息、知识、能力、应用、服务等进行有机整合，实现城市在智能信息化的先机与主动权。

2. 为城市的未来战略投资

从城市发展战略的高度，对关系民生、关系城市可持续发展的核心领域进行有步骤、有重点的战略投资。抓紧时机运营好"城市企业"，练好内功，从管理系统论角度妥善处理好当前的交通问题、创业问题、就业问题、公共卫生服务问题、节能减排问题等。

3. 实现信息技术与城市运作的有机融合

智慧城乡的建设要结合城市功能定位、产业布局、历史文化等特点，将政府信息化与社会信息化、企业信息化、家庭信息化等结合起来，实现城市数字化与管理、运营的有机融合。

4. 为城市培育新的服务业增长点

大力发展基于城市信息化的应用服务体系，探索投资小、产出高、可持续发展的城市公共服务平台建设与增值运营市场化运作模式，在政府管理、协调、监督下，形成良好的产业链与循环经济圈，实现智慧城乡建设与现代信息服务业培育的良性互动。

二、智慧城市运营基本目标

城市作为一定城市域内的经济、政治、科技中心，城市规划、建设、发展与城市运营密不可分。近年来，随着"数字化城市"的兴起与发展，我国城市的数字化建设取得了长足的发展，提高了城市信息化水平，城市运行效率大幅提升，提升了城市核心竞争力，兴起和拉动了一大批相关行业，形成了基于"数字化城市"的产业链，提供了大量就业机会，为我国近年来经济保持持续高速良性增长作出了很大贡献。同时，普通民众也从"数字化城市"的建设中受益，大量"数字化城市"技术应用于民生和公共事业中，普通民众真正体会到"数字化城市"带来的方便与快捷，体会到城市运营的高效与惠民。

智慧城市不仅可以极大地提升城市管理水平，应对高速城市化过程中的挑战，还可以为城市打造新兴战略产业。信息技术的泛在性使之可与任何行业融合，而这个融合的过程就是催生新兴产业的过程。智慧城市的建设过程就是以社会经济繁荣为目标，以社会和谐稳定为前提，以民生幸福为考核标准，通过以云计算为代表的信息技术手段进行融合创新，推进新型的城市化进程。对于城市管理者而言，新型的智慧城市运营模式将带动产生新型的智慧城市产业链，以及由此催生出的各种各样的新业态，为城市经济转型提供了出路，同时也为城市可持续发展提供强有力的支撑。

智慧城市运营就是要充分利用智慧技术，智慧地感知、分析、集成和应对各类城市主体的活动与需求，促进智慧城市运营与服务智慧化，创造全新的智慧城市运营与服务模式，为公众、企业和政府提供更加舒适、生态、低碳、高效、智慧的环境。

通过城市基础设施运营服务（包括城市基础设施建设，城市地下管线，城市交通，水利、环境、信息基础设施等）满足公众、企业的基本服务需求；通过城市社会化运营服务（包括教育、就业、医疗、文化体育、公共安全、社会保障、法律服务等）满足公众、企业对社会服务的广泛化需求；通过城市经济运营服务（包括科学技术、金融证券、质量监管、市场管理、流通贸易等）为公众、企业提供高效的经济服务；通过城市公共运营服务（包括智慧城市规划、决策、组织、协调、执行、控制等）推进智慧城市进程，使城市管理者更好更多地运用新科技新智慧管理城市，为公众、企业提供人性化的公共服务。通过技术创新和组织模式创新推动产业向价值链高端发展，促进产业结构优化升级，形成以智慧城市为特征的产业集群。推动产业链融合，建立产业联盟，通过规模优势占领技术高端，实现研发、设计、制造等产业链各环节资源与城市信息资源和技术服务间的横向整合，形成融合的业务、技术和数据标准，保证不同服务及应用间的兼容。建立创新研究机构，建立政府主导，企业、公众广泛参与，整合国内外资源的智慧城市创新研究机构，从智慧城市政策研究、智慧城市运营标准研究、平台及应用技术开发等进行深入综合研究，为智慧城市的长期规划和建设提供持续的技术支持，推动智慧城市建设运营的发展进程。探索新兴产业发展模式，鼓励企业在云计算、物联网、现代服务、智慧应用等新兴产业领域探索新业态、新模式。引进培育服务运营商、服务应用外包模式，突破应用推广"瓶颈"。推进发展平台运营商、解决方案提供商等模式，提高企业高端服务能力。

构建统一的智慧城市运营服务平台。通过智慧城市运营服务中心打造智慧城市运营公共服务支撑平台，为各职能部门、运营服务商等主体提供数据共享交换、应用支撑、技术发展、基础能力等各类公共支撑服务，形成城市基础设施、社会服务、经济服务、公共服务等公共运营服务体系。

三、智慧城市运营模式

（一）信息化城市运营模式现状与基本条件

1. 信息化城市运营模式现状

在我国，以往的信息化城市投资、建设和管理主要以政府为主，运用城市财政进行投资建设并由政府相关部门直接管理，而且主要采取行政管理手段，这种模式为 BT（Build-Transfer）模式，即建设—移交，即项目建成后立即移交，可按项目的核定价格由政府向承建企业分期付款。有的城市的某些城市信息化系统在建成后交给企业或事业单位进行管理或经营，发生投资建设主体与经营管理主体的转移和分离，但后期维护升级还需要依靠政府财政支撑；有的城市实现信息化城市管理部门与经营者的分离，强化管理部门的政府职能，并以宏观管理为主，由企业、事业单位或科研院所进行产品开发和使用权的运营。

2. 信息化城市运营的基本条件

信息化城市运营的基本条件包括：信息化城市管理体制环境；统一开发和竞争有序的市场体系（包括商品市场和生产要素市场）；产权明晰化；资产价值化；自主经营、自负盈亏、自我约束、自我发展的市场竞争主体；精简、高效、统一的政府和健全规范法制环境。

（二）存在的弊端

以往信息化城市运营的资金来源主要依靠政府财政投入。随着信息化城市建设步伐的加快和全面铺开，靠单一的政府财政投入早已不能满足信息化城市发展的需求，同时这种单一运营模式还存在着诸多弊端。

1. 政府财政投入项目从建设到运营管理问题频出

政府财政项目实行"财政投入，政府管理"的单一模式，即投资、建设、管理、使用"四位一体"。相互之间无利益制约、不透明，项目建设管理中存在薄弱环节，普遍存在"超规模、超标准、超概算"的"三超"现象。项目管理组织的人员临时组成班子，对项目缺乏整体和综合管理，使得投资失控、工期拖延、质量不保等现象屡有发生。项目管理组织机构是临时的，通常采取行政部门组建基建指挥部或领导小组的方式来组织建设，"项目开了搭班子，项目完了散摊子"。

2. 运营主体单一，建设资金效率低下

信息化城市建设主要来源于政府的财政拨款。绝大多数的信息化城市建设项目投资规模大、回收周期长、利润率低，很多资金投资下去之后就沉淀在项目上，无法有效盘活，还有很多信息化项目为政府运行或公益项目，没有直接收益，项目运行维护的绝大部分的资金还得依赖政府财政拨款。这就造成了当前城市信息化项目建设对政府投资的较大依赖。

（三）智慧城市运营模式

智慧城市运营的基本模式为政府主导、企业运作、市民参与。智慧城市应根据城市的不同城市域、不同类型、不同等级规模、不同基础条件，因地制宜确定智慧城市的运营模式，进行个性化的城市市场化运营。

智慧城市运营模式的市场化就是要打破垄断、引进竞争，通过培育市场经营主体，将原来需要依靠行政方式组织建设和经营的智慧城市项目交由市场主体按市场化方式组织。在投资、建设、运营各个环节中引入竞争机制，通过创新机制和加快政府职能转变，实现投资运营主体多元化，从而减少财政压力，有效利用企业和社会资金。

目前国内外城市信息化建设运营的典型模式有 BOT、PPP、TOT 等典型模式。

1. BOT 模式

BOT（Build-Operate-Transfer），通常直译为"建设—经营—转让"，其实质是信息化城市项目投资、建设和经营的一种方式，以政府和企业之间达成协议为前提，由政府向企业颁布特许，允许其在一定时期内筹集资金建设某项目并管理经营该项目及其相应的产品和服务，政府对该企业提供的公共产品或服务的数量和价格可以有所限制，但保证企业资本具有获取利润的机会。整个过程中的风险由政府和企业分担。特许期限结束时，企业按照约定将该项目移交给政府部门，由政府部门指定相关部门经营和管理。

BOT 模式能够保持市场机制发挥作用，BOT 项目的大部分经济行为都在市场上进行，政府以招标方式确定项目企业的做法本身也包含了竞争机制。作为可靠的市场主体的企业是 BOT 模式的行为主体，在特许期内对所建信息化项目具有完备的产权。

BOT 为政府主导提供了有效的途径，这就是和企业达成的有关 BOT 的协议。尽管 BOT 协议的执行全部由项目企业负责，但政府自始至终都拥有对该项目的控制权。

2. PPP 模式

PPP（Public-Private-Partnerships），即公共部门与企业合作模式，是指政府、营利性企业和非营利性企业以某个项目为基础而形成的相互合作关系的模式。同时，合作各方参与某个项目时，政府并不是把项目的责任全部转移给企业，而是由参与合作的各方共同承担责任和资金风险。

PPP 模式是政府通过政府采购的形式与特殊目标企业签订特许合同，由其负责筹资、建设及经营。政府通常与提供贷款的金融机构达成一个直接协议，这个协议是向借贷机构承诺将按与特殊目标企业签订的合同支付有关费用。其结构特点表现为：

第一，资金利用效率得到提高。企业在设计、建设、运营和维护一个项目时通常更有效率，能够按时按质完成，并且更容易创新；伙伴关系能够使企业和公共部门各司所长；能够使项目准确地为公众提供其真正所需要的服务；由于投入了资金，企业保证项目在经济上的有效性，而政府则为保证公众利益而服务。

第二，风险分担。风险分担是 PPP 模式的一个突出特点。PPP 模式在项目初期就可以实现风险分配，同时由于政府分担一部分风险，使风险分配更合理，减少了承建商与投资商风险，从而降低了融资难度，提高了项目融资成功的可能性。

3. TOT 模式

所谓 TOT 方式，即移交（Transfer）—经营（Operate）—移交（Transfer），指将建设好的城市信息化项目移交给企业进行一定期限的运营管理，该企业组织利用获取的经营权，在合约期满之后再交回给所建部门或单位的一种运营方式。在移交给企业时，政府或其所设经济实体将取得一定的资金来建设其他项目。

TOT 模式只涉及项目经营权的转让，不存在产权、股权等权利的让渡，可减少不必要的争执和纠纷；TOT 能够为已建成的项目引进先进的管理模式，使项目建设管理领域逐步走向市场化；TOT 将开放建设市场与经营市场分割开来，使问题尽量简单化。

通过以上运营模式可以看出，各种运营模式都有其特点，各有所长，应灵活运用，不应片面强调哪一种方式，而应根据具体情况选择适合于该条件、环境、范围的模式。例如，前些年，各地政府和金融理论界都很看好 BOT 方式，但是经过一段时间的尝试、探索，在实践中遇到了不少来自于政策、法律和人才方面的障碍，在操作上比较复杂。最近几年，随着我国市场经济体制改革的日趋完善和相关政策、法律的出台，在我国诸多城市 TOT 模式已经悄然成为信息化城市建设的主要运营模式。

四、智慧城市运营总体原则

（一）以人为本原则

城市的主体是人，人不但是城市的设计者和建造者，而且是城市的使用者，是智慧城市运营的直接服务对象。通过智慧城市运营谋求城市的智慧、科学、可持续发展，提升城市管理与服务水平，不断提高城市的综合竞争力和环境水平，提升市民的幸福感。因此，智慧城市运营要以人为本，围绕着市民的广泛化需求展开。要重点关注突出的民生问题，营造良好的居住环境、工作环境，满足人们追求幸福和自我实现等多层次、多领域的需求。

（二）可持续发展原则

本着政府主导、急用先行、关注民生、示范带动的主导思想，避免一哄而上、盲目建设、缺乏统一协调、重复建设的局面，坚持智慧城市运营的科学可持续发展。

（三）阶段性原则

从城市化发展的进程和城市运营的经验来看，可以发现城市运营有明显的阶段性，智慧城市经营也是如此。在智慧城市发展的不同阶段，智慧城市在不同城市域、不同类型、不同等级规模、不同基础条件的城市其运营的理念、模式、内容、重点均不尽相同。根据智慧城市运营的要素、资源、市场、发展程度和影响范围，智慧城市运营应注意发展的阶段性。

（四）创造新价值原则

新型的智慧城市运营模式、新型的智慧城市产业链，以及由此催生出的各种各样的新业态是城市经济持续发展强有力的增长点。同时，在智慧城市的基础设施整合、建设过程中，还会推动传统意义上的信息技术企业与电信运营商、电网系统、有线电视系统等多方的紧密合作，在无线宽带、三网融合、城市云计算中心、IPV6 等技术领域，共同为城市通信与信息基础设施建设提供服务，形成互相融合的产业链和生态圈，创造新的业态和经济增长点。

（五）个性化原则

城市最明显的特点是个性化，主要体现在城市所在的城市域位置、资源环境、城市规模、基础条件、城市特色、历史沿革等的独特性和所处的发展阶段与机遇以及城市的社会经济状况、科学技术水平、组织管理能力、城市发展愿景等方面。个性化的智慧城市运营就是充分发挥城市潜力，利用自身优势，充分开发自身资源。真正做到个性化运营，就要从实际出发，避免照搬照抄别的城市经验和做法，不断地用新技术手段和智慧城市运营理念打造个性化的智慧城市。

（六）品牌化原则

智慧城市运营就像企业运营一样，不仅讲究质量、效率，还讲究品牌。城市的品牌、形象不仅指城市的城市规划布局、城市建筑，还包括城市管理服务水平和效率，城市的环境水平，城市的综合竞争力，可持续发展能力以及市民的精神面貌和幸福指数。智慧城市的发展将对城市的软硬环境进行创新，大大提升城市品牌效应和综合实力。城市品牌是巨大的无形资产，不仅蕴含了巨大的有形资产，而且蕴含了大量的知识、智慧等软资产。知名度高的城市品牌表明其处于城市发展过程中的优化状态，经济社会环境综合效益好，对资金、人才、技术等生产要素和游客具有极大的吸引力。

第十一章　智慧城市的标准体系

建设智慧城市是一项复杂的系统工程,涉及信息、遥感、通信、城市管理和规划等诸多技术和领域,目前各技术领域内的标准种类繁多,成熟度不一,难以建立起统一完善的技术标准。各地城市技术标准不一致和重复建设等问题,由工信部统一领导、统一筹划,引领我国智慧城市的建设工作是我国智慧城市发展的必然。以动态感知网络为数据来源、以数据活化为核心关键技术、以动态数据中心为基础设施,形成开放式、可演进、可扩展的体系架构,面向政府、企业、个人提供智慧化、泛在式的应用服务是智慧城市发展的技术方向,建立统一可靠的标准体系,是智慧城市建设得以健康有序发展的重要保障。

建立智慧城市的标准体系需要从实际应用出发,围绕其结构体系的共同特征,针对统一术语定义、统一设计与实施方法、统一体系结构、统一信息分类编码、统一空间定位、统一数据质量要求、统一数据描述、统一数据交换格式、统一接口规范等问题,提出一系列标准化的原则和具体要求。标准体系要满足集合性、目标性、可分解性、相关性、整体性、环境适应性等要求。

第一节　总体目标

为智慧城市提供标准化支撑,以标准的形式,指导或规范技术研发和工程建设等各项工作,保证试点工程建设健康、有序地开展,为今后全国推广智慧城市的建设打下坚实基础。具体地讲需要实现以下目标:

第一,科学合理地确定智慧城市标准的类目、内容的需求及其现状和发展趋势。

第二,为智慧城市提供标准总体框架和发展蓝图,反映出应编制标准的全貌,以及各标准之间的相互关系,指明未来标准化工作重点和发展方向,提供相关决策依据和编制年度或季度标准制订、修订计划依据,避免盲目和与实际脱节,从而可加快标准制订、修订的速度。

第三,为智慧城市标准体系逐渐趋向科学化、合理化和实用化打下基础,保障智慧城市建设在技术研发、产品开发、工程建设、系统管理等方面规范、科学、高效。

第二节 构建原则

除"全面成套、层次恰当、划分明确"标准体系基本原则外，根据行业特点，智慧城市标准体系编制还遵循如下原则。

一、继承性与发展性

智慧城市标准体系的构建应与现有标准全方位对接。在基础技术标准方面，除行业有特殊要求基础技术标准外，一般按照国家基础技术标准开展。根据统筹规划和整体协调的需要，对现有各行业信息化中涉及的数据代码、功能要求、交换等标准进行修订，将其纳入智慧城市标准体系框架中。

二、现实性与长期性

智慧城市标准体系建设中需要制订、修订的标准数量至少数百项，并且一些标准还需在以后业务发展中不断构建。因此，按照急用先制定的原则，目前阶段的标准化工作主要定位在初步构建智慧城市标准体系框架，以应用示范工程为依托，制定一些急需标准。

三、实用性与前瞻性

构建智慧城市是一项应用性极强的工作，标准体系的构建必须紧密结合城市发展的需要，既要借鉴国内外既有标准，也要针对中国的国情和实际科研能力来进行标准的制定，才能使标准的实用性更高。同时，智慧城市处于发展阶段，技术具备前瞻性更是迫切的要求，所以标准制定工作要有一定超前性，标准不仅是对当前技术的总结，而且还是对当前技术进行引领，通过具有前瞻性的标准来指导技术研发。

第三节 标准体系框架

智慧城市标准体系包括：智慧城市总体标准、智慧城市技术支撑与软件标准、智慧城市建设及运行管理标准、智慧城市安全标准、智慧城市应用标准五个类别组成（见图11-1）。

智慧城市的标准体系框架的主要内容如下：

总体：包括术语；基础参考模型；评价指标体系。

技术支撑及软件：包括物联感知；网络通信；数据存储及处理；服务支撑；协同处理；互操作。

建设及运营管理：包括监理；验收；评估；治理；运行保障。

安全：包括安全级别分类；信息技术安全；城市公共安全。

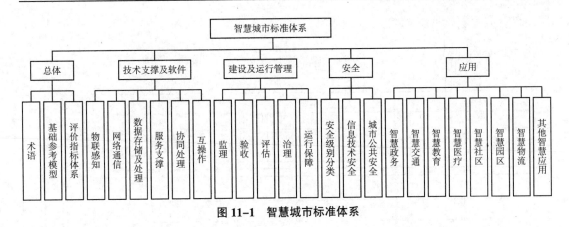

图11-1 智慧城市标准体系

应用：包括智慧政务；智慧交通；智慧教育；智慧医疗；智慧社区；智慧园区；智慧物流；其他智慧应用。

第四节 基础标准

一、总体标准

智慧城市总体标准为智慧城市的规划与建设提供整体性和基础性的指导意见与规范标准。目前国内和国际上还没有形成关于智慧城市的总体性标准，我国应该充分利用在智慧城市的技术优势和先发机遇，尽快出台智慧城市的总体标准，具体应包括：智慧城市导则，智慧城市体系架构模型，智慧城市术语，智慧城市标识和智慧城市评测指标与评测技术等。

（一）智慧城市导则

智慧城市导则是智慧城市技术的整体性指导规范。主要包括智慧城市的技术体系，智慧城市的体系架构和开放式应用服务体系，智慧城市评测指标体系与评测技术，数据获取与动态感知技术、动态数据中心和数据活化技术等智慧城市关键技术，智慧城市空间信息服务架构，智慧城市应急响应模型与方案、智慧城市现代信息服务业共性服务基础技术，智慧城市具体行业应用等。

（二）智慧城市体系架构模型

智慧城市体系架构模型为智慧城市规划与建设提供统一的层次式结构模型。智慧城市体系架构主要分为数据获取层、数据活化层、支撑服务层和应用服务层等。智慧城市体系架构具有开放性和可扩展性，能够满足城市基础差异化、城市行业多样化和城市信息多元化的需要。智慧城市体系架构模型兼容现有的技术体系架构，实现无缝衔接。智慧城市体系架构模型还包括开放式的应用接口模型，以支持不同领域和不同技术的应用整合与兼容。其中，智慧城市基础参考模型主要分为：物联感知层、网络通信层、数据及服务支撑层及智慧应用层（见图11-2）。

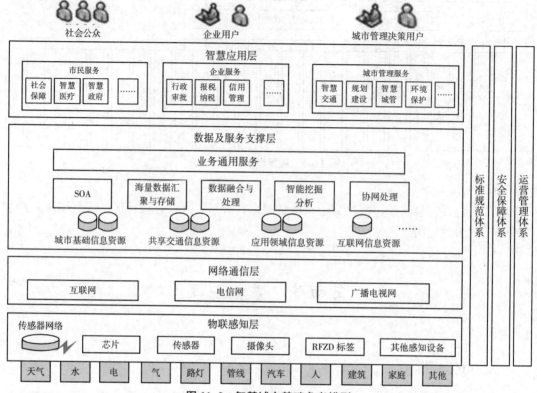

图11-2 智慧城市基础参考模型

（三）智慧城市术语

智慧城市术语主要包括智慧城市领域内的理论、技术、方法和名称的基本术语，以用于智慧城市规划、建设、科研、教学和国际交流。此标准将引用现有相应的信息技术领域和城市规划领域以及应用行业领域内的术语标准，同时包括新加入的智慧城市相关术语。

（四）智慧城市标识

智慧城市标识主要规定在智慧城市规划、研究、开发、设计和运营等过程中的符号、图案、字母等标识。标准将参考与引用现有的信息技术领域、城市规划领域和应用行业领域的标识标准，同时包括新加入的智慧城市相关标识。

（五）智慧城市评测指标与评测技术

智慧城市评测指标与评测技术主要包括智慧城市的评测指标体系和评测技术体系等标准。评测指标体系包括一级指标、二级指标、三级指标和具体指标等指标层，同时针对不同的城市类型和评测方法采用不同的指标集。评测技术体系包括智慧城市评测过程所采用的技术、方法、工具和软硬件平台等。此标准参考和引用现有的若干城市评测与信息化评测的指标与技术标准，同时针对智慧城市的新特性，规定了相应的新评测指标与评测技术方法。

二、感知标准

（一）RFID

无线射频识别技术（Radio Frequency Identification，RFID）是一种非接触的自动识别技术，它利用射频信号或空间耦合（电感或电磁耦合）的传输特性，实现对物体的自动识别。与其他的自动识别技术（条形码技术、光学识别和生物识别技术，包括虹膜、面部、声音和指纹）相比，RFID 具有抗干扰能力强、信息量大等特点和优点，被广泛应用于门禁系统、物流、零售、物体识别、不停车收费和生产制造等领域。

技术标准能够确保设备、系统间的协同工作，直接影响产业化、规模化，以及系统的安全性、稳定性等诸多因素，直接制约产业发展。RFID 是 21 世纪最有发展潜力的十大技术之一。RFID 标准化的主要目的在于通过制定、发布和实施标准解决编码、通信、空中接口和数据共享等问题，最大限度地促进 RFID 技术及相关系统的应用与实施。随着 RFID 技术的发展和商业化的大规模应用及其潜在的巨大经济利益，RFID 标准化问题日益被各国政府重视，并努力创建自主的 RFID 标准体系，进行推广应用，引导各相关组织、机构，运用各种形式促其成为国际标准。

RFID 技术是继承了雷达基本原理并进一步发展起来的一种自动识别技术。Harry Stockman 在 1948 年发表的《用反射功率通信》一文中，奠定了 RFID 的理论基础。随着技术的发展和应用需求的推动，RFID 技术的理论得到了丰富和完善。随着标签成本不断降低，RFID 产品得到了广泛应用。

为了规范 RFID 标签和 RFID 读卡器的开发设计、生产和应用，解决不同的 RFID 系统之间的兼容性问题，有必要通过标准对 RFID 技术进行规范。RFID 的标准化是当前迫切需要解决的重要问题，多个相关标准化组织都在积极推进 RFID 技术标准的制定。RFID 的标准化包括标识编码规范、操作协议及应用系统接口规范等多个部分。标识编码规范包括标识长度、编码方法等；操作协议包括空中接口、命令集合、操作流程等规范。标识编码规范是目前各标准化组织争夺的焦点，当前主要的 RFID 技术编码规范有欧美的 EPC 标准、日本的 UID（Ubiquitous ID）标准和 ISO 18000 系列标准。其中 EPC 编码规范是目前最受全球关注的编码规范。

1999 年美国麻省理工学院（MIT）成立自动识别中心（Auto-ID Center），开展自动识别技术的研究与开发。在美国统一代码委员会（UCC）的支持下，自动识别中心结合互联网技术，提出产品电子代码（EPC）的概念。国际物品编码协会与美国统一代码委员会将全球统一标识编码体系植入 EPC 概念当中，从而使 EPC 纳入全球统一标识系统。2003 年 11 月 1 日，国际物品编码协会（EAN/UCC）正式接管了 EPC 在全球的推广应用工作，成立了 EPCglobal，负责管理和实施全球的 EPC 工作。

由 EPCglobal 制定的 RFID 系列标准协议包括：数据采集、信息发布、信息管理、信息服务等各个方面，主要标准如下

1. EPC 标签数据规范

它规定了 EPC 编码体结构，该结构与全球贸易项目代码（GTIN）兼容。EPC 标签数据规范还包括所有编码方式的转换机制等。EPC 编码体系包括：头字段（Header）、域名

管理者、对象分类和序列号组成。

2. 空中接口协议

它规定了 RFID 电子标签与 RFID 读写器之间的空中接口协议格式，读写器通过空中接口识别，修改 RFID 标签的编码和用户数据。它与 ISO/IEC 18000-3 和 ISO/IEC 18000-6 标准对应，其中，UHF C1G2 已经成为 ISO/IEC 系列协议之一。

3. 读写器数据协议

该协议提供读写器与计算机之间的消息格式与内容，它使主机能够适应不同的读写器和空中接口协议，它定义了一个通用功能集，但是并不强制性要求所有读写器实现这些功能。读写器数据协议是读写器协议的用户平面。

4. 底层读写器协议（LLRP）

LLRP 位于 RFID 系统与 RFID 读写器之间，为用户控制和协调 RFID 读写器的空中接口协议提供接口规范，提供了标准的接口来接入不同厂商的读写器。底层读写器协议是读写器协议的控制平面，负责对读写器的管理和控制，与读写器数据协议协同工作。

5. 读写器管理协议

该协议对已经部署好的读写器提供报警管理、配置管理等机制，如 RFID 设备的简单网络管理协议和 MIB 库。

6. ALE 应用层事件标准

该标准提供应用程序向读卡器发出对数据请求的方式。

除上述协议以外，EPCglobal 标准还包括：EPCIS 捕获接口协议、EPCIS 查询接口协议、EPCIS 发现接口协议等。

（二）近距离无线通信

近距离无线通信技术是智慧城市各种具体应用的底层通信基础，包括蓝牙（Bluetooth）、ZigBee、超宽带（Ultra Wideband，UWB）、近场通信（NFC）等技术。其标准架构包括两部分：物理层和 MAC 层由 IEEE 802.15 及 IEEE 802.11 系列标准定义；网络层及安全层等上层协议由各自联盟开发。

在国际技术应用趋势上，作为多距离无线通信的若干技术分为两类：射频识别、ZigBee、Wi-Fi 属于可以构架无线网络的技术；NFC、蓝牙、超宽带则强调设备间点对点的无线通信。在短距离无线通信技术中存在明显的互补作用，表现为射频识别技术在物流、自动付费等自动化应用领域发挥传统作用，同时在新应用领域和其他技术融合趋势明显，要做到取长补短，完成数据量、吞吐速度和防冲突算法的提高。

1. IEEE 802.15 系列标准

（1）蓝牙工作组（IEEE 802.15.1）。蓝牙技术被广泛应用于智慧城市的各种具体实现中，如智能交通、智慧医疗等。其底层（物理层和 MAC 层）协议的标准版本为 IEEE 802.15.1。它是一种无线数据与语音通信的开放性全球规范，其实质内容是为固定设备或移动设备之间的通信环境建立通用的近距离无线接口，将通信技术与计算机技术进一步结合起来，使各种设备在没有电线或电缆相互连接的情况下，仍然可以在近距离范围内实现互通信或互操作。IEEE 802.15.1 规定了 OSI 模型中物理层和数据链路层下的四个子层标准：RF 层、基带层、链路管理器和 L2CAP。它采用扩频跳频技术，提供 1Mbit/s 的数据传输速率，工作于 2.4GHz 频段，处于全球各地可用、无须注册、公开、免费的 ISM（Indus-trial，Science and Medicine）频段之内，其覆盖范围为 10cm~10m。蓝牙技术采用时分多址（TDMA）的分组传输技术，数据发送限在最长 625us 时隙之内，基带发送速率为 1Mbps，跳频速率 1600 或 3200 次/秒。IEEE 802.15.1 标准已于 2002 年 6 月通过。

由于 Bluetooth SIG 仍致力于完成蓝牙 1.2 的标准，因此 IEEE 802.15 成立了 TG1a 任务组，以便随时将 Bluetooth v1.2 的 MAC 层及物理层标准调整并转换成 802.15.1a 的标准。在 802.15.1a 的物理层中采用先进的扩频跳频技术，提供 10Mbit/s 的数据速率。另外，在 MAC 层中改进了与 802.11 系统的共存性，并提供增强的语音处理能力、更快速的建立连接能力、增强的服务品质以及提高蓝牙无线连接安全性的匿名模式。IEEE 802.15.1a 标准也已完成。

中国是世界上最大的蓝牙生产研发基地，全球 80% 的蓝牙企业在中国。但如今的中国蓝牙市场还没有形成一个统一的蓝牙技术规范和标准。这严重制约了蓝牙行业的健康发展，限制了中国的蓝牙行业走向全球，因此制定中国蓝牙行业标准已成为当务之急。

（2）超宽带（UWB）工作组（IEEE 802.15.3a 及 IEEE 802.15.4a）。UWB 技术是一种无线载波通信技术，采用跳时扩频信号，系统具有较大的处理增益，在发射端可将微弱的脉冲信号分散到宽阔的频带上，输出功率甚至低于普通设备的噪声。故 UWB 技术具有较强的抗干扰性。同时，UWB 支持很高的数据速率，从几十 Mbit/s 到几百 Mbit/s，发射功率小、耗电少。

目前，UWB 的物理层及 MAC 层标准研究制定工作主要由 IEEE 802.15.3a 及 IEEE 802.15.4a 工作组负责完成。其中，802.15.3a 工作组负责高速 UWB，主要包括两大技术阵营：一个是以英特尔和得州仪器为代表的多频带 OFDM（MBOFDM），将频谱以 500MHz 带宽大小进行分割，在每个子频带上采用 OFDM 技术；另一个是以摩托罗拉和飞思卡尔为代表的直接序列 UWB（DS-UWB），采用传统脉冲无线电方案。同 802.15.4a 负责低速 UWB，目的是提供给低速率传输应用的无线个人城市域网络，该标准中定义了两种不同的物理层技术：一种是超宽频物理层技术，操作频段在 3~5GHz、6~10GHz 以及小于 1GHz 的频段，所支持的传输速率主要是 842kbps 和几个选择模式，即 105Kbps、3.37Mbps、13.48Mbps 以及 26.95Mbps；另一种是 CSS（Chirp Spread Spectrum）技术，操作在 2450MHz 未授权频带上，所支持的传输速率主要是 1Mbps 和选择模式 250kbps。

UWB 技术具有系统复杂度低，发射信号功率谱密度低，对信道衰落不敏感，低截获能力，定位精度高等优点，尤其适用于室内等密集多径场所的高速无线接入，非常适于建立一个高效的无线局域网或无线个域网。主要应用在小范围、高分辨率、能够穿透墙壁、地面，且成本较低，故被广泛应用于智能家居的各种应用中。

WiMedia（超宽带）联盟已在中国设立分支机构，旨在集中力量推动中国的 UWB 技术，促进中国的组织、企业、制造商和消费者对 UWB 的认识。其下设四个工作组，主要工作是同中国和国际的技术标准组织合作，确保消费者能够享受到超宽带设备之间更高的互联互通性。

（3）ZigBee 工作组（IEEE 802.15.4）。ZigBee 技术主要应用在短距离范围之内并且数据传输速率不高的各种电子设备之间，广泛应用于智能电网、智慧医疗、智慧物流及智能家居等各类智慧城市具体应用中，并且已在自动化、医疗、建筑自动化、零售业方面形成了较为完善的解决方案。其物理层和 MAC 层协议由 IEEE 802.15.4 标准定义。IEEE 802.15.4 协议已于 2003 年发布，它定义了两个物理层标准，分别对应于 2.4GHz 频段和 868/915MHz 频段。两者均基于直接序列扩频，物理层数据包格式相同。2.4GHz 频段为全球免许可 ISM 频段，可降低 ZigBee 设备的生产成本。该物理层采用高阶调制技术，提供 250kbit/s 的传输速率，有助于获得更高的吞吐量、更小的通信时延和更短的工作周期，从而更加省电。868MHz 为欧洲 IMS 频段，915MHz 为美国的 IMS 频段。它们的引入避免了 2.4GHz 附近各种无线通信设备的相互干扰，传输速率分别为 20Kbit/s 和 40Kbit/s，这两个频段上无线信号传播损耗较小，可以降低对接收机灵敏度的要求，获得较远的有效通信距离，从而可以用较少的设备覆盖给定的城市域。ZigBee 的网络层、安全层和应用接口层协议均由 ZigBee 联盟开发。

ZigBee 技术为物联网的应用提供了无限的想象和发展空间。目前，世界 ZigBee 联盟也大力研究制定 ZigBee 技术在物联网领域的具体技术标准，以推动物联网在建筑、交通、能源、安防、医疗等行业的应用。

2. IEEE 802.11 系列标准

Wi-Fi 是目前较为成熟的无线 IP 传输技术。由于其具有传输距离远、带宽高、组网容易等特点，Wi-Fi 网络迅速普及，在办公大楼、家庭、码头、仓库、商店、学校、机场等地方随处可见。故智慧城市可充分利用现有已普及的 Wi-Fi 网络资源，特别是电信运营商大量部署的"无线城市"网，避免重复建设。

Wi-Fi 技术是由国际通用的 IEEE 802.11 系列标准定义的，包括 802.11a，802.11b 及后来加入的 802.11g 三个标准。其中，在 802.11a 标准中，传输速率为 54Mbps，占用 5.0GHz 自由频段，传输范围为 50 米，30 个接点，使用 OFDM 复用技术。在 802.11b 标准中，传输速率为 11Mbps，占用 2.4GHz 自由频段，传输范围为 100 米，30 个接点，采用比 OFDM 简单的 DSSS 扩频技术。因 2.4GHz 自由频段也被无绳电话、微波炉使用，干扰较大，实际的传输范围要减少一些。802.11g 标准于 2003 年 7 月被证实批准，它向下兼容 802.11a 和 802.11b。在 802.11g 标准中，传输速率为 54Mbps 或 11Mbps，分别占用自由频段为 5.0GHz 及 2.4GHz，传输范围均为 100 米，支持 30 个接点。使用两套复用技术：5.0GHz 使用 OFDM，2.4GHz 使用 CCK 调制技术。两个自由频段都有足够的带宽并能支持 8 个不重叠的信道，成组地提供共享的 432Mbps 吞吐量，供给相近的宽带用户。802.11g 实际上是个双频多模的混合 WLAN。根据最新国际消费电子产品的发展趋势判断，802.11g 将有可能被大多数无线网络产品制造商选择作为产品标准。无论从网络、终端还是整个系统来看，Wi-Fi 网络的优势都明显超越了其他无线网络。

目前，我国已出台 WAPI 协议，即中国无线局域网安全强制性标准。WAPI 是我国首个在计算机宽带无线网络通信领域自主创新并拥有自主知识产权的安全接入技术标准。WAPI 和 Wi-Fi 两种无线局域网在硬件上是可以通用的，但 WAPI 比 Wi-Fi 更安全。

3. 近场通信（Near Field Communication，NFC）

NFC 技术是由 Philips 公司和 Sony 公司共同开发的，能自行快速建立自己的无线网络，并于 2004 年 4 月被批准成为国际标准 ISO/IEC 18092《信息技术系统间近距离无线通信及信息交换的接口和协议（NFCIP-1）》。获得批准的 ISO/IEC18092 由物理层和数据链路层组成，属于利用 13.56MHz 电波的近距离无线通信规格，可使配置了该技术接口的消费类设备之间建立一种短程通信网络，从而大大改善用户以无线方式接入数据及服务的性能。ISO/IEC 18092 对 NFC 技术标准做了详细的说明，但由于使用 13.56MHz 频段进行通信的不只有 NFC，因此，2005 年 1 月 ISO/IEC 21481《信息技术系统间近距离无线通信及信息交换的接口和协议（NFCIP-2）》正式颁布，该标准对 NFC 通信模式选择机理做了补充说明，使标准进一步完善。使得 NFC 既基于 ISO/IEC 18092、ISO/IEC 21481、ECMA 340、352、356 以及 ESTI TS 102、190 等标准，同时又兼容 ISO 14443A 标准，具有自身的技术优势和特点，能够广泛应用到不同的场合。

4. 工业无线网络标准

（1）ISA100.11a。ISA100.11a 工业无线网络标准是 ISA100 开放标准族中的首个标准。此无线网络标准允许供应商开发可互操作的无线自动控制产品，允许用户能够从任意供应商中选择最好的 ISA100.11a 现场设备。因此，工程师可从用户角度快速地构建、更改、优化、扩展其无线网络。通过应用 ISA100，客户可为其重大应用获得开放的、可互操作的、可升级的、可靠的解决方案。ISA100.11a 无线标准具有简单易用、可靠性强的优点，并能够同时兼容传统和未来应用。2011 年 6 月，ISA100 委员会管理机构——ISA 标准与实践委员会批准了 ISA100.11a-2011 工业无线通信标准。现在，世界上大部分的自动化产品供应商都在进行该 ISA 无线产品的开发与支持。

（2）WIA-PA 标准。WIA-PA 标准是中国工业无线联盟针对过程自动化领域的迫切需求而率先制定的 WIA 子标准，定义了用于过程自动化的 WIA 系统结构与通信规范。WIA-PA 标准于 2008 年 10 月 31 日经过国际电工标准委员会（International Electrotechnical Commission，IEC）全体成员国的投票，以 96% 的得票率获得通过，并作为公共可用规范 IEC/PAS 62601 标准化文件正式发布。目前在中国，WIA-PA 标准已形成国家标准草案。

（3）Wireless HART。Wireless HART 是 HART 基金会（HART Communication Foundation，HCF）制定的工业无线网络规范。Wireless HART 的规范和通信协议已在 2007 年 6 月正式通过，并于 2008 年 9 月 19 日经过 IEC 全体成员国的投票，以 96% 的得票率获得通过，作为公共可用规范 IEC/PAS 62591 标准化文件正式发布。

各种短距离无线通信技术如表 11-1 所示。

表 11-1　各种短距离无线通信技术一览表

技术	协议标准	频率、传输速率、距离等技术指标	应用领域	优点	缺点
RFID	ISO，EPCglobal 等	利用射频信号和空间耦合（电感或电磁耦合）传输特性实现对被识别物体的自动识别	物流、供应链、身份鉴别、防伪、后勤、动物饲养、追踪、抄表系统等	原理简单、操作方便且不易受环境影响，应用范围极广	成本高，标准未定
NFC	ISO 18092、ECMA 340 和 ETSI TS 102 190	采用了双向连接和识别，在 20cm 距离内工作于 13.56MHz 频率范围	设备连接、实时预定、移动商务、无线交易	简化认证识别过程，使设备间访问更直接、更安全和更清楚	应用规模不大，安全性不高

续表

技术	协议标准	频率、传输速率、距离等技术指标	应用领域	优点	缺点
DSRC	IEEE 802.11p	以 5.9GHz 频段为主，约 10m 双向通信距离	专用于智能交通运输领域	政府支持，竞争对手少	应用范围窄
蓝牙	IEEE 802.15.1、IEEE 802.15.1a	一般传输距离为 10cm~10m，采用 2.4GHz ISM 频段，数据传输速率为 1Mbit/s，语音编码为 CVSD	无线办公环境、汽车工业、信息家电、医疗设备以及学校教育和工厂自动控制	具有很强的移植性、应用范围广泛，应用了全球统一的频率设定	成本高昂，安全性不高
ZigBee	IEEE 802.15.4	使用 2.4GHz 频段，采用调频技术，基本速率是 250Kbit/s，当降低到 28Kbit/s 时，传输范围可扩大到 134m	PC 外设、消费类电子设备、家庭内智能控制、玩具、医护、工控等非常广阔的领域	成本低，功耗小，网络容量大，频段灵活，保密性高，不需要频段申请	传输速率低，有效范围小
Wi-Fi	IEEE 802.11a/b/g	工作频率 2.4GHz，传输速率 11Mbit/s，电波覆盖范围约 100m	家庭无线网络以及不便安装电缆的建筑物或场所	可大幅减少企业的成本，传输速度非常高	设计复杂，设置烦琐
UWB	IEEE 802.15.3a	利用纳秒级的非正弦波窄脉冲传输数据，在 10m 以内的范围里传输速率可以达到 480Mbit/s	家用类设备、终端间的无线连接以及数据传输	抗干扰性能强、传输速率极高、带宽极宽、耗电少、保密性好、发送功率小	物理层标准之争仍未解决
TG3c	IEEE 802.15.3c	毫米级波长转换技术，57~64GHz 频段，传输速率高达 2~3Gbit/s	未来数字家庭，网络流媒体以及高速无线网关	传输速率极快，兼容其他无线通信技术	新兴技术，成本高昂

ISO SC31 制定或正在制定的标准如表 11-2 所示。

表 11-2 ISO SC31 制定或正在制定的标准

ISO Number	标准名称	标准状态
ISO/IEC 15434	Transfer Syntax for High Capacity ADC Media（向高容量自动识别介质的语法转换）	Published –To be amended for second edition（已发布，即将修订第二版）
ISO/IEC 15459-1	Unique identifier for transport units –Part 1：Unique identification of transport units（信息技术—唯一标识符—第一部分：运输单元的唯一标识符）	Published–Corregendum published 2004（已发布，勘误，2004 年出版）Awaiting publication（即将发布）
ISO/IEC 15459-2	Unique identifier for transport units–Part2：Registration procedures（信息技术—唯一标识符—第二部分：登记规程）	Published –Corregendum published 2004（已发布，勘误，2004 年出版）Awaiting publication（即将发布）
ISO/IEC 15459-3	Unique identifier for transport units–Part3：Common rules for unique identification（信息技术—唯一标识符—第三部分：唯一标识符的公共规则）	Awaiting publication（即将发布）
ISO/IEC 15459-4	Unique identifier for transport units–Part4：Unique item identification for supply chain management（信息技术—唯一标识符—第四部分：支持链接管理的唯一标识符）	Awaiting publication（即将发布）

续表

ISO Number	标准名称	标准状态
ISO/IEC 15459-5	Unique identifier for transport units-Part5: Unique Identification of Re-turnable Transport Items (RTIs) （信息技术—唯一标识符—第五部分：可回收运输品的唯一标识符）	FCD ballot closes 2006-04-08 （最终审议草稿）
ISO/IEC 15459-6	Unique identifier for transport units -Part6: Unique identification for product groupings in material lifecycle management （信息技术—唯一标识符—第六部分：原料生命周期管理分类的唯一标识符）	NP/CD ballot closes 2006-02-18 （委员会草案）
ISO/IEC 15961	RFID for Management-Data Protocol: Application interface （用于单品管理的 RFID—数据协议：应用接口）	PUBLISHED （已发布）
ISO/IEC 15961 revision	SC 31/WG4 ISO/IEC 15691-1 Data protocol-Part1: Application inter-face （数据协议—第一部分：应用接口） SC 31/WG4 ISO/IEC 15691 -2 Data protocol -Part2: Registration of RFID data constructs （数据协议—第二部分：注册 RFID 数据架构） SC 31/WG4 ISO/IEC 15691-3 Data protocol-Part3: RFID data con-structs （数据协议—第三部分：RFID 数据架构）	Part 1 -WD (工作组草案) Part 2 - CD ballot closed 2006-02-07 （委员会草案） Part 3 - NP/CD ballot closed 2006-02-07 （委员会草案）
ISO/IEC 15962	RFID for Item Management-Protocol: Data encoding rules and logical memory functions （用于单品管理的 RFID—协议：数据编码规则和逻辑存储功能）	PUBLISHED （已发布）
ISO/IEC 15962 revision	RFID for Item Management-Protocol: Data encoding rules and logical memory functions （用于单品管理的 RFID—协议：数据编码规则和逻辑存储功能）	WD （工作组草案）
ISO/IEC 15963	RFID for Item Management-Unique Identification of RF Tag （用于单品管理的 RFID—射频标签的唯一标识符）	PUBLISHED （已发布）
ISO/IEC 18001	RFID for Management- Application Requirements Profiles （用于单品管理的 RFID—应用需求概要）	PUBLISHED （已发布）
ISO/IEC 18047	RFID Device Conformance Test Methods, split to mirror ISO/IEC 18000 (信息技术—射频识别设备性能测试方法) 18047-1 Part 1-Not available （第一部分：未能提供） 18047-2 Part 2- Paramenters for Air Interface Communications below 135 kHz （第二部分：低于 135kHz 的空气接口通信的测试方法） 18047-3 Part 3 - Paramenters for Air Interface Communications at 13.56 MHz （第三部分：在 13.56MHz 的空气接口通信的测试方法） 18047 -4 Part 4 - Paramenters for Air Interface Communications at 2.45GHz （第四部分：在 2.45GHz 的空气接口通信的测试方法） 18047-5 Part 5 - Not available （第五部分：未能提供） 18047-6 Part 6 - Paramenters for Air Interface Communications at 860 to 960 MHz （第六部分：在 860~960MHz 的空气接口通信的测试方法） 18047-7 Part 7- Paramenters for Air Interface Communications at 433 MHz （第七部分：在 433MHz 的空气接口通信的测试方法）	Part 2- Awaiting publication （即将发布） Part 3- PUBLISHED (已发布) Part 4- PUBLISHED (已发布) Part 6- Awaiting publication （即将发布） Part 7- PUBLISHED (已发布)
ISO/IEC 18046	RFID Tag and Interrogator Performance Test Methods （RFID 设备性能测试方法）	PUBLISHED （已发布）

ISO Number	标准名称	标准状态
ISO/IEC 19762	Information Technology AIDC Techniques – Harmonized Vocabulary（信息技术—自动识别与数据采集—词汇表）	PUBLISHED（已发布）
ISO/IEC 24710	Information technology, automatic identification and data capture techniques–Radio frequency identification for item management – Elementary tag license plate functionality for ISO/IEC 18000 air interface definitions（信息技术—自动识别和数据采集—用于单品管理的 RFID–ISO/IEC 18000 空中接口定义的基本标签牌照功能）	Awaiting publication（即将发布）
ISO/IEC 18000 revisions	Information Technology AIDC Techniques–RFID for Item Management–Air Interface：（信息技术—自动识别和数据采集—用于单品管理的 RFID—空中接口）18000–1 Part 1 – Generic Paramenters for the Air Interface for Globally Accepted Frequencies（第一部分：基本的信息定义和系统描述）18000–2 Part 2 – Parameters for Air Interface Communications below 135 kHz（第二部分：低于 135kHz 空中接口通信协议参数）18000–3 Part 3 – Parameters for Air Interface Communications at 13.56 MHz（第三部分：在 13.56MHz 空中接口通信协议参数）18000–4 Part 4 – Parameters for Air Interface Communications at 2.45 GHz（第四部分：在 2.45GHz 空中接口通信协议参数）18000–6 Part 6 – Parameters for Air Interface Communications at 860 to 960 MHz（第六部分：在 860~960MHz 空中接口通信协议参数）18000–7 Part 7 – Parameters for Air Interface Communications at 433 MHz（第七部分：在 433MHz 空中接口通信协议参数）	PUBLISHED New work items for amendment Part 1 – WD（工作组草案）Part 2 – WD（工作组草案）Part 3 – WD（工作组草案）Part 4 – WD（工作组草案）Part 6 – WD（revision）（工作组草案）Part 7 – CD ballot closes（委员会草案）2006–03–12
ISO/IEC 24729	Information technology – Radio frequency identification for item management – Implementation guidelines –（信息技术—自动识别和数据采集—用于单品管理的 RFID—实施方针）Part 1：RFID–enabled labels.（第一部分：RFID 标签）Part 2：Recyclability of RF tags（第二部分：可回收的 RFID 标签）Part 3：RFID interrogator/antenna installation（第三部分：RFID 读写器和天线的安装）	Part 1–In development Part 2–In development Part 3–In development（开发中）
ISO/IEC 24730	Real Time Locating Systems（RTLS）– (实时定位系统)Part 1：Application programming interface（第一部分：API）Part 2：2.4GHz（第二部分：2.4GHz）Part 3：433MHz（第三部分：433M Hz）Part 4：Global Locating Systems（GLS）（第四部分：全球定位系统）	Part 1–PUBLISHED（已发布）Part 2–FCD ballet closed（最终审议草稿）Part 3–WD（工作组草案）Part 4–WD（工作组草案）
ISO/IEC 24752	Information technology–Automatic Identification and Data Capture Techniques– Radio Frequency Identification（RFID）for Item Management – System Management Protocol（信息技术—自动识别和数据采集—用于单品管理的 RFID—系统管理协议	WD（工作组草案）

续表

ISO Number	标准名称	标准状态
ISO/IEC 24753	Information technology–Automatic Identification and Data Capture Techniques– Radio Frequency Identification（RFID）for Item Management – Air Interface Commands for Battery Assist and Sensor Functionality （信息技术—自动识别和数据采集—用于单品管理的 RFID—辅助电池和功能性传感器的空中接口命令）	WD （工作组草案）
ISO/IEC 24769	Information technology，Automatic Identification and Data Capture Techniques– Real Time Locating Systems（RTLS）–RTLS Device Conformance Test Methods （信息技术—自动识别和数据采集—实时定位系统—RTLS 设备一致性测试方法）	WD （工作组草案）
ISO/IEC 24770	Information technology，Automatic Identification and Data Capture Techniques– Real Time Locating Systems（RTLS）–RTLS Device Performance Test Methods （信息技术—自动识别和数据采集—实时定位系统—RTLS 设备性能测试方法）	WD （工作组草案）

（三）视频数据与服务

智慧安防的视频信息服务标准体系是由大量相互关联、相互支撑的标准组成的有机整体，涵盖结构化描述技术研究、软硬件产品开发、应用系统建设和运行等各个方面。

现有的安防视频标准包括：

GB 20815-2006 视频安防监控数字录像设备。

GB 50198-1994 民用闭路监控电视系统工程技术规范。

GB 50348-2004 安全防范工程技术规范。

GB 50395-2007 视频安防监控系统工程设计规范。

GA/T 367-2001 视频安防监控系统技术要求。

GA/T 308-2001 安全防范系统验收规则。

GA/T 669.1-2008 城市监控报警联网系统技术标准第一部分：通用技术要求。

GA/T 669.2-2008 城市监控报警联网系统技术标准第二部分：安全技术要求。

GA/T 669.3-2008 城市监控报警联网系统技术标准第三部分：前端信息采集技术要求。

GA/T 669.4-2008 城市监控报警联网系统技术标准第四部分：视音频编、解码技术要求。

GA/T 669.5-2008 城市监控报警联网系统技术标准第五部分：信息传输、交换、控制技术要求。

GA/T 669.6-2008 城市监控报警联网系统技术标准第六部分：视音频显示、存储、播放技术要求。

GA/T 669.7-2008 城市监控报警联网系统技术标准第七部分：管理平台技术要求。

GA/T 669.8-2008 城市监控报警联网系统技术标准第八部分：传输平台技术要求。

DB33/T 629-2007 跨城市域视频监控联网共享技术规范。

YD/T 926.2 大楼通信综合布线系统第二部分：综合布线用电缆、光缆技术要求。

YD/T 1171-2001 IP 网络技术要求——网络性能参数与指标。

RFC 3261 SIP：会话初始协议。

ISO/IEC 13818 MPEG-2 视频编解码标准。

ISO/IEC 14496 MPEG-4 视频编解码标准。

ITU-T Rec. G.711-1988 数字传输系统的通用部分：音频的脉冲编码调制。

ITU-T Rec. H.264-2005 H 系列：音视频和多媒体系统，音视频服务基础——活动视频编码：通用音视频服务的先进视频编码。

RFC 3550 RTP：一种实时应用的传输协议。

智慧安防视频数据活化与应用的标准体系按照其中不同部分的角色可以分为几大部分：①对整个体系有指导作用的基础性的标准；②有关视频内容描述方式、方法的技术标准；③用于规范结构化描述应用的产品化标准和数据服务标准；④结构化描述系统建设和管理的标准，如图 11-3 所示。

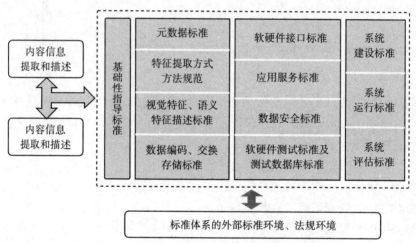

图 11-3 智慧城市视频数据活化标准体系框架模型

具体开展以下几个方面的研究工作：

第一，研究视频数据活化的标准体系及参考模型，制定视频结构化描述的基础性标准。

通过对视频数据活化技术及其应用需求、应用环境进行调研，建立标准体系的参考模型，定义标准体系的框架。通过研究确定标准体系的功能划分，明确标准体系中每一个标准的目标和任务，以及各标准之间的相互关系；明确该标准体系在国家和行业标准体系的位置与其他标准之间的关系；明确所应该引用和参考的其他标准；对标准体系建设和实施的法律法规环境进行研究。通过这些研究提出标准化工作的指导思想和指导原则，制定有关概念、术语的标准。

第二，研究视频感知信息的描述模型，形成符合公安业务需求的知识表达体系，制定相关的技术标准和规范。

通过研究提出元数据定义，包括元数据的功能、组织关系等，划定元数据的集合；提出元数据的表述方法包括抽象结构、XML 标记方法和标记规则，二进制编码方法和与之对应的存储和交换格式。通过对视频数据活化应用的背景、发展前景进行调研，提出视频感知信息描述模型，包括视频视觉描述模型和语义描述模型。研究不同层次特征之间的相互关系、不同的视频特征提取技术的特点，对比不同的算法实现，提出可分层实现的标准述和描述工具，制定有关这些描述子的实现框架或方法的标准。

第三，研究智慧安防的视频信息应用模型，制定系统数据存储和数据服务以及软硬开发的标准。

在对智慧安防的视频应用环境和需求进行调研的基础上结合技术研究和实现的特点建立感知描述数据的存储、分发和应用服务等方面的模型，研究支持海量视频数据描述据的集群环境下分布式生产、存储和统一检索的体系结构。定义描述数据及其原始视频据的目录服务和接口规范，实现各种数据的查找、浏览、定位、访问和管理。根据数据类型和归档要求不同，建立不同的压缩规范和索引规范，如关键帧可以采用不同的分辨进行保存；在数据检索时既可采用底层特征进行基于图像的检索，也可采用元数据进行义检索。

第四，研究描述数据的安全模型，包括内容安全、数据安全和系统安全三个方面。定内容的敏感度划分的标准、数据分发、访问、修改等各个环节的安全标准。

第五，制定系统建设、验收施工标准和应用系统评估标准。在系统建设方面，重点应用示范系统建设和运行的基础上，对描述技术的应用需求进行详细分类，制定不同监环境或需求下的图像采集、描述设备配备等与典型应用环境密切相关的标准。

第六，研究视频数据信息抽取、索引、查询与展现等各个环节中关于元数据表示、识组织、压缩索引、交互安全等软件接口规范以及关于系统专用芯片、设备、接口等硬接口标准。

第七，研究支持视频信息情报结构化描述的评测体系。建立视频结构化分析、视频容分析、视频语义分析、视频检索等方面的评测体系。研究软件、软硬件设备指标的量考核方法和体现，基于测试方法和评价标准，研究开发相应的测试工具，建立相应的测数据库。例如，建立视频分割、特征提取、内容分析、语义分析等。

三、通信网络标准（有线、无线）

（一）M2M 通信标准

网络通信技术主要实现智慧城市各种具体应用的数据信息和控制信息的双向传递、由和控制。传统的有线及无线技术，如光纤通信、宽带、WLAN、2G/3G 等技术如今已展成熟，故可继续沿用已有标准。但机器与机器通信（Machine to Machine，M2M）和人人通信有很多不同，有低速率、低移动性、高并发、省电等方面的要求。现有的面向人人通信的 2G/3G 通信技术需要进行一定的改造才能更好地适应 M2M 通信的新需求。目国际上主流的标准化研究机构，如 ETSI（欧洲电信标准化协会），3GPP（第三代移动伙计划）等都在进行面向 M2M 通信的蜂窝移动通信增强技术的标准化研究工作。我国华中兴、中国移动等公司都积极参与其中，争取在技术与产品上与世界保持同步。

ETSI 是国际上较早系统开展 M2M 相关研究的标准化组织，于 2009 年初成立了 M2M，旨在制定水平化的、不针对特定 M2M 应用的端到端的解决方案的标准体系。其究范围可以分为两个层面：一是针对 M2M 应用用例的收集和分析，明确利益相关者 M2M 需求；二是在用例研究的基础上，开展 M2M 业务需求分析、网络体系架构定义和据模型、接口和过程设计等工作。TC M2M 是 ETSI 下可提供 M2M 领域专业知识的主要中心，与其他标准化组织及论坛都保持着密切联系，如美国电气和电子工程师协会(IEEE)，国际电信联盟（ITU-T），国际标准化组织（ISO）及 Zigbee 联盟等。TC M2M 也负责协调 ETSI 与其他标准化组织及论坛间在 M2M 方面的交流及合作。M2M 标准出台情况表如表 11-3 所示。

表 11-3　M2M 标准出台情况表

标准号	当前状态	当前版本	名称
TS 102 689	发布	V1.1.1	M2M Service Requirements
TR 102 691	发布	V1.1.1	Smart Metering Use Cases
TS 102 690	稳定草案	V0.10.1	M2M Functional Architecture
TR 102 725	初稿	V0.3.0	M2M Definitions
TR 102 732	稳定草案	V0.3.1	M2M Use Case-eHealth
TR 102 857	稳定草案	V0.3.0	M2M Use Case-Connected Consumer
TR 102 897	初稿	V0.1.1	M2M Use Case-City Automation
TR 102 898	初稿	V0.3.0	M2M Use Case-Automotive Applications
TR 103 167	初稿	V0.0.0	Threat Analysis and Counter Measures to M2M Service Layer
TR 101 531	初稿	V0.0.1	Re-use of Core Network Functionality by M2M Service Capabilities
TS 102 921	TBAdopt WI	N/A	M2M mla,dla and mld Interfaces
TR 102 935	TBAdopt WI	N/A	Impact of Smart Grids on M2M Platforms
TR 102 966	TBAdopt WI	N/A	Interworking with M2M Area Networks

3GPP 针对 M2M 的研究主要从移动网络出发，研究 M2M 应用对网络的影响，包括网络优化技术等。3GPP 对于 M2M 的研究范围为：只讨论移动网的 M2M 通信；只定义 M2M 业务，不具体定义特殊的 M2M 应用；只进行无线侧和网络侧的改进，不讨论跟（x）SIMs 和/或（x）SIM 管理的新模型相关的内容。

我国也在积极推进 M2M 的标准化研究工作。2009 年底，中国通信标准化协会（CCSA）在综合考虑泛在网/物联网标准影响的情况下，决定成立"泛在网技术工作委员会"（TC10）。将从通信行业的角度统一对口、统一协调政府和其他行业的需求，系统规划泛在网/物联网网络体系架构，满足政府以及其他行业对泛在网/物联网的标准要求，提高通信行业对政府和其他行业的支持力度和影响力。

目前，M2M 的相关技术及应用早已在我国进行研究及部署。WMMP（Wireless M2M Protocol）协议是中国移动制定 M2M 平台与终端、M2M 平台与应用之间交互的企业标准，其目的是规范 M2M 业务的发展，降低终端、平台和应用的开发部署成本。我国其他的与泛在网相关的技术标准也在研究和制定过程中，如传感器网、RFID、物联网等。但如果要让我国主导的标准在国际上形成较大的影响，还有较长的一段路需要走，仍需各相关部门的进一步努力及配合。

（二）网络身份管理标准

1. 网络身份管理的体系架构、数据模型等基础标准

网络身份管理的体系架构如图 11-4 所示：

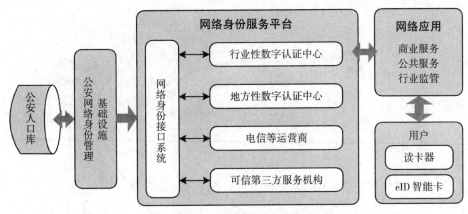

图 11-4 基于 eID 的网络身份管理架构

公安网络身份管理基础设施建立在公安行政管理体系和居民基础信息之上。eID 网络身份服务平台提供在线的网络身份真实性确认，在保护隐私前提下提供各种形式的身份信息服务，主要包括 eID 信息服务接口与边界保护、eID 信息服务请求服务、eID 信息服务数据存储与管理、eID 信息服务基础架构等部分。eID 网络身份服务平台为地方性和行业性数字认证中心、电信运营商及各类第三方身份服务机构提供开放接口，共同实现覆盖全国各行各业应用的 eID 网络身份服务。用户的 eID 智能卡通过读卡器，在网络上进行各种应用操作。

2. eID 网络服务接口标准与测试规范

对基于 eID 的网络身份信息服务平台的对外提供服务的接口进行抽象分类描述，详细规定了身份鉴别服务接口、隐私访问控制策略定制服务接口、属性证明服务接口、信息订阅发布服务接口等接口定义，并进行服务接口标准化工作。

如图 11-5 所示流程，用户通过公安机关在网络身份管理基础设施注册后，取得与他的真实身份相关联的 eID，并存放于 eID 载体媒介（如 IC 卡、Ukey 等），作为身份鉴别和应用身份管理的凭据，可以通过实体鉴别服务接口，运行实体鉴别协议，向各类应用系统证明自己身份的有效性。用户可以通过隐私访问控制策略服务接口，配置自己的属性披露策略，服务将根据用户策略与系统隐私策略协商决策是否为应用系统的属性请求生成授权。电子商务、网上娱乐等在线应用，通过调用属性服务接口、信息发布服务接口等服务来完成与网络身份服务平台相关的统一实体鉴别、实体身份管理、信息订阅等 eID 应用。

3. eID 硬件密码服务接口标准

目前，国内很多的互联网应用已采用基于 PKI 的认证体制，但不同的应用提供的密码服务接口可能各不相同，这就为互联网虚拟身份标识的应用带来了不便。为了解决密码接口问题，目前已形成了多种国际标准，其中，PKI 推荐使用的密码服务接口标准主要有 CSP、CNG 和 PKCS#11。

CSP 接口标准。微软加密应用程序接口 CryptoAPI 为 WIN32 应用程序提供了认证、编码加密和签名等安全处理，它可使用户在对复杂的加密机制和加密算法不了解的情况下，对应用程序增加安全功能。CryptoAPI 本身并不实现密码运算相关的操作，而是操作系统

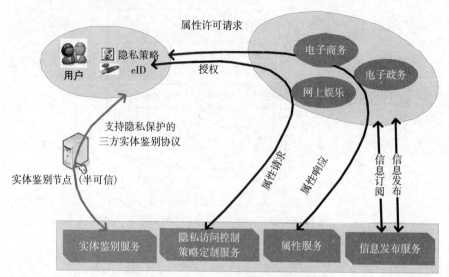

图 11-5 eID 信息平台服务接口示意图

通过调用与 CryptoSPI 函数接口相应的加密服务提供者函数 (Cryptographic Service Provider, CSP) 来实现。

自 Windows Vista 开始，微软引入了下一代加密技术 (CNG)，提供一种可插入的、协议不可知的加密功能，此功能使得以编程方式开发和访问独立算法更加轻松。CNG 是针对将来基于 Windows 和支持加密的应用程序建议使用的 API，提供了大量的以开发人员为目标对象的功能，其中包括更方便的算法发现和替换、可替换的随机数生成器和一个内核模式加密 API，支持椭圆曲线加密 (ECC) 算法，并且与其处理器 CryptoAPI 1.0 中提供的算法集完全向后兼容。

PKCS#11 接口标准。公开密钥密码系统标准 PKCS 由 RSA 实验室开发。PKCS#11 是 PKCS 的一部分，特指密码设备的应用编程接口 (API)，PKCS#11 标准称之为 "Cryptoki"，即 "Cryptographic Token Interface" 的缩写。Cryptoki 编程接口抽象了密码设备的细节，为应用程序提供了一个通用模板。图 11-6 是一个 Cryptoki 的通用模型，该模型起始于一个或多个有安全需求的应用，终止于一个或多个密码设备。其中槽代表各种读卡设备，令牌代表各种智能设备，包括系统中的 eID 卡。

系统将同时提供兼容上述两种主流的密码接口的密码服务，采用标准的 pcsc 接口封装底层的读卡器功能，而上层应用通过 pcsc 框架调用密码服务实现数字签名、身份认证等功能。pcsc 架构包括以下几个逻辑上抽象的层次，如图 11-7 所示。

其中，读卡器句柄，通常对应驱动；智能卡资源管理器用来管理和控制应用程序对任何读卡器中所有智能卡的访问，比如多个应用程序同时对一张卡操作，那么智能卡资源管理器会请求进行管理排队，从而保证系统和设备不会冲突。

eID 终端安全服务模块基于国家商用密码芯片，从底层保障了对身份标识的存放和管理，实现对 RSA、SM2 和商密 SSF33/SM1 算法、多级目录管理和多种文件类型、多密钥和多证书存储、安全数据传输方式和多应用等功能的支持。

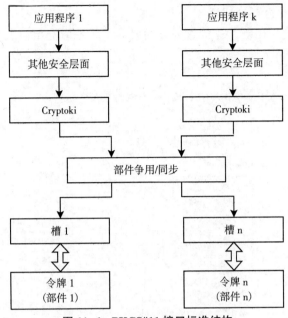

图 11-6　PKCS#11 接口标准结构

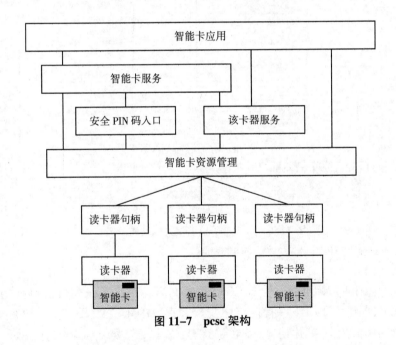

图 11-7　pcsc 架构

4. 基于 eID 的交易保障、互操作性、数字签名等应用标准

近五年以来，大部分的商业应用、网上银行和网上支付等行为在网民活动中都保持着上升势头，如何保障电子交易及其互操作的安全性越来越受到关注。我国各单位都广泛开展网上办事、网上互动、信息查询等网上应用，对网络真实身份需求非常强烈。因此，出台一系列基于 eID 的交易保障、互操作性等应用标准势在必行。

智慧城市的理论与实践

5. 标准化组织和现有标准梳理

从 2000 年起，欧盟在电子身份管理方面成立了相关标准化组织，并制定了一系列标准，具体如图 11-8 所示。

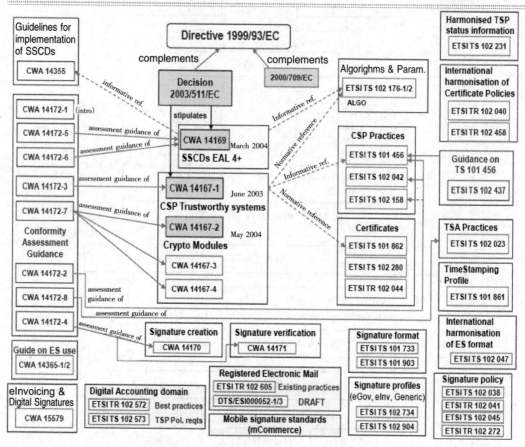

图 11-8　欧盟电子签名相关标准的概况

资料来源：欧盟身份认证标准化组织 2000 年年度报告。

2007 年，中国通信标准化协会（CCSA）的网络与交换工作委员会（TC3）的网络总体工作组（WG1）设立了"下一代网络中身份管理（IDM）技术研究"。2008 年，方滨兴所担任主席的中国通信标准化协会的网络与信息安全工作委员会（TC8）着手设立了"身份管理（IDM）相关技术研究"项目，并在所属安全基础工作组（WG4）启动了"身份管理体系架构"、"身份管理通用身份数据模型"、"身份管理接口消息技术要求"、"身份管理互通技术要求"、"移动网络中的身份管理架构需求"等标准的研究。2011 年，中国通信标准化协会决定由公安部第三研究所牵头制定《互联网身份管理与服务信息分类与编码规则》（技术报告制定项目）。

第五节　通用标准

一、云计算和海量存储

云计算被广泛认为是 IT 技术的第三次革命，是产业发展的必然方向。随着云计算应用的推广，云计算产品体系架构、不同厂商之间云计算产品的互操作性等问题越来越得到人们的关注，云计算的标准化问题被提上日程。目前国际上云计算标准化组织有 30 多个，这些组织有的源于对网格等技术的标准化；有的源于传统的通信和互联网标准化组织；还有一些新兴的完全针对云计算的标准化组织。

（一）云计算标准化的内容

云计算标准化包括以下内容：

第一，云计算不同层次之间的接口标准，包括基础设施层与平台层、平台层与应用层之间的接口标准。

第二，云计算互相操作和集成标准，包括不同的私有云和公有云之间、公有云和公有云之间、私有云和私有云之间的互操作性和接口标准。

第三，云计算服务目录管理、不同厂商及不同类型的云之间无缝迁移的可移植性标准。

第四，云计算性能指标标准，云计算用户提高资产利用率标准、资源优化和性能优化、评估性能价格比标准等。

第五，云计算安全和隐私标准，数据的完整性、可用性、保密性、物理上和逻辑上的标准。

（二）云计算标准化组织

1. 分布式管理任务组

分布式管理任务组（Distributed Management Task Force，DMTF），提出了开放式虚拟化格式（Open Virtualization Format 1.0，OVF），规定了虚拟化镜像的部署和封装标准。在 2010 年 7 月，DMTF 下的云计算工作组开发了云计算资源管理协议、封装包格式和安全管理协议，并发布了云计算互操作性和云计算管理架构白皮书。DMTF 是云计算方面最具影响力的标准化组织之一。

2. 美国国家标准技术研究院

美国国家标准技术研究院（National Institute of Standards and Technology，NIST）主要针对美国联邦政府的云计算架构、云计算安全和部署策略，为美国联邦政府的云计算体系架构、云计算接口、云计算集成和应用开发接口定义标准等。

3. 云安全联盟

云安全联盟（Cloud Security Alliance，CSA）的目标是推广云计算安全最佳实践。CSA 编写了针对云计算消费者和服务提供商的 15 个战略领域的关键问题和建议，在云计算安全方面具有很高的影响力。

4. 结构化信息标准推进组织

结构化信息标准推进组织（Organization for the Advancement of Structure Information Standards，OASIS）在云计算方面的工作包括：访问和身份策略，格式控制、目录池、目录和注册表标准，SOA 方法和模型，网络管理、服务质量和互操作性。

5. 存储工业协会

存储工业协会（Storage Network Industry Association，SNIA）是成立时间比较早的面向存储设备提供商的行业协会组织，该协会的目标是领导世界范围的存储系统的开发、标准推广和技术培训服务。该组织的核心成员主要来自存储厂商，它的组成成员中具有投票权的核心成员有 Dell、IBM、NetApp、EMC、Intel、Oracle、FUJITSU、JUNIPER、QLOGIC、HP、LSI、SYMANTEC、HITACHI、Microsoft、VMware、Huawei-Symantec 16 家，其他成员有近百家。SNIA 成立了云计算工作组，并于 2010 年 4 月正式发布了云计算数据管理接口 1.0 规范（Cloud Data Management Interface，CDMI 1.0），以推广存储即服务的接口标准规范，实现对不同物理介质和协议的数据资源的统一存储访问。

6. 开放网格论坛

开放网格论坛（Open Grid Forum，OGF）是由来自全球 40 多个国家的用户、开发者和厂商组成的社区组织，面向网络计算的标准和规范。该组织提出了《开放云计算接口（OCCI）1.0》（由 Open Cloud Computing Interface Working Group 负责），OCCI 主要针对建立云计算基础设施即服务的接口标准，实现云计算基础设施远程管理，开发不同工具以支持部署、配置、自动扩展、监控云计算、云存储服务。

7. 开放群组

开放群组联合会（The Open Group）旨在基于开放标准和全球互操作性的基础上，实现企业内部和企业之间的无边界集成信息流，通过建立消费者和供应商之间的共识，消除用户在使用云计算产品时对云计算厂商的依赖。The Open Group 面向包括云计算在内的 IT 技术，不同规模企业对云计算安全、可靠的运营，降低企业运营的成本、增大云计算可扩展性和敏捷性等内容。The Open Group 联合会的会员大多数是 ERP 和顾问咨询公司，该组织还推出了一系列关于云计算商业应用场景、云计算的参考架构、云计算的投资回报计算方法的白皮书，具有较高的参考价值。

8. 云计算互操作论坛

云计算互操作论坛（Cloud Computing Interoperability Forum，CCIF）是开放的非营利技术社区组织，它的目标是建立全球的云计算团体和云计算生态系统，讨论云计算的共识，探讨新技术发展趋势和云计算参考体系结构，帮助不同的组织加快云计算解决方案应用部署和服务。CCIF 提出了统一云计算接口 UCI（Unified Cloud Interface），把不同厂商云计算产品的 API 统一成标准接口实现互操作。CCIF 还提出了资源描述框架 RDF（Resource Description Framework），定义资源的语义、分类和实体方法。CCIF 论坛的赞助商包括：思科、英特尔、IBM、SUN、Appistry、RSA 等 14 家公司。

9. 开放云计算联合会

开放云计算联合会（Open Cloud Consortium，OCC）的成员主要由美国的大学构成，联合会专注于提高云计算性能，并提出不同云计算系统之间的集成和互操作开放框架，云计算参考指标和开源云参考模型，管理着 Open Cloud Test Bed 实验平台和 Open Science Data Cloud 科学研究基础架构。

二、应用中间件

中间件是物联网软件的核心，中间件有很多种类，如通用中间件、嵌入式中间件、数字电视中间件、RFID 中间件和 M2M 物联网中间件等。

物联网中间件处于物联网的集成服务器端和感知层、传输层的嵌入式设备中。服务器端中间件称为物联网业务基础中间件，一般都是基于传统的中间件（应用服务器、ESB/MQ 等）构建，加入设备连接和图形化组态展示等模块；嵌入式中间件是一些支持不同通信协议的模块和运行环境。中间件的特点是它固化了很多通用功能，但在具体应用中多半需要二次开发来实现个性化的行业业务需求，因此所有物联网中间件都要提供快速开发（RAD）工具。

由于硬件能力的大大提升，目前的传感器网络中在数据采集上基本不存在技术"瓶颈"，但是在最后端的中间件方面，由于它承载了巨大数据量的处理任务，同时还需要针对不同需求提供不同功能，因此也是最复杂、最难把握，也最需要积累的部分。

国际上各大标准化组织对应用标准的研究和标准制定工作也在不断推进。几大主要标准化组织按照各自的工作职能范围，从不同角度开展了针对性研究。ETSI 从典型物联网业务如智能医疗、电子商务、自动化城市、智能抄表和智能电网的相关研究入手，完成对物联网业务需求的分析。3GPP/3GPP2 以移动通信技术为工作核心，重点研究 3G、LTE/CDMA 网络针对物联网业务提供的网络优化等相关技术。CCSA 也早已开始展开相关研究工作。

下面主要介绍各标准化组织对设备管理和内容管理两个方面所制定的相关标准。

（一）设备管理

在 ETSI 制定的国际标准中，ETSI、TC、M2M 对设备管理的描述主要体现在设备标签和名址体系，设备连接管理，应用接口、硬件接口和互操作方面等。

M2M 在 3GPP 内对应的名称为机器类型通信（Machine-Type Communication，MTC）。在 3GPP 的网络增强架构中，从核心网、无线接入和终端 UICC 三个方面阐述了对设备的管理：

（1）核心网：寻址，在 MTC 服务器和 MTC 设备间正确传递消息；标识，唯一的可识别 MTC 设备。

（2）无线接入：过载控制，处理大量 MTC 设备同时接入网络、传输数据带来的拥塞。

（3）终端 UICC：远程管理，设备的远程签约管理。

在以上标准中，对于各层及层间的开放接口的标准还不明确，有待进一步发展和完善。

（二）内容管理

内容管理的标准主要体现为数据交换标准。在互联网革命中，HTML/HTTP 和应用服务器中间件是关键，不过在物联网领域还没有建立统一的数据交互标准。在物联网应用中，现有的数据标准包括 BITXML、CBRN、CAP、EDDL、EXDL、FDT、IRIG、M2MXML、NGTP、oBIX、oMIX、OMA SyncML、OPC 等，不过这些交互数据标准大都建立在 XML 语言的基础上。欧盟的有关研究机构正在进行数据交换标准的"融合"研究，目标是把相关领域已有的基于 XML 的数据交换标准综合考虑，提炼出一个基础的元数据标准，该标准正如互联网的 HTML 标准，是物联网数据交换的核心。联网行业应用可基于元数据标准扩展出行业数据交换标准。

在数据交换标准的基础上还存在着信息表达标准化的问题。在智慧城市的建设中，需要建立基于内容管理的应用中间件，这些中间件能够处理原始传感器信息，并根据具体需求（比如视频分析和物流跟踪），将传感信息语义化，并通过网络进行标准化传输。对于内容管理，可以借鉴语义互联网的技术，基于语义互联网体系将标准化内容进行共享和管理。

经过多年的发展，语义网存在三大核心技术和标准：可扩展标记语义 XML（eXtensible Markup Language）、资源描述框架 RDF（Resource Description Framework）和本体（Ontology）。

通过内容管理，物联网中的数据流成为标准化的结构化数据，从而有利于应用层面的分析和使用。

第六节　应用标准

一、智能电网

智能电网标准规划包含以下几个内容：智能发电、智能输电、智能变电、智能配电、智能用电、综合与规划、通信信息和智能调度等。目前现有的国际标准化组织及标准有以下几个。

（一）国际电工委员会

国际电工委员会（International Electrotechnical Commission，IEC）成立于 1906 年，是制定和发布国际电工电子标准的非政府性国际机构。国际电工委员会的标准化管理委员会组织成立了"智能电网国际战略工作组（SG3）"，负责牵头开展智能电网技术标准体系的研究（见表 11-4）。

表 11-4　IEC SG3 确定的五个核心标准

序号	标准编号	标准名称
1	IEC 61850	DL/T 860 变电站通信网络和系统系列标准
2	IEC 61968	DL/T 1080 电力企业应用集成—配电管理的系统接口
3	IEC 61970	DL/T 890 能量管理系统应用程序接口系列标准
4	IEC 62351	电力系统管理及相关的信息交换—数据和通信安全
5	IEC 62357	电力系统控制和相关通信—目标模型、服务设施和协议参考体系机构

（二）美国国家标准及技术研究所

美国国家标准及技术研究所（National Institute of Standards and Technology，NIST）隶属美国商务部，其前身是美国国家标准局，负责研究和制定美国智能电网的标准体系和标准，对智能电网的互操作性标准进行研究，目的是协调和建立一个实现智能电网互操作性的技术框架，包括对各种协议和标准模型进行信息管理，以实现智能电网各设备和系统之间的互操作性（见表11-5）。

表 11-5　NIST 智能电网 16 个核心标准

序号	标准编号	标准名称
1	AMI-SEC	先进的计量基础设施和智能电网端对端安全性
2	ANSI C12.19/MC1219	收费计量信息模型
3	BACnet ANSI ASHRAE 135-2008/ISO 16484-5	楼宇自动化
4	DNP3	变电站和馈线装置自动化
5	IEC 60870-6 / TASE.2	控制中心之间的通信
6	IEC 61850	变电站自动化和保护
7	IEC 61968/61970	应用级能量管理系统接口
8	IEC 62351 Parts 1-8	电力系统控制运行的信息安全性
9	IEEE C37.118	相量测量单元通信
10	IEEE 1547	电力公司和分布式发电之间的物理和电气互联
11	IEEE 1686-2007	智能电子装置的安全性
12	NERC CIP 002-009	主干电力系统的网络空间安全性
13	NIST Special Publication（SP）800-53，NIST SP 800-82	主干电力系统的联邦信息系统的网络空间安全性标准及导则
14	Open Automated Demand Response（Open ADR）	价格支持和直接负载控制
15	OpenHAN	家庭局域网装置通信、测量和控制
16	ZigBee/HomePlug Smart Energy Profile	家庭局域网装置通信和信息模型

（三）美国电气和电子工程师协会

美国电气和电子工程师协会（Institute of Electrical and Electronics Engineers，IEEE）于 2009 年发布"P2030 指南"，标志着 IEEE 正式启动了智能电网标准化工作。2009 年 3 月 19 日，美国 IEEE 批准成立了 P2030 工作组，首届 P2030 会议于 2009 年 6 月召开，会议重点就《IEEE2030 指南：能源技术及信息技术与电力系统（EPS）、最终应用及负载的智能电网互操作》，对 P2030 标准项目中设计的概念、应用特征、功能表现、评估标准和工程应用标准进行了讨论，目的是通过开放标准进程，使 P2030 能为定义智能电网的互操作性提供基础，帮助电力系统与最终应用及设备协同工作。

二、智慧环境

为贯彻实施《中华人民共和国环境保护法》，防治环境污染，改善环境质量，促进环境信息化建设，建立和完善环境信息化标准体系，为环境信息处理和交换提供技术支撑。环境信息化标准体系内容组成如图 11-9 所示。

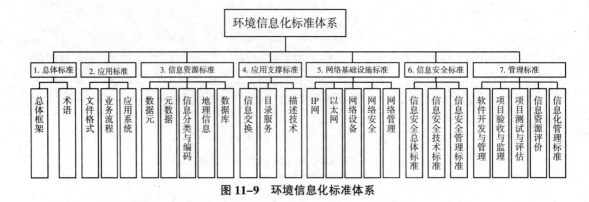

图 11-9　环境信息化标准体系

其中和智慧环境建设相关的应用标准分体系为环境保护信息系统提供应用方面的标准与规范，包括文件格式、业务流程和应用系统三个二级类目：

第一，文件格式标准提供各环境保护业务信息系统间交换和共享的、规范化的文件格式。包括环境保护业务所涉及的文件格式和相关标准。

第二，业务流程是在环境保护信息业务领域中，为达到业务目标的一类过程和策略，该过程由一组按策略执行的、相互协调的活动步骤组成。业务流程标准包括环境保护业务所涉及的业务流程和相关标准。

第三，应用系统标准包括环境监测管理、污染监控管理、生态保护管理、核安全与辐射管理和环境应急管理信息系统。环境监测管理信息系统实现对全国环境质量数据（包括地表水、大气、近岸海域、酸雨、沙尘暴等数据）的管理，并覆盖生态监测、污染源监测等业务；污染监控管理信息系统覆盖污染控制管理、环境监察管理以及环境影响评价等业务；生态保护管理信息系统覆盖城市域生态环境管理、生物多样性保护等业务；核安全与辐射管理信息系统覆盖核设施与材料监督管理、放射源监督管理、辐射环境质量监测管理、核安全许可证管理、核与电磁辐射管理等业务；环境应急管理信息系统覆盖环境应急的接警和预警管理、环境应急指挥调度、环境应急监测管理、环境应急决策支持、环境应急现场处置管理、环境突发事件后评估等业务。

三、智慧医疗

（一）HL7 医疗信息交换标准

HL7（Health Level Seven）是 20 世纪 80 年代末发展起来的基于国际标准化组织 ISO 所公布的网络开放系统互连模型 OSI 第七层（应用层）的医学信息交换协议。自 1987 年第一版诞生以来，二十几年来发展迅速。HL7 提供了在具有不同数据结构和应用领域的异质系统环境之间进行信息交流的一种标准模式，其目的是达成临床上乃至卫生领域跨平台的应用，为医疗服务、卫生管理提供信息交换和整合的标准，让各个卫生医疗信息系统之间的信息交换变得简单而畅通。

智慧医疗的分析与设计需要考虑城市域内医疗卫生机构的信息共享、交互和管理，涉及系统之间信息交换与协同处理机制。只有应用 HL7 消息标准作为系统之间的信息交互，才能够最大限度地满足智慧医疗建设的需求。

HL7 标准实现的功能包括信息交换（Message Interchange）、软件组织（Software Components）、文档与记录架构（Document and Record Architecture）和医学逻辑（Medical Logic）等。

HL7 标准包含 256 个事件、116 个消息类型、139 个段、55 种数据类型、408 个数据字典、涉及 79 种编码系统。HL7 标准可以在不同的系统中进行接口的编址，这些系统可以发送或接收一些信息，包括：就诊者住院/登记、出院或转院（ADT）数据、查询、资源和就诊者的计划安排表、医嘱、诊断结果临床观察、账单、主文件的更新信息、医学记录、安排，就诊者的转诊以及就诊者的护理。HL7 可以采用点对点方式或 HL7 服务器方式实现，它采用面向对象技术，使用消息驱动，可以避免交叉调用的混乱。HL7 标准是一种协议标准，用于不同医疗系统之间信息交换。

作为医疗行业信息交换标准，HL7 自 1987 年发布 V1.0 版后相继发布了 V2.0、V2.1、V2.2、V2.3、V2.3.1，2000 年又发布了 V2.4 版，现已用 XML 开发了 V3.0 版，另外又开发了参考信息模型 RIM V3.0 和临床架构文档 CDA（Clinical Document Architecture）。

HL7 研究和开发 RIM（Reference Information Model）模型的目的是解决开发和制定的信息标准不一致问题，需要为标准开发和制定者提供一个最高层次的参考模型。RIM 是一个纯粹的对象结构模型，某一个业务域的专家在开发数据标准中，其所使用到的任何元素、数据类型、词汇或代码如果都是衍生自 RIM 规范要求，就可保证与其他业务域一致。虽然起初 HL7 主要是针对临床信息的交换而开发的，但随着 HL7 的发展，尤其是引入 RIM 之后，HL7 的模型和方法已经不再局限于临床应用，而是能够满足病人管理、财政、公共卫生、EHR、基因组学等更广泛领域的建立信息模型的需求。考虑到与国际主流信息模型接轨的需要，原卫生部在 2009 年颁布的《基于健康档案的城市域卫生信息平台建设指南（试行）》和《基于健康档案的城市域卫生信息平台建设技术解决方案（试行）》中，采用了 RIM 作为健康档案数据建模的方法。

CDA 也是 HL7 V3.0 的一部分，专门规定临床文档内容的标准化。CDA 只规范文档内容表达，不涉及文档的交换机制；CDA 提供了一个能够表达所有可能文档的通用架构，所有的 CDA 文档都用 XML 编码表达。在一个完整的文档解决方案中，还必须定义交换标准。原卫生部在 2009 年颁布的《基于健康档案的城市域卫生信息平台建设指南（试行）》和《基于健康档案的城市域卫生信息平台建设技术解决方案（试行）》中，采用了 CDA 作为健康档案数据的共享和传输文档格式。

如图 11-10 所示 CDA 的基本构件［忽略了 CDA 文档的最简单形式：第一层（L1）非结构化文档］。图中所有的构件事实上都是一个 RIM 模型（RIM 本身也是 HL7 V3 标准的一部分）。

第二层（L2）CDA 文档包含一个或多个章节，它们采用复合模式的结构。一个章节可以包含子章节，子章节再包含子章节，这样无限继续。每一个章节的内容都是由 XML 编码的可读描述性表达（文字、表格、图等）。因此，L2 文档支持内容的结构化（章节），能够帮助提高某些内容显示的能力，但总的来说仍然缺乏机读能力。

（二）IHE 医用信息系统集成

IHE（Integrating Healthcare Enterprise）是一项推进整合现代医疗保健机构信息系统的

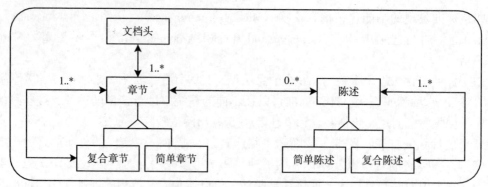

图 11-10　CDA 的基本构件

倡议，是具有高度影响力的国际性 HCIT 标准协调组织，由北美放射学会（RSNA）、美国医疗信息和管理系统学会（HIMSS）、医学专家和广大医护工作者、相关政府部门、信息技术专家和企业于 1998 年共同发起的，目的是提供一种更好的方法让医学计算机系统之间更好地共享信息，以便为最佳的临床工作提供特定的服务。IHE 并不是定义新的集成标准，而是首先着眼于支持现有的成熟的标准（如 DICOM 和 HL7），在现有标准的基础上定义了各集成模型中的角色以及基于标准的事务，为异构信息系统间的工作流集成提供了技术框架（Technical Framework）和规范（Profiles）以及为实现这些框架的验证过程。

用 IHE 概念统一起来的医学信息系统可以和其他系统通信更好地、更容易地实施，并且使得医生、护士、医疗机构管理人员和其他医疗服务专业人员更加高效率地获得相关信息，IHE 通过改进医疗系统之间的整合，消除提供更优服务的壁垒。

在应用这些标准时，我们从整体考虑出发，根据需要定义配置选项。当有必要对现有的标准进行进一步解释或扩展的时候，IHE 的做法是向有关的标准组织提出建议（而不擅自定义一些新的标准或标准的延伸）。

医学信息交互集成（IHE）技术框架（IHE IT Infrastructure Technical Framework）分为第一卷和第二卷，第一卷对每个集成事务图（Integration Profile）提供了高层次的概述，一个集成事务图具备了解决特定 IT 基础架构需求的特定能力。第二卷（ITI TF-2）对于集成事务图中的交易域（Transaction）所使用的具体技术进行了详细的描述。IT 基础架构技术框架 2.0 版包含 9 个 Profile，Profile 之间存在依赖关系。

1. Retrieve Information for Display（RID）

显示所需信息获取。提供一种简单快捷的方式来获取必要的患者信息。此 Profile 支持对已存储文档的读取，包括 CDA、PDF、JPEG 等流行的文档格式。另外，为了临床的需要，此 Profile 还支持读取某些以病人为中心的关键信息，例如过敏信息、当前用药、报告汇总等。

2. Enterprise User Authentication（EUA）

机构用户验证——为每个用户分配唯一的用户名，此用户名可以登录进入企业的所有的设备和应用程序。这样，可以极大地方便医院内部的用户授权、验证和管理工作。在此基础上，可以通过支持单点登录（Single Sign-on）方式，为用户提供很大的方便。此 Profile 是在 Kerberos（RFC 1510）标准和 HL7 的 CCOW 标准的基础上建立的。

3. Patient Identifier Cross–referencing（PIX）

患者 ID 交叉索引——在多个患者 ID 域之间，提供同一个患者标识的相互索引。一旦多个系统建立了患者 ID 交叉索引，同一个患者即使在多个信息系统中有不同的 ID，也可能同时从多个系统中获取患者相关的信息。

4. Patient Synchronized Applications（PSA）

患者同步应用——用户可以在一台电脑上，同时使用多个独立的应用程序浏览同一个患者的数据信息，减少了用户在多个程序中分别选择此患者的重复操作。此事务图 Profile 是基于 CCOW 标准的，尤其是 CCOW 中关于"患者"主题的上下文管理部分的内容。

5. Consistent Time（CT）

一致时间——这是一套在多个系统和多台电脑之间保证时间一致的体系结构。IHE 中很多其他 Profile 都要求多台电脑间保持时间的一致。此 Profile 提供的方法使多台电脑的时间差异小于 1 秒。

6. Patient Demographics Query（PDQ）

患者基本信息查询——多个分布式应用程序可以使用某种特定的查询语法，向一个中心患者信息服务器查询患者信息，查询结果可以直接被应用程序所使用，包括患者的人口学基本信息，也可以包含就诊相关信息。

7. Audit Trail and Node Authentication（ATNA）

审核所需记录与节点验证——描述了一个基本安全的节点所应具备的特征。

（1）描述了安全节点所处的安全环境，包括用户标识、授权与验证、访问控制等，以便安全评审者可以判断环境是否满足安全要求。

（2）定义了基本的安全审核要求。

（3）定义了关于节点之间使用 TLS 或类似方法进行通信时的基本的安全要求。

（4）描述了在节点和收集审核信息的存储节点之间传输"审核消息"的架构。

8. Personnel White Pages（PWP）

个人白页——访问获取机构内员工的基本信息。

9. Cross–Enterprise Document Sharing（XDS）

跨机构文档共享——在属于同一个临床相关域内的多个医疗机构之间共享临床记录。此 Profile 基于 ebXml Registry 标准、SOAP 协议、HTTP 协议和 SMTP 标准。此 Profile 详细地描述了如何配置 ebXml 登记处，来支持跨机构的文档共享。

至 2007 年，IHE 技术框架推出的集成事务图（Integration Profiles）包括影像医学（Radiology）18 个，IT 基础设施（ITI）17 个，心血管学（Cardiology）7 个，检验学（Laboratory）6 个，病人监护协作（Patient Care Coordination）5 个，眼科学（Eye Care）3 个，放疗（Radiology Oncology）1 个，病人监护设备（Patient Care Device）1 个。另外还将在药房、病理、质量、内镜、兽医学等方面推出新的事务图。

原卫生部在 2009 年颁布的《基于健康档案的城市域卫生信息平台建设技术解决方案（试行）》中，提出了采用 IHE 实现医疗信息共享最重要的标准、规范之一。原卫生部《健康档案基本架构和数据集标准》中的数据集标准包括以下内容：

第一，基本信息部分，主要是个人基本信息登记数据元集标准。

第二，儿童保健部分，包括出生医学登记数据元集标准、新生儿疾病筛查数据元集标准、出生缺陷监测数据元集标准、体弱儿童管理数据元集标准、儿童健康体检数据元集标准、五岁以下儿童死亡报告数据元集标准。

第三，妇女保健部分，包括婚前保健服务数据元集标准、妇女病普查数据元集标准、计划生育技术服务数据元集标准、孕产期保健服务与高危管理数据元集标准、产前筛查与诊断数据元集标准、孕产妇死亡报告数据元集标准。

第四，疾病控制部分，包括免疫接种数据元集标准、传染病报告数据元集标准、结核病防治数据元集标准、艾滋病综合防治数据元集标准、血吸虫病病人管理数据元集标准、慢性丝虫病病人管理数据元集标准、职业病报告数据元集标准、职业性健康监护数据元集标准、伤害监测报告数据元集标准、中毒报告数据元集标准、行为危险因素监测数据元集标准、死亡医学登记数据元集标准。

第五，疾病管理部分，包括高血压病例管理数据元集标准，糖尿病病例管理数据元集标准，肿瘤病病例管理数据元集标准，精神分裂症病例管理数据元集标准，老年人健康管理数据元集标准，成人健康体检数据元集标准。

第六，医疗服务部分，包括门诊诊疗数据元集标准、住院诊疗数据元集标准、住院病案登记数据元集标准。

四、智慧交通

国际上智能交通系统技术的发展主要集中在美国、日本和欧盟。美国、日本和欧盟等发达国家和地区从 20 世纪 90 年代初开始进行智能交通和安全技术领域的研究，历经 20 余年，取得了一系列成果，也持续保持了在智能交通领域的先进水平。

（一）各国 ITS（Intelligent Transport System，智能交通系统）发展历程

1. 美国

美国智能交通技术发展根据研究目标、特点和关注的重点大体分为两阶段。第一阶段从 20 世纪 90 年代到 20 世纪末，主要特点为研究范围全而广，研究领域涉及交通监控、交通信号智能控制、不停车收费、车路协同及自动驾驶等领域，研究内容宽泛，项目相对分散；第二阶段从 21 世纪初开始，在战略上进行了调整，由第一阶段的"全面开展研究"转向"重大专项研究，重点关注车辆安全及车路协同技术"战略，并从综合交通运输体系的角度开展智能交通与安全技术的研究，研究内容包括综合交通协调技术、车辆安全技术等，更加注重实效和相关技术的产业化。

美国发展 ITS 的成功不仅源于其先进的信息技术以及强大的资金支持，其完善的运输政策在推进智能交通发展中也起到了十分重要的作用。美国 ITS 政策的制度变迁过程大致经历了两个发展阶段，即 1991~1997 年，以"陆上综合运输效率化法案"为标志的 ITS 研究开发阶段；1998~2011 年，以"面向 21 世纪的运输平衡法案"为标志的 ITS 基础设施实施阶段（见表 11-6）。

2. 日本

日本是世界上最早使用 ITS 技术的国家，20 世纪 70 年代起即开始投入各界资源，同步致力于"交通基础建设"及"智能车辆技术"的提高，该策略是解决复杂交通问题、保

表 11-6　美国智能交通政策变迁

所处阶段	颁布时间	法案或规划	主要内容
ITS 研究和开发阶段	1991 年	陆上综合运输效率化法案（ISTEA）	把开发研究智能交通车辆公路系统作为国策并给予充足的财力支持
	1995 年	国家智能交通系统项目规划	规定了智能交通的七大领域
	1997 年	综合运输法（ISTEA II）	对如何采用先进技术以提高运输网络的效能做了相关规定
ITS 基础设施实施阶段	1998 年	面向 21 世纪的运输平衡法案（TES-21）	将 ITS 发展重点由研究开发转移为基础设施实践和集成
	1999 年	五年 ITS 项目计划	制订美国 ITS 基础设施实施和集成的行动计划
	2001 年	十年 ITS 项目计划	确定 ITS 目标，启动系列建设和研究项目

证交通安全的最佳且唯一的途径。

日本在 ITS 的发展沿革上，大概划分为三个时期：

阶段一：1970~1980 年，属于先期研究及智能交通系统规划、布建的基础阶段。

阶段二：1980~1995 年，全面性地发展标准化、通信界面整合、先进安全车辆及交通管理系统等，属于多计划并行开展、独立研发，再将性质相近的计划归纳合并，确立未来两大发展主轴的研究阶段。

阶段三：1995~2010 年，包含有 1995~2000 年的实验阶段及 2001~2010 年的转型成熟阶段大部分，此时期已确立 ASV 及 AHS 是安全应用的技术主轴及国际发展趋势，且通信技术也是在这个时期才逐渐成熟，由传统的感测器防撞侦测转型为车载通信的职能型驾驶辅助；这些计划的执行均由日本官方经济、交通、内政及警政等机关跨部会共同主导，图 11-11 为日本 ITS 计划发展历程总览。

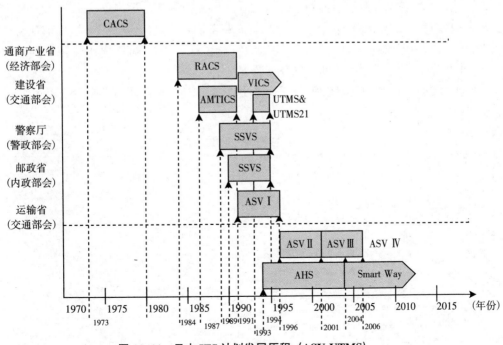

图 11-11　日本 ITS 计划发展历程（ASV UTMS）

3. 欧盟

欧洲的智能交通与安全技术研究基本与美国和日本同期起步。20世纪80年代到21世纪初，欧洲 ITS 技术研究涉及先进的出行者信息系统（Advanced Traveler Information System，ATIS）、车辆控制系统（Advanced Vehicle Control System，AVCS）、商用车辆运营系统（Commercial Vehicle Operations System，CVOS）、电子收费系统等领域，重点关注道路和车载通信设备、车辆智能化和公共运输。

欧洲智能交通技术研究发展比较注重通信和标准化工作。当时欧盟为共同推进 ITS 发展，于1985年成立了欧洲道路运输信息技术实施组织，实施智能道路和车载设备的研究发展计划；1986年欧洲民间联合制定了欧洲高效安全交通系统计划，在政府介入下，1995年启动了该计划。欧盟标准化组织于1990年开始 CEN/TC278 的工作，与 ISO 订立了维也纳协议。1991年成立了欧洲道路运输远程通信实施组织（European Road Transport TELEMATICS Implementation Organization，ERTICO）。欧洲在20世纪90年代开始了Telematic 的全面应用开发工作，在全欧洲范围内建立专门的交通（以道路交通为主）无线数据通信网，ITS 的主要功能如交通管理、导航和电子收费等都围绕 Telematic 和全欧无线数据通信网来实现。

（二）标准化工作

1. 国际上 ITS 标准化发展概述

ISO/TC204（国际标准化组织智能运输系统技术委员会）的工作主要围绕着城乡陆地运输中信息、通信和控制系统的标准化进行，其中包括多式联运、出行者信息、交通管理、公交运输、商业运输、紧急事件服务、商业服务，还包括城市间铁路的以下方面：客货多式联运、与客货铁路运输相关的信息系统、公路铁路交叉口 ITS 技术的使用，但不包括城市间铁路的其他方面的内容。

ISO/TC204 与 ISO 的其他组织如 TC22（道路车辆委员会）、TC211（地理信息委员会），以及 IEC（国际电工委员会）、APEC（亚太经合组织）、ITU（国际电讯联盟）等组织密切合作，共同促进智能运输系统的标准化工作。

截止到2011年初，ISO/TC204 正式发布国际标准达100余项。目前处于活动状态的工作组如表11-7所示。

表 11-7 ISO/TC204 工作组名称

编号	序号	英文名称	中文名称
1	WG01	Architecture	体系结构
2	WG03	TICS Database Technology	终端接口控制系统数据库技术
3	WG04	Automatic Vehicle and Equipment Identification	自动车辆与设备识别
4	WG05	Fee and Toll Collection	收费系统
5	WG07	General Fleet Management and Commercial-Freight	一般车队管理及商用车辆/货运
6	WG08	Public Transport-Emergency	公共交通与紧急事件
7	WG09	Integrated Transport Information, Management and Control	综合运输信息、管理及控制
8	WG10	Traveler Information Systems	出行者信息系统
9	WG11	Route Guidance and Navigations Systems	道路导航及航海系统
10	WG14	Vehicle-Roadway Warning and Control Systems	交通工具报警及控制系统

续表

编号	序号	英文名称	中文名称
11	WG15	Dedicated Short Range Communications and For TICS Applications	专用短程通信对终端接口控制系统的应用
12	WG16	Wide Area Communications–Protocols and Interfaces	宽带通信协议和界面
13	WG17	Nomadic &Portable Devices for ITS Services	为智能运输系统提供服务的便携式移动装置
14	WG18	Co–Operative Systems	对外联络

ISO/TC104（国际标准化组织货运集装箱技术委员会）专门负责集装箱标准制定，是集装箱制造和操作的最高权威机构。集装箱制造和操作标准制定修改均通过 ISO/TC104 会议进行。随着智能运输系统的发展，货运集装箱对 RFID 技术广泛应用，集装箱电子标签的标准化工作得到 ISO 的高度重视。ISO 对集装箱应用 RFID 标准提出了如下的发展思路：以国际标准《ISO 10374 集装箱自动识别》为基础，针对不同的用途和功能，形成不同的产品标准，各个产品既可以单独使用也可以组合使用，他们作为集装箱应用 RFID 标准体系存在。目前，ISO 已经制定了 ISO 10374、ISO/TS 10891、ISO 18185、ISO 17363、ISO 18186 等国际标准。

ISO TC122 包装技术委员会负责指定包装相关标识、性能要求等方面的标准，它与 ISO TC104 集装箱技术委员会以及由它们合作成立的 ISO JWG 供应链应用联合工作组负责制定 RFID 在物流应用方面的标准。

2. 国外一些国家 ITS 标准化发展状况

美国的 ITS 标准化相关组织主要有：ANSI（美国国家标准学会）、AASHTO（美国国家公路和交通管理者协会）、ASTM（美国测试和材料学会）、IEEE（电子电气工程师学会）、ITE（交通运输工程师协会）、SAE（美国汽车工程师学会）等。

1994 年美国成立了 ITS 美国（ITS America），为促进智能交通系统事业的发展，ITS 美国组织大量专家进行国家智能交通系统体系框架的研究。在制定体系框架时，逐步发现标准化在智能交通系统中的重要性，于 1995 年成立了标准化促进工作组，致力于加速智能交通系统领域标准的制定和实施。

美国在制定智能交通系统标准时，非常重视智能交通系统体系框架的作用。体系框架中的逻辑框架和物理框架定义了用户需要、接口及数据流，是制定智能交通系统标准的依据。为了从体系框架重叠的数据流中简化接口，标准发展组织制定了 11 个标准需求包，根据需求包来制定标准。每个标准需求包的内容包括：本标准的范围和目的、信息交换、接口分解、有关限制、数据词典要素定义和类型。

欧洲标准化委员会（CEN）成立于 1961 年，它是由欧共体和欧洲自由贸易联盟各国的国家标准化组织一同建立的城市域性标准化组织。该组织的宗旨在于促进成员国之间的标准化协作，制定本地城市需要的欧洲标准和协调文件，以促进欧洲的自由贸易、人员的安全性、网络的互操作性、环境保护、研究开发项目的开拓以及公共采购。

欧洲标准化委员会为积极推进欧洲智能交通系统的标准化工作，于 1991 年设立了 CEN/TC278 技术委员会，负责道路交通和运输信息化（Road Traffic and Transport Telematics）的标准化工作。

该技术委员会的工作范围是：在道路交通和运输中应用于信息处理技术领域的标准化工作。这里，道路交通和运输还包括需对涉及其他交通运输方式的多式联运进行技术协调的要素。主要工作包括：车辆、集装箱、交换体和货车识别；车辆和道路基础设施之间的通信；车辆之间的通信；与信息通信有关的车内人机接口；交通和停车管理；用户收费；交通运输管理；用户信息。

五、智慧物流

（一）标准化组织简介

与物流相关的标准化组织有：TC267（物流信息基础、物流信息系统、物流信息安全、物流信息管理、物流信息应用等）与 TC269（物流基础、物流技术、物流管理和物流服务等领域的标准化工作）。

1. TC267 简介

TC267 主要包括有物流信息基础、物流信息系统、物流信息安全、物流信息应用等。全国物流信息管理标准化技术委员会（China Logistics Information Standardization Committee，CLISC）。主要负责物流信息基础、物流信息系统、物流信息安全、物流信息管理、物流信息应用等领域的标准化工作。其宗旨是向国内企业引进世界最新的现代物流管理运作理念，推广现代物流管理新技术与成功的物流管理经验；协调、制定并推广相应的标准。秘书处设在中国物品编码中心，受国家标准化管理委员会的直接领导。

2. TC269 简介

全国物流标准化技术委员会（以下简称物流标委会）成立于 2003 年，是经国家标准化管理委员会批准成立的、在物流领域内从事全国性标准化工作的技术工作组织（编号：SAC/TC269），由国家标准化管理委员会直接管理，秘书处设在中国物流与采购联合会标准化工作部。主要负责物流基础、物流技术、物流管理和物流服务等领域的标准化技术工作。

物流标委会下设六个分技术委员会，包括：物流作业分技术委员会（SAC/TC269/SC1）、托盘分技术委员会（SAC/TC269/SC2）、第三方物流服务分技术委员会（SAC/TC269/SC3）、物流管理分技术委员会（SAC/TC269/SC4）、冷链物流分技术委员会（SAC/TC269/SC5）和仓储技术与管理分技术委员会（SAC/TC269/SC6）。

（二）标准普查与分析

1. TC267 现有标准普查分析

TC267 现有标准普查分析如表 11-8 所示。

表 11-8　TC267 现有标准普查分析

序号	标准号	中文标准名称	英文标准名称	状态	备注
1	GB/T 6512-1998	运输方式代码	Code for modes of transport	现行	1998-12-01 实施，代替 GB 6512-1986
2	GB/T 12905-2000	条码术语	Bar coding terminology	现行	2001-01-01 实施，代替 GB/T 12905-1991

续表

序号	标准号	中文标准名称	英文标准名称	状态	备注
3	GB/T 15425−2002	EAN·UCC 系统 128 条码	UCC/EAN—128 bar code	现行	2002−12−01 实施，代替 GB/T 15425−1994
4	GB/T 16472−1996	货物类型、包装类型和包装材料类型代码	Codes for types of cargo，packages and packaging materials	现行	1997−01−01 实施
5	GB/T 16827−1997	中国标准刊号（ISSN 部分）条码	Bar code for ISSN in China standard serials number	现行	1998−03−01 实施
6	GB/T 17172−1997	四一七条码	417 Bar code	现行	1998−08−01 实施
7	GB/T 17232−1998	收货通知报文	Receiving advice message	现行	1998−10−01 实施
8	GB/T 17233−1998	发货通知报文	Dispatch advice message	现行	1998−10−01 实施
9	GB/T 17231−1998	订购单报文	Purchase order message	现行	1998−10−01 实施
10	GB/T 17536−1998	订购单变更请求报文	Purchase order change request message	现行	1999−06−01 实施
11	GB/T 17537−1998	订购单应答报文	Purchase order response message	现行	1999−06−01 实施
12	GB/T 17703.2−1999	国际物流政府管理报文第二部分：一般原产地证明书报文	International movement of goods governmental regulatory message−Part 2：Certificate of origin message		1999−10−01 实施
13	GB/T 17705−1999	销售数据报告报文	Sales data report message	现行	1999−10−01 实施
14	GB/T 17706−1999	销售预测报文	Sales forecast message	现行	1999−10−01 实施
15	GB/T 17707−1999	报价报文	Quotemessage	现行	1999−10−01 实施
16	GB/T 17708−1999	报价请求报文	Request for quote message	现行	1999−10−01 实施
17	GB/T 17709−1999	库存报告报文	Inventory report message	现行	1999−10−01 实施
18	GB/T 17703.3−1999	国际物流政府管理报文第三部分：普惠制原产地证明书报文	International movement of goods governmental regulatory message−Part 3：Generalized system of preferences certificate of origin message	现行	2000−01−01 实施
19	GB/T 17784.1−1999	货运和集拼汇总报文第一部分：联合国标准货运和集拼汇总报文	Forwarding and consolidation summary message −Part 1：Forwarding and consolidation summary message of United Nations standard	现行	2000−01−01 实施
20	GB/T 17784.2−1999	货运和集拼汇总报文第二部分：货运和集拼汇总报文子集——货物/运费舱单报文	Forwarding and consolidation summary message −Part 2：Forwarding and consolidation summary message subset−Cargo/freight manifest message	现行	2000−01−01 实施
21	GB/T 18016.1−1999	实际订舱报文第一部分：联合国标准实际订舱报文	Firm booking message−Part 1：Firm booking message of United Nations standard	现行	2000−05−01 实施
22	GB/T 18016.2−1999	实际订舱报文第二部分：实际订舱报文子集订舱报文	Firm booking message−Part 2：Firm booking message subset −Booking message	现行	2000−05−01 实施
23	GB/T 18017.1−1999	订舱确认报文第一部分：联合国标准订舱确认报文	Booking confirmation message−Part 1：Booking confirmation message of United Nations standard	现行	2000−05−01 实施

序号	标准号	中文标准名称	英文标准名称	状态	备注
24	GB/T 18017.2-1999	订舱确认报文第二部分：订舱确认报文子集订舱确认报文	Booking confirmation message-Part 2: Booking confirmation message sub-set-Booking confirmation message	现行	2000-05-01 实施
25	GB/T 18124-2000	质量数据报文	Quality data message	现行	2001-03-01 实施
26	GB/T 18125-2000	交货计划报文	Delivery schedule message	现行	2001-03-01 实施
27	GB/T 18129-2000	价格/销售目录报文	Price/sales catalogue message	现行	2001-03-01 实施
28	GB/T 18130-2000	参与方信息报文	Party information message	现行	2001-03-01 实施
29	GB/T 18157-2000	装箱单报文	Packing list message	现行	2001-03-01 实施
30	GB/T 18347-2001	128 条码	Code 128	现行	2001-10-01 实施
31	GB/T 18715-2002	配送备货与货物移动报文	Cargo/goods handling and movement message	现行	2002-10-01 实施
32	GB/T 18716-2002	汇款通知报文	Remittance advice message	现行	2002-10-01 实施
33	GB/T 18785-2002	商业账单汇总报文	Commercial account summary message	现行	2002-12-01 实施
34	GB/T 17703.1-2002	国际物流政府管理报文第一部分：联合国标准国际物流政府管理报文	International movement of goods governmental regulatory message-Part 1: United Nations standard-International movement of goods governmental regulatory message	现行	2003-04-01 实施
35	GB/T 18805-2002	商品条码印刷适性试验	Commodity bar code printability test	现行	2003-04-01 实施
36	GB/T 18933-2003	国际货物销售合同报文（XML 格式）	Sales contract message of international trade (XML Formal)	现行	2003-05-01 实施
37	GB/T 19251-2003	贸易项目的编码与符号表示导则	Guideline of numbering and symbol markingof trade items	现行	2003-12-01 实施
38	GB/T 19255-2003	运输状态报文	Transport status message	现行	2003-12-01 实施
39	GB/Z 19257-2003	供应链数据传输与交换	Data transmission and interchange in supply chain	现行	2003-12-01 实施
40	GB/T 19680-2005	物流企业分类与评估指标	Classification and evaluation indicators for logistics enterprises	现行	2005-05-01 实施
41	GB/T 16828-2007	商品条码参与方位置编码与条码表示	Bar code for commodity-Global location number and symbol marking	现行	2007-12-01 实施，代替 GB/T 16828-1997
42	GB/T 21335-2008	RSS 条码	Reduced Space Symbology (RSS) bar code	现行	2008-08-01 实施
43	GB/T 12906-2008	中国标准书号条码	Bar code for China standard book number	现行	2008-08-01 实施，代替 GB/T 12906-2001
44	GB/T 22263.1-2008	物流公共信息平台应用开发指南第一部分：基础术语	Application development guide of logistics public information platform - Part 1: Foundation term	现行	2009-01-01 实施
45	GB/T 18348-2008	商品条码 条码符号印制质量的检验	Bar code for commodity -Bar code symbol print quality verification	现行	2009-01-01 实施，代替 GB/T 18348-2001
46	GB/T 18283-2008	商品条码店内条码	Bar code for commodity-Bar code in-store	现行	2009-01-01 实施，代替 GB/T 18283-2000

续表

序号	标准号	中文标准名称	英文标准名称	状态	备注
47	GB/T 22263.2-2008	物流公共信息平台应用开发指南第二部分：体系架构	Application development guide of logistics public information platform – Part 2: System architecture	现行	2009-01-01 实施
48	GB/T 16830-2008	商品条码储运包装商品编码与条码表示	Bar code for commodity –Dispatch commodity numbering and bar code marking	现行	2009-01-01 实施，代替 GB/T 16830-1997
49	GB/T 12907-2008	库德巴条码	Codabar Bar Code	现行	2009-01-01 实施，代替 GB/T 12907-1991
50	GB 12904-2008	商品条码零售商品编码与条码表示	Bar code for commodity –Retail commodity numbering and bar code marking	现行	2009-11-15 实施，代替 GB 12904-2003
51	GB/T 23831-2009	物流信息分类与代码	Classification and code of logistics information	现行	2009-11-01 实施
52	GB/T 23830-2009	物流管理信息系统应用开发指南	Applied guide of logistics management information system	现行	2009-11-01 实施
53	GB/T 16986-2009	商品条码应用标识符	Bar code for commodity –Application identifier	现行	2009-11-01 实施，代替 GB/T 16986-2003
54	GB/T 23832-2009	商品条码服务关系编码与条码表示	Bar code for commodity –Numbering and symbol marking of service relationship	现行	2009-11-01 实施
55	GB/T 18127-2009	商品条码物流单元编码与条码表示	Bar code for commodity –Numbering and symbol marking of logistics units	现行	2009-11-01 实施，代替 GB/T 18127-2000
56	GB/T 23833-2009	商品条码资产编码与条码表示	Bar code for commodity –Numbering and symbol marking of assets	现行	2009-11-01 实施
57	GB/T 14257-2009	商品条码　条码符号放置指南	Bar code for commodity–Bar code symbol placement guidelines	现行	2009-11-01 实施，代替 GB/T 14257-2002
58	GB/Z 25114.1-2010	基于 ebXML 的商业报文第一部分：贸易项目	ebXML based business message–Part 1: Core item	现行	2010-12-01 实施
59	GB/Z 25114.2-2010	用于 ebXML 的商业报文第二部分：参与方信息	ebXML based business message–Part 2: Core party	现行	2010-12-01 实施
60	GB/T 25114.3-2010	基于 ebXML 的商业报文第三部分：订单	ebXML based business message–Part 3: Core order	现行	2010-12-01 实施
61	GB/T 22263.7-2010	物流公共信息平台应用开发指南第七部分：平台服务管理	Application development guide of logistics public information platform – Part 7: Platform service management	现行	2011-05-01 实施
62	GB/T 22263.8-2010	物流公共信息平台应用开发指南第八部分：软件开发管理	Application development guide of logistics public information platform – Part 8: Software development management	现行	2011-05-01 实施

物流信息系统的建立，要在四个层次上进行标准化，即物理层、表示层、交换层和应用层。物理层的标准化是指物流设施和技术装备的标准化，是属于传统物流方面的标准化的范畴。表示层、交换层和应用层的标准化是指物流信息表示、物流信息交换、物流信息应用方面的标准化，是属于物流信息标准化的范畴。物流信息技术标准按表示、交换和应

用三个层次来划分，可分为物流信息分类编码标准、物流信息采集标准、物流信息交换标准、物流信息系统及信息平台标准。

（1）物流信息分类编码标准。物流信息首先要在代码化基础上，再经自动数据采集技术才能进入物流信息系统，从而为物流现代化提供技术支持。物流信息的代码化要运用物流信息分类编码技术。

物流信息分类编码的应用标准又分为产品与服务分类代码标准、贸易单元编码标准、物流单元编码标准、物流参与方与位置编码标准、相关信息编码标准和其他相关标准。

产品与服务分类代码标准，目前主要有《全国工农业产品（商品、物资）分类与编码》、《全球产品分类》、《联合国标准产品与服务分类》以及海关的分类标准（HS）。《全国工农业产品（商品、物资）分类与编码》标准依据联合国统计委员会 1998 年发布的"主要产品分类"1.0 版为基础制定出来的，该标准主要用于国民经济内行业统计，不是基于电子商务应用的。

在电子商务的实施中，商务主数据的同步至关重要，对于全球产品的统一分类是商务主数据同步的一个关键，因为商品的分类信息是电子商务的一个主要信息，GPC 是全球数据同步系统（GDS）的重要标准之一。它和《联合国标准产品与服务分类》（UNSPSC）一起，提供了用于电子商务的全球与服务的分类标准。后者是前者的主体目录，前者选用后者作为产品分类查询代码。

UNSPSC 覆盖了国民经济各行各业，共设置 55 个大类，351 个中类，2015 个小类，19000 多个细类产品，目前已有 80 多个国家和地区的上万家公司使用。《全球产品分类》定义《联合国标准产品与服务分类》的第四层的细类类目为全球基础产品模块类别，并对其属性进行描述和代码化。

为推动我国电子商务的发展，现亟须制定主数据一致性标准。跟踪国际标准《全球产品分类》、《联合国标准产品与服务分类》的进展并本地化是当前亟须开展的工作。

在进行商务交易时，最应关心的问题是与什么人交易何种产品，也就是参与方和贸易项（贸易单元）是交易的关键信息。在电子交易中，需要对贸易单元和参与方进行编码。

贸易单元编码（GTIN）标准主要有商品条码、店内码以及亟须制定的 EPC 系统编码等。目前《商品条码》国家标准已经制定并在国内有较好的推广，极大地推动了我国商业自动化和物流效率的提高。店内码国家标准已经制定，在商业企业的应用较为广泛。EPC系统编码与商品条码的结构完全兼容，该标准正在制定中。

物流单元是在物流过程中由贸易单元组合而成的存储或运输单元。物流单元编码标准主要包括《储运单元条码》、《物流单元的编码与符号标记》、《信息技术运输单元的唯一标识》等。

最主要的物流参与方与位置代码国家标准是《位置码》国家标准。

物流相关信息编码标准主要包括 EAN.UCC 系统应用标识符、物流单证编码标准、物流设施与装备编码标准、物流作业编码标准等。

《位置码》、《物流单元的编码与符号标记》和《EAN.UCC 系统应用标识符》标准已经制定和颁布，已经是国家标准，但由于当时我国电子商务尚未普及，物流管理的现代化程度不高，这些标准一直没有得到很好的推广和应用。

（2）物流信息采集标准。物流信息采集技术解决了物流信息进入物流信息管理系统的"瓶颈"问题，是实现物流自动化的关键。当前用在物流领域的信息采集技术主要是条码技术和射频识别技术。

条码技术标准主要包括条码基础标准、物流条码应用系统设计通用规范、条码标签规范以及条码识读器标准等。

条码基础标准主要包括《条码术语》标准和码制标准。码制标准主要有：EAN码制、UPC码制、128码制、UCC/EAN-128码制、三九条码、库德巴条码等一维条码标准以及PDF417条码、QR矩阵码等二维条码标准。

上述标准已经有国家标准。但有些标准随着应用的不断深入需要修订，如库德巴条码等，同时需要制定部分新的码制标准，如：缩减空间码（RSS条码符号）国家标准、EAN.UCC复合码国家标准、马克西码（Maxicode）国家标准以及数据矩阵码（Data Matrix）国家标准。

条码标签标准有《包装用于发货、运输和收货标签的一维条码和二维条码》、《车辆识别代码条码标签》、《商品条码符号位置》国家标准等。

射频技术能够帮助我们弥补物理世界与数字世界之间的沟壑，创建实时的、更加智能化、具有更高响应度和更具适应性的供应网络，在国外物流管理中已经有非常广泛的应用。在国内由于企业的技术条件以及经济条件和管理观念的影响，一直没有广泛地应用，更没有相应的国家标准。但随着企业技术的进步和管理观念的逐渐改变，射频技术在企业物流管理中必将有十分广泛的应用。

当前，在物流过程中的EPC系统就是射频识别技术这一种应用。物流信息标准体系中，射频识别技术标准围绕EPC系统应用的标准主要有：基础标准（EPC系统术语，EPC网络管理软件标准，EPC对象名称解析服务系统，EPC实体标记语言标准等）；物流射频识别应用系统设计通用规范（EPC系统设计规范）；射频标签技术规范（主要指EPC标签技术规范，EPC标签封装技术规范）；射频识读器标准（射频识读器通用规范，EPC识读器规范）；射频识别过程通用通信规范（主要指EPC通信规范）。

（3）物流信息交换标准。物流信息交换标准主要包括三个层面上的标准：物流数据元标准、物流业务流程信息交换规范以及物流单证标准。

物流数据元是物流信息的基本描述单元。在电子数据交换中，关于物流信息的交换要以物流数据元的标准化为基础。当前，基于EDIFACT的用于行政、商业和运输业的电子数据交换的各种数据元的国家标准已经制定。但针对物流本身的特点，专属于物流本身的数据元标准尚需制定。这需要通过对我国电子商务和物流过程的应用需求进行研究与分析，并结合国际上各个标准组织的研究成果和应用经验，制定物流信息国家标准体系中的数据元体系结构、分类方法、层次关系，分析、确定物流系统中独立数据元，确定定义、名称、标记符号、数据结构、EDI或XML等多种形式下的描述方式，并制定物流过程基础数据元的国家标准。包括贸易过程基础数据元、配送业务基础数据元、仓储业务基础数据元、运输业务基础数据元以及流通加工业务基础数据元。基于这些过程中企业内部交换的数据元制定企业标准即可。

制定物流信息数据元标准必须参考《全球数据字典》。《全球数据字典》是GCI（全球商业倡议联盟）提出的用于电子商务的贸易主数据的格式与描述。主要包括：产品识别描述内容和格式；参与方描述内容和格式；目标市场描述内容和格式；产品价格描述内容和格式；产品分类描述内容和格式；产品信息日期的描述内容和格式；产品日期的描述内容和格式；产品的描述内容和格式；产品计量信息的描述内容和格式；产品包装的描述内容和格式；产品储运的描述内容和格式；订货与发货的描述内容和格式；运输托盘的描述内容和格式；有毒/危险品的描述内容和格式；税务方面的描述内容和格式等。

当前数据采集、电子数据交换、计算机及网络技术等信息技术在物流各环节的应用相当普及，改变了传统的业务流程。物流信息交换业务流程规范是指物流过程中基于计算机及网络技术的物流业务流程信息交换规范。为规范现代物流业务流程，需要开展基于信息技术的上述业务流程研究，制定业务流程规范。主要包括：交易过程业务流程信息交换规范；配送过程业务流程信息交换规范；仓储过程业务流程信息交换规范；运输过程业务流程信息交换规范。

物流单证标准主要包括纸面单证和电子单证。电子单证标准主要包括 EDI 标准和 XML 标准等。EDI 标准和 XML 标准包括五个方面：基础标准、通用语法标准、电子报文标准、安全技术标准、业务处理与信息传输技术标准。

其中电子报文标准是在电子数据交换语法的基础上开发的应用标准。物流领域的电子报文标准是物流信息标准体系的内容。我国已经制定了贸易过程中应用到的 EDI 报文。但由于 EDI 本身的特点和我国企业自身的特点，我国还没有企业实现真正意义上的 EDI，我国的 EDI 报文标准并没有推广和应用。

基于互联网的 XML 标准克服了传统的 EDI 标准自身的缺陷，更加具有生命力。目前研究制定物流有关的 XML 标准极为迫切。需加大人力、物力的投入，制定当前发展的一系列关键的物流标准。

（4）物流信息系统及信息平台标准。物流信息系统及信息平台标准用以规范物流信息系统和信息平台的建设，指出物流信息系统和信息平台的设计原则和基本功能。相关标准主要指：物流信息平台的基本架构；物流信息平台基本功能；物流信息平台与海关、税务、商贸、金融、商检等领域信息系统接口规范以及与企业物流信息系统之间接口规范等。

2. TC269 现有标准普查分析

TC269 现有标准普查分析如表 11-9 所示。

表 11-9　TC269 现有标准普查分析

序号	标准号	中文标准名称	英文标准名称	状态	备注
1	GB/T 2934-1996	联运通用平托盘主要尺寸及公差	General – purpose flat pallets for through transit of goods-Principal dimensions and tolerances	废止	1997-08-01 实施，代替 GB 2934-1982
2	GB/T 18354-2001	物流术语	Logistics terms	废止	2001-08-01 实施
3	GB/T 18768-2002	数码仓库应用系统规范	Warehouse information system specification	现行	2002-09-01 实施
4	GB/T 18832-2002	箱式、立柱式托盘	Box pallet and post pallet	现行	2003-03-01 实施

续表

序号	标准号	中文标准名称	英文标准名称	状态	备注
5	GB/T 18769-2003	大宗商品电子交易规范	Bulk stock electronic transaction specification	现行	2003-07-08 实施,代替 GB/T 18769-2002
6	GB/T 18354-2006	物流术语	Logistics terms	现行	2007-05-01 实施,代替 GB/T 18354-2001
7	GB/T 20523-2006	企业物流成本构成与计算	Composition and calculation of enterprise logistics cost	现行	2007-05-01 实施
8	GB/T 4995-1996	联运通用平托盘性能要求	General-purpose flat pallets for through transit of goods-Performance requirements	现行	1997-08-01 实施,代替 GB/T 4995-1985
9	GB/T 4996-1996	联运通用平托盘试验方法	General-purpose flat pallets for through transit of goods-Test methods	现行	1997-08-01 实施,代替 GB/T 4996-1985
10	GB/T 21070-2007	仓储从业人员职业资质	Vocational criteria for warehousing worker	现行	2008-03-01 实施
11	GB/T 21071-2007	仓储服务质量要求	Requirement for warehousing service quality	现行	2008-03-01 实施
12	GB/T 21072-2007	通用仓库等级	Grades for general warehouse	现行	2008-03-01 实施
13	GB/T 2934-2007	联运通用平托盘主要尺寸及公差	General-purpose flat pallets for through transit of goods-Principal dimensions and tolerances	现行	2008-03-01 实施,代替 GB/T 2934-1996
14	GB/T 21334-2008	物流园城市分类与基本要求	Classification and fundamental requirements of logistics park	现行	2008-08-01 实施
15	GB/T 21735-2008	肉与肉制品物流规范	Logistics code for meat and meat products	现行	2008-12-01 实施
16	GB/T 22125-2008	汽车配件营销企业经营管理规范	The operation and management regulations for the enterprises of marketing automobile parts	现行	2008-12-01 实施
17	GB 22127-2008	散装水泥车罐体安全质量	Bulk-cement delivery tanker security quality	现行	2008-12-01 实施
18	GB/T 22126-2008	物流中心作业通用规范	General specification for the logistics center operation	现行	2008-12-01 实施
19	GB/T 24358-2009	物流中心分类与基本要求	Classification and fundamental requirements of logistics center	现行	2009-12-01 实施
20	GB/T 24359-2009	第三方物流服务质量要求	Quality requirements for third party logistics service	现行	2009-12-01 实施
21	GB/T 24361-2009	社会物流统计指标体系	Social logistics system of statistical indicators	现行	2009-12-01 实施
22	GB/T 24360-2009	多式联运服务质量要求	Requirements on service quality of multimodal transport	现行	2009-12-01 实施
23	GB/T 24616-2009	冷藏食品物流包装、标志、运输和储存	Packaging, labeling, transport and storage for refrigerated foods in logistics	现行	2010-03-01 实施
24	GB/T 24617-2009	冷冻食品物流包装、标志、运输和储存	Packaging, labeling, transport and storage for frozen foods in logistics	现行	2010-03-01 实施

（三）现有标准与智慧城市的衔接关系

1. 现有标准与智慧城市的重叠与覆盖部分

（1）物流信息分类编码标准（TC267）。GB/T 23831-2009 物流信息分类与代码：该标准与智慧城市（物流部分）中感知层里的物流信息分类编码技术是基本重叠的，物流信息分类编码技术与标准是物流信息化与智慧物流的前提，是其他物流信息技术应用的基础。

（2）物流信息采集标准（TC267）。GB/T 17172-1997 四一七条码：该标准与智慧城市（物流部分）中感知层里的二维码技术是完全重叠的，四一七条码是二维条码应用最广泛的一种，在物流领域中的货物跟踪、快运快递中有着重要的应用。

GB/T 18347-2001 128 条码：GB/T 21335-2008 RSS 条码、GB/T 12907-2008 库德巴条码：这三条标准与智慧城市（物流部分）中感知层里的相关条码技术是基本重叠的，条码技术是智慧城市中重要的信息采集方法。

（3）物流信息交换标准（TC267）。GB/Z 25114.1-2010 基于 ebXML 的商业报文第一部分：贸易项目；GB/Z 25114.2-2010 用于 ebXML 的商业报文第二部分：参与方信息；GB/T 25114.3-2010 基于 ebXML 的商业报文第三部分：订单，这三条物流信息交换类的标准与智慧城市（物流部分）有基本重合的地方，都是描述电子数据交换在物流过程中的应用。

GB/Z 19257-2003 供应链数据传输与交换：该标准与智慧城市（物流部分）中建设现代化的供应链体系是完全吻合的，其共同点是，将企业供应链的整个环节（生产、销售、仓储、发运）所涉及的数据进行实时的传输与交换，达到整个供应链环节的科学监控与管理。

（4）物流信息系统及平台标准（TC267）。GB/T 22263.1-2008 物流公共信息平台应用开发指南第一部分：基础术语；GB/T 22263.2-2008 物流公共信息平台应用开发指南第二部分：体系架构；GB/T 22263.7-2010 物流公共信息平台应用开发指南第七部分：平台服务管理；GB/T 22263.8-2010 物流公共信息平台应用开发指南第八部分：软件开发管理：该标准与智慧城市（物流部分）中应用层里建设信息服务平台是完全重叠的，信息服务平台是智慧城市（物流）的大脑与指挥中枢，能够对物流行业所涉及的车、人、货等信息实现充分的互联互通、调度指挥，让整个城市的物流系统能够智慧地运转。

（5）物流基础与管理服务类标准（TC269）。GB/T 18768-2002 数码仓库应用系统规范：该标准与智慧城市中的智能仓储管理有部分重叠的地方；GB/T 24360-2009 多式联运服务质量要求：智慧城市（物流）中体现智慧的一个重要环节就是水路、公路、铁路等多种运输方式的协同联运，最大限度地提高整个物流过程的效率，所以在这方面，该项标准和智慧城市的标准是完全吻合的。

2. 现有标准与智慧城市的差距部分

智慧城市（物流）强调的是物流与信息流的一体化，整个物流过程的可视化、智能化、自动化与网络化。因此，现有的物流基础技术标准，管理服务标准以及物流信息系统相关标准距离智慧城市还有一定差距。具体体现在以下标准上：

GB/T 24616-2009（TC269）冷藏食品物流包装、标志、运输和储存；

GB/T 24617-2009（TC269）冷冻食品物流包装、标志、运输和储存。

这两项物流标准都是和冷链物流有关的，冷链物流是智慧城市（物流）中物流过程管理方案中的重要一环。两项标准强调了冷藏与冷冻食品在物流过程中的规范。在智慧城市（物流）中，对冷链物流不仅要在包装、标志、运输和储存等环节规范操作，还需要引入GPS与无线传感网络，将冷链物流过程中物品的状态实时发往监控中心，监控中心的数据库服务器把GPS上传的数据实时存储起来，等待客户端请求。

3. 智慧城市视角下的标准建议

智慧城市视角下还可考虑在物流领域添加如下标准：

（1）物流配送体系管理标准。物流配送在整个物流领域占有很大的比重，现代化的物流配送体系应包含自动分拣系统、自动化立体仓库、自动拣货系统（如电子标签拣货装置）等，增加计算机控制和无线移动电脑在配送中心入库、出库、拣货、盘点、储位管理等方面的应用，实现配送中心物流作业的无纸化。还可建立配送中心自动补货系统，把供应商、配送中心、商场（POS系统）的产、供、销三者组成网络与ECR（集成供应链物流管理系统），使传统的点（企业内信息系统）发展到线（企业间资讯系统）、面（供应链上中下游垂直、水平整合），进而进入"体"（跨国、跨企业的供应链整合）的时代。以网络化的商业行销（电子商务），带动创造附加价值的新物流行销，促进商品流通、缩短流通通路、满足客户多样化个性化的需求。

（2）第四方物流服务质量标准。在TC269中，有GB/T 24359-2009第三方物流服务质量要求的标准，事实上，在物流领域日益发展的今天，第三方物流已不能完全满足物流行业的需求，第四方物流已经呼之欲出。第四方物流提供综合的供应链解决方案要求及时、准确和高效地传递物流信息。第四方物流与第三方物流相比，其服务的内容更多，覆盖的城市更广，对从事货运物流服务的公司要求更高，要求它们必须开拓新的服务领域，提供更多的增值服务。"第四方物流"的优越性是它能保证产品得以"更快、更好、更廉"地送到需求者手中。当今经济形势下，货主/托运人越来越追求供应链的全球一体化以适应跨国经营的需要，跨国公司由于要集中精力于其核心业务，因而必须更多地依赖于物流外包。基于此，它们不只是在操作层面上进行外协，而且在战略层面上也需要借助外界的力量，昼夜都能得到"更快、更好、更廉"的物流服务。因此，应该尽快制定第四方物流的相关标准，规范行业运作。

（3）EDI应用规范标准。EDI即电子数据交换，物流EDI的优点在于供应链组成各方基于标准化的信息格式和处理方法，通过EDI共同分享信息、提高流通效率、降低物流成本。主要可以表现为：

首先，节省时间和资金，提高工作效率和竞争力。采用EDI之后，在全球范围内发送一份电子单证最快只需几秒钟，发票能在更短的时间内投递，数据能立即进行处理；订购、制造和货运之间的周期被大大缩短，减少了库存开销。EDI意味着更准确的数据，实现了数据标准化及计算机自动识别和处理，消除了人工干预和错误，减少了人工和纸张费用。

其次，改善对客户的服务。EDI也是一种改善对客户服务的手段，它巩固了EDI贸易伙伴之间的市场和分销关系，提高了办事效率，加快了对客户需求的反应。

再次，消除纸面作业和重复劳动。经济的增长带来了各种贸易单证、文件数量的激增。纸张协会曾统计，并得出以下用纸量超速增长的规律：年国民生产总值每增加100亿元，用纸量就会增加8万吨。此外，在各类单证中有相当大的一部分数据是重复出现的，需要反复地录入。同时，重复录入浪费人力、浪费时间、降低效率。纸面贸易文件成为阻碍贸易发展的一个比较突出的因素，EDI能够有效地解决以上两个问题。

最后，扩展了客户群。许多大的制造商和零售商都要求他们的供应商采用EDI。当他们评估选择一种新的产品或一个新的供应商时，其做EDI的能力是一个重要因素。由于EDI的应用领域很广，一个具有EDI实施能力的公司无疑会扩大其客户群，引来更多的生意。因此，应该尽快制定物流行业EDI使用规范相关标准，促进行业效率的提升。

4. 国家标准《政务信息资源目录体系》和《政务信息资源交换体系》

为落实中办发〔2002〕17号《中共中央办公厅　国务院办公厅关于转发〈国家信息化领导小组关于我国电子政务建设指导意见〉的通知》和中办〔2004〕34号文件《中共中央办公厅　国务院办公厅关于加强信息资源开发利用工作的若干意见》精神，推进政务信息资源目录体系和交换体系建设，由国家标准化管理委员会和原国务院信息化工作办公室成立了国家电子政务标准化总体组来组织编写本系列标准。

这些标准由中国电子技术标准化研究所、国家信息中心、北京航空航天大学、清华大学、中国科学技术研究所、中国标准化研究所、北京市信息资源管理中心、大唐电信科技产业集团、万达信息股份有限公司、黎明网络有限公司、易达迅网络科技有限公司、浙江建达科技有限公司、华迪计算机有限公司负责起草。

政务信息资源目录体系与交换体系是智慧政务建设的重要标准规范。由于政务信息资源分置于各地方、各部门，表现为物理上分散，使信息共享和业务协同困难。采用政务信息资源目录体系与交换体系，就是为了形成逻辑上集中的政务信息资源体系，支撑信息共享和业务协同的智慧化政务。政务信息资源目录体系与交换体系作为一个有机整体，要满足建立智慧政务的两大需求：一是满足跨部门、跨城市普遍信息共享的需求，支持各级政务部门决策、管理与服务；二是满足部门间特定信息横向交换与共享的需求，支持各级政务部门的业务协同。

标准的内容包括：《政务信息资源目录体系》和《政务信息资源交换体系》。《政务信息资源目录体系》内容包括总体框架、技术要求、核心元数据、政务信息资源分类、政务信息资源标识符编码方案和技术管理要求。《政务信息资源交换体系》内容包括总体框架、分布式系统间信息交换技术要求、异构数据库接口规范和技术管理要求。

第七节　安全标准

信息技术和网络技术的发展，极大地促进了社会的经济科技、文化教育和管理等各个方面的发展。人们在享受信息化带来的众多好处的同时，也面临着日益突出的信息安全问题。信息安全产品和信息系统固有的敏感性和特殊性直接影响着国家的安全利益和经济利益。在大力推进我国国民经济和信息化建设的进程中，最不能忽视的就是信息安全技术。信息和网络安全关系国家安全。必须要坚持"积极发展，加强管理，趋利避害，为我所用"的原则，努力提高信息和网络安全的研究开发水平，建立信息安全标准，完善相关的信息安全法律法规和执法监督体系，形成公平、合理、有序的市场环境。信息安全标准是我国信息安全保障体系的重要组成部分，是政府进行宏观管理的重要依据。从国家意义上来说，信息安全标准关系到国家的安全及经济利益，标准往往成为保护国家利益促进产业发展的一种重要手段。

信息安全标准化是一项艰巨、长期的基础性工作。我国有关主管部门十分关注信息安全标准化工作，在 1984 年 7 月组建了数据加密技术委员会，并于 1997 年 8 月改组成全国信息技术标准化委员会的信息安全技术分委员会，负责制定信息安全的国家标准。在全国信息技术标准化技术委员会信息安全分技术委员会和各部门各界的努力下，本着积极采用国际标准的原则，转化了一批国际信息安全基础技术标准。另外，公安部、安全部、国家保密局、国家密码管理委员会等相继制定、颁布了一批信息安全的行业标准，为推动信息安全技术在各行业的应用和普及发挥了积极作用。

国内外信息安全工作实践表明，信息安全工作特别是信息安全保障体系的建设是一个动态的、复杂的系统工程，作为其重要组成部分的标准化工作也是一个系统工程，它包括标准管理、标准制定、标准宣传、监督检查等一系列工作，仅就标准制定一项就涉及国外标准的收集研究、消化吸收、结合实际、测试验证、起草评审、报批发布等一系列繁杂细致的工作。一般来说，一个真正有效的而不是哗众取宠的标准，其起草不仅需要投入大量人力、物力，而且其过程一般都在一年以上。最近几年，我国颁布的全国或行业的信息安全标准的起草审改过程也多半都在两年以上。比较简单的、单个产品的安全标准的起草周期也大约在一年。由此可见，要搞好我国信息安全标准工作，必须加强各部门、各行业内部和外部的联合与合作，并且逐步形成具有统一性的共同标准。

一、智慧城市信息安全基本标准

（一）物理安全

物理安全是针对智慧城市的硬件设施而言的，它既包括设备、设施、环境等存在的安全威胁，也包括物理介质上数据存在的安全问题。物理安全是计算机网络系统安全的基本保障，是智慧城市信息安全的基础。物理安全包括环境安全、运行安全和数据安全三个方面。

1. 环境安全

应指定专门的部门或人员定期对机房供配电、空调、温湿度控制等设施进行维护管理；应指定部门负责机房安全，并配备机房安全管理人员，对机房的出入、服务器的开机或关机等工作进行管理；应建立机房安全管理制度，对有关机房物理访问，物品带进、带出机房和机房环境安全等方面的管理作出规定。

2. 运行安全

应保证关键网络设备的业务处理能力具备余量空间，满足业务高峰期需要；应保证接入网络和核心网络的带宽满足业务高峰期需要；应绘制与当前运行情况相符的网络拓扑结构图；应根据各部门的工作职能、重要性和所涉及信息的重要程度等因素划分不同的子网或网段，并按照方便管理和控制的原则为各子网、网段分配地址段。

3. 数据安全

应能够检测到系统管理数据、鉴别信息和重要业务数据在传输过程中完整性是否受到破坏，并在检测到完整性错误时采取必要的恢复措施；应能够检测到系统管理数据、鉴别信息和重要业务数据在存储过程中完整性是否受到破坏，并在检测到完整性错误时采取必要的恢复措施。

（二）数据保密性

本项要求包括：应采用加密或其他有效措施实现系统管理数据、鉴别信息和重要业务数据传输保密性；应采用加密或其他保护措施实现系统管理数据、鉴别信息和重要业务数据存储保密性。

二、技术标准

（一）认证体系

建立统一可靠的标准体系、公平客观的评测体系、规范高效的产业联盟和全面及时的社会反馈机制。

（二）安全架构

应对通信线路、主机、网络设备和应用软件的运行状况、网络流量、用户行为等进行监测和报警，形成记录并妥善保存；应组织相关人员定期对监测和报警记录进行分析、评审，发现可疑行为，立即形成分析报告，并采取必要的应对措施；应建立安全管理中心，对设备状态、恶意代码、补丁升级、安全审计等安全相关事项进行集中管理。

（三）可信采集与获取技术

应提供数据有效性检验功能，保证通过人机接口输入或通过通信接口输入的数据格式或长度符合系统设定要求。

（四）数据加解密技术

采用加密或其他有效措施实现系统管理数据、鉴别信息和重要业务数据传输保密性；采用加密或其他保护措施实现系统管理数据、鉴别信息和重要业务数据存储保密性。

（五）安全传输

应对重要通信提供专用通信协议或安全通信协议服务，避免来自基于通用协议的攻击破坏数据保密性。

（六）数据认证

应具有在请求的情况下为数据原发者或接收者提供数据原发证据的功能；应具有在请求的情况下为数据原发者或接收者提供数据接收证据的功能。

（七）密钥管理

应基于硬件化的设备对重要通信过程进行加解密运算和密钥管理。

三、管理标准

（一）安全管理制度

应制定信息安全工作的总体方针和安全策略，说明机构安全工作的总体目标、范围、原则和安全框架等；应对安全管理活动中的各类管理内容建立安全管理制度；应对要求管理人员或操作人员执行的日常管理操作建立操作规程；应形成由安全策略、管理制度、操作规程等构成的全面的信息安全管理制度体系。

（二）安全管理机构

应设立信息安全管理工作的职能部门，设立安全主管、安全管理各个方面的负责人岗位，并定义各负责人的职责；应设立系统管理员、网络管理员、安全管理员等岗位，并定义各个工作岗位的职责；应成立指导和管理信息安全工作的委员会或领导小组，其最高领导由单位主管领导委任或授权；应制定文件明确安全管理机构各个部门和岗位的职责、分工和技能要求。

（三）人员管理

应配备一定数量的系统管理员、网络管理员、安全管理员等；应配备专职安全管理员，不可兼任；关键事务岗位应配备多人共同管理。

（四）系统建设管理

应明确信息系统的边界和安全保护等级；应以书面的形式说明确定信息系统为某个安全保护等级的方法和理由；应组织相关部门和有关安全技术专家对信息系统定级结果的合理性和正确性进行论证和审定；应确保信息系统的定级结果经过相关部门的批准。

应确保安全产品采购和使用符合国家的有关规定；应确保密码产品采购和使用符合国家密码主管部门的要求；应指定或授权专门的部门负责产品的采购；应预先对产品进行选型测试，确定产品的候选范围，并定期审定和更新候选产品名单。

应指定或授权专门的部门或人员负责工程实施过程的管理；应制定详细的工程实施方案控制实施过程，并要求工程实施单位能正式地执行安全工程过程；应制定工程实施方面的管理制度，明确说明实施过程的控制方法和人员行为准则。

应委托公正的第三方测试单位对系统进行安全性测试，并出具安全性测试报告；在测试验收前应根据设计方案或合同要求等制订测试验收方案，在测试验收过程中应详细记录测试验收结果，并形成测试验收报告；应对系统测试验收的控制方法和人员行为准则进行书面规定；应指定或授权专门的部门负责系统测试验收的管理，并按照管理规定的要求完成系统测试验收工作；应组织相关部门和相关人员对系统测试验收报告进行审定，并签字确认。

应制定详细的系统交付清单，并根据交付清单对所交接的设备、软件和文档等进行清点；应对负责系统运行维护的技术人员进行相应的技能培训；应确保提供系统建设过程中的文档和指导用户进行系统运行维护的文档；应对系统交付的控制方法和人员行为准则进行书面规定；应指定或授权专门的部门负责系统交付的管理工作，并按照管理规定的要求完成系统交付工作。

应指定专门的部门或人员负责管理系统定级的相关材料，并控制这些材料的使用；应将系统等级及相关材料报系统主管部门备案；应将系统等级及其他要求的备案材料报相应公安机关备案。

（五）系统运维管理

应对信息系统相关的各种设备（包括备份和冗余设备）、线路等指定专门的部门或人员定期进行维护管理；应建立基于申报、审批和专人负责的设备安全管理制度，对信息系统的各种软硬件设备的选型、采购、发放和领用等过程进行规范化管理；应建立配套设施、软硬件维护方面的管理制度，对其维护进行有效的管理，包括明确维护人员的责任、涉外维修和服务的审批、维修过程的监督控制等；应对终端计算机、工作站、便携机、系统和网络等设备的操作和使用进行规范化管理，按操作规程实现主要设备（包括备份和冗余设备）的启动/停止、加电/断电等操作；应确保信息处理设备必须经过审批才能带离机房或办公地点。

第十二章　智慧城市的测评体系

第一节　智慧城市的测评

一、测评意义

为高效推进"智慧城市"的建设，需要率先做好"智慧城市"的规划、建设与运营管理及评价体系等方面的研究准备工作。制定客观公正的评价体系在各项准备工作中又是至关重要且势在必行的，做好评价体系的研究工作对于整个城市建设具有重要意义。

首先，研究制定智慧城市评价体系为智慧城市的建设明确了目标和评价标准，对整个智慧城市的建设具有重要指导意义。

其次，科学、系统的评价体系能够帮助管理者对智慧城市的建设结果做出客观、有效的评判，发掘建设过程中存在的问题，优化建设结果和建设效率。

"智慧城市"评价体系是由一套科学系统的评价指标构成的，是对"智慧城市"建设成果进行科学量化、有效评估的方法体系，是"智慧城市"建设的行动纲领性指南，也是检验智慧城市建设成果的体现，将起到引领、指导、量化评估等作用。开展"智慧城市"评价指标体系的课题研究势在必行，且具有重要的科学研究价值和社会意义。

二、开展思路

根据绩效评估的一般思路，智慧城市绩效评估的开展思路为：确定智慧城市绩效评估的指标体系，实施绩效评估，在评估实践中检验评估指标的准确性和全面性。智慧城市绩效评估指标体系的确定包括分析相关要素、确定评估指标、确定指标权重、选择评估方法等环节。

对智慧城市绩效的评价属于多指标综合评价。多指标综合评价的原理就是，把多个描述被评价事物不同方面的统计指标转化成综合的相对评价指标，然后将这些价值换算成一个综合值，以实现对该事物的整体评价。具体步骤包括：

第一，选择评价目标和评价内容，建立评价量化指标体系；第二，根据被评价目标和评价内容的具体特征，选定所用的合成方法；第三，确定各指标在评价体系中的权重；第四，将指标实际值转化为评价值，即无量纲化；第五，将各指标评价值合成，即加权求和，得出综合评价值；第六，以综合评价值的大小为基础，对各评价对象进行排序，给出结论。

一般来说，在多指标综合评价过程中，最关键的在于对各指标权重的确定。通常，可以将确定权重的方法分为两种：主观赋权法和客观赋权法。主观赋权法采取综合咨询评分的定性方法确定权重，然后对标准化后的数据进行综合，如综合指数法、德尔菲法、层次分析法、环比法、模糊综合评判法等。客观赋权法则是根据各指标间的相关关系或者根据各指标的变异程度来确定权重，如主成分分析法、因子分析法、变异系数法等。

第二节　智慧城市总体评测方案

目前世界上对于智慧城市的评测还没有成熟的方案与模式，相关的研究也处于起步阶段。智慧城市评测指标体系要能够体现智慧城市的特点和特征，并考虑到国际、国家间的通用性与城市间的可比性，可用来合理并客观地评估智慧城市的现实水平与未来方向，探寻智慧城市的标准化与发展规律。

一、智慧城市评测的原则

（一）科学性

智慧城市的评测工作应该使理论与实际情况相结合并采用科学的评测方法，反映出智慧城市中最主要、最本质与最有代表性的元素。同时要充分认识到智慧城市评测是对城市的城市规划、产业布局、信息化建设等客观方面的主观评价，本身会存在着一些非科学性和非合理性的因素。

（二）系统性

智慧城市评测是对一个综合性城市智慧化水平的综合评测，由于智慧城市的广泛性和复杂性，必须使用一定的指标体系来进行衡量。指标体系内部的指标应该是互相独立、互不包容的元素集，因此需要考虑指标的层次性和系统性。

（三）可操作性

智慧城市的评测指标体系与评测技术体系应该是可行的、方便操作的。可行性与可操作性对于整个评测体系来说非常重要。智慧城市的评测指标体系与评测技术体系要与我国的社会背景、物质基础以及人们的思想意识与文化相适应。

（四）可扩展性

智慧城市的评测指标体系与评测技术体系是开放的和可扩展的。对于原有其他领域内的评测指标与方法技术可以融合到智慧城市的评测指标体系与评测技术体系之中。同时，智慧城市的评测指标体系与评测技术也可以向其他领域或评测对象开放，在公开的使用环境中不断地成熟与完善。

（五）指导性

智慧城市的评测指标体系与评测技术体系应该具有一定的指导作用，能够反映智慧城市的总体目标和方向，能够体现智慧城市建设的主要内容与技术方法。

二、智慧城市评测的方法

智慧城市评测包括公共基础设施、行业应用专项、信息安全三个方面的评测。评测工作应该采用定性与定量相结合的方式，既要能够反映城市智慧化的真实水平，还要具有可操作性，不但要重视基础设施建设，也要重视相应的人才培养与政策法规因素。通常采用的方法有：

第一，软评测方法。软评测称为专家评测，以专家作为评价指标信息的来源，利用专家的知识与经验对评测对象做出判断和评价。软评测具有综合性、智能性、模糊性和相对性等特点。

第二，硬评测方法。硬评测方法一般以统计数据为基础，把统计数据作为主要评测信息。硬评测的关键之处是评测指标体系的确定和选择。

第三，软硬结合评测方法。由于软评测与硬评测各有优缺点，在智慧城市的评测工作之中，建议使用软评测与硬评测相结合的方法，对不同的指标分别使用软评测和硬评测的方法，使二者能够相互补充，提高智慧城市评测工作的客观性与准确性。

在进行智慧城市的评测时，还要充分考虑到城市规模与城市职能的不同，将相同规模与职能的城市在一起进行评测与对比。例如城市按规模来分可分为特大城市、大型城市、中型城市和小型城市，按职能分又可分为综合性城市、工业城市、交通港口城市、风景旅游城市和商业金融城市，不同规模以及不同职能的城市在某些指标或指标集上没有可比性，需要采用相应的合适指标体系与评测方法进行评测。

第三节　评测中心建设

一、必要性与可行性

智慧城市评测中心的建设是智慧城市评测工作开展的前提和必然需求。目前随着智慧城市的先进理念在全世界的传播，世界和我国的主要城市都启动了以智慧城市为主题的规划和部署。武汉、深圳、广州、无锡、宁波、南京、北京等城市纷纷把建设智慧城市作为城市"十二五"规划中的重点来抓，并投入了大量资金和人力、物力来启动若干智慧城市的建设工作。智慧城市是一项循序渐进和逐步实施的庞大系统工程，需要在建设过程中加以正确的引导、客观地评估和不断的优化与完善。智慧城市评测中心将以非营利机构的形式存在，科学、合理地编制智慧城市评价指标体系与评测方法，客观、系统地对智慧城市的整体建设过程做出评测结果，及时地发现建设过程中的问题，优化解决方案，更加合理、有效地利用资源，为我国的智慧城市建设做出贡献。

我国智慧城市的建设已经如火如荼地展开，对于智慧城市的评测工作研究也已经起步，因此我国应该抓住智慧城市建设的良好机遇，同时充分利用我国在大规模数据动态感知和数据活化等关键技术上的先发优势，争取早日成立智慧城市的评测中心，研究智慧城

智慧城市的理论与实践

市评价体系与评测方法和技术，先期开展智慧城市的评测工作，占据智慧城市国内外评测工作的制高点和领先地位。

二、主要职能

智慧城市评测中心的宗旨在于通过合理、客观、系统的智慧城市评测工作，为智慧城市建设提供参考意见与建议，推动我国智慧城市的合理开展与可持续发展。智慧城市评测中心的主要职能有以下三点：

第一，完善智慧城市评价指标体系与评测技术体系。智慧城市评价指标体系十分复杂，涉及多种技术，涵盖不同的层面，涉及不同的软硬件和系统，服务的范围和目标也不同。不同城市存在地域差异，城市发展水平也有很大的差异，需要结合这些状况和特点探讨适合多种类型城市的评测指标体系。目前世界范围内智慧城市的评测方法与技术尚不成熟，国内外也都没有成熟方法和范式可以借鉴，国家对于智慧城市还没有统一的规范和标准，也没有特定的部门进行管理监督和指导。因此，智慧城市中心需要在实际工作中逐步完善和发展智慧城市评价指标体系，研究和开发智慧城市的评测技术体系，为实施和开展智慧城市的评测工作打好基础。

第二，组织实施和开展国内外智慧城市的评测工作。依据不断成熟与完善的智慧城市评价指标体系与评测技术体系，组织实施和开展国内外智慧城市的评测工作，这是智慧城市评测中心的重要工作内容。现在国内外还没有相关机构或政府部门成立专门的智慧城市评测机构来评估各城市的智慧城市规划和建设工作。智慧城市评测中心将针对不同的城市类型和规模，使用合适的评价指标体系与评测技术与方法，与国家管理部门和地方城市政府相配合，分阶段、逐步地选取一批国内、国外的典型城市，公正、客观地开展智慧城市的评测工作，并适时公开发布评测结果。

第三，提供智慧城市发展规划的参考意见与建议。智慧城市评测中心为所评测城市提供详细的数据分析和评测结果报告，比较各城市间的智慧化发展水平，着重分析智慧城市建设过程中的薄弱环节与发展"瓶颈"，为各智慧城市的下一步发展和规划调研提供合理的参考意见与建议。智慧城市评测中心为国家城市规划和管理部门提供我国的智慧城市发展数据与报告，分析我国智慧城市发展在国际上的优势与劣势，引导我国的智慧城市建设良性、可持续地发展，推动我国智慧城市产业的标准化与国际化，为我国的智慧城市在世界城市竞争中占得先机做出相关的贡献。

三、组织方式与运营模式

目前国内外还没有相关的政府部门或机构成立专门的评测机构来评估各城市的智慧城市规划和建设工作。但随着各行各业信息化的展开，我国已经成立了一些政府、民间和商业的评测机构及中心，例如国家信息化评测中心和中国软件评测中心。另外，一些国际机构如联合国人居署、世界银行也经常主导和组织对城市竞争力等方面的评测评估工作。这些评估机构的组织方式与运营模式都可以为智慧城市评测中心的创建与运营提供良好的借鉴与示范作用。

智慧城市评测中心的组织方式与运营模式将尝试机制创新，打造一个层次化的低成本测评体系，充分融合现有评测机构的评测结果，建立一个以科研学术机构为主导、政府部分参与监管与领导的客观、公平的评测机构。智慧城市评测中心组织方式与运营模式的主要特征可以体现在以下五个方面。

（一）科学性

智慧城市评测中心建议由科研学术机构主导组建，同时汇聚智慧城市信息技术领域、城市规划领域、社会学领域的专家和学者，形成多层次、全方位的评测技术队伍，并凭借其在智慧城市技术体系总体架构、关键技术、标准规范以及评测技术等方面的背景优势地位，保证评测过程与评测结果的科学性、系统性和正确性。

（二）权威性

智慧城市评测中心以多层次、全方位的高水平评测队伍为基础，以科学、合理和系统的评测指标与评测技术为主要手段，以公正、透明的组织机构与工作方式为保障，来保证其在智慧城市评测工作开展、评测结果发布、参考意见反馈等系列工作中的权威性。

（三）独立性

智慧城市评测中心不依托于任何地方政府和民间机构，保证其在组织机构与运营模式上的独立性。评测中心也不以经济盈利为目的，公开、公正地组织实施和开展智慧城市的评测工作，保证评测工作与评测结果的客观性与公平性。

（四）开放性

智慧城市评测工作涉及多个领域且覆盖面极广，智慧城市评测中心可以参考和融合现有相关领域内的其他成熟评测中心的评价指标、评测技术与评测结果，同时智慧城市评测中心的评价指标、评测技术与结果也可开放给其他评测组织与机构，以开放性的运营模式来不断完善智慧城市的评价指标体系和评测技术体系。

（五）国际性

智慧城市评测中心在世界范围内组织开展智慧城市的评测评估、检测认证和技术咨询工作，将我国的智慧城市成果和技术推向世界，将世界的智慧城市的成熟模式与经验引入国内，从而提高我国智慧城市在国际上的知名度与竞争力，在世界范围内推动智慧城市的良性发展。智慧城市评测中心也在工作中不断发展和完善，力争占据世界智慧城市评测的制高点，成为世界性的智慧城市权威评测机构。

四、保障措施与支撑条件

目前智慧城市规划建设刚刚开始起步，世界上也还没有相关的机构或部门专门对智慧城市规划建设进行评测与指导。作为一个新生机构，智慧城市评测中心的建立与发展都将面临一系列的问题和困难。为了保障智慧城市评测中心的按时建立以及评测工作的顺利开展，建议考虑以下几点保障措施与条件。

（一）完善组织机构，制定规章制度

智慧城市评测中心将充分借鉴现有的国家级评测中心成熟的组织方式和机构设置，同时寻求组织管理模式的创新，以兼顾科研学术机构在智慧城市上的技术水平优势和国家政府部门的管理与监督优势，创建和完善自身的组织机构。同时制定科学、完善的规章制

度，以保障智慧城市评测中心的良好运行和可持续发展。

（二）构建人才队伍，加大资金投入

智慧城市的评测工作覆盖的科学领域比较广，评测方法与技术的复杂度也很高，评测周期与过程比较长，同时涉及的城市部门和机构比较多，因此需要打造一支由多学科领域高水平技术人才和卓越的管理人才组成的人才队伍。同时由于评测工作的繁重性和非营利性，需要加强对智慧城市评测中心建立和工作开展中的资金投入，以保障对智慧城市评测工作的顺利开展。

（三）创新运营模式，保证客观公平

智慧城市评测中心以整个城市为评测主体，涉及政府、企业、居民等庞大的群体对象以及多个行业领域，有着极高的复杂性和特殊性，因此不能照搬现有各种评测中心的运营模式，要充分考虑到智慧城市评测工作的特点，加强与国家相关部门或机构的协调与沟通，与城市当地政府相配合，创新和完善自身的运营模式。由于智慧城市评测从另外一个角度来说是对城市管理部门在智慧城市建设中的工作评价，因此一定要从政策制度、组织管理、经营模式、评测方法等各方面来保障评测工作的客观性与公平性。

五、测评技术平台建设

（一）测评原则

按照测评方法、测评内容，依照测评力度进行测评。

（二）测评内容

测评内容的技术要求有：物理安全、网络安全、主机安全、应用安全和数据安全；管理要求有：安全管理机构、安全管理制度、人员安全管理、系统建设管理和系统运维管理。

（三）测评力度

应该能够在统一安全策略下防护系统免受来自外部有组织的团体（如一个商业情报组织或犯罪组织等）、拥有较为丰富资源（包括人员能力、计算能力等）的威胁源发起的恶意攻击、较为严重的自然灾难（灾难发生的强度较大、持续时间较长、覆盖范围较广等）以及其他相当危害程度的威胁（内部人员的恶意威胁、无意失误、较严重的技术故障等）所造成的主要资源损害，能够发现安全漏洞和安全事件，在系统遭到损害后能够较快恢复绝大部分功能。

（四）测评方法

典型的测评流程由测评申请提交、系统基本信息填写、测评材料审核、测评人员与方案确定、现场测评和测评报告生成六个主要步骤组成。测评系统的设计和开发也需要遵循该流程，应能覆盖整个测评流程的每个环节，并为每个环节提供实际的帮助和引导。测评方案生成模块是整个系统的核心和灵魂，它从典型系统评估模型出发，根据用户填写的系统基本信息内容选取与被测信息系统相似度最高的典型系统模型，结合现有辅助工具库，依据测评人员信息、测评知识库生成测评方案。测评人员可以根据被测系统的实际情况进行补充和修改，使得方案更加符合被测系统的客观实际。在方案确定后就可以准备现场测评，测评步骤和测试过程应严格按照生成的方案进行，并利用脆弱性检测工具来检测《基本要求》中要求的与脆弱性相关的安全指标。最后将所得到的各项结果填写到测评系统中。

现场测评完成后，可以借助测评结论辅助分析引擎的作用，产生出测评结果报告，测评人员和评审专家可以对测评结果报告进行核实与复查，使得报告更加准确、完善。由此可见，测评系统的主体模块完全依据测评流程进行确定。此外，系统中还设置用于管理测评过程中所有文档的文档管理模块，以及对用户权限和操作进行管理的用户管理模块。相关角色定义如下：

第一，用户：对用户等级保护工作进行检测的相关人员。

第二，安全专家：在安全方面拥有丰富相关知识和经验的人员。

第三，行业专家：具有丰富行业背景的人员。

第四，测评子系统：是本系统的核心模块，处理等级保护测评中的测评流程，该系统和其他各个子系统均有接口，依赖于所有其他的子系统。

第五，测评知识库子系统：是知识管理系统，用于管理安全要求、检测方法和安全策略等。

第六，测评方案生成子系统：基于知识管理系统中的测评方法和典型系统库构成，为测评的用户定义测评方案，每个方案均有定制的可能，它依赖于测评知识库子系统、文档管理子系统及报表子系统。

第七，测评结论分析子系统：对测评的结果进行分析。它依赖于测评知识库子系统及文档管理子系统。

第八，报表子系统：对测评过程中需要生成的报表进行集中管理。

第九，文档管理子系统：对测评过程中的文档进行管理。这几个子系统分别对应于系统需求目录中相应的功能模块。

六、平台软件系统设计

整个系统设计为 B/S 结构，其逻辑架构如图 12-1 所示。

在本系统中，客户端作为用户操作本系统的接口，通过客户端的操作完成本系统的全部功能。核心处理服务器包含了完成本系统的全部子系统及与外部系统（如脆弱性工具）的接口处理，是整个系统的核心。数据库部分包含三个主要的数据库，其中典型系统库为确定信息系统类型提供支撑，测评知识库与漏洞库关联支撑测评方案的生成及测评结果分析。

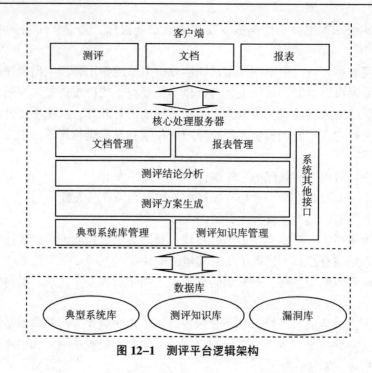

图 12-1 测评平台逻辑架构

第四节 评测内容

一、公共基础设施评测

(一) 网络专项评估

网络专项评估评测分为三个部分,分别为城市网络投资评测,城市有线网络评测和城市无线网络评测。

1. 城市网络投资

(1) 网络传输基础设施建设投资占全部基础设施建设投资比重。

网络传输基础设施建设投资占全部基础设施建设投资比重

$$= \frac{城市网络基础设施建设投资总额}{城市固定资产投资总额}$$

(2) 感知基础设施建设投资占全部基础设施建设投资比重。

感知基础设施建设投资占全部基础设施建设投资比重

$$= \frac{城市在建设感知网络方面的投资总额}{城市全部基础设施建设投资总额}$$

2. 城市有线网络

(1) 城市数字电视网覆盖率。

$$城市数字电视网覆盖率 = \frac{接入数字电视网的家庭数}{城市总家庭数}$$

（2）城市家庭宽带网络渗透率。

$$城市家庭宽带网络渗透率 = \frac{城市接入宽带互联网的家庭数}{城市家庭总数}$$

（3）家庭光纤接入覆盖率。

$$家庭光纤接入覆盖率 = \frac{接入光纤的家庭数}{城市总家庭数}$$

（4）户均宽带网络接入能力。

户均宽带网络接入能力相当于城市内每户家庭实际使用接入网络的平均带宽（包括各种家庭网络接入方式）。

（5）城域光缆长度。

城域光缆长度用来测量带宽，是测量通信基础设施规模的指标。

3. 城市无线网络

（1）城市无线热点覆盖率。

$$城市无线热点覆盖率 = \frac{无线热点覆盖的城市面积}{城市总面积}$$

（2）城市 3G/2G 网络覆盖率。

$$城市 3G/2G 网络覆盖率 = \frac{3G/2G 网络覆盖范围}{城市总面积}$$

（二）数据中心评估指标与标准

数据中心的评估内容，按照数据中心组成划分包括数据中心建筑和数据中心设备两大方面。按照数据中心的不同属性，可以分为数据中心能耗、数据中心性能等方面。数据中心评估指标如下。

1. 数据中心建筑评估指标

包括数据中心选址、数据中心机房建筑结构安全等级、机房建筑的防火等级、屋面防水等级、数据中心的抗震性能、数据中心机房建筑荷载、机房室内净高度等因素。

2. 数据中心电力系统可靠性

考虑采用双路甚至多路市电接入、变压器安全备份、UPS 备份、费用发电机、发电机燃料可使用时间、供电密度、电气系统并行维修。

3. 数据中心制冷

包括空调设备供电稳定性、冷水主机可靠性、精密空调末端可靠性、是否具有自动化集中监测系统等。

4. 数据中心通信可靠性

数据中心主干线路是否来自多个运营商；用来衡量数据中心连接互联网的可靠性与稳定性。

5. 数据中心节能

包括数据中心建筑节能和数据中心设备能效。数据中心建筑节能主要参考美国的 LEED 评估标准体系，它为绿色建筑提供了一个完整、准确的建设规范，大力推动了建筑的绿色集成技术，并提供了一套可实施的技术路线。

数据中心设备能效可通过"电能使用效率（PUE）"或"数据中心基础架构效率（DCiE）"进行评估。PUE是目前国际上公认的数据中心能效利用衡量指标。国际上较先进的绿色数据中心的PUE值可以达到1.4，而国内PUE的评价值为2.5，而一些小规模机房的PUE达到3。

6. 数据中心IT设备

IT设备主要包括：服务器、存储、交换机、路由器等。对数据中心IT设备的评价内容包括：IT设备性能指标、极限性能、综合性能评价及能效分析。

7. 数据中心设计与管理

机房设计布局、应急措施和应急预案、监控系统、技术维护能力、维护管理制度与维护流程评价等方面。

二、行业应用专项评测

（一）政府专项评估

1. 智慧城市安全与应急

智慧化的城市安全包括城市应急联动、食品药品安全、安全生产、消防管理、防控犯罪等领域。主要包括五个三级指标：

第一，食品药品追溯系统覆盖率。指可实现从生产到销售的食品药品追溯系统在主要食品药品种类中覆盖比例。智慧城市的食品药品追溯系统覆盖率应达到90%以上。

第二，自然灾害预警发布率。指一年内对城市遭遇的自然灾害（如地震、暴雨、台风等）及时发布预警的比例。智慧城市自然灾害预警发布率应在90%以上。

第三，重大突发事件应急系统建设率。指城市管理各个领域中对重大突发事件信息化应急系统的建设水平。智慧城市重大突发事件信息化应急系统建设率应达100%。

第四，城市网格化管理的覆盖率。指实现网格化管理的城市在总城市域中的比例。智慧城市网格化管理的覆盖率应在99%以上。

第五，危化品运输监控水平。指对各类危化品运输车辆的实时监控比例。智慧城市危化品运输监控比例应达100%。

2. 智慧政务

智慧化的政府服务。指当地政府部门整合各类行政信息系统和资源、提供开放协同、高效互动的行政服务方面的发展水平，包括五个三级指标。

第一，行政审批事项网上办理水平。指可实现全程网上办理的城市域内行政审批事项占总数的比例。智慧城市的行政审批项目网上办理比例应在90%以上。

第二，政府公务行为全程电子监察率。指通过各类信息化手段对行政许可类事项办理的全程电子监察率。智慧城市政府公务行为全程监察率应达100%。

第三，政府非涉密公文网上流转率。指政府非涉密公文通过网络进行流转和办理的比例。智慧城市政府非涉密公文网上流转率应达到100%。

第四，企业和政府网络互动率。指城市区域内通过各类信息化手段和政府进行沟通和互动的企业在与政府有交互行为的企业中的比例。智慧城市中企业和政府网络互动率应在

80%以上。

第五，市民与政府网络互动率。指城市市民通过各类信息化手段和政府进行沟通和交互的比例。智慧城市市民与政府网络互动率应在 60%以上。

3. 智慧环境

（1）评测内容。对一个城市智慧环境的发展水平主要评测两方面内容：一是智慧环境应用发展水平，二是智慧环境实际的应用效果。智慧环境应用本身的发展水平主要体现在所能提供的服务水平、应用的覆盖率、应用相关的基础设施技术水平等，而智慧环境的水平最终还得看市民对各项环保服务的认可度和满意度。

为了能最后得出城市的智慧环境评测结果，需要将上述三类指标进一步拆解成下一级指标，最低一级的指标需要具有易评价、可获取、可量化的特点，最后才能通过加权计算得出对智慧环境的综合评价结果。

（2）评测指标。智慧环境的测评指标包括两个部分，分别为智慧环境应用发展水平测评和智慧环境实际应用效果的测评。

智慧环境应用发展水平的测评指标包括：水质监测污染物传感器种类覆盖率，用已有监测污染物传感器种数除以可存在监测污染物传感器种数；水质监测污染物传感器范围覆盖率，用传感器覆盖范围除以水源或河湖总面积；城市河湖水质监测视频摄像头覆盖率，用安装摄像头的河湖数除以城市总河湖数；降水监控雨量器覆盖率，用已安装雨量器的街道数除以城市总街道数；大气环境监测污染物传感器种类覆盖率，用已有监测污染物传感器种数除以可存在监测污染物传感器种数；大气环境监测污染物传感器监测范围覆盖率，用传感器覆盖范围除以城市总面积；噪声监控声级计覆盖率，用部署噪声监控声级计的街道数除以城市总街道数；噪声监控频谱分析器覆盖率，用部署噪声监控频谱分析器的街道数除以城市总街道数；城市自然植被防护监控传感器覆盖率，用传感器可覆盖的植被面积除以城市自然植被总面积；城市自然植被防护监控视频摄像头覆盖率，用监控视频摄像头可覆盖的植被面积除以城市自然植被总面积。

智慧环境实际应用效果测评指标包括：城市居民饮用水水源水质事故同期发生减少率，用本年较过去一年事故发生减少的件数除以去年同期事故发生总件数；城市河湖水质污染事故同期发生减少率，用本年较过去一年事故发生减少件数除以去年同期事故发生总件数；大气环境污染预警准确率，用一段时间内准确污染预警件数除以此段时间内污染预警总件数；地质灾害预警准确率，用一段时间内准确事故预警件数除以此段时间内事故预警总件数；城市自然植被破坏/火灾预警准确率，用一段时间内准确事故预警件数除以此段时间内事故预警总件数。

4. 智慧交通

（1）评测内容。对一个城市智慧交通的发展水平主要评测两方面内容：一是智慧交通应用发展水平，二是智慧交通实际的应用效果。

智慧交通应用本身的发展水平主要体现在所能提供的服务水平、应用的覆盖率、应用相关的基础设施技术水平。智慧交通的水平最终还得看市民对各项家居服务的认可度和满意度。

为了能最后得出城市的智慧交通评测结果，需要将上述三类指标进一步拆解成下一级指标，最低一级的指标需要具有易评价、可获取、可量化的特点，最后才能通过加权计算得出对智慧交通的综合评价结果。

（2）评测指标。智慧交通的评测指标包括两个部分，分别是智慧交通应用发展水平测评和实际应用效果测评。

智慧交通应用发展水平测评指标包括超速探头覆盖率，即部署了超速探头的路段占城市所有路段的比例；摄像头覆盖率，即部署了摄像头的路段占城市所有路段的比例；车辆ETC卡安装率，即安装了高速不停车收费卡的车辆占城市所有车辆的比例；车辆电子车牌安装率，即安装了电子车牌的车辆占城市所有车辆的比例；智能停车诱导系统所覆盖车位的比例，即车位空闲/占用信息能够上传到智能停车诱导系统的车位占城市热点地区与城市所有车位的比例；道路停车诱导大屏覆盖率，即安装了停车诱导大屏幕的道路数占所有道路的比例；主要道路交通流诱导大屏覆盖率，即安装了交通流诱导大屏幕的道路数占所有道路的比例；公交站牌电子化比例，即电子公交站牌占城市所有公交站牌的比例；综合交通管理与服务平台车均存储容量，即综合交通管理与服务平台的存储容量除以城市汽车保有量所得到的值；综合交通管理与服务平台车均计算能力，即综合交通管理与服务平台的计算能力除以城市汽车保有量所得到的值。

实际应用效果测评指标包括道路交通事故万车发生率，即在一年内发生的交通事故的总数除以该城市保有的机动车总数再乘以一万，它用于衡量一个城市的交通安全性。日交通拥堵指数，即在一日统计间隔内，城市整体或城市域道路网总体拥堵程度的相对数，分工作日和节假日。日交通拥堵指数从宏观角度反映道路网交通拥堵水平。拥堵里程比例，即在一定时间统计间隔内，道路网处于不同拥堵水平的路段里程比例，拥堵里程比例从空间的角度反映道路网交通拥堵的影响范围。交通拥堵持续时间，即在一日统计间隔内，路网处于严重拥堵等级的持续时间，交通拥堵持续时间从时间的角度反映道路网拥堵等级、持续时间和变化趋势。常发拥堵路段数，即道路网中周期性发生严重拥堵的路段的数量，分为日拥堵路段、周常发拥堵路段、月常发拥堵路段和年常发拥堵路段，常发拥堵路段数反映道路网交通运行的薄弱环节。

（二）企业专项评估

1. 电子商务

电子商务的评估可以从技术性能指标、业务指标等方面来进行。其中技术性能指标针对系统的技术先进性、稳定性、可扩展性和开放性等方面进行评估。

（1）技术评测指标。其一，更新频率：电子商务网站内容的更新频率。其二，技术先进性：电子商务网站使用的技术是否为当前主流技术。其三，可扩展性：电子商务网站处理能力的扩展性。其四，可靠性：电子商务网站的年故障时间长度。其五，安全性：防止网络攻击和数据丢失的能力。

（2）业务评测指标。其一，潜在顾客率：网站访问者中有几成是潜在的购买者。其二，潜在顾客转化率：从潜在顾客转化成实际顾客的比率。其三，顾客忠诚度：顾客持续在该网站进行交易的比例。其四，平均逗留时间：顾客访问网站的频率和每次访问的时间长度。其五，放弃率：顾客中途放弃交易的比率。其六，顾客流失率：停止在你的站点购买而转向别处的顾客占几成。其七，更新：网站从记录消费者的行为开始后所花费的时间。

2. 企业信息化运营水平

企业信息化运营水平是指通过信息化系统支撑企业生产经营的发展水平，主要包括四个三级指标。

（1）工业化和信息化融合指数。指城市工业化和信息化融合发展的水平。智慧城市两化融合指数应在 85 以上。

（2）企业网站建站率。指拥有网站的企业占企业总数的比例。智慧城市企业网站建站率应在 90% 以上。

（3）企业电子商务行为率。主要指企业在采购和销售等过程中是否具有电子商务行为。智慧城市的企业电子商务行为率应在 95% 以上。

（4）企业信息化系统使用率。指企业在研发、生产和管理过程中使用各类信息化系统的比例。智慧城市企业信息化系统使用率应在 95% 以上。

（三）市民专项评估

1. 智慧社区

智慧社区评估指标包括：基础设施水平、居住环境、服务配套和主观效果等方面。

基础设施水平：居民小城市安全监控传感器安装率、智能摄像头安装率、智能门铃安装率、户籍人口及常住人口信息跟踪和平均无线网络接入带宽。

居住环境：户均绿化率、年社区报警数、社区公共信息服务网络覆盖率、人居最低住房面积、建筑物数字节能比例和社区每百人对应医护人员数量等。

服务配套：户均年均教育支出额、户均年医疗支出额、社区老人信息化监护服务覆盖率、自然灾害预警发布率、市民电子健康档案建档率和家庭智能表具安装率等。

主观效果：人居实际住房面积、居住舒适度和环境安全满意度等。

2. 智慧食品药品安全

智慧食品药品安全的评测内容涵盖：食品药品追溯覆盖率、食品药品安全满意度、食品药品安全监管平台覆盖度等方面。

食品药品追溯覆盖率：利用技术手段，通过消费者的购买票据、查看商场销售记录、厂家的出货记录等方式对食品药品进行溯源。

食品药品安全满意度：对食品药品安全进行分门别类，利用行为抽样调查的方式了解市民对食品药品安全监控的满意程度。

食品药品安全监管平台覆盖度：即监管平台对食品药品安全的覆盖比例。

3. 智慧家居

（1）评测内容。对一个城市智慧家居的发展水平主要评测两方面内容：一是智慧家居应用发展水平，二是智慧家居实际的应用效果。

智慧家居应用本身的发展水平主要体现在所能提供的服务水平、应用的覆盖率、应用相关的基础设施技术水平等。智慧家居的水平最终还得看市民对各项家居服务的认可度和满意度。

为了能最后得出城市的智慧家居评测结果，需要将上述三类指标进一步拆解成下一级指标，最低一级的指标需要具有易评价、可获取、可量化的特点，最后才能通过加权计算得出对智慧家居的综合评价结果。

（2）评测指标。智慧家居的评测指标包括两个方面，分别为智慧家居应用发展水平的测评和实际应用效果的测评。

智慧家居应用发展水平的测评包括家庭安防应用覆盖率，即一个城市中部署智慧家居中的家庭安防应用的用户数量与城市家庭总户数的比例；数字电视覆盖率，即一个城市中部署智慧家居中的数字电视应用的用户数量与城市家庭总户数的比例；远程抄表覆盖率，即一个城市中的家庭做了智能电表改造的用户数量与城市家庭总户数的比例。

实际应用效果的测评指标包括年入室犯罪发生率，即一个城市一年内所发生的入室犯罪案件数。还用于评估家庭安防所带来的效果。另外还包括每万户抄表人员年费用支出，即每年每一万户电力用户需要为雇用抄表员而支付的总费用。此项指标用于衡量远程抄表所带来的效果。远程抄表可以大量减少对抄表员的需求，减少人力和财力投入。

4. 智慧医疗

评测内容主要定位在市民可切实享受到的具有便捷性、准确性的医疗卫生服务等方面。评测指标主要包括四个指标：

第一，市民电子健康档案建档率。指拥有电子健康档案的市民所占的比例。智慧城市市民电子健康档案建档率应达到 100%。

第二，电子健康档案使用率。指城市内使用电子病历的医院占医院总数的比例。智慧城市的医院电子病历使用比例应达到 100%。

第三，医院间资源和信息共享率。指城市内实现医疗资源及信息共享的医院占总数的比例。智慧城市医院间资源和信息共享率应在 90% 以上。

第四，市民预约挂号就诊率。指城市内实现城市内医疗通过预约挂号方式（Call Center 和网站平台）就诊的比例应达到 20% 以上。

第五节　信息安全评测

一、信息安全评测的发展

美国是最早实行信息安全测评认证的国家。1985 年，美国国家安全局正式公布了《可信计算机系统评估准则》，这是国际公认的第一个计算机安全系统评估标准，评估目标仅限于政府部门和军队的计算机系统。1997 年，美国国家标准技术局和国家安全局共同组建了"国家信息保证联盟"，确立了新的信息技术安全测评认证体系。国家信息保证联盟专门负责信息安全测评认证，研究并开发相关的测评认证方法和技术。国家信息保证联盟的认证机构由国家标准局和国家安全局共同管理，为政府部门和商业领域的广大信息安全产品制造商和消费者服务。国家信息保证联盟已经建成了以六家授权测试实验室为主的测试、评估、认证的完善体系。1998 年，美国、加拿大、法国、德国和英国的政府组织签署了测评认证互认协议。

1991 年，英国贸易以及工业部和政府通信总部共同建立了 IT 安全测评认证体系。IT 安全评估认证机构（GB）行政上由政府通信总部领导，具体实施 IT 测评认证体系的运作。IT 安全评估认证是在认证机构的监督下，由商业评估机构（Cross-Language Evaluation Forum，CLEF）来实现。目前已获认可的 CLEF 有五个。现在，英国的评估认证服务对象中既有政府和军事部门，也有私有部门。英国也是欧洲信息技术安全评估证书认可协议的成员国。

　　韩国主管信息安全测评认证的机构是韩国信息安全局（Korea Internet and Security Agency，KISA）。根据 1999 年新修订的"信息化促进框架条例法案"，韩国建立了覆盖公共和政府两部分的统一的信息安全测评认证体系。KISA 正在步入按照通用准则进行 IT 产品评估的阶段，并准备加入国际相互认可协议。

　　中国把实施信息安全等级保护作为加强信息安全保障的一项基本制度。安全测评则是等级保护工作中一项承上启下的重要工作：一方面，测评机构依照国家有关法规和技术规范（目前主要是参考《信息系统安全等级保护测评准则》报批稿），为信息系统运营、使用单位提供安全、客观、公正的信息安全标准符合程度检测服务，被测单位通过测评结果发现现状与国家相关标准要求的差距，从而进一步进行安全改建和实施。另一方面，信息安全监管部门通过测评结果了解被测系统的等级保护建设情况，从而进一步促进其信息安全建设。

二、信息安全测评的内容

（一）组织机构建设

1. 机构

信息安全测评应设立信息安全管理工作的职能部门。

2. 岗位

设立安全主管、安全管理各个方面的负责人岗位，并定义各负责人的职责；应设立系统管理员、网络管理员、安全管理员等岗位，并定义各个工作岗位的职责；应成立指导和管理信息安全工作的委员会或领导小组，其最高领导由单位主管领导委任或授权；应制定文件明确安全管理机构各个部门和岗位的职责、分工和技能要求。

3. 人事

应加强各类管理人员之间、组织内部机构之间以及信息安全职能部门内部的合作与沟通，定期或不定期召开协调会议，共同协作处理信息安全问题。

（二）管理体系

1. 培训管理

第一，应对各类人员进行安全意识教育、岗位技能培训和相关安全技术培训。

第二，应对安全责任和惩戒措施进行书面规定并告知相关人员，对违反违背安全策略和规定的人员进行惩戒。

第三，应对定期安全教育和培训进行书面规定，针对不同岗位制定不同的培训计划，对信息安全基础知识、岗位操作规程等进行培训。

第四，应对安全教育和培训的情况和结果进行记录并归档保存。

2. 制度管理

第一，制定信息安全工作的总体方针和安全策略，说明机构安全工作的总体目标、范围、原则和安全框架等。

第二，应对安全管理活动中的各类管理内容建立安全管理制度。

第三，应对要求管理人员或操作人员执行的日常管理操作建立操作规程。

第四，应形成由安全策略、管理制度、操作规程等构成的全面的信息安全管理制度体系。

3. 法律管理

应制定安全事件报告和处置管理制度，明确安全事件的类型，规定安全事件的现场处理、事件报告和后期恢复的管理职责。

（三）评测技术

1. 信息安全评测系统平台

基于标准的重要信息系统测评平台的目标是对重要信息系统［主要是指三级（含三级）以上的信息系统］安全测评的过程提供工具和管理支持，其需求主要包括以下两方面：

第一，实现测评项目的导航指引和关联信息的全面管理。

第二，按照相关法规或标准的要求，提取出安全控制关键点、检查点和检查方式，产生各种测评文档模板，并形成测评知识库：①提取典型行业信息系统的共性和特性，形成典型系统模型库；②根据各相关输入信息辅助生成测评方案；③根据检查结果和标准要求，辅助生成系统测评结论；④系统账户的权限管理与日志审计；⑤构建脆弱性关联指标库和第三方辅助测评工具插件。

2. 信息安全评测工具

需要各种专业的信息安全评测工具，包括网络安全评测工具、数据库安全评测工具等。

第十三章 智慧城市未来发展趋势

第一节 未来城市前景展望

以智慧互联为基础，以智慧服务、智慧产业、智慧政府、智慧人文为表现的"智慧化"城市与人类社会发展重大构想——可持续发展的理念是完全一致的。可持续发展是人类为应对当代资源和生态环境问题日益严峻的挑战而提出的新的发展观。可持续发展的核心思想是指健康的经济发展应建立在可持续能力的基础上，它所追求的目标是：既要使人类的各种需要得到满足，个人得到充分发展；又要保护资源和生态环境，不对后代人的生存和发展构成威胁；它特别关注的是各种经济活动的合理性，强调对资源、环境有利的经济活动应给予鼓励，反之则应予以摒弃。

要站在可持续发展的高度，用可持续发展的理论去衡量，城市可持续发展主要应表现为城市经济与城市资源消耗之间的有机匹配；经济发展与生态环境保护之间的合理平衡；人口发展与人居环境之间的和谐演进；城市经济活动内部要素之间的和谐及城市产业结构的合理。总之，城市"人口、资源、环境、发展"四位一体的高度协调是城市可持续发展的基本内容。

毫无疑问，可持续发展的提出是顺应时代的变迁和社会经济发展的需要而产生的。可以说，城市可持续发展是城市发展的最佳选择，它既是城市发展的应循之路，也是城市发展的最终目标。

如果说可持续发展理论是未来城市发展的理论依据，那么与之内涵一致的"智慧化"城市则可以被看成是可持续发展理论的实例示范。针对国内社会的具体需求，我国未来智慧城市需要重点突破以下方面。

一、幸福宜居的信息化城市

（一）智能交通系统

面对机动车快速增加、道路容量严重不足的交通压力，人们希望依靠智能交通系统（ITS），对城市交通进行更有效的控制和管理，提高交通的机动性、安全性，最大限度地发挥现有道路系统的通行效率。智能交通系统是一体化的交通综合管理系统，是由多个子系统构成的，主要包括：智能交通管理系统，通过对交通流量检测与监控，实现对交通信号的智能管控，提高道路通行效率；智能公交监控调度系统通过集成车辆监控调度、自动报站、客流统计、电子站牌和视频监控等功能，优化改善城市公交运营能力；智能交通诱导服务系统，通过对交通信息的采集、分析，向出行者和车辆提供最优的出行线路，以及引导最合适的停车位；不停车缴费管理系统，通过射频识别（RFID）技术的应用，以及与电子支付系统的整合，实现路、桥、隧道的不停车缴费。据有关数据显示：运用智能交通技术可使交通堵塞减少约60%，使短途运输效率提高近70%，使现有道路网的通行能力提高 2~3 倍。车辆在智能交通体系内行驶，停车次数可以减少30%，行车时间减少 13%~45%，车辆的使用效率能够提高 50%以上。随着物联网发展的逐渐成熟，车联网技术则是解决交通拥堵、实现智能交通的一条极佳途径。

（二）智慧医疗体系

在未来，人们试图通过以医疗信息、医疗服务电子化为核心的智慧医疗的方式来缓解"看病难，看病贵"的医疗状况。智慧医疗体系主要包括：预约挂号系统，该系统不但能为患者节省时间，更重要的是可以平衡医疗资源，缓解不同医院忙闲不均的情况；电子病历系统，病历信息的电子化及电子病历通用体系的构建，可节省医生的问诊时间，也可使患者避免在不同医院就诊时的重复检查；远程诊疗系统，基于传感技术、网络技术构建的远程诊疗系统，使医生能够通过相关仪器 24 小时监控非住院病人的体温、血压、脉搏等。

（三）食品安全智能监管

要保障食品安全，一项十分必要和基础的措施就是要建立食品安全追溯管理系统，而射频技术的发展则为该体系的建立和完善提供了可能。如目前正在试点的食品安全溯源查询一体机，未来将广泛地放置在商场、超市、酒店等公共消费场所，用来满足消费者对食品信息的查询。消费者在采购食品过程中，只要将贴附于食品上的 RFID 标签在查询机上轻轻一扫，就能查询到食品的名称、单价、产地、用途、有效期、检验合格证明等相关信息。

（四）智能化社区建设

目前，社区的科技含量和智能化水平已成为衡量社区整体水平的重要标准。人们对未来社区生活的要求可以概括为如下几个方面：安全智能化，包括室外的智能门禁管理系统、社区监控系统保安自动巡更系统、车辆管理系统等，还包括室内的门禁系统、红外探测系统、煤气探测系统和紧急求助系统等；管理自动化，包括"三表"自动抄送系统及物业管理的自动化；网络宽带化，实现光纤、无线宽带、移动宽带的全面覆盖，使用户可以通过各种网络终端高速畅享网络服务。

除上述交通、医疗、食品安全、社区建设外，人们对教育、商贸、物流、环境检测乃至涉及城市生活每个领域的未来发展都有一些具体的构想，从总体上看，这些有关未来城市生活服务的构想都是试图通过物联网、云计算、射频识别等"智慧型"信息技术手段来实现的，因此，这类的构想也被统称为"智慧服务"。

二、集约高效的经济发展模式

智慧城市的发展，催生了一批以融合为特征的新兴战略产业。可以说，过去几十年来，我们走的是一条"高投入、高消耗、高污染、低效能"的发展之路，究竟怎样才能寻求到一条"低投入、低消耗、低污染、高效能"的集约型发展之路呢？

为应对挑战，实现可持续发展，未来城市经济应侧重新技术、新产业、新能源领域的发展。"智慧城市"作为一种构建在城市中各行业海量数据之上的战略性新兴产业，可以极大提高生产、生活效率，产生更大的社会和经济效益。

对于城市管理者而言，新型的智慧城市运营模式、新型的智慧城市产业链，以及由此催生出的各种各样的新业态，是城市经济持续发展强有力的增长点。

我国的"智慧城市"信息技术需要自主创新，在"智慧城市"数据的动态获取与安全性得到保障的前提下，智慧城市不仅可以极大地提升城市管理水平，应对高速城市化过程中的挑战，还可以为城市打造新兴战略产业。

智慧城市及其相关智慧应用的建设推动，在解决民生和城市管理问题的同时，也创造了一个新的、以个人信息服务为特征、以云计算为支撑的，融合服务民生和城市管理的现代服务业。类似这样的形态，可以在诸多领域深化拓展。再比如，以产品全生命周期管理（PLM）为特征的食品安全体系融合物联网和互联网的技术，从根本上杜绝了造假的可能，这又会催生出新型的融合食品药品安全和信息技术的新型产业。以基础设施即服务、平台即服务、应用即服务为特征的云计算，在中国城市化的进程中，通过融合创新，必然会孕育出很多新的战略性产业。

当然，在智慧城市的基础建设过程中，还会推动传统意义上的信息技术企业与电信运营商、电网系统、有线电视系统等多方的紧密合作，在无线宽带、三网融合、城市云计算中心、IPV6等技术领域，共同为城市通信与信息基础设施建设提供服务，形成互相融合的产业链和生态圈。

（一）与信息化融合的新技术创新与应用

对以往粗放型经济增长方式下企业所表现出的"重数量，不重规模；重产量，不重质量"现象，一方面要通过兼并、重组等方式扩大企业的规模；另一方面更要坚定"两化融合"的方针，充分重视信息化对工业化的带动作用，走产业升级之路。通过技术创新、技术改造等手段提升产品的质量，增强产品竞争力，提高企业效益，使企业真正做大做强。

（二）大力发展信息服务型第三产业

面对第三产业占比较小，产业结构偏重的局面，要坚持"调优、调高、调轻"的结构调整方向，大力发展第三产业，尤其要充分重视、优先鼓励具有高附加值、高关联度、高智力投入属性的信息服务业、软件业、物联网、车联网、智能电网等新型先导性战略产业的发展。

车联网是我国未来智能交通产业的发展趋势。未来的产业发展方向是以智慧城市的公共信息服务为切入点，依靠4G移动通信和数字移动终端技术，整合北斗体系、国家密码局强制认证的签字授权机制和基于独立公网通信技术，形成智能交通的产业服务管理支撑体系。具体内容有：通过我国北斗与通信资源和技术的整合，完成北斗体系在车联网具体应用上的整体方案设计、拓展市场应用，开展车联网和智慧城市建设应用的试点项目，探索和实现新的商业模式和社会价值及服务形式。

（三）广泛节约能源并开发利用新能源

随着城市化进程的不断推进和能源的日益枯竭，经济发展与能源供给的矛盾也将越来越突出。为了实现经济社会的可持续发展，一方面要走"节流"之路，即调整能源结构，提高能源利用率，实施节能减排；另一方面要走"开源"之路，即大力发展太阳能、风能、核能、氢能、地热能、生物质能等新能源和可再生能源的应用。

新技术、新产业、新能源的发展无疑都是以科技化、信息化为基础的，是人类科技智慧的结晶，因此，它们也被概括地称为"智慧产业"。

三、科学合理的规划决策

城市是一个复杂的有机体，由许多子系统（社会、经济、生态、资源、环境等）构成，各子系统内又存在着许多层次结构，层次间及子系统间的关联关系也很复杂，且这种关系随时间及环境的变化又存在着较大的易变性。因此，城市建设中的规划和决策问题与生俱来就有着非同一般的复杂性。

城市的快速膨胀不仅是人口的增长，伴随而来的还有各种工业企业、居住区、商业、交通运输、餐饮以及各类服务业的快速增长，如何在城市的规划和功能布局中既能保障人们生活的便利，又能提升企业生产的效率和效能，从而构建一个高效运行、绿色环保的和谐城市，对城市的规划者来说是一个巨大的挑战。

目前，人们试图通过构建应用"行政决策辅助系统"来建设一个"智慧的政府"。该系统旨在借助信息技术手段，收集经济、地理、人口、文化等综合信息，进而在各方数据协同的基础上，通过数据建模等一系列手段，把城市的功能定位和发展方向变成一个真正可量化和可衡量的实施目标，从而实现辅助规划的目的。

例如，在新的城市规划方面，通过对地理、人口等信息数据的分析，可以清晰地认知城市未来的人口数量和增长趋势。根据城市的发展策略和经济特点，市政部门可以在不同的地理位置设定功能区域规划，包括工业园区、物流园区、中央商务区、居住卫星城、医院、警察局、大学城、文化场所、运动设施、图书馆等城市配套服务设施。在老城区的规划方面，通过分析经济快速发展和功能定位的差异、人口数量和结构性的变化，市政部门同样可以制定城市调整和优化的解决方案，比如老工业区的拆移、外迁和升级改造计划、老的商业区、居住区、城中村的改造和功能再定位等。

行政决策辅助系统能够使决策者在广泛了解决策所需信息的前提下进行决策，不但能够提高决策的效率还能保障决策结果的合理性、时效性和适应性，从而有效避免以往靠主观经验决策而导致的失误。

第二节 智慧城市信息化的建设模式思考

"智慧城市"建设是典型的信息化建设，其特点是持续改进性和需求潜增长。几乎没有一个信息化项目建成以后几年或者十几年不用升级改造。这一方面是因为信息技术本身升级换代呈加速发展的趋势，另一方面由于信息化所实现的业务流程和需求环境也在不断的变化之中。除了信息化项目不断加速的升级改造需要大量的后期资金投入外，即使是最初设计功能的持续维持也需要不小的投入。因此，要使公共领域信息化项目在建设后继续发挥作用，后期持续改造和运行维护资金的落实必须在体制上予以保证。与之相关的问题是承担主体的选择。若是政府部门（或事业单位）自身作为公共领域信息化项目的承担主体，则有利于落实后续运营的经费渠道。但政府作为行政主体，过多介入公共领域信息化，将占有大量行政资源和人员编制。若是中介机构、行业协会作为承担主体，由于国内中介机构、行业协会体制的问题和自身能力的不足，随着前期政府基本建设投入的结束，目前的财政体制无法解决这些单位后期的持续投入问题，这些单位也几乎没有面向市场生存的能力，最终导致政府要么不断追加基本建设投入，要么接受前期基本建设投入逐渐消亡的结果。

一、政府主导市场化运作公众参与

（一）研究和建立合理的投入模式

遵循信息化发展的规律，积极推行服务外包等作为公共服务信息化建设的主要投入模式。政府在社会信息化方面面临两难选择，这个两难处境说明了在保证公益性信息化项目持续发挥作用方面必须权衡得失，那就是如果某公益性信息化项目对经济、社会的稳定和发展极为重要以至于即使让政府背负长期负担也不能有一丝闪失，如关系国计民生的社保、医保等项目，则应该选择由政府（或其下的事业单位）作为承担主体，并在制度上对后续资金的落实予以充分保证。对这类项目的建设，我们称之为由政府直接提供服务的公益性项目。由于政府不仅需要承担前期的建设费用，还需要长期保证后续的运营维护资金和人员，因此应该尽可能将此类项目的范围控制得越小越好。

对于一般的公益性服务和产品，应该优先考虑通过服务外包的方式由政府间接提供，即由政府出资购买公共服务和产品间接向社会提供。政府购买公共服务就是指政府将原来由政府直接举办的、为社会发展和人民生活提供服务的事项交给有资质的社会组织来完成，并根据社会组织提供服务的数量和质量按照一定的标准进行评估后支付服务费用，这是一种"政府承担、定项委托、合同管理、评估兑现"的新型的政府提供公共服务方式。

如果选择服务外包作为公共财政信息化投入的主要形式，首先，需要强化的是日常预算的投入，而不是基本建设的投入。基本建设的投入必须要有日常预算投入的保障，否则，投入越多，浪费越大。公共财政除保留一部分必需的基本建设投入外，需逐步退出对公共领域信息化方面的基本建设投入，转为购买公共服务的日常预算。其次，公共财政在公共领域信息化方面日常预算的投入要打破政府体制内预算的藩篱，明确将相当部分的资金用于政府向专业化公司购买公共服务向广大社会公众提供。在具体操作中，可考虑每年发布公共财政为社会公众购买公共领域信息化服务的预算金额，公开征集社会公众最希望获得的公共服务项目，设定门槛向全社会的专业公司招标，选取合适的专业公司核定价格，提供公共服务。

（二）强化公众参与，保证投入的公共服务导向和质量

在智慧城市建设方面，公共财政信息化投入的另一个问题是如何保证服务导向，以及履行其在促进社会公平、调节社会分配方面的职责。

公益性信息服务碰到的最大问题是服务质量的改进问题。由于目前大多数公益性信息服务的政府补贴与服务的效果并没有直接的联系，这使得对质量的改进缺乏有效的激励信

号，有关工作人员疏于对工作质量进行改进。大多数非营利性机构都缺乏这种有效的改进激励，因而服务质量提高的速度很慢，甚至与用户的需求偏差反而加大。例如，我们的一些电子图书馆的任务由于对用户服务是免费的，用户数目的扩大，或用户使用率的提升与数字图书馆的收入完全脱钩，因而便没有什么人来关心对用户服务规模的发展，这就很容易使数字图书馆的建设缺乏足够的社会效益，难以实现有效地向社会普及知识的初衷。

认识到这一问题，就要求我们在选择外包服务商时，不能仅仅在招标阶段择优选用，还应该跟踪评估其提供服务的整个生命周期，以设法将政府的财政支持与服务的效果挂钩，并在必要时决定是否需要向其提出警告或及时更换服务商。当然，所有这些监督评估的工作如果完全由政府来完成，一方面监管成本过高，另一方面也未必科学客观，而且容易滋生腐败。这里，比较有效的评估方法是鼓励公众的参与。没有公众的参与，公共服务难以保证其社会服务功能的有效性；没有公众的参与，公共服务也很难成为调节收入分配的有效机制；没有公众的参与，公共财政制度就很难有透明度，腐败也因此变得不可避免。谈到公共财政，人们常说"取之于民、用之于民"。但我们必须进一步理解"取"和"用"这两个过程民主化的重要性。

要保证这两个过程的民主化，政府在确定项目立项时就不能仅从自身需求的角度出发来确定公共领域信息化项目的投入方向，而应该先发布每年可投入预算的总额，广泛征求意见后再决定投入的方向，这可以通过人大审核和听证来实现。当然，选定投资项目以后，在招投标阶段目前有比较完备的法律体系和监督流程来保证其公开、公正和公平。前面也提到，招标过程的择优选择并不意味着能真正保证公共财政投入的有效性。我们必须在中标商提供服务的全过程进行监督、评估并引入公众的参与。一种可能的方案是，政府每年用于购买公共领域信息化服务的预算资金，依托某一个市民智能卡（比如身份证、社保卡、居住证等），按居民的年龄或居住时间等平均或有所差别地向卡中注入一个额度，市民若需获得专业公司的服务则可从卡中抵扣相应的"消费"金额，年终结算时由公共财政根据市民"消费"的总额统一向承揽服务的专业公司支付。

总之，如何用好管好公共财政的投入可以简单概括为如下几点：首先，严格控制公共财政在商业服务领域的投入；其次，对于公益性服务项目优先考虑采用服务外包的方式由政府间接提供，努力将政府必须直接提供的公益性服务项目控制到最小范围，并从制度上保障日后运营经费的落实；无论是直接提供还是间接提供的公益性服务项目，公众的全过程广泛参与都是信息化建设社会服务功能得以充分发挥的根本保证。

二、专业分工标准化建设

（一）设立专职部门承担公共服务信息化的应用推广工作

就公共服务信息化的应用推广工作来说，困难相对来说要小一些。其原因来自两个方面：一是应用推广公共服务信息化更多的是部门事务，牵扯的政府机构数量相对比较少，阻力也就相对较小；二是政府之外的机构在其中发挥很多的作用，而且社会公众的参与是其关键因素，市场因素如果应用得好，将能够极大地促进该领域信息化应用的快速发展。在这种情况下，必须由更多的政府部门参与其应用推广工作。就城市来说，可以考虑在部门体制下，在新设立的经济信息化部门中，分别设置数字内容产业、公共服务、软件服务等信息化推广方向。经济信息化部门的作用应该侧重转向数字内容产业、电子商务、信息公共服务、软件服务等领域，指导和促进这些领域实现城市信息化发展目标。

（二）加强公共服务信息化方面的标准化工作

目前电子政务服务方面的标准化工作取得了很大的进展。原国信办和国家标准化委员会成立了专门机构开展电子政务的标准化工作，发布了不少标准规范，为电子政务的实际工作提供了较好的基础条件。与此同时，围绕电子政务建设的相关研究工作也取得不少成果，总结出不少可行的电子政务建设方案。一些地方也为电子政务建设提供了很好的建设实践，探索出了有益的工作模式。

然而，目前围绕公共服务信息化的标准化工作相对来说还不多，主要是一些职能部门在其电子政务标准化中附带包含本行业的与公共服务信息化相关的内容。从具体工作来看，公共服务信息化工作开展得比较系统的有两样：一是建设部在原北京市东城区开展的"万米单元网格"基础上所颁布实施的有关城市日常管理信息化规范；二是原卫生部发布的《国家卫生信息标准基础架构》。这两项都还是行业规范性质的内容，与其他行业的交流、应用和融合方面还有很多的工作要做。所以，从智慧城市来看，今后应该就公共服务信息化应用的标准化方面加强统筹协调，建立类似电子政务标准化工作组的机构，推进公共服务信息化的标准化。

三、全过程监督与定期考核

建设标准化规范要从项目启动开始就引入全过程监理。政府与社会管理的规范、优化程度是信息环境的重要方面，特别是涉及电子政务建设方面更是如此。同时，我们必须注意到，政府与社会管理的规范和优化，不但是一种状态，而且是一个过程。这里的状态指的是要有一整套完整的、规范的政府与社会管理制度，这也是政府信息化的重要基础。上述的过程则是社会发展的必然，主要体现在政府与社会管理的优化和全过程的建设规范和监督管理上面。需要注意的是，这种优化或者过程变化是否规范，也是规范化的一个重要方面。

中国正处于向市场经济和法制社会过渡的艰难过程之中，并且在最近的20年中取得了巨大成就。在这个过程中，一个重要任务就是建立一个比较规范的政府与社会管理体系，包括政府监管体系。对于发达国家来说，这是一项早已完成了的工作，而对于中国则是一项刚开始不久、正在进行的工作。由于这个原因，中国的电子政务建设与发达国家有截然不同的特点。中国的电子政务建设要为政府监管服务，要在加强政府监管目标的前提下，提高政府的监管效率和政府管理效率，与此同时，通过电子政务应用来提高政府对民众和企业的服务质量和服务效率。中国目前成功的电子政务案例中，有相当一部分的主要目标是为政府监管服务的。比如中国的海关信息系统——金关工程，从建立"电子海关"到建立"电子口岸"，再到建立"电子总署"，信息化水平不断提高。海关信息系统在打击走私、逃套汇、骗退税、实行"大通关"制度、提高口岸管理效率方面发挥了重要作用。在监管逐步到位的同时，海关的服务水平有了很大的提高，反映在货物通关速度和通关的便捷性等方面的改善及提高。与发达国家服务主导型电子政务建设稍有区别的是，中国电子政务建设是加强政府监管、提高管理效率和政府服务水平的全面应用，从而面临更加繁重的任务，电子政务建设的过程也将更长。

　　中国政府业务和运行流程的规范和优化需要一个渐进的过程，也许在比较长的时间里，政府业务和运行流程都滞后于政府信息化建设的要求，但这绝不是说政府信息化建设暂时不要做了，或者电子政务建设一定要等到政府业务调整完毕才开始。即便是现有条件下，各级政府和部门在政府信息化建设工作中可以开展的业务建设还很多，许多有意义的工作还有待开展。另外，信息技术只是一个工具，政府业务的实现才是电子政务的目的，但同时又要充分考虑信息技术手段对政府管理及其流程的影响。那种想用信息系统完全仿真原有政府业务和运行流程的电子政务建设是不切实际的，而且可能引起新的效率低下现象。可以相信，在"智慧城市"建设过程中遇到的监督监管问题将会比电子政务建设的问题难度更大，电子政务的建设和应用与政府业务和运行流程是在不断地相互调适中发展的，它们之间的良好互动关系的建立是依靠监督考核机制的建立和反馈，通过不断地修正和调整使制度趋于完善，这本身也是符合社会主义初级阶段的规律的，也是"智慧城市"建设中的电子政务建设的重要内容。

附 录

案例一 北京市××区数字化城市管理系统

一、项目背景

现代化城区迅速扩展，人民群众日益增长的对环境质量的需求，奥运盛会对良好城市环境的需求，都对城市管理的变革提出了客观上的要求。

在全面学习借鉴其他试点城（市）区先进经验的基础上，在北京大学、中国人民大学等高等院校的协助下，结合区域特点，××区开展了数字化城市管理理论的研究与实践活动，在理论、机制、技术和实践四个方面进行了创新，并取得良好成效。××区以建设部在全国推广数字化城市管理模式为契机，积极推动城市管理方式的变革。

二、实现方案

（一）系统架构

××区数字化城市管理系统架构如附图1-1所示。

（二）基础应用系统

该系统主要包括如下九个子系统。

1. 无线数据采集子系统

无线数据采集系统是数字城管系统的信息采集终端。它主要用于实现城管监督信息员在自己管理的单元网格内巡查过程中向监督中心上报城市管理问题信息。该系统依托移动设备，采用无线数据传输技术，通过城市部件和事件分类编码体系、地理编码体系，完成城市管理问题文本、图像、声音和位置信息实时传递。

2. 协同工作子系统

协同工作子系统实现数字化城市管理办公自动化，图、文、表、业务管理一体化，实现基于工作流的监督中心、指挥中心、各专业部门之间协同工作，具有良好的自适应性、良好的可扩展性和免维护性；系统采用Browser/Server的体系架构，采用工作流、WebGIS技术，通过浏览器完成城市管理各项业务的具体办理和信息查询。

各级领导、部门和城市管理监督指挥中心可方便查阅问题处理进度和处理结果，随时了解各专业部门的工作状况，对业务流程进行检查、监督、催办。系统将任务派遣、处理

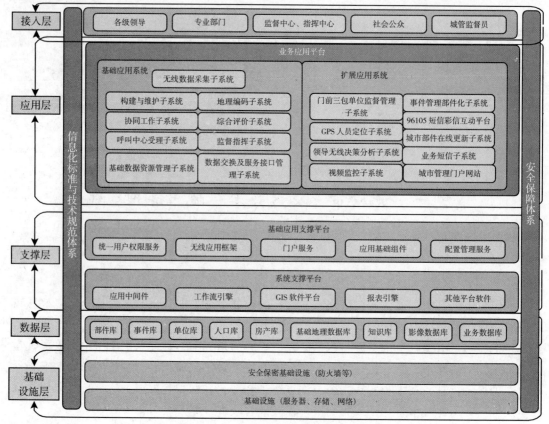

附图 1-1　××区数字化城市管理系统架构

反馈、核查、结案归档等环节关联起来，实现市、区两级平台，各专业管理部门和政府间资源共享、协同工作和协同督办。

3. 呼叫中心受理子系统

呼叫中心受理子系统将多种沟通手段（固定电话、移动电话、SMS、传真、PDA、电脑、互联网等）整合在一起，供监督中心使用，接收监督员上报和公众举报的市政管理问题，登记并发送至协同工作子系统；系统可人工或自动受理专业人员和公众的信息查询服务（见附图 1-2）。

4. 监督指挥子系统

监督指挥子系统是整合各类基础信息和业务信息，实现基于电子地图的城市管理监督指挥功能，通过大屏幕对城市管理问题位置、业务办理过程、监督员在岗情况、综合评价等信息进行实时监控［见附图 1-3(a) 和附图 1-3(b)］。

5. 综合评价子系统

北京市××区探索了一套基于诚信评价的综合绩效评价系统。对政府、单位、社区以及人的履职情况以及工作过程、责任主体、工作绩效、规范标准等各个方面进行客观、实时、自动的评价（见附图 1-4）。

附图 1-2 呼叫中心受理子系统

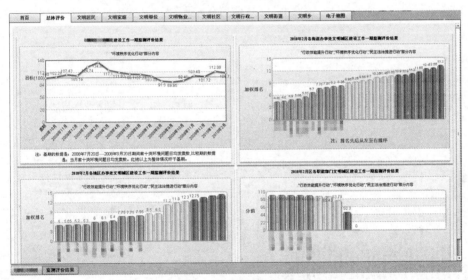

附图 1-3(a) 监督指挥子系统

（1）对政府部门的评价。××区数字化城市管理平台对政府序列中相关职能部门和街道（地区）办事处案件派遣数、结案率实行实时监督评价，定期在政府常务会上通报，总结先进经验，解决存在问题，对政府部门起到了良好的督促作用。

（2）对社区和单位工作的评价。将各社会单位履行法定责任的情况记入××区诚信系统中，作为其进行综合信用评价的重要内容。

（3）对个人的评价。××区在逐步完善人口数据库的基础上，与北京大学中国信用研究中心合作研究探索个人诚信评价体系的构建，并以评价城市管理工作人员作为切入点，对从事数字化城市管理工作的公务员、城市管理监督员、座席员等各类政府直管队伍的工作绩效进行数量化的考核评价。评价结果将作为其职务任免、年终考核及奖惩的重要依

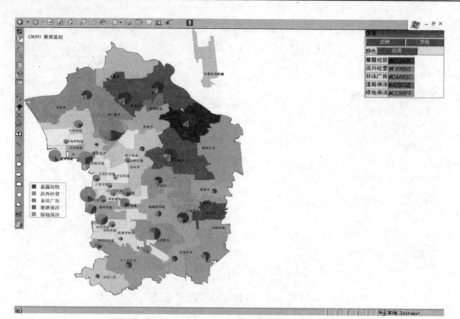

附图 1-3(b) 监督指挥子系统

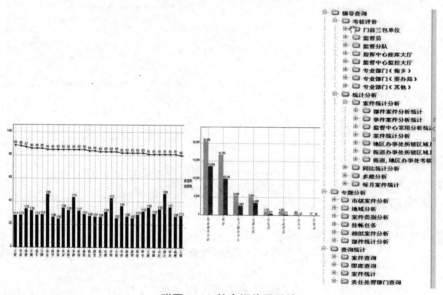

附图 1-4 综合评价子系统

据，并将奖惩情况记入"××区社区人口信息数据库——个人诚信记录"中。

6. 地理编码子系统

遵循建设部标准，实现资源信息与地理位置坐标的关联，建立起地理位置坐标与给定地址的一致性。通过对自然语言地址信息的语义分析、词法分析，自动和标准地址库匹配，确定出精确的地理坐标。

7. 构建与维护子系统

构建与维护子系统是系统管理员使用的工作平台，通过该平台，可以快速搭建、维护城市管理业务，定制业务工作流程，设置组织机构，并能够方便快捷地完成工作表单内容样式调整、业务流程修改、人员权限变动等日常维护工作。利用构建与维护子系统，系统管理人员可以方便地调整系统使之适应用户变化的需求（见附图1-5）。

附图1-5　子系统维护平台

8. 基础数据资源管理子系统

通过基础信息资源管理子系统进行空间数据管理和维护，实现对空间数据资源的管理、维护和扩展功能，并对空间数据的显示、查询、编辑和统计功能进行配置（见附图1-6）。

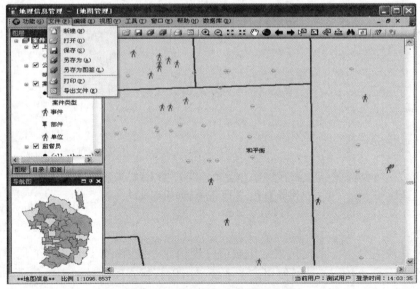

附图1-6　基础数据资源管理子系统

9. 数据交换及服务接口管理子系统

数据交换及服务接口管理子系统是数字化城市管理信息系统与外部系统进行数据共享及交换的支撑平台。基于企业基础数据互联系统扩展，建设数据共享与交换平台，实现城管网络成员单位之间的数据共享与交换，并实现与城市管理各相关部门现有系统的协同工作。

（三）扩展应用系统

北京国研科技有限公司在数字化城市管理平台的基础上，结合××区的实际需求，开发了一系列具备推广价值的扩展应用系统与模块。

1. 城市管理门户网站

本网站必须具有以下功能：它作为城市管理服务系统与社会公众互动的重要媒介，通过城市管理门户网站，社会公众可以通过页面登记功能自行上报城市管理问题信息，同时，也可以直观地查看专业部门的绩效评价结果及相关的统计，使政府工作更加公开化、透明化。本系统主要应包括以下功能模块：政务公开、网上问题申报、信息查询、报表统计、信息发布、网站管理等（见附图 1-7）。

附图 1-7　城市运行控制指挥平台

2. 领导无线决策分析子系统

领导无线决策分析子系统是数字化城市管理信息系统在 PDA 上的一个延伸，是专为领导研发的专用移动办公工具。使用该子系统，可以直接查阅问题的表单信息和多媒体信息等，并可以通过发送消息指示拨打电话，对城市管理问题进行批示。移动督办子系统还可以接受城市管理问题的统计信息，通过统计信息的查看，可以全面了解城市管理问题状况和各区域、各专业部门处理问题的情况等宏观信息，能够随时对重要问题进行督办，为领导决策提供实时依据。领导无线决策分析子系统主要包括对案件类型、状态、发生区域、维护管理责任主体和案件的时序等方面进行多样化、多角度的查询、统计和分析，目的是为各个层面的管理者和维护者提供决策和处置依据（见附图1-8）。

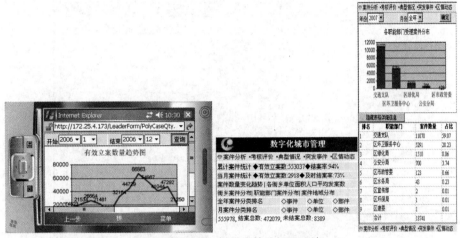

附图1-8 领导决策分析子系统

3. GPS人员定位子系统

利用GPS技术实现对全市范围的城管监督员或执法人员的准确定位。定位系统可显示人员的位置，并可回放人员历史轨迹（见附图1-9）。

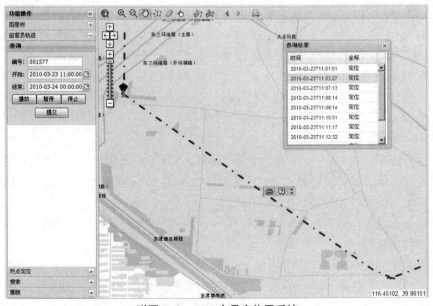

附图1-9 GPS人员定位子系统

4. 视频监控子系统

视频监控是获取城市管理问题事发现场情况的直接手段，是数字化城市管理信息系统的重要内容。通过视频监控系统，工作人员在处理问题时可以对重点区域、重点地段进行监控，可以调用事发现场周边情况，为指挥判断提供迅速直观的信息，从而对各类问题做出准确判断并及时响应（见附图1-10）。

附图1-10 视频监控系统

5. 门前三包单位监督管理子系统

门前三包单位监督管理子系统是数字化城市管理信息系统的扩展，主要目的是加强对城市环境责任主体的监督和监管，积极调动社会的力量来共同维护和管理城市，提高政府对门前三包单位的监督管理能力，切实落实门前三包联动机制，充分调动社会力量参与城市管理。该系统具有一定的独立性，在数据和结构上又是数字城管系统的延伸与扩展。系统功能包括：单位类案件上报模块、每日巡查模块、处罚模块、统计与考核模块等（见附图1-11）。

6. 96105短信彩信互动平台

"城市管理我参与"数字平台是利用手机短信参与城市环境治理的一种新型数字化管理平台，实现了对手机报送的城市管理问题进行接收、分发到各部门、处理、反馈。居民在生活中发现有影响市容环境、街面秩序、宣传广告、门前三包、施工管理、突发事件等各类案件，可通过短信或彩信的形式进行投诉，如移动用户发送到106296105，联通用户发送到81096105。

7. 事件管理部件化子系统

针对游商摊群、黑车乱点等易反复出现的八大秩序类问题，实现按照部件方式进行问题上报、监督与评价。由过去针对单一的、孤立的事件监督和评价方式转变为持续的关联

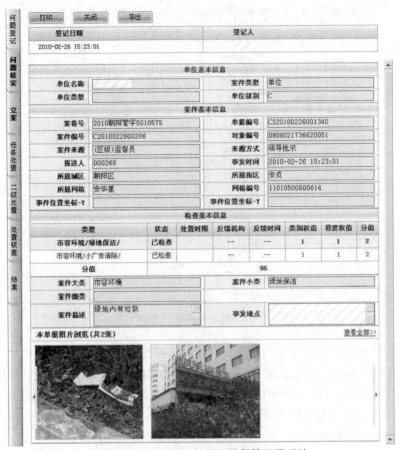

附图 1-11　门前三包单位监督管理子系统

的综合评价模式，即从案件的持续时间、持续规模进行评价。

8. 城市部件在线更新子系统

通过部件在线更新子系统，可以在任意地方方便地进行部件浏览、地图编辑等工作。

9. 业务短信子系统

通过协同工作平台与短信功能的结合，进一步保障系统参与人员的信息畅通，进一步提高城市管理问题的处理效率。可以通过短信平台，发短信给监督员，提醒监督员注意天气、报送案件重点、会议通知等内容。

三、项目特色

（一）项目技术特色

1. 先进的架构设计，优秀的应用平台

在整个体系设计中，充分采用 SOA（面向服务架构设计）设计理念与方法，系统应用中间件等核心构件也选用相适应的产品。SOA 有如下特点：

第一，服务标准化：各类应用、信息和 IT 资源都以标准的服务接口提供，这些接口与所采用的平台、语言等无关。

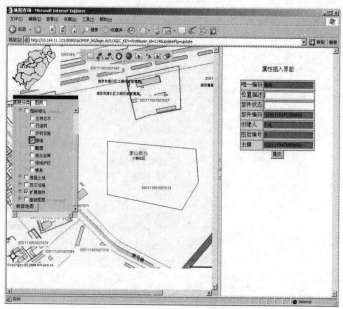

附图1-12　城市部件在线更新子系统

第二，松散耦合：一个服务产生了变化，不影响它所链接的其他服务。

第三，工作协同化：各类信息能够方便地在不同应用之间进行传递和共享。

第四，可重用性：已注册的服务可以重复使用，能够快速响应业务需求的变化。

对于数字化城市管理系统而言，即拥有如下优势：

第一，良好的系统延展性，易于扩展，便于与其他系统进行对接与整合。

第二，更充分地利用和共享信息。

第三，能够适合业务流程迅速改变，提高灵活性和随需应变能力。

第四，提高投资的重用性，有效降低了总体投资成本。

第五，业务复杂性降低，实现了平台无关性。

第六，模块耦合性低，提高维护效率，降低维护成本。

2. 良好的性能、系统负载能力

通过验证，系统具备良好的负载承受能力，基于 PC 服务器的硬件环境（数据库与应用服务器独立部署），能够支持 200 个并发用户，日均受理 3000 个案件，日均处理 5 万个业务操作。

3. 标准化

系统的建设遵循国家建设部及地方相关标准，并在标准的基础之上进行适应性的扩展。

4. 易用性

系统对用户界面进行人性化设计。采用统一的界面风格，简洁易用，操作方便。

（二）项目业务特色

1. 领先的城市管理理念

采用科学的手段和科学的机制（独立的监督体系）进行城市管理是数字化城市管理新模式的核心内容，系统引入城市管理新理念，即逐步推进城市管理的社会化、精细化、信息化，推进综合评价体系建设。

2. 适用于复杂的城市环境（包括城乡接合部、农村地区）

针对农村地区、城乡接合部地区的特性，在一套业务系统内通过定制，实现不同的业务规则、处理模式，统一综合处理；数字化城市管理也在真正意义上覆盖到整个城市范围。

3. 监督管理内容的扩展

由部件、事件的管理扩展到对单位的监督管理，例如：门前三包责任单位的监督管理，在此基础之上，可以扩展到对公共服务企业、物业公司、保洁队、绿化队等社会单位的监督管理。

4. 监督管理内容的深化

针对城市管理的重症顽疾，进行深层次的治理。例如为根治非法张贴小广告，针对非法小广告所涉及的内容进行分类并明确由专业部门进行专项治理；系统针对性地在建设部标准的基础上，对案件类别进行进一步的扩展，满足了实际业务开展的需要。

5. 科学实用的评价体系

通过实践，对评价体系逐步完善，形成一套行之有效的考核评价体系。通过统一的统计分析、考核评价、辅助决策平台，能够快速地定制新的考核指标、报表与分析主题，以满足业务快速发展的要求。

四、项目应用效果

（一）平台运行成效

××数字化城市管理平台 2006 年共受理有效案件 40 万件，2007~2009 年三年共受理有效案件 580 万件，结案率达到 95%，2008~2009 年度日均处理案件数接近 6500 件，高峰单日受理 15000 个案件，系统日均处理 10 万个业务操作。目前直接使用本系统的用户接近 1500 人，包括 1300 名监督员，近 200 名呼叫中心、监督中心、指挥中心、各职能部门与街乡的管理与业务人员。

（二）社会效益

××区通过运用数字化的手段，推进城市管理的社会化、常态化，取得了明显成效：一是社会各方依法共同治理城市环境的格局初步形成；二是常态化城市管理机制基本形成；三是城市环境面貌达到了 20 世纪 90 年代以来最好水平。为奥运会的圆满成功和××区的经济发展奠定了基础。

同时随着不断深入与扩展，××区已经实现如下两个转变：其一，从对现象的监督转变为对本质（问题根源）的监督；其二，从对部件、事件的监督转变为对房屋、单位与人口的监督。

（三）经济效益

过去的环境治理很大程度上是靠突击，本应由社会承担的部分由政府承担；本应由"门前三包"责任单位、物业公司履行责任的，由社区行政村、街乡突击解决；城市垃圾合法运输消纳也存在很多问题，调研结果显示全区社会单位一年有 46 万余吨垃圾被运往农村地区的非法消纳点或其他地点。通过三年来的数字化管理，这些问题现在已有明显改善。另外，监督中心聘用的 1004 名监督员均是失业、下岗、失地农民，监督中心的一半开支解决了社会最底层人员的就业问题。

五、项目实施历程

××区作为国家建设部确定的首批数字化城市管理试点工作的 10 家城市（城区）之一，从 2005 年 7 月起，启动了城市网格化管理平台的建设工作。到 2005 年 12 月 1 日，××区城市网格化管理平台完成了一期建设，并正式开通运行。通过近四个月的磨合和完善，平台运行平稳顺利，达到了数字化城市管理系统的部颁标准和北京市地方标准，并于 2006 年 3 月通过了国家建设部的验收。2006 年 11 月，××区获得"全国城市管理先进集体"称号。在一期建设成果的基础上，××区对数字化城市管理平台不断进行扩展与深化：

第一，2006 年 5 月，全区范围内（包括 369.8 平方公里的农村地区）全部实行了数字化管理。

第二，2007 年 2 月，将城区 13000 家门前三包责任单位与 300 家物业公司纳入数字化城市管理体系。

第三，2007 年 3 月，按照××区政府领导指示，要立足现有基础，扩大成果，巩固提高城市管理系统，拓宽数字化城市管理工作的运用领域，将安全、人口、社会保障等城市管理重要内容以及城乡接合部凸显的问题纳入数字城市管理系统。

第四，2007 年 6 月，按照××区政府领导指示，将环境整治、无障碍设施管理维护、奥运重点工程建设情况、全区建筑工地安全生产情况、治安、环境、交通、市场、旅游、地下空间等城市管理重要内容纳入数字城市管理系统。

第五，2008 年，将物业小区、施工工地、开发建设单位、保洁单位、市容环境维护主体、农贸市场六类社会单位纳入数字化城市管理体系。

第六，2009 年初，将安全生产纳入数字化城市管理体系。

第七，2009 年中，将食品安全纳入数字化城市管理体系。

案例二 北京市×××中学分校智慧校园

一、项目建设背景

（一）项目概况

×××中学分校经过数字化校园的建设和使用，全校的信息化工作已经达到了很高的水平，但校园教育、教学、生活、管理等活动过程的监控和管理水平仍有待提高，为了使校领导能够全面、深入地了解学校日常工作情况，保证学生的安全、健康以及全面发展，需要建设智慧型校园管理与服务体系，使校园信息化建设从数字型向智慧型转变，以更好地服务于全校师生及家长。

（二）建设目标

以数字校园为基础，通过各类信息技术的应用及服务系统的建设，为师生提供智慧化服务，提高教育、教学及管理效率和水平，使校园信息化建设从数字型向智慧型转变，把北京市×××中学分校建成为朝阳区乃至北京地区校园信息化建设水平标杆学校。

二、项目建设内容

本项目的建设内容包括校园安全智能运营管理子系统、学生体质健康监测管理子系统两部分。校园安全智能运营管理子系统将为学校提供一个校园安全管理平台，在此平台基础上，根据需要通过搭建各类安全管理模块，可持续地进行拓展建设。学生体质健康监测管理子系统可利用多种数据采集方式，构建学生体质健康档案，实现对学生体质健康的成长跟踪。

（一）校园安全智能运营管理子系统

校园安全智能运营管理子系统为学校提供一个校园安全管理平台，在此平台基础上实现校门安全管理、校车安全管理、常规安全管理及其他安全管理等，并可根据学校安全管理需要可持续地进行拓展建设。另外，系统中需要预留各类接口，可以与数字校园系统、CMIS系统、短信平台集成，通过硬件设备部署以及应用层的建设，构建服务于全校人员的智慧化安全管理系统。主要建设内容包括校门安全管理、校车安全管理、常规安全管理和校园安全统计。

1. 校门安全管理

校门安全管理是学校安全体系中非常重要的部分，需要利用定位器、数据传输基站（智能卡）、管理计算机等设备实现对学生出入校门情况与车辆进出情况的监测。其中，学生进出情况监测模块可通过为学生配备智能卡来实现，通过在校门处设立监测点，远距离监测学生携带的智能卡发出的有源信号，对学生进出校门的时间进行记录。项目中结合本校当前学生数量，并考虑到智能卡折断、损坏、遗失的因素，采购了1500张智能卡便于使用。

此外，在校门处设置车辆识别及车牌识别装置，当有车辆进出校门时，可以自动识别车辆信息，系统进行自动记录，判断是否属于本校车辆，并实时提醒给门卫人员，便于其进行相应处理，控制车辆进出。校门安全管理系统如附图2-1所示。

2. 校车安全管理

校车安全管理是对学生在校期间安全保障的重要环节之一，需要实现学生乘车情况的动态监测。通过在三辆校车上安装监测设备，对学生上下校车的时间及人数进行统计。同时配备移动终端，帮助负责校车安全工作的教师实时掌握学生乘车情况，为保障学生乘车过程安全提供支撑。校车安全管理系统如附图2-2所示。

3. 常规安全管理

常规安全管理是指校园基础设施、设备等常规的运行状态安全检查，目的是利用移动终端携带方便、操作简单、实时上报的优势，有效应对校园中随时随地可能存在的安全隐患并及时上报并解决，最终实现防火、防盗、防意外伤害。需要为校内巡查人员和安全隐患处理人员配备移动终端工具，实现对安全问题的及时上报、快速分发与有效反馈。常规

2014年11月18日 星期二
第一学期 第12周

欢迎您，管理员！个人设置

学校	上学						下学		
	应到	未到	已到	正常上学	最晚未到	迟到	正常下学	早退	违规
全校	580	580	0	0	0	0	0	0	0
初中2年级	364	364	0	0	0	0	0	0	0
初中2年级1班	38	38	0	0	0	0	0	0	0
初中2年级2班	39	39	0	0	0	0	0	0	0
初中2年级3班	33	33	0	0	0	0	0	0	0
初中2年级4班	35	35	0	0	0	0	0	0	0
初中2年级5班	35	35	0	0	0	0	0	0	0
初中2年级6班	35	35	0	0	0	0	0	0	0
初中2年级7班	35	35	0	0	0	0	0	0	0
初中2年级8班	35	35	0	0	0	0	0	0	0
初中2年级9班	40	40	0	0	0	0	0	0	0
初中2年级10班	39	39	0	0	0	0	0	0	0
初中1年级	216	216	0	0	0	0	0	0	0
初中1年级1班	38	38	0	0	0	0	0	0	0
初中1年级2班	38	38	0	0	0	0	0	0	0
初中1年级3班	24	24	0	0	0	0	0	0	0
初中1年级4班	24	24	0	0	0	0	0	0	0
初中1年级5班	23	23	0	0	0	0	0	0	0

附图 2-1　校门安全管理系统

2014年11月18日 星期二
第一学期 第12周

欢迎您，管理员！个人设置

学生乘车查看　巡回列表

本线路站点

序号	学生名称	上车时间	下车时间	状态
1				本线路学生
2				本线路学生
3				本线路学生
4	王心悦			本线路学生

附图 2-2　校车安全管理系统

安全管理系统如附图 2-3 所示。

行为安全管理

检查地点：　　　　　　　　增加地点
检查时间：
问题描述：
发送部门：　　　　　　　　增加部门
备注：

已有附件	操作	序号	附件名称	附件类型	上传时间
添加附件					
更多附件上传				浏览…	

附件：

确定　取消

附图 2-3　常规安全管理系统

4. 校园安全统计

对学生出入数据、车辆出入数据、校车乘坐数据、常规安全数据等，校园安全智能运营管理各模块进行日常记录信息数据的统计和保存，为校园安全管理者提供数据分析依据。

（二）学生体质健康监测管理子系统

利用智能监测设备（智能腕表）数据读取、移动终端记录、人工测量数据导入等多渠道的数据采集方式，实现学生体质健康数据采集与处理，构建学生体质健康数据中心，并通过学生体质健康成长跟踪、健康成长处方、健康档案等功能建设，构建多层次智慧应用。主要建设内容包括：体质健康信息采集监测、体质健康成长跟踪、体质健康成长处方、学生健康成长档案等。

1. 体质健康信息采集监测

为保障学生体质健康信息监测数据来源的准确性、实时性、合理性，应提供如日常监测、移动端记录、统一导入、相关信息系统集成等多种数据获取方式。通过为学生佩戴智能监测设备，能够监测学生日常体育锻炼的运动时间、运动步数、消耗卡路里、心率等数据信息。为保障系统的实施效果，本项目将本校体质健康训练营中200名"非正常体重"学生的体质改善情况作为重点跟踪对象，配备智能监测设备，建立具备实用性强、操作便捷的智能监测设备监测模块，在取得阶段成果后，再逐步将应用范围扩大至全校学生，加强学生健康锻炼的兴趣和信心，整体提升本校学生体质健康素质。

此外，移动终端使体育教师在教学过程中，可直接通过移动终端采集记录学生体能测试数据，并能够以便捷的应用方式将数据上传至系统数据库中，从而替代传统的纸质记录方式，解决了数据重复录入的问题。同时，系统还应提供人工测量数据导入和学生体质健康系统数据的集成接入功能，为体质健康数据的统计和分析应用创造数据基础。

2. 体质健康成长跟踪

通过体质健康信息采集监测建立的学生体质数据中心对学生体质数据进行综合计算，并能自动根据教育部国家体育总局颁布的《国家学生体质健康标准》对学生体质健康等级进行评级，对评级结果不合格或运动量过低、体质较差学生进行健康预警，并给予健康成长合理化建议，督促学生加强课余活动和体质健康锻炼。

3. 体质健康成长处方

应根据学生体质健康等级评级结果，给予健康成长合理化建议，包括运动时间、运动周期、每餐摄入量、营养摄入等，并能够定期将学生体质健康成长处方通知家长。体质健康成长处方系统如附图2-4所示。

附图2-4　体质健康成长处方系统

4.学生健康成长档案

另外,需要对学生在校期间的体育锻炼成绩、体质健康测评成绩各方面进行全面记录、管理,为学生、家长、教师全面了解掌握学生个人体质健康信息提供信息依据。学生健康成长档案管理系统如附图2-5所示。

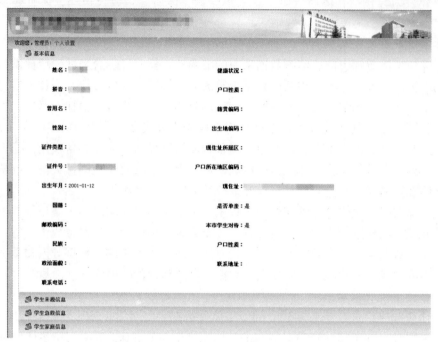

附图 2-5　学生健康成长档案管理系统

三、项目运行情况

通过本项目的建设,通过与身份智能卡、车辆识别仪、智能运动腕表、移动设备终端等的集成,并在此基础上实现了学生从上校车到进入校园至放学回家的全流程安全管理;实现了学生体质检测、个性化处方和运动监测的健康成长跟踪;实现了学校人员、车辆出入的全范围监控。为师生提供智慧化的服务,提高了教育、教学及管理效率和水平,使校园信息化建设从数字型向智慧型转变,实现了项目预定的建设目标。

案例三　×××市应急联动指挥中心规划设计方案

一、系统建设的重要性与紧迫性

突发公共事件是社会发展的产物,自从有人类活动以来,此类事件就随之产生。人类文明在不断进步的同时,人类社会的复杂性和不可预见性也在与日俱增。现代社会在一定意义上可以说是风险社会。在人类的历史长河中，任何一个国家或地区都会面临这样或那样的突发公共事件。

突发公共事件是公共安全的最大威胁，一旦发生，容易产生连锁反应，引起事故灾害规模扩大，造成灾难性后果。经济越发达，突发公共事件造成的经济损失也越大；社会的不平等发展又进一步加大公共安全事件酿成社会危机的风险。我国目前正处于经济和社会的转型期，公共安全保障基础相对薄弱，与经济高速发展的矛盾越来越突出，公共安全形势严峻。2003年爆发的"非典"疫情、2004年的"禽流感"、2008年初的雪灾、2008年的"5·12"汶川特大地震以及我市近年发生的一系列事件都说明了这一点。

加强应急管理，提高预防和处置突发公共事件的能力关系经济社会发展的全局；是坚持以人为本、执政为民的重要体现；是全面履行政府职能、进一步提高行政能力的重要方面。近年来，党中央和国务院提出了加快突发公共事件应急机制建设的重大课题，明确提出，要建立健全社会预警体系，提高保障公共安全和处置突发事件的能力，温家宝同志在2008年政府工作报告中指出："加强应急体系和机制建设，提高预防和处置突发事件的能力；加强对现代条件下自然灾害特点和规律的研究，提高防灾减灾能力。"应急管理信息化系统的建设将成为政府和企业信息化建设的重点，将是防灾减灾最直接、高效的管理工具。

×××目前已建有多种单一的专业性应急机构，包括公安、消防、交通、医疗救护、防汛、防震、气象、市长热线等。但这些应急管理机构仅能从各自方面履行应急职责，而无法突破部门限制。每当重大综合性公共安全事故发生时，它们的协调组织能力和应急处理权力显得有一定的局限性。这种条块分割的现状已经无法满足日益复杂的应急处置需要。

灵敏高效的应急管理体系必须具备以下条件：有负责组织协调、业务指导和现场处理的常设性权威机构；有环环相扣、纵横贯通的信息共享；具有应急预警、处置、指挥联动、上报、事后处理的完善处置体系。通过这一系列有利条件，建立一个信息灵敏、指挥有力、快速高效、规范有序的应急管理系统是非常迫切的。

×××市应急联动指挥系统正是顺应国家在"应急联动指挥系统与社会综合服务系统"方面的建设发展策略，并且是结合该市的具体情况而提出来的。

二、应急联动指挥系统建设综述

×××市应急联动指挥系统为了提升我市政府应急指挥信息化管理水平，落实应急指挥工作的指导方针，对现有的应急指挥信息化资源进行整合，运用最新的理论与技术，拓展应急指挥应用范围，提升我市应急管理、指挥调度应用水平，体现应急指挥的预防为主、积极救援的方针，做到反应及时、准备充分、决策科学、措施有力，把突发事件造成的损失降到最低限度。

应急联动指挥系统涉及计算机网络、软件、硬件、有线通信、无线通信、卫星通信、地理信息、全球卫星定位、视频图文等许多科技领域的综合性系统，旨在为我市各相关职能部门提供一体化协同运作机制和统一指挥平台，是保护全市人民生命财产安全、确保重大活动顺利进行的重要手段。×××市政府应急联动指挥系统主要用于处理两大类事件：一类是突发危难事件，另一类是重大活动。其中，突发危难事件是指意外发生的人为灾难或不可抗的自然灾难，如地震、洪涝灾害、天然气井喷、危险品泄漏、大面积山体滑坡、森林大火、大面积水电气泄漏或相关设施瘫痪、重大安全生产事故、重大疫情、群体事件、恐怖活动等；重大活动是指按既定计划发生的大型活动，如节庆活动、大型会展、重大赛事、政要来访等。

市应急联动指挥中心是全市应急联动指挥系统的核心，也是处理日常应急事件窗口，市应急联动指挥中心是应急联动指挥系统建设的重中之重，必须首先建设好。

三、×××市应急联动指挥系统规划建设总体目标

为了满足×××市应急管理工作需要，需建设市应急联动指挥系统，实现与省级应急平台、区县级应急平台的互联互通，重点实现对×××市范围内的各类突发事件的监测监控、信息报告、综合研判、指挥调度、移动应急指挥和异地会商等主要功能。同时，按照国务院应急平台建设要求完成有关任务，提供省级、国务院应急平台所需的相关数据、图像、语音和资料等。

为市政府领导提供应急决策和指挥平台，整合各种应急救援力量及政府服务资源，实现多警种、多部门、多层次、跨地域的统一指挥、联合行动，及时、有序、高效地开展紧急救援或抢险救灾行动，从而提高×××市政府的预防和处置突发公共事件的能力，控制和减少各类灾害事故造成的损失。

"效益驱动、总体规划、分步实施、重点突破"是863计划实施计算机集成系统的指导方针，也是实现应急指挥系统信息化的指导方针。×××市应急指挥中心设计也将遵循这个指导方针，将使相关管理人员和领导能有效地把握×××市应急指挥中心建设的总体方向和未来建设远景，搭建整个×××市应急指挥中心建设项目的集成框架，为建设×××市应急指挥中心提供有效的战略指导，提高×××市应急联动指挥中心建设项目的水平和层次，推动政府应急指挥信息化向网络化、集成化、智能化方向发展。

四、×××市政府应急指挥中心项目建设目标

×××市政府应急指挥中心项目的建设目标为：搭建市政府应急指挥中心信息平台基本硬件环境，完成应急指挥信息平台的雏形建设，实现突发公共事件信息的接报处理、跟踪反馈和情况综合等值守应急业务管理功能。通过应急平台向省级应急平台及国务院有关部门传送特别重大、重大突发公共事件信息和现场音视频数据，以及特别重大突发事件预警信息，并向有关部门通报；提供应对突发公共事件的指导流程和辅助决策方案，根据应急过程不同阶段处置效果的反馈，实现对辅助决策系统的动态调整和优化。实现对应急资源的动态管理，为应急指挥调度提供保障。利用通信调度平台形成多方位的调度功能，可为应对突发事件进行提供快捷指挥调度功能；利用视频会议系统实现具有语音、视频、数据等多功能的综合性视讯业务平台，在发生突发事件时，可与各局办、各相关单位即时进行应急调查、判断、会商、指挥工作，并可利用该系统进行相关的多项行政会议、业务会商、业务培训等工作；结合现有运营商网络的建设情况以及各专项应急指挥系统、各县区市政府的应急指挥系统的建设情况，将市政府管辖内包含公安、消防、交警、安全生产等多个工作部门接入；利用数字录音系统提供对应对突发事件的整个过程语音记录的功能，

并可进行监听、查询、存储等各种管理工作；通过指挥大厅视频图像控制显示系统，对汇集到指挥中心的所有视频、音频信息以及计算机文字、图形信息进行显示、控制和管理，使指挥中心人员能够以最直观的方式快速了解和掌握现场情况、动态、预案信息、交通状况等信息，为指挥人员作出迅速准确的分析判断，进行有效的指挥调度并提供实时便捷的信息支持。

五、×××市应急联动指挥中心建设的内容

在×××市应急指挥信息指挥中心，展示在人们面前的首先是大屏幕显示拼接墙，大屏幕显示器拼接墙组成的显示器系统，提供如视频现场监控、计算机系统等系统的大型显示系统功能。大屏幕显示拼接墙随时显示远程实时视频监控系统、三维地理信息系统、各个业务系统、统计分析系统、决策支持系统的系统信息和电视电话系统图像，可以随意地切换到大屏幕上。各种信息的汇集与显示为指挥中心领导随时提供必要的指挥判断信息，帮助领导做出正确的指挥命令。

构建较为完整的应急联动指挥中心需要建立如下基本系统：

第一，应急联动指挥中心的基础环境建设：包括机柜布线、机房、空调市电、正常及后备供配电系统、消防系统、门禁系统、机房装修、网管室等。

第二，网络与通信系统：包括指挥中心核心网络、通信网络、数据网络、集群通信、卫星通信。

第三，指挥大厅建设：包括大屏幕显示系统、指挥座席、视频会议厅大屏显示。

第四，GIS 地理信息系统平台：与其他业务系统配套，动态直观显示相关资源。

第五，GPS 定位系统平台：包括车辆定位和人员定位。

第六，视频指挥室（可视会议系统）。

第七，公安"三台合一"接警通信平台（含 120 系统集成）。

第八，应急指挥管理应用系统：集出警管理、应急预案、专家库、应急救援响应、应急指挥管理、应急资源调度管理、灾后处理及应急评估等为一体，集成视频会议、指挥中心、各类预案、下属各局应用系统、GIS 系统，是×××应急指挥中心硬软件及与下属各局、各业务系统应用集成的核心。

第九，视频监控系统：目前由电信公司建立的全球眼系统和其部门监测系统整合。

第十，车载通信指挥系统。

第十一，信息发布系统：网站、手机短信和电视转播。

第十二，其他应急指挥系统应用系统（辅助决策系统、监测监控管理、决策分析模型管理等）开发、整合。

第十三，存储系统：为各业务系统提供存储空间。

第十四，数据备份：包括本地备份和远程备灾系统。

第十五，备用指挥分中心：在某个县（比如××县）建一个规模相对小些但功能与主指挥中心一样的备用指挥中心，万一出现主指挥中心不能使用的情况时，可以在备用中心完成应急指挥调度。

六、对我市应急联动指挥中心建设的建议

通过近段时间的资料收集和研究，分析对比同类城市建设应急指挥系统的方式，结合×××市实际情况，同时征求有关专业公司和专家意见，我们就"×××市应急联动指挥中心建设项目"向市政府提出如下建议：

第一，应急联动指挥中心核心网络与电子政务外网逻辑隔离，各业务系统通过 VPN 方式共享资源，公安网络与应急联动指挥中心核心网络采用网闸逻辑隔离或物理隔离。这样有利于应急指挥系统与各业务部门互动，有利于向公众发布信息，有利于与省级政府进行互动和资源共享，同时也节约大量的运行费用。

第二，应急指挥中心呼入平台采用公安"三台合一"与 120 的整合方案。

第三，应急指挥管理应用系统是应急联动指挥中心的核心集成应用系统软件，是本项目建设的关键，集成开发商一定要选择好。如果 120 系统功能比较完善，做整体迁移就行了，达到现有资源的利用及共享。

第四，视频监视系统还是采用现有方式，由电信公司负责建设和维护，由政府租用。待条件成熟后再考虑整体回购。

第五，为了便于资源共享，建议市政府出台统一规范，今后建设的各种视频监控系统统一采用基于 IP 的数字监控系统，禁止采用模拟信号系统。

第六，就建设模式我们应该学习深圳的经验，按照统一规划、分级建设、分步实施的原则，根据轻重缓急分期、分类、分级开展应急系统平台建设，建成一项，使用一项，以应用促发展，避免重复建设，推进全市应急系统平台建设整体协调发展。

一期工程需要完成：应急指挥中心的基础环境建设、核心网络及安全体系建设、指挥大厅建设、视频决策指挥室建设、GIS 和 GPD 的基础平台建设、"三台合一"平台建设，完成应急指挥管理应用系统建设、应急指挥门户网站建设和部分通信网络建设，完成市公安局内天网工程监控中心整体迁移，完成防汛抗旱指挥中心、水文监测、气象监测、12345 等已经运行系统的提升和接入工程，其余再逐年建设，并确保于 2009 年 6 月底投入运行。预计总投入 1800 万元。

第七，应急联动指挥系统是一个电子政务项目，必须列入全市信息化建设重点项目，使分步实施的资金得到保障。

第八，软件、系统集成采用公开招标，关键设备由政府单独组织招标采购，以掌握关键设备质量控制权。

第九，从相关部门抽调技术人员组成专门小组负责项目的实施和质量监督。

参考文献

[1] 吕晶. 技术哲学视阈下中国智慧城市建设研究 [D]. 沈阳：东北大学硕士学位论文，2013.

[2] 薛莲. 智慧城市建设与信息设计 [D]. 天津：天津美术学院硕士学位论文，2013.

[3] 王珂. 智慧城市背景下个人信息安全的法律保护 [D]. 武汉：华中科技大学硕士学位论文，2013.

[4] 陈友福. 我国智慧城市建设的社会风险分析 [D]. 武汉：华中科技大学硕士学位论文，2013.

[5] 杨化峰. 神州数码智慧城市发展战略研究 [D]. 天津：河北工业大学硕士学位论文，2013.

[6] 郭素娴. 智慧城市评价指标体系的构建及应用 [D]. 浙江：浙江工商大学硕士学位论文，2013.

[7] 肖如斐. 智慧城市建设中的地方政府行为研究 [D]. 福建：福建师范大学硕士学位论文，2013.

[8] 王奕程. 智慧城市建设研究 [D]. 合肥：安徽大学硕士学位论文，2014.

[9] 吕晓辉. 基于智慧城市的新居民积分管理系统的设计与实现 [D]. 长春：吉林大学硕士学位论文，2014.

[10] 包康平. 珠海建设智慧城市的对策研究 [D]. 长春：吉林大学硕士学位论文，2014.

[11] 张明柱. 基于智慧城市发展指数的我国智慧城市分类评价模型研究 [D]. 太原：太原科技大学硕士学位论文，2014.

[12] 吕征奇. 白城市智慧城市建设方案研究 [D]. 长春：长春工业大学硕士学位论文，2013.

[13] 肖宝仲. 基于信令分析的智慧城市人流监控管理研究 [D]. 北京：北京化工大学硕士学位论文，2013.

[14] 韩锦. 视频监控技术及其在智慧城市工程中的应用 [D]. 济南：山东大学硕士学位论文，2014.

[15] 俞露. 面向智慧城市建设的信息内容产业发展政策研究 [D]. 苏州：苏州大学硕士学位论文，2014.

[16] 黄超. 面向智慧城市的公共旅游信息服务体系构建研究 [D]. 北京：首都经济贸易大学硕士学位论文，2013.

[17] 朱小丽. 基于对标的上海智慧城市建设对策研究 [D]. 上海：华东师范大学硕士

学位论文，2013.

[18] 王静.基于集对分析的智慧城市发展评价体系研究［D］.广州：华南理工大学硕士学位论文，2013.

[19] ［日］Dan Koh.智慧城市评价体系研究［J］.城市建筑，2014(2)：335.

[20] 乔宏章，付长军."智慧城市"发展现状与思考［J］.无线电通信技术，2014（6）：1-5.

[21] 李书芹，沈斌，陈雅琳.面向智慧城市建设的"智慧教育"探索与实践——以宁波市为例［J］.浙江纺织服装职业技术学院学报，2014(4).

[22] 张轮，杨文臣，张孟.智能交通与智慧城市［J］.科学，2014(1)：33-36+4.

[23] 刘晓馨.智慧城市发展前景及存在问题［J］.硅谷，2014(1)：1+4.

[24] 程大章.智慧城市顶层设计基础之系统工程［J］.智能建筑与城市信息，2014(1)：16-21.

[25] 胡丽，陈友福.智慧城市建设不同阶段风险表现及防范对策［J］.中国人口·资源与环境，2013（11）：130-136.

[26] 邬贺铨.智慧城市产生大数据 大数据支撑智慧城市［J］.计算机光盘软件与应用，2013（22）：14-16.

[27] 杨晓红.基于智慧城市建设的智慧旅游发展研究［J］.东方企业文化，2014(2)：168-169.

[28] 陆小敏，陈杰，袁伟.关于智慧城市顶层设计的思考［J］.电子政务，2014(1)：15-22.

[29] 黄璜，袁嘉炜.智慧城市的政策分析：过程、信念与政策设计［J］.电子政务，2014(1)：23-33.

[30] 刘兰娟，徐鑫.智慧城市建设财政支出影响经济转型的 CGE 模拟分析——以上海为例［J］.上海经济研究，2014(1)：104-110.

[31] 朱庆.三维 GIS 及其在智慧城市中的应用［J］.地球信息科学学报，2014(2)：151-157.

[32] 王静远，李超，熊璋，单志广.以数据为中心的智慧城市研究综述［J］.计算机研究与发展，2014(2)：239-259.

[33] 胡楚丽，陈能成，关庆锋，李佳，王晓蕾，杨训亮.面向智慧城市应急响应的异构传感器集成共享方法［J］.计算机研究与发展，2014(2)：260-277.

[34] 赵渺希，王世福，李璆颖.信息社会的城市空间策略——智慧城市热潮的冷思考［J］.城市规划，2014(1)：91-96.

[35] 钟君，吴正杲.公共服务蓝皮书：中国城市基本公共服务力评价（2014）［M］.北京：社会科学文献出版社，2014.

[36] 陈琛.智慧城市建设和大数据背景下的公安机关变革［J］.河北公安警察职业学院学报，2014(1)：5-8.

[37] 郑杨硕，章新成.智慧城市建设中的信息交互设计［J］.装饰，2014(2)：20-23.

[38] 黄书强，王高才，单志广，邓玉辉，李阳，陈庆麟.智慧城市中无线网络节点部

署优化方案研究 [J]. 计算机研究与发展，2014(2)：278-289.

[39] 张运超，陈靖，王涌天，刘越. 基于移动增强现实的智慧城市导览 [J]. 计算机研究与发展，2014(2)：302-310.

[40] 陈真勇，徐州川，李清广，吕卫锋，熊璋. 一种新的智慧城市数据共享和融合框架——SCLDF [J]. 计算机研究与发展，2014(2)：290-301.

[41] 黄远慧. 智慧城市理念下的智能街区图书馆服务[J]. 图书馆论坛，2014(3)：60-64+27.

[42] 陈伟惠，韩银菲，焦勇兵. 另一只眼看宁波智慧城市建设——宁波智慧城市建设中的人文精神维度构建 [J]. 经济研究导刊，2014(3)：231-233+293.

[43] 徐静，陈秀万. 我国智慧城市发展现状与问题分析 [J]. 科技管理研究，2014(7)：23-26.

[44] 颜鹰，刘璇，陈晓蓉. 浙江省首批智慧城市示范试点项目标准化工作研究 [J]. 科技管理研究，2014(8)：103-106.

[45] 牛文元. 智慧城市是新型城镇化的动力标志[J]. 中国科学院院刊，2014(1)：34-41.

[46] 曹志斌. 智慧城市引导下的智慧旅游构成及支撑体系研究 [J]. 财经界（学术版），2014(6)：25+84.

[47] 李德仁，姚远，邵振峰. 智慧城市中的大数据 [J]. 武汉大学学报（信息科学版），2014(6)：631-640.

[48] 王家耀. 大数据时代的智慧城市 [J]. 测绘科学，2014(5)：3-7.

[49] 李德仁. 智慧城市中的大数据 [J]. 中国建设信息，2014(3)：14-17.

[50] 冯璐，赵佳因，郭乐深. 智慧城市智慧服务体系构建 [J]. 北京城市学院学报，2014(1)：65-70.

[51] 郑鑫，程磊. 试析大数据、物联网、智慧城市三者间的关系及相互作用 [J]. 电子测试，2014(6)：56-57.

[52] 刘琪. 里约热内卢获得"世界最佳智慧城市"殊荣——第三届巴塞罗那智慧城市博览会综述 [J]. 上海城市管理，2014(1)：86-87.

[53] 陈东. 智慧城市中的文化产业新业态思考[J]. 山东行政学院学报，2014(1)：90-93.

[54] 席广亮，甄峰. 时空间行为与智慧城市专题研讨会暨第九次空间行为与规划研究会在南京大学召开 [J]. 人文地理，2014(2)：2+161.

[55] 陆中骞. 智慧城市建设中公共数据库构建的思考 [J]. 现代城市研究，2014(4)：93-96+108.

[56] 苏晔，冯石岗. 关于智慧城市标准体系的层级架构研究 [J]. 中国管理信息化，2014(7)：93-97.

[57] 荣文戈，熊璋，COOPER Dave，李超，盛浩. 智慧城市体系结构：实现技术和设计挑战（英文）[J]. 中国通信，2014(3)：56-69.

[58] 刘春莲. 智慧城市背景下江西旅游业发展的策略[J]. 华东交通大学学报，2014

（2）：119-122+130.

[59] 席广亮，甄峰. 基于可持续发展目标的智慧城市空间组织和规划思考 [J]. 城市发展研究，2014（5）：102-109.

[60] 石晓冬. 大数据时代的城乡规划与智慧城市 [J]. 城市规划，2014（3）：48-52.

[61] 安小米. 面向智慧城市发展的信息资源管理协同创新策略——以荷兰阿姆斯特丹智慧城市为例 [J]. 情报资料工作，2014（3）：49-53.

[62] 杨学军，徐振强. 智慧城市中环保智慧化的模式探讨与技术支撑 [J]. 城市发展研究，2014（7）：1-4.

[63] 杨学军，徐振强. 智慧城市背景下推进智慧环保战略及其顶层设计路径的探讨 [J]. 城市发展研究，2014（6）：22-25.

[64] 李建明. 智慧城市发展综述 [J]. 中国电子科学研究院学报，2014（3）：221-225+233.

[65] 李春友，古家军. 国外智慧城市研究综述 [J]. 软件产业与工程，2014（3）：50-56.

[66] 王朝晖，郑新奇. 基于共词分析的智慧城市研究现状与展望 [J]. 地域研究与开发，2014（4）：59-63+89.

[67] 赵子军. 智慧城市标准化要以人为本——访中国智慧城市产业联盟秘书长熊垓智 [J]. 中国标准化，2014（5）：15-18.

[68] 吴志红，赵元斌，韩秀珍. 区域集群式信息服务协同体系与智慧城市深度融合之探讨 [J]. 图书情报工作，2014（13）：11-16.

[69] 丁兆威. 引领智慧城市发展，促进智慧产业落地——聚焦贝尔信——第六届中国智慧城市（深圳）高峰会 [J]. 中国公共安全，2014（13）：44-46+48-53.

[70] 吴晓敏. 智慧社区开启智慧城市建设新路径——2014 年崇礼中国城市发展论坛智慧城市发展联盟会议综述 [J]. 中国经贸导刊，2014（30）：31-32.

[71] 潘云鹤等院士为千岛湖智慧港航等浙江省智慧城市示范试点项目把脉 [A]. 浙江港航 [C]，2013（4）：1.

[72] 张进杰，贺小亮，蒋光建. 智慧城市顶层规划及其在智慧江岸建设中的实践 [A]. 中国人口·资源与环境 2013 年专刊——2013 中国可持续发展论坛（一）[C]. 2013：3.

[73] 杜竞强. 智慧城市——从城市问题出发优化城市治理 [A]. 中国城市规划学会. 城乡治理与规划改革——2014 中国城市规划年会论文集（04 城市规划新技术应用）[C]. 中国城市规划学会，2014：11.

[74] 甄峰，秦萧. 智慧城市顶层设计总体框架研究 [J]. 现代城市研究，2014（10）：7-12.

[75] 秦萧，甄峰. 大数据时代智慧城市空间规划方法探讨 [J]. 现代城市研究，2014（10）：18-24.

[76]《中国智慧城市年鉴》、《中国智慧城市发展研究报告》项目启动 [J]. 工程建设与设计，2014（11）：147.

[77] 杨丽娜，邵静，彭玲，池天河，姚晓婧. 面向智慧城市数据管理和多维决策的时

空数据仓库建设 [J]. 测绘科学，2014(8)：44-49.

[78] 朱亚杰，李琦，冯逍. 基于大数据的智慧城市技术体系架构研究 [J]. 测绘科学，2014(8)：70-73.

[79] 金玲艳，李琦. 基于智慧城市的雾霾求解系统探索 [J]. 测绘科学，2014 (8)：78-82+153.

[80] 党安荣，许剑，佟彪，陈杨. 智慧城市发展的机遇和挑战 [J]. 测绘科学，2014(8)：28-32.

[81] 邓国臣，李洁茹，熊苹. 智慧城市建设若干问题及思考 [J]. 测绘科学，2014(10)：64-67+80.

[82] 于少青. 从"智慧城市"到"智慧城镇"——对智慧城市建设的冷思考 [J]. 经营管理者，2014 (24)：287.

[83] 管燕萍. 城市因智慧更美好，智慧因"NET"心想事成——智慧城市建设实践探索 [J]. IT经理世界，2014 (15)：38-39.

[84] 大数据、云计算、智慧城市高层论坛举行 [J]. 黄河文明与可持续发展，2014(1)：127-128.

[85] 陈鹏. "智慧之花"遍地绽放 [N]. 大连日报，2013-12-26 (A06).

[86] 府信. 推进智慧城市建设努力打造智慧高地 [N]. 惠州日报，2014-01-07(A01).

[87] 贾建跃，段炎涛. 以智慧城市建设铸就"智慧黄冈梦" [N]. 黄冈日报，2014-01-16 (007).

[88] 周和平，高志. 借力移动互联网催生智慧新浏阳 [N]. 长沙晚报，2014-03-03 (A10).

[89] 罗文伟，张梓睿. 条块分割是城市信息化建设的顽疾 [N]. 闽西日报，2014-05-13 (007).

[90] 于淼，石钢，杨涛. 探索基于广电网络建设"智慧城市" [A]. 中国新闻技术工作者联合会，贵州日报报业集团，贵州广播电视台，新华通讯社贵州分社. 中国新闻技术工作者联合会第六次会员代表大会，2014年学术年会暨第七届《王选新闻科学技术奖》和优秀论文奖颁奖大会论文集（三等奖）[C]. 中国新闻技术工作者联合会，贵州日报报业集团，贵州广播电视台，新华通讯社贵州分社，2014：5.

[91] 韦胜. 浅析智慧城市与生态城市建设的关系 [A]. 中国城市科学研究会，天津市滨海新区人民政府. 2014 (第九届) 城市发展与规划大会论文集——S08 智慧城市，数字城市建设的战略思考、技术手段、评价体系 [C]. 中国城市科学研究会，天津市滨海新区人民政府，2014：4.

[92] 朱灵. 智慧城市与智慧产业的发展融合路径分析 [J]. 科技致富向导，2013(35)：71+92.

[93] 纪欣语. 智慧城市让市民生活更便捷——记阜阳市智慧城市建设 [J]. 江淮法治，2014(8)：62.

[94] 周国庆. 区域性中心城市建设智慧城市研究——以黔江区为例 [J]. 城市地理，2014 (12)：17-18.

［95］老姜. 智慧城市需要档案智慧［J］. 上海档案，2012（10）：37.

［96］佟彤."智慧本溪"绽放 2014 中国智慧城市创新大会［N］. 本溪日报，2014-11-10（001）.

［97］易运文，严圣禾. 城市发展的未来在于使用更多智慧［N］. 光明日报，2014-11-19（010）.

［98］李淑姮，朱纪立. 升级版导弹防御体系震撼航展［N］. 中国航天报，2014-11-13（001）.

［99］余晓辰，冯瑄，屠炯. 第四届中国（宁波）智博会开幕［N］. 宁波日报，2014-09-13（001）.

［100］程彦博. 神州数码要打造完整的智慧中国［N］. 中国计算机报，2014-12-01（018）.

［101］袁远明. 智慧城市信息系统关键技术研究［D］. 武汉：武汉大学博士学位论文，2012.

［102］赵大鹏. 中国智慧城市建设问题研究［D］. 长春：吉林大学博士学位论文，2013.

［103］周骥. 智慧城市评价体系研究［D］. 武汉：华中科技大学博士学位论文，2013.

［104］闫海. 我国智慧城市建设水平评价研究［D］. 太原：太原科技大学硕士学位论文，2013.

［105］李媛媛. 智慧城市建设的经济法问题研究［D］. 太原：山西大学硕士学位论文，2013.

［106］韩天璞. 智慧城市建设及运营模式研究［D］. 北京：北京邮电大学硕士学位论文，2013.

［107］孙立. 后现代空间哲学视野下智慧城市的空间表征研究［D］. 西安：陕西师范大学硕士学位论文，2013.

［108］王璐. 智慧城市建设成熟度评价研究［D］. 哈尔滨：哈尔滨工业大学硕士学位论文，2013.

［109］邹佳佳. 智慧城市建设的途径与方法研究［D］. 杭州：浙江师范大学硕士学位论文，2013.

［110］袁顺召. 武汉市智慧城市建设模式研究［D］. 武汉：华中科技大学硕士学位论文，2013.

［111］谷春宇. 智慧城市 IT 应用模式研究［D］. 哈尔滨：哈尔滨理工大学硕士学位论文，2013.

［112］白晨曦. 智慧城市的本质研究［D］. 上海：东华大学硕士学位论文，2013.

［113］屠启宇. 全球智慧城市发展动态及对中国的启示［J］. 南京社会科学，2013（1）：47-53.

［114］杨堂堂. 从数字城市到智慧城市的建设思路与技术方法研究［J］. 地理信息世界，2013（1）：63-67.

［115］梁军，黄骞. 从数字城市到智慧城市的技术发展机遇与挑战［J］. 地理信息世界，

2013（1）：81-86+102.

[116] 李成名，刘晓丽，印洁，毛曦.数字城市到智慧城市的思考与探索 [J].测绘通报，2013（3）：1-3.

[117] 许兰，程杰.中国特色智慧城市需要城市管理者更多"智慧"——专访中国工程院院士、国家物联网标准化专家委员会组长邬贺铨 [J].中国信息界，2013（1）：20-23.

[118] 伊安·约翰逊，陈旭炎.智慧城市、智慧图书馆与智慧图书馆员 [J].图书馆杂志，2013（1）：4-7.

[119] 辜胜阻，杨建武，刘江日.当前我国智慧城市建设中的问题与对策 [J].中国软科学，2013（1）：6-12.

[120] 陈博，高光耀.智慧城市的建设路径、核心和推进策略研究 [J].管理现代化，2013（1）：67-69.

[121] 陈友福，张毅，杨凯瑞.我国智慧城市建设风险分析 [J].中国科技论坛，2013（3）：45-50.

[122] 龚健雅，王国良.从数字城市到智慧城市：地理信息技术面临的新挑战 [J].测绘地理信息，2013（2）：1-6.

[123] 赵四东，欧阳东，钟源.智慧城市发展对城市规划的影响评述 [J].规划师，2013（2）：5-10.

[124] 肖建华.智慧城市时空信息云平台及协同城乡规划研究 [J].规划师，2013（2）：11-15.

[125] 姚南.智慧城市理念在新城规划中的应用探讨——以成都市天府新城规划为例 [J].规划师，2013（2）：20-25.

[126] 孙中亚，甄峰.智慧城市研究与规划实践述评 [J].规划师，2013（2）：32-36.

[127] 王思雪，郑磊.国内外智慧城市评价指标体系比较 [J].电子政务，2013（1）：92-100.

[128] 陈才.2012~2013年智慧城市发展回顾与展望 [J].现代电信科技，2013（Z1）：27-32.

[129] 金敏婕.智慧图书馆——构建智慧城市之思考 [J].图书馆工作与研究，2013（4）：17-20.

[130] 吴运建，丁有良，孙成访.基于复杂产品系统视角的智慧城市项目研究 [J].城市发展研究，2013（4）：83-88+98.

[131] 关静.智慧城市中的智慧政府：核心特征与目标设定 [J].长白学刊，2013（3）：70-74.

[132] 张少彤，王芳，王理达.智慧城市的发展特点与趋势 [J].电子政务，2013（4）：2-9.

[133] 吴标兵，林承亮，许为民.智慧城市发展模式：一个综合逻辑架构 [J].科技进步与对策，2013（10）：31-36.

[134] 顾新建，代风，陈芨熙，杨青海，祁国宁.智慧制造与智慧城市的关系研究 [J].计算机集成制造系统，2013（5）：1127-1133.

[135] 王广斌，崔庆宏.欧洲智慧城市建设案例研究：内容、问题及启示 [J].中国科技论坛，2013（7）：123-128.

[136] 张向阳，袁泽沛.广州智慧城市与智慧产业融合发展路径研究 [J].科技进步与对策，2013（12）：47-50.

[137] 费明明，黄健.中国城市化进程与智慧城市建设的探讨 [J].资源与产业，2013（3）：100-104.

[138] 陆伟良，吉星.智慧城市建设目标与顶层设计概念辨析——对住房和城乡建设部发布《国家智慧城市试点暂行管理方法》的解读与贯彻体会 [J].智能建筑与城市信息，2013（4）：37-42.

[139] 陈如波，傅晓东.智慧城市建设要求下的通信基础设施规划标准修订 [J].规划师，2013（6）：62-65.

[140] 智慧城市聚焦"智慧扬州"锐捷网络开启"智简之道"中国智慧城市论坛·智慧城市建设研讨会 [J].电子政务，2013（6）：113.

[141] 邹国伟，成建波.大数据技术在智慧城市中的应用 [J].电信网技术，2013（4）：25-28.

[142] 郭曦榕，吴险峰.智慧城市建设模式研究 [J].测绘科学技术学报，2013（3）：319-323.

[143] 何军.智慧城市顶层设计与推进举措研究——以智慧南京顶层设计主要思路及发展策略为例 [J].城市发展研究，2013（7）：72-76.

[144] 王益明，许春雯，黄容.中国智慧城市建设的现状与发展趋势——第七届中国电子政务高峰论坛综述 [J].电子政务，2013（8）：86-90.

[145] 刘尚海.我国智慧城市建设运营商业模式研究 [J].未来与发展，2013（8）：24-29.

[146] 沈阳.浅谈"智慧城市"与智慧城市空间布局的关系 [J].上海城市规划，2013（2）：25-29.

[147] 王广斌，彭荔，杨洋，马国锋.基于城市规划视角的我国智慧城市建设思考分析 [J].上海城市规划，2013（2）：1-5.

[148] 王广斌，范美燕，王捷，张文娟."智慧城市"背景下的城市规划创新 [J].上海城市规划，2013（2）：11-14.

[149] 蒋力群.关于"智慧城市"规划与建设核心因素的思考 [J].上海城市规划，2013（2）：30-33.

[150] 秦战，杨心丽，王颖莹.用"智慧规划"助推上海智慧城市建设刍议 [J].上海城市规划，2013（2）：38-43.

[151] 姚乐，樊振佳，赖茂生.政府开放数据与智慧城市建设的战略整合初探 [J].图书情报工作，2013（13）：12-17+48.

[152] 安小米.国外智慧城市知识中心构建机制及其经验借鉴 [J].情报资料工作，2013（4）：31-35.

[153] 林佩玲.智慧城市背景下的区域联盟移动图书馆建设 [J].图书情报工作，2013

(12)：51-55.

[154] 马文婷，袁海涛. 云计算及物联网技术在智慧城市中的应用 [J]. 电信技术，2013（7）：20-23.

[155] 赵峰. 上海地理信息公共服务平台及在智慧城市中的应用 [J]. 上海国土资源，2013（3）：63-65.

[156] 王广斌，张雷，刘洪磊. 国内外智慧城市理论研究与实践思考 [J]. 科技进步与对策，2013（19）：153-160.

[157] 黎林峰. 新型城镇化与智慧城市——第八届中国智慧城市建设技术研讨会暨设备博览会开幕式及高峰论坛侧记 [J]. 中国建设信息，2013（21）：12-25.

[158] 薛凯，郝赤彪，刘曙光. 智慧城市空间结构与测度指标体系初探 [J]. 城市发展研究，2013（9）：48-51+65.

[159] "北京市东城区智慧城区评价指标体系研究"课题组，杨京英，陈彦玲，侯小维，倪东. 智慧城市发展指数研究——北京市智慧城市发展指数测算与实证分析 [J]. 调研世界，2013（11）：8-14.

[160] 陆文军，叶健. 上海："智慧"引领，促信息化"弯道超车" [N]. 新华每日电讯，2013-06-30（002）.

[161] 乔川川. 智慧城市建设有望提速四角度掘金智慧城市概念股 [N]. 证券日报，2013-09-04（D01）.

[162] 刘凯. 加快智慧城市运营中心建设打造智慧城市示范工程 [N]. 运城日报，2013-10-26（001）.

[163] 陈邦鑫. 东莞市石排镇发展模式研究 [D]. 天津：天津大学硕士学位论文，2012.

[164] 肖应旭. 面向智慧城市的信息服务体系构建与运行模式研究 [D]. 长春：吉林大学硕士学位论文，2012.

[165] 刘恋. 智慧城市信息服务体系建设及实证研究 [D]. 长春：吉林大学硕士学位论文，2012.

[166] 徐春燕. 智慧城市的建设模式及对"智慧武汉"建设的构想 [D]. 武汉：华中师范大学硕士学位论文，2012.

[167] 赵全军，夏以群. 加快创建智慧城市需要深入研究解决的若干问题 [J]. 宁波经济（三江论坛），2012（1）：8-10+7.

[168] 杨红艳. "智慧城市"的建设策略：对全球优秀实践的分析与思考 [J]. 电子政务，2012（1）：81-88.

[169] 李健，张春梅，李海花. 智慧城市及其评价指标和评估方法研究 [J]. 电信网技术，2012（1）：1-5.

[170] 沈萍，舒卫英. 期待"智慧城市"助力智慧旅游 [J]. 浙江经济，2012（1）：48-49.

[171] 谢月娣，高光耀. 关于提升宁波智慧城市建设水平的几点思考 [J]. 宁波经济（三江论坛），2012（2）：6-8.

[172] 陈如明. 云计算、智慧应急联动及智慧城市务实发展策略思考 [J]. 移动通信，2012（3）：5-10.

[173] 王兆进，王凯，冯东雷. 智慧城市发展趋势及案例 [J]. 软件产业与工程，2012（2）：18-24.

[174] 何东. 智慧城市创新发展模式和策略探讨 [J]. 信息通信，2012（1）：265-266.

[175] 马士玲. 物联网技术在智慧城市建设中的应用 [J]. 物联网技术，2012（2）：70-72.

[176] 李亮. 浅析欧洲中小智慧城市建设 [J]. 北华航天工业学院学报，2012（1）：46-47+62.

[177] 王世福. 智慧城市研究的模型构建及方法思考 [J]. 规划师，2012（4）：19-23.

[178] 张公忠. 智慧城市与智能建筑物联网应用 [J]. 智能建筑与城市信息，2012（2）：14-18.

[179] 张陶新，杨英，喻理. 智慧城市的理论与实践研究 [J]. 湖南工业大学学报（社会科学版），2012（1）：1-7.

[180] 胡蓉，夏洪胜. 我国建设"智慧城市"的瓶颈及对策分析 [J]. 未来与发展，2012（4）：9-13.

[181] 李元. "智慧城市"：未来科技社会的生存智慧 [J]. 武汉理工大学学报（社会科学版），2012（2）：254-259.

[182] 田讯. 智慧城市光网先行——中国电信助力智慧浙江打造"光网·无线城市" [J]. 信息化建设，2012（2）：52-54.

[183] 白秋生. 建设智慧城市打造幸福咸阳——咸阳市启动智慧城市建设的实践研究 [J]. 中国信息界，2012（4）：24-25.

[184] 谢昕. 我国智慧城市发展现状及相关建议 [J]. 上海信息化，2012（1）：12-15.

[185] 王世伟. 说"智慧城市" [J]. 图书情报工作，2012（2）：5-9.

[186] 袁文蔚，郑磊. 中国智慧城市战略规划比较研究 [J]. 电子政务，2012（4）：54-63.

[187] 杨再高. 智慧城市发展策略研究 [J]. 科技管理研究，2012（7）：20-24.

[188] 焦煦，朱文英，黄瑞峰. 基础地理数据在智慧城市建设中的分析与应用 [J]. 国土资源信息化，2012（2）：55-61.

[189] 邹佳佳，马永俊. 智慧城市内涵与智慧城市建设 [J]. 无线互联科技，2012（4）：69-71.

[190] 袁犁，张维宏，刘勇帅. 从数字城市到智慧城市——攀枝花智慧城市建设初步探讨 [J]. 测绘与空间地理信息，2012（3）：56-59.

[191] 辜胜阻，王敏. 智慧城市建设的理论思考与战略选择 [J]. 中国人口·资源与环境，2012（5）：74-80.

[192] 李忠宝. 空间技术支持智慧城市建设与发展的思考 [J]. 卫星应用，2012（2）：9-16.

[193] 赵刚. 关于智慧城市的理论思考 [J]. 中国信息界，2012（5）：20-22.

[194] 陈立，李春香，李志勇. 基于物联网的智慧城市的内涵、特征与要素构成 [J]. 硅谷，2012（9）：15-16.

[195] 王永昌. 总体部署推进智慧城市建设——兼谈智慧城市建设的决策机制 [J]. 信息化建设，2012（5）：24-26.

[196] 李勇. 智慧城市建设对城市信息安全的强化与冲击分析 [J]. 图书情报工作，2012（6）：20-24.

[197] 李海俊，芦效峰，程大章. 智慧城市的理念探索 [J]. 智能建筑与城市信息，2012（6）：11-16.

[198] 芦效峰，李海俊，程大章. 智慧城市的功能与价值 [J]. 智能建筑与城市信息，2012（6）：17-22.

[199] 陆伟良，周海新，陆侃. 感知智慧城市概论——智慧城市学习体会 [J]. 智能建筑与城市信息，2012（6）：28-36.

[200] 科学建设智慧城市高效运营智慧城市——第一届中国智慧城市高峰论坛（CSC2012）[J]. 城市发展研究，2012（7）：124.

[201] 徐国强. 上海建设智慧城市的路径探索 [J]. 上海城市规划，2012（3）：122-126.

[202] 曹伟，李晓伟. 从数字生态建筑走向智慧城市之路 [J]. 城市发展研究，2012（7）：61-69.

[203] 王根祥，李宁，王建会. 国内外智慧城市发展模式研究 [J]. 软件产业与工程，2012(4)：11-14+35.

[204] 袁媛，高林，王潮阳，董建. 物联网与 SOA 在智慧城市的应用研究 [J]. 信息技术与标准化，2012（7）：31-34.

[205] 张梅燕. 苏州智慧城市建设现状与建议 [J]. 开放导报，2012（4）：109-112.

[206] 金江军，潘懋，承继成. 智慧城市刍议 [J]. 现代城市研究，2012（6）：101-104.

[207] 许晶华. 我国智慧城市建设的现状和类型比较研究 [J]. 城市观察，2012（4）：5-18.

[208] 袁峰，徐昊. 智慧城市建设的思考与展望 [J]. 城市观察，2012（4）：19-25+61.

[209] 安德里亚·卡拉留，基娅拉·德·波，彼特·尼坎，陈丁力. 欧洲智慧城市 [J]. 城市观察，2012（4）：26-44.

[210] 丁波涛. 智慧城市视野下的新型信息安全体系建构 [J]. 上海城市管理，2012（4）：17-20.

[211] 宋刚，邬伦. 创新 2.0 视野下的智慧城市 [J]. 城市发展研究，2012（9）：53-60.

[212] 刘克飞，谢浩. 基于智慧城市建设的电信运营商竞合研究 [J]. 电信科学，2012（9）：136-141.

[213] 王璐，吴宇迪，李云波. 智慧城市建设路径对比分析 [J].工程管理学报，2012（5）：34-37.

[214] 宋德强. 昆山智慧城市建设的实践和探索[J]. 中国行政管理，2012（11）：118-

119.

[215] 吴瑞坚. 智慧城市建设与政府治理结构性转型——整体政府的视角 [J]. 探求, 2012(5)：20-24.

[216] 杨建武. 智慧城市的创新发展研究 [J]. 兰州学刊, 2012, 10：42-46.

[217] 陈如明. 智能城市及智慧城市的概念、内涵与务实发展策略 [J]. 数字通信, 2012（5）：3-9.

[218] 赵大鹏, 张锐昕. 基于战略管理理论的智慧城市建设过程管理模式研究 [J]. 电子政务, 2012(11)：49-53.

[219] 肖易漪, 孙春霞. 国内智慧城市研究进展述评[J]. 电子政务, 2012 (11)：100-104.

[220] 邬贺铨. 智慧城市的数据管理 [J]. 物联网技术, 2012 (11)：11-14.

[221] 许庆瑞, 吴志岩, 陈力田. 智慧城市的愿景与架构 [J]. 管理工程学报, 2012(4)：1-7.

[222] 顾德道, 乔雯. 我国智慧城市评价指标体系的构建研究 [J]. 未来与发展, 2012(10)：79-83.

[223] 毛艳华. 基于SOP模型的智慧城市治理模式及评价体系研究 [J]. 未来与发展, 2012 (11)：11-16+74.

[224] 张毅, 陈友福, 杨凯瑞. 智慧城市的价值分析[J]. 电子政务, 2012 (10)：26-34.

[225] 胡小明. 组织视角的智慧城市 [J]. 电子政务, 2012(10)：65-73.

[226] 李德仁, 姚远, 邵振峰. 智慧城市的概念、支撑技术及应用 [J]. 工程研究：跨学科视野中的工程, 2012（4）：313-323.

[227] 丁兆威. 市长院士齐聚南京, 纵论智慧城市韬略——第四届中国智慧城市（南京）高峰会隆重举行 [J]. 中国公共安全（综合版）, 2012 (15)：58-72+74+76+78+80.

[228] 沙勇. 国内外智慧城市发展模式对提振"智慧南京"的启示 [J]. 南京财经大学学报, 2012（6）：7-12.

[229] 方丹丹, 陈博. 智慧城市系统架构研究 [J]. 未来与发展, 2012 (12)：23-26+22.

[230] 王晰巍, 王维, 李连子. 智慧城市演进发展及信息服务平台构建研究 [J]. 图书情报工作, 2012 (23)：141-146+134.

[231] 韦胜. 从城市规划管理的角度浅谈数字城市到智慧城市建设 [A]. 中国城市科学研究会, 广西壮族自治区住房和城乡建设厅, 广西壮族自治区桂林市人民政府, 中国城市规划学会. 2012城市发展与规划大会论文集 [C]. 中国城市科学研究会, 广西壮族自治区住房和城乡建设厅, 广西壮族自治区桂林市人民政府, 中国城市规划学会, 2012：6.

[232] 翟坤, 卢嘉, 贾馥东. 智慧城市的控制性详细规划探索——以天津泰达慧谷为例 [A]. 中国城市规划学会. 多元与包容——2012中国城市规划年会论文集（03.城市详细规划）[C]. 中国城市规划学会, 2012：9.

[233] 龚炳铮. 关于发展我国智慧城市的思考 [A]. 中国信息经济学会. 2012中国信息经济学年会会议论文集 [C]. 中国信息经济学会, 2012：7.

[234] 胡蓉，夏洪胜.我国建设"智慧城市"的瓶颈及对策分析 [A].中国未来研究会.2012-2015年转型期的中国——中国未来研究会2012年学术年会论文集 [C].中国未来研究会，2012：7.

[235] 侯小莉.用科技约会"智慧城市"[J].中华儿女，2012（4）：38.

[236] 宁家骏.如何建设"智慧城市"[J].时事报告，2012（3）：58-59.

[237] 李维.智慧城市的规划建设与评测 [A].中国电子器材总公司，中国RFID产业联盟.2012传感世界暨物联网应用峰会，中国健康物联网（上海）高峰论坛论文集 [C].中国电子器材总公司，中国RFID产业联盟，2012：1.

[238] 民言.智慧城市需要"信息智慧"[N].上海法治报，2012-01-18（A01）.

[239] 吕康娟.智慧城市建设不能偏离"智慧" [N].文汇报，2012-02-23（005）.

[240] 王丽丽.智慧城市=智能城市+智慧政府+智慧市民 [N].大庆日报，2012-06-16（A03）.

[241] 王军善.广州"一号工程"锁定新型城市化示范区 [N].中国改革报，2012-08-15（009）.

后　记

　　本书的背景来自于2012年给内蒙古某市的智慧城市规划设计项目，选题、构思、成文等一系列工作都离不开我的合作搭档——北京国研科技有限公司的胡晓阳经理，他提供了大量的技术素材、案例和技术思路。感谢第二炮兵的张佳南老师、北京航天航空大学软件学院王丽华副院长和诸位编委会成员的悉心指教及大力支持。张佳南教授以其深厚的专业背景、渊博的知识水平和孜孜以求的敬业精神深深影响着我的写作历程。在编写行文凝滞期间，是北京联合大学的郭慧馨老师的耐心校核修订帮助我走出了写作的困境，使我终于顺利完成了这部著作。特别要感谢本书的责任编辑申桂萍，她为此书的出版付出了巨大辛劳。在此，我要对编委会成员及各位给予支持的朋友致以崇高的敬意和深深的谢意。

　　本书的第六章、第七章由中国社会科学院工业经济研究所的博士后郭慧馨编写，第九章以及大数据部分内容由乔治·华盛顿大学的蔺昀疆编写，第十一章由中国社会科学院工业经济研究所的丁毅编写，第十二章由北京汇众远航科技有限公司的肖雅梅编写。智慧城管案例内容是由北京国研科技有限公司的胡晓阳、钱双、张晓军、陈晓岚提供，智慧教育的案例内容是由北京北控软件公司的金沙和北京市朝阳区教委信息中心的周力提供，应急指挥系统案例内容是由太极计算机股份公司的俞穗广、梁云霞提供。本文论述的内容有特定的背景和实际的应用，有一部分内容是参加张金昌老师的社科基金项目《智能服务》得出的研究成果，方案体系的设计和实践离不开内蒙古自治区呼和浩特市新城区各级部门、相关机构同志的大力支持和协助，项目的实施和取得预期成效都离不开他们的无私付出和辛勤劳动。借此机会，我对上述领导和同事一并致以真诚的谢意。

　　最后，我还要对文中引述了其著作的各位专家学者和同行致以谢意，感谢他们的辛勤研究工作和为我行文引述提供的方便。

　　本文所涉及的课题研究、方案设计、工程实施等还牵涉方方面面的人力、物力、财力支持，在此无法一一赘述，谨以此文作为对这些支持者的感恩和致敬。

　　附：参与撰写人员如下（排名不分先后）：
　　　　黄速建　中国社会科学院工业经济研究所
　　　　刘　勇　中国社会科学院工业经济研究所
　　　　黄如金　中国社会科学院工业经济研究所
　　　　丁　毅　中国社会科学院工业经济研究所
　　　　张金昌　中国社会科学院工业经济研究所
　　　　周世禄　徐　昂　中国社会科学院网络中心
　　　　祝世伟　李雪峰　张　巍　中央财经大学信息学院

王丽华　潘海霞　闪四清　潘　星　北京航空航天大学

温小郑　西安邮电大学

吕建东　陕西省信息化工程研究院

郭慧馨　北京联合大学（中国社会科学院工业经济研究所博士后）

李淑琴　北京信息技术大学

孙大帅　中国农业大学

刘宏志　北京工商大学

葛逦康　北京交通大学

王文学　教育部留学服务中心

李树鹏　中国投资论坛发展中心

周　力　北京市朝阳区教委信息中心

张　军　国家药典委员会信息中心

卢　霞　北京市经济信息中心

杨跃翔　梁秀英　国家质检总局标准化院

易　验　国家组织机构代码中心

肖方晨　计算机用户协会

徐军库　首都机场建设集团

胡晓阳　钱　双　张晓军　程晓岚　北京国研科技有限公司

梁云霞　俞穗广　陈　东　蔡一菲　太极计算机股份有限公司

金　沙　北控软件有限公司

邢桂林　裴　露　北京市咨询公司

葛　倞　北京中宏信科技有限公司

肖雅梅　梁凌霞　葛昀疆　北京汇众远航科技有限公司

蔡　辉　西北大学公共管理学院（西安终南山国学研究院执行院长）

张宇佳　舰船研究院

刘　惠　内蒙古自治区呼和浩特市新城区

张　锐　内蒙古自治区呼和浩特市新城区

刘晓楠　内蒙古自治区呼和浩特市新城区发改委

田志刚　内蒙古自治区呼和浩特市新城区政法委

高俊娟　内蒙古自治区呼和浩特市新城区发改局

孔德玉　国防科工局

郑　松　北京航空航天大学软件学院

陈琪福　和君咨询公司

石　巍　腾讯公司

葛　健

2014 年 8 月